Der Kartenprofi

Beim Lesen und Verstehen von Karten hilft der Kartenprofi.
So lese ich eine Karte:

1. Schritt: Eine Karte hat ein bestimmtes Thema.

Der Kartentitel sagt mir bereits einiges über die Karte.
Ich lese den Kartentitel.

Was ist nach dem Kartentitel das Thema der Karte?

2. Schritt: Eine Karte hat eine Legende.

Die Legende hilft mir, die Karte besser zu verstehen.
Ich suche die Legende der Karte und ihre einzelnen Punkte.

Ich lese die Legende:
- Was bedeuten die Farben?
- Was bedeuten die Linien?
- Was bedeuten die Symbole?

3. Schritt: Eine Karte hat einen Maßstab.

Mit dem Maßstab kann ich Entfernungen in der Karte berechnen.

- Ich suche die Maßstabsangabe und notiere den Maßstab der Karte.
- Ich berechne mit dem Maßstab Entfernungen auf der Karte.
- Wie viele Kilometer entsprechen 1 cm auf der Karte?

4. Schritt: Ich habe mir die Karte genau angesehen.

Ich habe die Legende sorgfältig gelesen.

Jetzt kann ich aufschreiben, was die Karte zeigt:
- Was ist auf der Karte zu sehen?
- Was zeigen die einzelnen Punkte der Legende?
- Welche Informationen aus der Karte sind neu für mich?

Nordsee

Ostsee

Schleswig-Holstein
Kiel

Mecklenburg-Vorpommern
Schweriner See
Schwerin
Plauer See
Müritz

Hamburg

Bremen

Niedersachsen

Hannover

Sachsen-Anhalt
Magdeburg

Berlin
Potsdam

Brandenburg

Nordrhein-Westfalen
Düsseldorf

Hessen

Thüringen
Erfurt

Sachsen
Dresden

Rheinland-Pfalz
Wiesbaden
Mainz

Saar-land
Saarbrücken

Baden-Württemberg
Stuttgart

Bayern
München

Rhein, *Weser*, *Ems*, *Elbe*, *Havel*, *Oder*, *Spree*, *Neiße*, *Ruhr*, *Fulda*, *Saale*, *Werra*, *Mosel*, *Main*, *Neckar*, *Donau*, *Altmühl*, *Inn*, *Ammersee*, *Starnberger See*, *Chiemsee*, *Bodensee*

	Staatsgrenze
	Landesgrenze
■	Hauptstadt
○	Landeshauptstadt

100 km

④ Europa nach dem Zweiten Weltkrieg 1945–1990

FINNLAND

Helsinki

Leningrad

Kasan

Tallinn

Estnische SSR

Riga

Lettische SSR

Moskau

Litauische SSR

nigsberg

Minsk

S O W J E T U N I O N

Kasachische

SSR

Weißrussische SSR

Warschau

(U d S S R)

E N

Kiew

Wolgograd

Weichsel

Dnjepr

Astrachan

Lemberg

U k r a i n i s c h e   S S R

WAKEI

Moldauische

Budapest

Kischinew

SSR

Odessa

K r i m

ARN

SSR

Grusinische

Tiflis

RUMÄNIEN

SSR

Belgrad

Bukarest

S c h w a r z e s   M e e r

SLAWIEN

Donau

ajewo

BULGARIEN

Erzurum

IRAN

Sofia

Istanbul

T Ü R K E I

ANIEN

K u r d i s t a n

ana

Ankara

A n a t o l i e n

IRAK

GRIECHEN-

Izmir

Bagdad

LAND

Athen

Antalya

SYRIEN

1958 Rep.

Rhodos

(seit 1974
türk. Besetzung)

ZYPERN

LIBANON

Damaskus

Kreta

(seit 1960
unabh.)

Beirut

1981 bes.

m

e

e

r

Amman

ISRAEL

1967

Jerusalem

bes.

SAUDI-

Kairo

Grenze
bis 1965

ÄGYPTEN

A R A B I E N

JORDANIEN

E N

Kgr., 1969 Rep.)

Deutschland 1949–1989

Bundesrepublik Deutschland

Deutsche Demokratische Republik

Grenze von Berlin (Viermächtestatus)

Grenze zwischen Berlin (West) und Berlin (Ost) 1961–1989

◇ Grenzübergang

Französischer Sektor

Britischer Sektor

Amerikanischer Sektor

Sowjetischer Sektor

Berlin (West)

Berlin (Ost)

10 km

Ostsee

Nordsee

Schleswig-Holstein

Kiel

Rostock

Neubrandenburg

Hamburg

Schweriner See

Schwerin

Müritz

Plauer See

Bremen

Oktober 1949

Niedersachsen

Hannover

Berlin (West)

Berlin (Ost)

Potsdam

Frankfurt/Oder

Magde-burg

Nordrhein-

Halle

Spree

Cottbus

Düsseldorf

Mai 1949

Westfalen

Leipzig

Dresden

Neiße

Bonn

Erfurt

Karl-Marx-Stadt

Hessen

Suhl

Werra

Saale

Rheinland-

Wiesbaden

Mainz

Pfalz

Saarland

1957 Bundesland

Saarbrücken

Baden-

Stuttgart

1952 gegründet

Bayern

München

Württemberg

Ammersee

Starnberger See

Chiemsee

Bodensee

Donau

Inn

100 km

1949 Gründung der Bundesrepublik Deutschland und der Deutschen Demokratischen Republik (DDR)

Grenze zwischen der Bundesrepublik Deutschland und der DDR bis zum 3.10.1990 sowie der Grenze von Berlin nach dem Viermächtestatuts von 1945

Westgrenze Polens nach Verträgen mit der DDR 1950 und der Bundesrepublik Deutschland 1970

Landesgrenzen in der Bundesrepublik Deutschland

Bezirksgrenzen in der DDR 1952–1990

■ Hauptstadt

◇ Grenzübergang in die DDR

Menschen | Zeiten | Räume

DIFFERENZIERENDE AUSGABE

Gesellschaftslehre Nordrhein-Westfalen

Herausgegeben von
Peter Brokemper
Dr. Elisabeth Köster
Dr. Dieter Potente

Erarbeitet von
Peter Brokemper
Wolfgang Humann
Maren Jahnke-Ouni
Dr. Elisabeth Köster
Natascha Nemetschek
Dr. Dieter Potente
Klaus Schreck
Andrea Urbanczyk

Cornelsen

3

Inhaltsverzeichnis

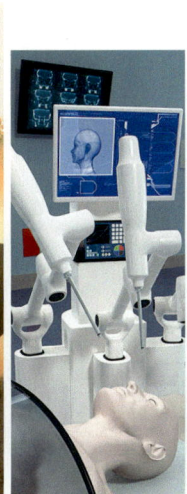

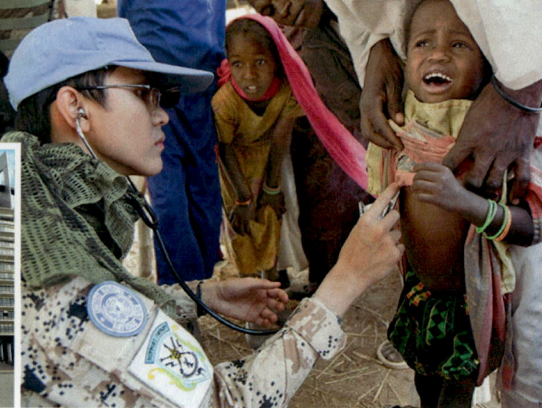

Ein Rundgang durch das Buch

Liebe Schülerinnen, liebe Schüler,
wir möchten euch kurz die unterschiedlichen Seiten dieses Buches vorstellen.

Auftaktseiten
Jedes Kapitel startet mit einem großen Bild, das einen historischen Schauplatz oder etwas Interessantes zum jeweiligen Thema zeigt. Ihr könnt Eindrücke sammeln und Vorwissen zusammentragen.

Orientierung
Hier könnt ihr euch einen zeitlichen und räumlichen Überblick verschaffen. Ihr erfahrt außerdem, welche Kompetenzen in dem folgenden Kapitel trainiert werden können.

Methode
Diese Seiten unterstützen euch bei der Informationsbeschaffung. Ihr könnt Schritt für Schritt erlernen, wie ihr aus verschiedenen Quellen Informationen entnehmen, diese verarbeiten und schließlich eure Lernergebnisse präsentieren könnt.

Das kann ich!
Jedes Kapitel endet mit einem „Kompetenz-Check". Hier könnt ihr euer Wissen und Können testen und die neu erworbenen Kompetenzen anwenden.

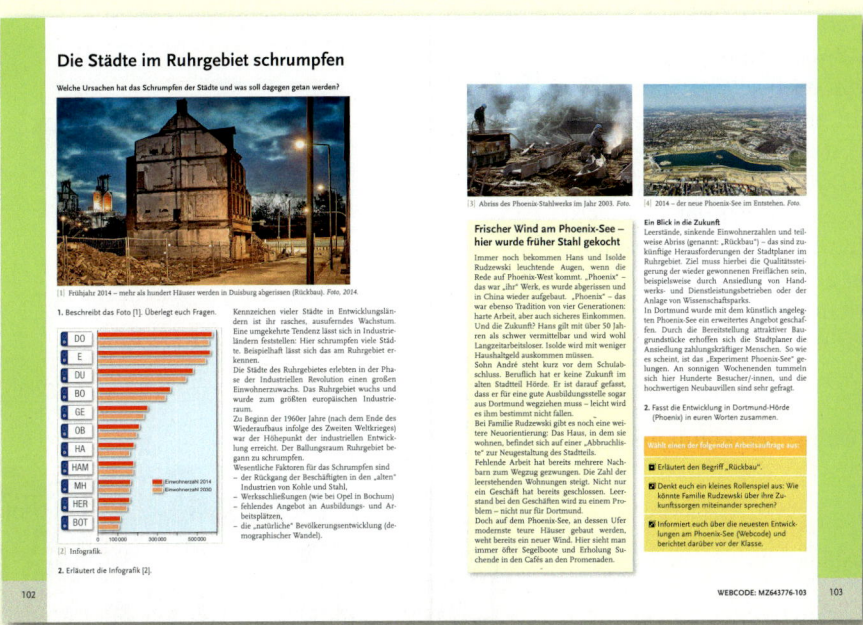

Themendoppelseiten

Oben auf der linken Seite findet ihr eine Leitfrage, worum es auf dieser Doppelseite geht. Fremdtexte (Quellen oder Texte aus anderen Materialien) werden mit einem grauen Balken markiert. Oft kommen in den Texten Begriffe vor, die näher erklärt werden müssen. Diese Begriffe sind mit einem Sternchen versehen und werden in einem Kasten ausführlich erklärt. Auf jeder Inhaltsseite findet ihr Bilder, Schaubilder oder Diagramme. Alle Materialien könnt ihr mithilfe der Aufgaben und Fragen erarbeiten. Mit den Webcodes könnt ihr im Internet weiterarbeiten.

Differenzierungsangebot: Auf vielen Doppelseiten gibt es einen gelben Kasten mit Wahlaufgaben.

Hier könnt ihr einen Arbeitsauftrag auswählen. Die Aufgaben mit ☐ sind etwas leichter, die Aufgaben mit ☐ etwas schwieriger zu lösen. Außerdem findet ihr noch unter „Was ihr noch tun könnt…" weiterführende Anregungen, wenn ihr euch mit dem Thema noch zusätzlich beschäftigen wollt. Wie ihr mit den **Wahlseiten** arbeiten könnt, findet ihr auf Seite 8–9.

Aktiv-Seiten

Hier findet ihr Ideen und Tipps, wenn ihr mit der Klasse ein Projekt zum Thema, eine Werkstatt-Arbeit oder mehrere „Miniprojekte" durchführen möchtet.
Auch für eure Portfolio-Arbeit findet ihr hier Anregungen.

Welches Einzelthema interessiert euch?

In jedem Kapitel dieses Buches findet ihr **Wahlseiten**. Sie sollen von euch selbstständig bearbeitet werden: allein, mit einem Partner oder in Gruppenarbeit. Aber zunächst ohne Hilfe einer Lehrperson. Die Wahlseiten sind oben mit einem Würfel gekennzeichnet. Wahlseiten mit ⚀ sind etwas leichter, Wahlseiten mit ⚄ etwas schwieriger zu lösen.

Ihr findet auf diesen Seiten unten in dem gelben Balken Tipps für die Erarbeitung und für die Präsentation.

Bei der Arbeit mit den Wahlseiten könnt ihr so vorgehen:

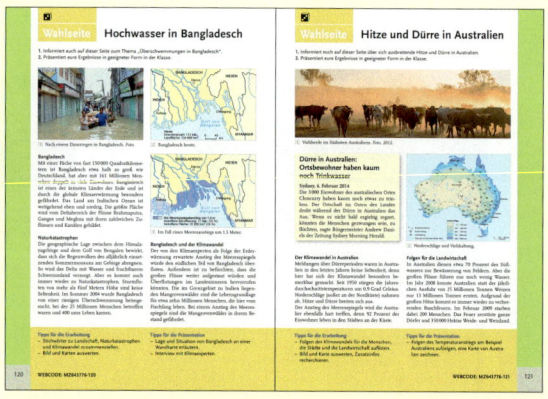

[1] Wahlseiten.

1. Schritt: Thema auswählen

- Blättert die Seiten kurz durch und überlegt, welche Einzelseite euch am meisten interessiert. Wählt diese aus.

2. Schritt: Allein oder mit anderen arbeiten?

- Entscheidet, ob ihr in Gruppen- oder Partnerarbeit zusammenarbeiten wollt oder euch lieber alleine mit der Seite beschäftigt.

[2] Zwei Schüler lesen. *Foto.*

3. Schritt: Wichtigste Punkte herausarbeiten

- Betrachtet die Bilder und lest die Texte. Lasst euch von den Arbeitsvorschlägen anregen.
- Klärt offene Fragen, notiert die wichtigsten Inhaltspunkte.
- Notiert einen „Merksatz" für die Klasse.
- Entscheidet, wie ihr der Klasse die Bilder zeigen wollt (Hinweis auf die Seite, auf der das Bild steht; eigene Zeichnungen; Folien für den Overhead-Projektor usw.).

4. Schritt: Ergebnisse vorstellen

- Entscheidet euch, wie ihr der Klasse eure Ergebnisse präsentieren wollt:
  - ☐ als kleinen Vortrag (Dauer 3–5 Minuten)
  - ☐ als erfundene Zeitungsreportage
  - ☐ als kurzes Theater- oder Rollenspiel
  - ☐ als Wandzeitung usw.

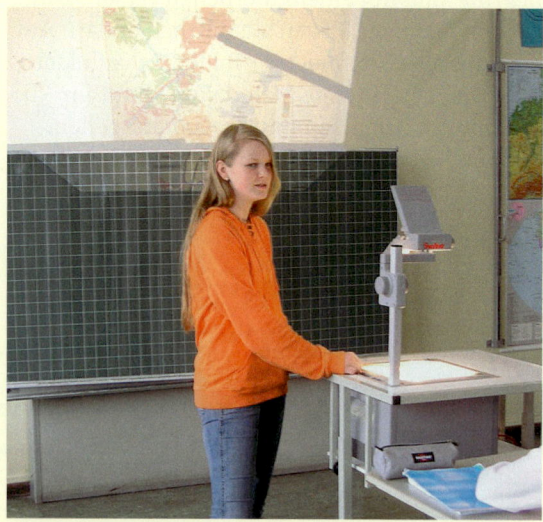

[3] Eine Schülerin präsentiert am Overhead-Projektor ihre Ergebnisse. *Foto.*

Arbeiten mit dem Textknacker

Die Wahlseiten mit ◩ beinhalten Texte, die ihr mit dem Textknacker erschließen könnt. Ihr könnt hier üben, die Schritte anzuwenden. Auch bei der Arbeit mit schwierigeren Sachtexten könnt ihr den Textknacker anwenden. Öffnet dazu die Umschlagklappe hinten im Buch. Wendet die Lesestrategie Schritt für Schritt an. Der Textknacker hilft euch, Texte zu lesen und zu verstehen.

1. Schritt: Vor dem Lesen

Bilder helfen mir, den Text besser zu verstehen. Die Überschrift sagt mir etwas über den Text.
- Ich sehe mir die Bilder an.
- Ich lese die Überschrift.
- Worum könnte es in dem Text gehen?

2. Schritt: Das erste Lesen

Ein Text hat Absätze. Was in einem Absatz steht, gehört zusammen.
Die Schlüsselwörter im Text sind besonders wichtig.
Einige Wörter werden unter dem Text erklärt.
- Ich zähle die Absätze.
- Ich lese die hervorgehobenen Schlüsselwörter.
- Ich lese die Worterklärungen.
- Was weiß ich jetzt?

3. Schritt: Den Text genau lesen

Erst der ganze Text sagt mir, worum es geht.
- Ich lese den ganzen Text – Absatz für Absatz.
- Was habe ich erfahren?

4. Schritt: Nach dem Lesen

Ich habe den ganzen Text gelesen.
- Ich schreibe zu jedem Absatz etwas auf.
- Ich schreibe die wesentlichen Informationen auf.
- Ich schreibe auf, was für mich wichtig ist.

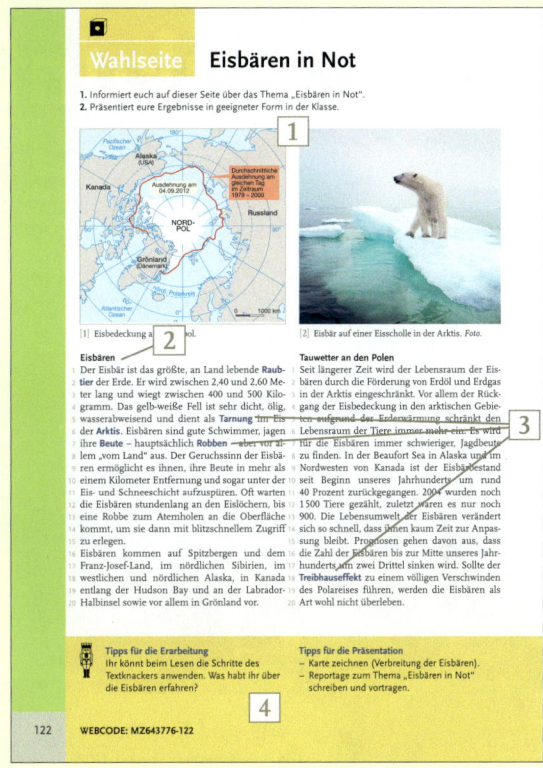

1 Bilder
2 Die Überschrift
3 Schlüsselwörter
4 Tipps in der gelben Leiste

Zusammenleben in der Zukunft

In der Fußgängerzone

In den Fußgängerzonen unserer Städte sind viele Menschen unterwegs. Meist gehen sie hektisch aneinander vorbei. Sie sind mit ihrer eigenen Lebenssituation beschäftigt, haben Wünsche, Hoffnungen, Sorgen und Probleme.

1. Beschreibt die Aussagen und vermutet, wie die Zukunft der Personen aussehen könnte.
2. Sammelt Wünsche und Hoffnungen für eure eigene Zukunft.

Wir sind Rentner und kommen gut klar. Hoffentlich bleibt das so.

In der Fußgängerzone

Drei Menschen – drei Schicksale

Die soziale Situation von Menschen sieht unterschiedlich aus. Je nach der persönlichen Lebenssituation sind die Erwartungen an die Zukunft recht unterschiedlich.

[1] Unterschiedliche Schicksale. *Fotos.*

Frau Müller ist Abteilungsleiterin in einem Dienstleistungsunternehmen. Sie erzählt:

„Eine gute Ausbildung ist Alles, denn sie kann später einen guten Job mit Aufstiegschancen bringen. Ich habe Karriere gemacht und verdiene gut. Davon kann ich mir ein eigenes Haus leisten, mich gesund ernähren, Sport treiben und Reisen gönnen. Im Alter erwarte ich eine gute Rente. Wenn ich einen Obdachlosen in der City sehe, dann denke ich: Ich arbeite und bezahle Steuern. Warum muss ich für ihn zahlen? Warum arbeitet er nicht?"

Herr Meyer war Fachlagerist in einem Großhandel. Er erzählt:

„Vor fünf Jahren hatte ich noch einen ordentlichen Verdienst – alles lief in meinem Leben bestens. Doch dann kam der Arbeitsplatzverlust, und irgendwann hatte ich immer mehr Schulden. Ich fing an, Alkohol zu trinken und wurde krank. Meine Frau konnte das nicht mehr lange ertragen und trennte sich von mir. Ich verlor schließlich alles, was ich hatte und wurde obdachlos. Es ging mit mir bergab. Nun bin ich sehr verzweifelt und sehe keinen Ausweg mehr."

Murat macht sich Gedanken

Im Sommer bekam ich meinen Schulabschluss. Nach den Ferien konnte ich eine Ausbildung zum KFZ-Mechatroniker beginnen. Ich bin froh, einen Ausbildungsplatz gefunden zu haben – viele aus meiner Klasse suchen noch. Für meinen Wunschberuf bin ich umgezogen. Bereut habe ich dies noch nicht, da mir meine Ausbildung viel Freude macht. In den Nachrichten wird viel über die Rente und über die Demografie berichtet. Ich frage mich: Kann ich später von meinem Gehalt leben trotz steigender Kosten? Bekomme ich als alter Mensch noch eine Rente? Vielleicht lohnt sich eine private Altersvorsorge?

1. Diskutiert in der Klasse:
   a) Wie könnte die Zukunft für diese Personen aussehen?
   b) An welcher Stelle in ihrem Leben wäre eine Veränderung möglich gewesen?
2. Beschreibt, worüber Murat nachdenkt. Was beschäftigt ihn?

Wünsche, Sorgen, Hoffnungen

Viele Erwartungen werden von einer großen Mehrheit junger Menschen geteilt, wie diese Umfrage aus dem Jahr 2010 zeigt:

[1] *Grafik.*

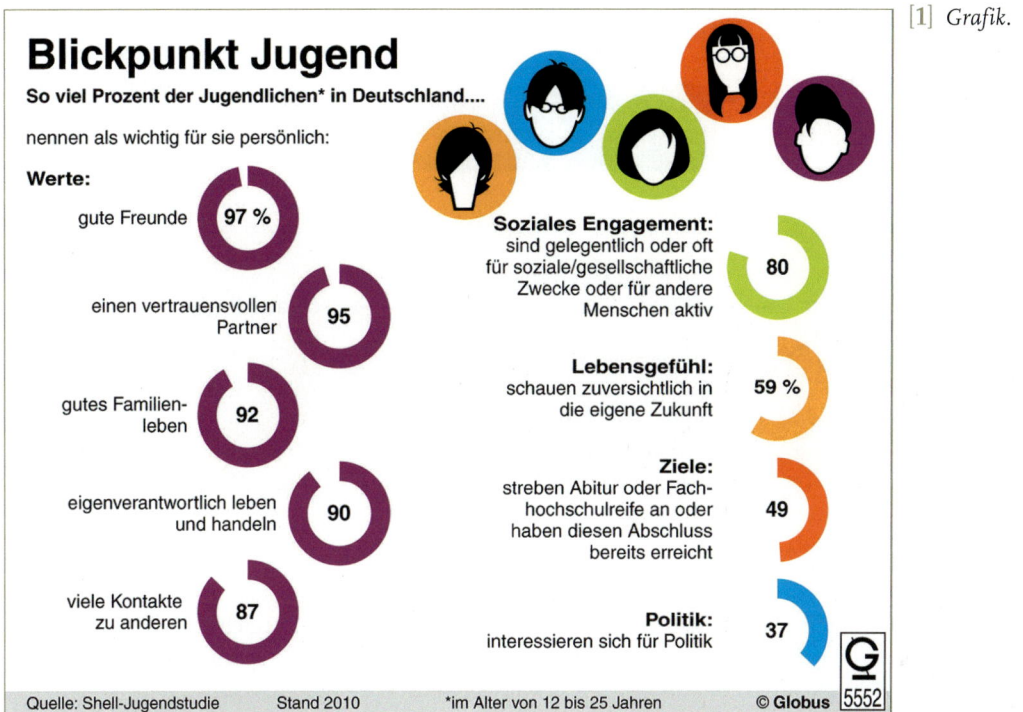

Eine junge Generation behauptet sich

Die heutige junge Generation in Deutschland bleibt zuversichtlich: Sie lässt sich weder durch die Wirtschaftskrise noch durch die unsicher gewordenen Berufsverläufe und Perspektiven von ihrer optimistischen Grundhaltung abbringen. Mit den Herausforderungen in Alltag, Beruf und Gesellschaft gehen Jugendliche auch weiterhin pragmatisch um. Prägend für diese Generation sind insbesondere eine starke Leistungsorientierung und ein ausgeprägter Sinn für soziale Beziehungen. Zu diesen Erkenntnissen kommt die 16. Shell Jugendstudie, die die Jugend 2010 unter die Lupe genommen hat.

(Quelle: Shell-Jugendstudie Deutschland, 2010)

3. Wertet die Grafiken [1] und [2] aus. Vergleicht die Ergebnisse mit euren eigenen Erwartungen an die Zukunft.

Doch wovor haben viele Menschen Angst?

[2] *Grafik.*

Was ihr noch tun könnt...

- eine eigene Umfrage in der Klasse oder in der Schule durchführen.

Orientierung

Deutschland ist ein Sozialstaat.

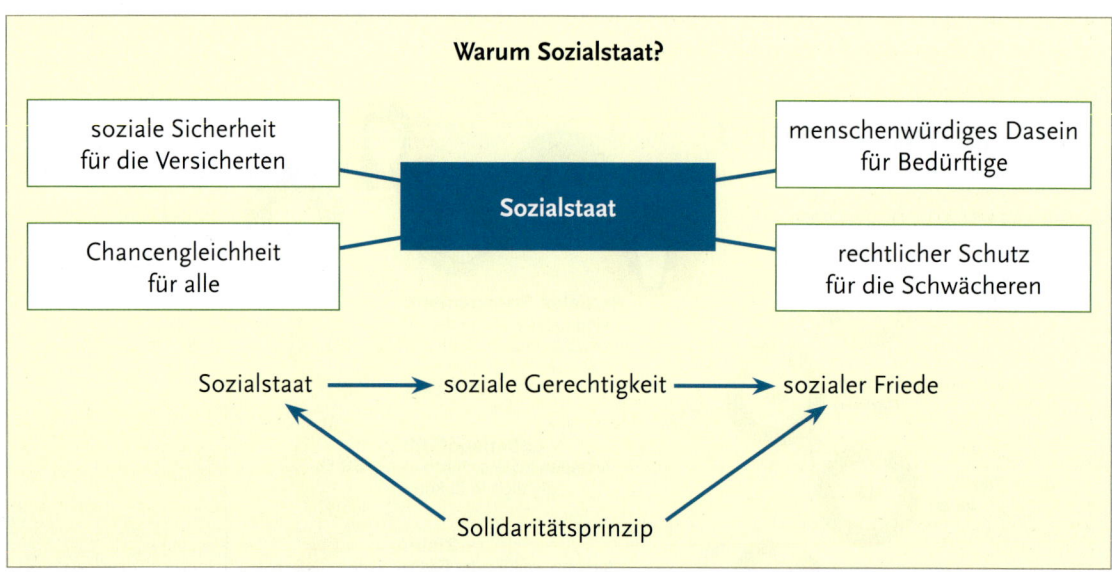

Der Sozialstaat Deutschland

In unserem Land ist eine soziale Absicherung selbstverständlich: Wenn ich z. B. krank bin, gehe ich zum Arzt und bin über eine Krankenkasse finanziell abgesichert. Früher waren die Menschen weitgehend auf private Vorsorge angewiesen. Dabei wurden sie von Familie, Kirche, Nachbarschaft oder Berufsverbänden unterstützt. Vor etwa 130 Jahren wurde die Sozialversicherung geschaffen. Das Deutsche Reich galt als Vorreiter für ganz Europa. Nach dem Zweiten Weltkrieg wurde im Grundgesetz festgehalten:

> Die Bundesrepublik Deutschland ist ein demokratischer und sozialer Bundesstaat.
> *(Artikel 20 GG)*

1. Notiert, was für euch „sozial" bedeutet. Entwickelt eine Mindmap dazu.
2. Beschreibt mithilfe der Grafik, welche Aufgaben der Sozialstaat hat. Nennt Beispiele.
3. Erklärt, in welchen Fällen der Sozialstaat hilft.

Der Sozialstaat bietet seinen Bürgern weit mehr als nur die Sozialversicherung. Hierher gehören auch Regelungen für Bereiche wie Steuergerechtigkeit, betriebliche Mitbestimmung, Bildungswesen, Miet- oder Arbeitsrecht.

Der moderne Sozialstaat versucht, gleichwertige Lebens- und Arbeitsbedingungen seiner Bürger zu schaffen. Dazu erlässt der Staat Gesetze und Bestimmungen und trifft Vorsorgemaßnahmen für Notsituationen.

Da sich die Menschen immer wieder neuen Herausforderungen und Lebensbedingungen stellen müssen, werden auch die Gesetze auf die veränderten Bedingungen angepasst.

Was ihr noch tun könnt ...

- im Internet recherchieren, inwiefern andere Länder eine „soziale" Sicherung haben. Vergleicht mit Deutschland.
- einem Gast aus einem anderen Land den Sozialstaat vorstellen.

1883
Krankenversicherung
1884
Unfallversicherung

1911
Rentenversicherung
1927
Arbeitslosenversicherung

1954
Kindergeldgesetz
1966
Kindererziehung wird auf die gesetzliche Rentenversicherung angerechnet

1971
Bafög

1995
Pflegeversicherung

2001
„Riester-Rente"; Grundsicherung im Alter

2005
„Hartz IV" (ALG II)
2007
Elterngeld

2013
Betreuungsgeld
versicherungspflichtiger Minijob

2014
Mindestlohn, Mütterrente

[1] Zeittafel

▶ Zusammenleben in der Zukunft

Was bedeutet es, in einem Sozialstaat zu leben?
Was sind Sozialversicherungen?
Was ist soziale Gerechtigkeit?
Welche Förderungen gibt der Staat in Notlagen?
Wie sieht meine Zukunft im Sozialstaat Deutschland aus?
Mit diesen und ähnlichen Fragen beschäftigt sich das folgende Kapitel.

Wichtige Kompetenzen in diesem Kapitel

Sachkompetenz
▶ wesentliche Grundsätze des Sozialstaats erläutern
▶ die Sozialversicherungen benennen
▶ die Verteilung von Einkommen, Chancen und Ressourcen in der Bundesrepublik Deutschland darstellen und an ausgewählten sozialpolitischen Maßnahmen erklären
▶ persönliche Wertvorstellungen mit allgemeinen, auch kulturell geprägten Wertorientierungen vergleichen

Methodenkompetenz
▶ eine Zukunftswerkstatt durchführen

Urteilskompetenz
▶ die Möglichkeiten, Erfordernisse und Grenzen staatlicher Sozialpolitik beurteilen
▶ die Auswirkungen ausgewählter sozialpolitischer Maßnahmen im Hinblick auf die künftigen Entwicklungsmöglichkeiten von Kindern und Jugendlichen bewerten
▶ die eigene Lebensgestaltung und Lebensplanung vor dem Hintergrund sozialer Erwartungen beurteilen

Handlungskompetenz
▶ andere Positionen einnehmen und diese vertreten (Perspektivwechsel)
▶ mit kulturellen und sozialen Differenzen reflektiert, tolerant sowie in dialogischer Kritik umgehen

Methode Zukunftswerkstatt

[1] Lebensmöglichkeiten. *Fotos*.

Darum geht es…

Eine Zukunftswerkstatt will Menschen anregen, ihr zukünftiges Leben mitzugestalten.
Sie sollen sich ihrer Sorgen bewusst werden, jedoch nicht nur abwarten, was kommt. Sie lernen, ihr Leben in die Hand zu nehmen.
Die Zukunftswerkstatt besteht aus drei Phasen:
– der Kritik-Phase
– der Fantasie-Phase
– der Umsetzungs-Phase.

1. Schritt: Die Kritik-Phase

Die Gruppe sitzt im Kreis zusammen. Jeder Schüler nimmt sich einen schwarzen Filzstift. In der Mitte liegen leere, weiße Papierstreifen.
Jeder stellt sich die Frage:
„Wie wird mein Leben in 15 Jahren aussehen? Welche Sorgen, Ängste oder Probleme könnte ich haben?" Die Schüler schreiben ihre Antworten auf die Papierstreifen. Die Streifen legen sie wieder in die Mitte des Kreises.

2. Schritt: Die Fantasie-Phase

Die Schüler bilden frei gewählte Kleingruppen. Sie nehmen aus dem Kreis ihre Papierstreifen mit. Sie entwickeln jetzt ihre Wunschwelt.
Nach dem Motto: „So möchte ich in 15 Jahren leben…" gestalten sie ihre Plakate. Der Fantasie sind keine Grenzen gesetzt. Am Ende dieser Phase stellen die Schüler ihre Plakate vor.

Es ist wichtig, dass die Ideen frei dargestellt werden, und dass niemand ausgelacht wird, auch dann nicht, wenn die Fantasiewelt einem etwas seltsam vorkommen mag.

3. Schritt: Die Umsetzungs-Phase

Nun werden die Wünsche einzeln unter die Lupe genommen:
– Welche Ideen sind besonders interessant?
– Welche sollten aufgegriffen werden?
– Was kann man konkret tun? Wobei wird Hilfe benötigt?
– Wer könnte helfen?
Die Schüler entwickeln selbstständig ihre Strategien, wie sie ihre Ziele erreichen könnten. Die Leitfrage lautet:
„Was kann ich heute dafür tun, dass mein Leben in 15 Jahren so aussieht, wie ich es haben möchte?"

Rahmenbedingungen/ihr benötigt:
– 4 bis 5 Stunden Zeit
– einen großen Raum und Kleingruppenräume.

Zur Dokumentation und Präsentation:
DIN-A4 Papier, Papierstreifen in $10 \times 20\,cm$ geschnitten, große Bögen oder Rollen aus Packpapier, Scheren, Bunt- und Filzstifte, Klebstoff, Zeitschriften und Kataloge (Material für die Collagen).
Auf der folgenden Seite findet ihr Anregungen zur Gestaltung eines Plakats.

In der Fantasie-Phase sind diese Plakate entstanden.

Jetzt seid ihr dran!

1. Probiert die Methode „Zukunftswerkstatt" aus. Es ist wichtig, dass ihr dafür genügend Zeit (ca. 4 Stunden) einplant. Ihr könnt so vorgehen wie die Klasse 10b in unserem Beispiel.

Werte im Wandel

Was ist uns wichtig?

> In meiner Jugend war die Familie, bestehend aus Eltern und Kindern, der Normalfall. Je nach Wohnsituation gehörten auch Großeltern oder alleinstehende Verwandte dazu. Man half sich gegenseitig und konnte sich aufeinander verlassen.

[1] Familie früher. *Fotos.*

1. Vergleicht [1] und [2] und beschreibt die Veränderungen.
2. Nennt Formen des Zusammenlebens, die heutzutage möglich sind.

Werte wandeln sich

Der Wertewandel hat verschiedene Ursachen: mehr Freizeit, bessere Bildung, neue Technik, medizinischer Fortschritt (Geburtenkontrolle), mehr Sicherheit, weniger Kriege, höhere Einkommen, mehr Kommunikationsmöglichkeiten, veränderte Ansichten und Freiheit bei der Glaubenswahl.

> Bei uns zu Hause bin ich „Hausmann" und das bedeutet für mich etwas Wunderbares! Vor sechs Wochen traf ich mit meiner Frau diese bewusste Entscheidung. 14 Monate unterstützt der Staat dies mit dem Elterngeld. Ich bekomme nun die Chance, näher bei meiner Tochter zu sein und erlebe, wie sie sich entwickelt.

[2] Familien – heute. *Fotos.*

Die Möglichkeiten, das Leben zu gestalten sind vielfältiger geworden: in der Ausbildung, bei der Lebens- und Familienplanung sowie der Eheschließung. Problematisch kann es werden, wenn eigene Bedürfnisse wie Selbstverwirklichung, Geld verdienen, Karriere und eine Familie zu gründen miteinander vereinbart werden sollen.

3. Beschreibt die Gründe für den Wertewandel.
4. Benennt, welche Folgen diese Entwicklung auf die heutige Gesellschaft hat.

Chancengleichheit für alle?

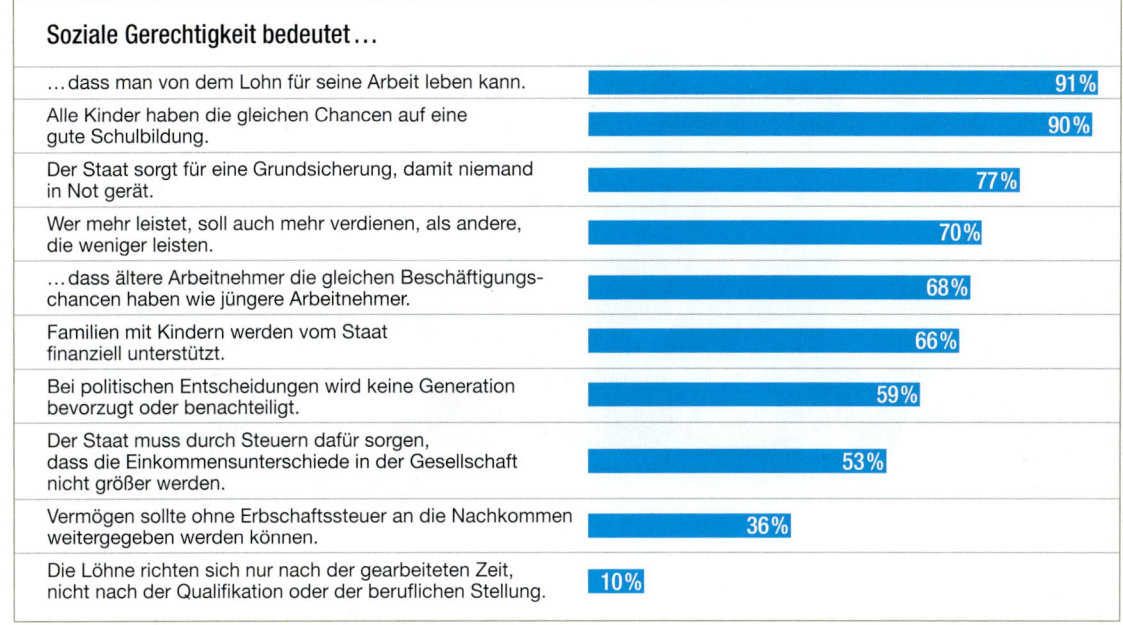

Soziale Gerechtigkeit bedeutet …

…dass man von dem Lohn für seine Arbeit leben kann.	91%
Alle Kinder haben die gleichen Chancen auf eine gute Schulbildung.	90%
Der Staat sorgt für eine Grundsicherung, damit niemand in Not gerät.	77%
Wer mehr leistet, soll auch mehr verdienen, als andere, die weniger leisten.	70%
…dass ältere Arbeitnehmer die gleichen Beschäftigungschancen haben wie jüngere Arbeitnehmer.	68%
Familien mit Kindern werden vom Staat finanziell unterstützt.	66%
Bei politischen Entscheidungen wird keine Generation bevorzugt oder benachteiligt.	59%
Der Staat muss durch Steuern dafür sorgen, dass die Einkommensunterschiede in der Gesellschaft nicht größer werden.	53%
Vermögen sollte ohne Erbschaftssteuer an die Nachkommen weitergegeben werden können.	36%
Die Löhne richten sich nur nach der gearbeiteten Zeit, nicht nach der Qualifikation oder der beruflichen Stellung.	10%

[3] *Grafik.*

Werte in unserer Gesellschaft

Jede Gesellschaft besitzt Werte, die die Eigenschaften einer Gesellschaft aufzeigen. Werte entwickeln sich durch die Geschichte, die Kultur oder die Religion. Menschen benötigen für ihr Handeln Werte als Orientierung. Gesellschaftliche Werte sind zum Beispiel: Rücksichtnahme, Hilfsbereitschaft, Respekt, Höflichkeit, Toleranz, Pünktlichkeit, Verantwortungsbewusstsein oder Teamfähigkeit. Werte werden durch die Erziehung im Elternhaus, die Schule, die Ausbildung, den Beruf und durch die Medien vermittelt. Ein „Wertewandel" bedeutet, dass entweder einige Werte bedeutungslos, andere Werte hingegen wichtiger werden oder sich neue Werte entwickeln.

5. Notiert, welche Werte für euch besonders wichtig sind. Vergleicht eure Ergebnisse mit der Umfrage in [3].
6. Nennt Beispiele für Werte, die sich widersprechen könnten.

Soziale Gerechtigkeit

Bei vielen Umfragen nennen Menschen als höchsten und wichtigsten Wert die „Gerechtigkeit". Viele Menschen empfinden es zum Bei-

spiel als ungerecht, wenn sie vom Lohn ihrer Arbeit nicht leben können. Doch was genau ist gerecht und was ist ungerecht? Im alltäglichen Miteinander sind Regeln sinnvoll. Wenn alle Menschen das Gleiche bekommen würden, bedeutet das nicht automatisch, dass es gerecht ist. Die Sozialgesetzgebung bemüht sich um ausgleichende Gerechtigkeit und um den Schutz der Schwächeren.

Wählt einen der folgenden Arbeitsaufträge aus:

◼ Notiert eure eigenen Erfahrungen: Wo habt ihr die verschiedenen Formen des Zusammenlebens in eurer Bekanntschaft erfahren?

◼ Führt in der Klasse eine Diskussion durch. Sammelt dafür Pro- und Contra-Argumente zu den verschiedenen Formen des Zusammenlebens.

Was ihr noch tun könnt …
- eine eigene Umfrage in der Klasse zum Thema „Chancengleichheit" durchführen.
- einen Experten (Gleichstellungsbeauftragten) in die Schule einladen und befragen.

Sozialstaat – eine solidarische Gemeinschaft

Was bedeutet es, „solidarisch" zu sein?

> Als wir unsere Abschlussfahrt planten, gab es einen Mitschüler, dessen Eltern die Fahrt nicht bezahlen konnten. Daher haben wir überlegt, was wir tun können, damit alle Schüler aus der Klasse mitfahren können.
> Wir haben uns für einen Trödelmarkt entschieden. Von den Einnahmen konnte die Fahrt für den Schüler bezahlt werden. Der Rest kam in die Klassenkasse.

Das Solidaritätsprinzip

Das Beispiel der Schüler beschreibt, wie eine solidarische Gemeinschaft funktioniert. Es muss sichergestellt werden, dass Menschen in einer Notsituation mit der sozialen und wirtschaftlichen Unterstützung der Gemeinschaft rechnen können. Das wird **Solidaritätsprinzip** genannt.

Deutschland ist nach dem Grundgesetz ein Sozialstaat. Der Staat muss sicherstellen, dass jedem Bürger immer eine Teilhabe am gesellschaftlichen und politischen Leben möglich ist. Dies können z. B. in der Arbeitsmarktpolitik die Berufsberatung oder die Arbeitsvermittlung oder die Gesetze zum Arbeitsschutz sein.

Die Sozialgesetze bieten Hilfe in Notlagen wie die Sozialversicherung, die Sozialhilfe, die Grundsicherung im Alter und die sozialen Dienste. In der Sozialpolitik werden durch Gesetze und Verordnungen Rahmenbedingungen geschaffen, um Notlagen zu verhindern.

1. Beschreibt in eigenen Worten, was Solidarität bedeutet. Findet weitere Beispiele.
2. Nennt die fünf Säulen der Sozialversicherung.
3. Diskutiert den Satz: „Solidarität ist die Grundlage des Sozialstaates". Notiert Argumente dafür und dagegen.

KRANKEN-VERSICHERUNG	UNFALL-VERSICHERUNG	RENTEN-VERSICHERUNG	ARBEITSLOSEN-VERSICHERUNG	PFLEGE-VERSICHERUNG
seit 1883	seit 1884	seit 1889	seit 1927	seit 1995
Träger: gesetzliche Krankenkassen	Träger: Berufsgenossenschaften, Unfallkassen	Träger: gesetzliche Rentenversicherung	Träger: Bundesagentur für Arbeit	Träger: Pflegekassen der Krankenkassen
Leistungen: Gesundheitsvorsorge, notwendige medizinische Hilfe, Krankengeld	Leistungen: Unfallverhütung, Hilfen/Entschädigungen bei Arbeitsunfällen/Berufskrankheiten	Leistungen: Altersrente, Rente bei Erwerbsminderung, Hinterbliebenenrente, Rehabilitation	Leistungen: Unterstützung bei Integration in den Arbeitsmarkt, Arbeitslosengeld	Leistungen: Pflegegeld, Sachleistungen, Grundpflege und hauswirtschaftliche Versorgung

Woher kommt das Geld für die Sozialleistungen?
Wofür wird das Geld ausgegeben?

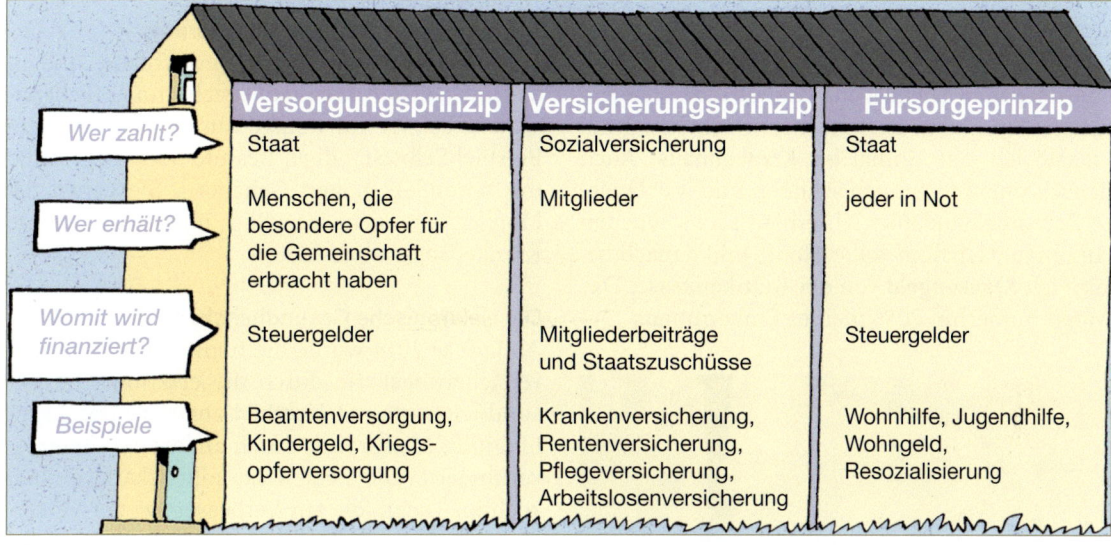

Versorgungsprinzip	Versicherungsprinzip	Fürsorgeprinzip
Wer zahlt? Staat	Sozialversicherung	Staat
Wer erhält? Menschen, die besondere Opfer für die Gemeinschaft erbracht haben	Mitglieder	jeder in Not
Womit wird finanziert? Steuergelder	Mitgliederbeiträge und Staatszuschüsse	Steuergelder
Beispiele Beamtenversorgung, Kindergeld, Kriegsopferversorgung	Krankenversicherung, Rentenversicherung, Pflegeversicherung, Arbeitslosenversicherung	Wohnhilfe, Jugendhilfe, Wohngeld, Resozialisierung

[1] *Grafik.*

4. Erläutert mithilfe der Grafik [1] die drei Grundprinzipien der sozialen Sicherung.

Die Grundprinzipien der sozialen Sicherung
Um die Ziele und die Einrichtungen des Sozialstaates umsetzen zu können, wird Geld benötigt. Einmal im Jahr berichtet die Bundesregierung über alle Sozialausgaben und ihre Finanzierung. Die Ausgaben machten 2010 ungefähr zwei Drittel der deutschen Wirtschaftsleistung aus. Die Finanzierung des Soziales Netzes besteht aus drei Säulen.

Sozialstaat und Sozialpolitik
Zur Umsetzung des Solidaritätsprinzips in der Sozialpolitik gibt es u. a. die Sozialversicherungen. Wer viel verdient, zahlt höhere Beiträge. Dafür können beispielsweise Kinder in der Familienversicherung kostenlos versichert werden. Solidarisch verhält sich der Staat auch im Bereich der Bildungspolitik, da eine gute Bildung mehr Chancen und Perspektiven auf dem Arbeitsmarkt sowie auf ein besseres Leben ermöglicht. Dies bedeutet, dass Kindern und Jugendlichen ein offener, kostenloser und freier Zugang zur Schule geboten wird.

5. Erläutert, warum der Sozialstaat besonders Kinder und junge Menschen unterstützt.

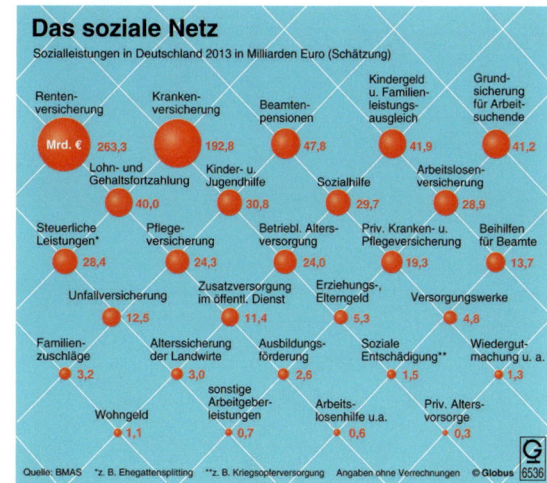

Das soziale Netz
Sozialleistungen in Deutschland 2013 in Milliarden Euro (Schätzung)

Rentenversicherung **Mrd. €** 263,3
Krankenversicherung 192,8
Beamtenpensionen 47,8
Kindergeld u. Familienleistungsausgleich 41,9
Grundsicherung für Arbeitsuchende 41,2
Lohn- und Gehaltsfortzahlung 40,0
Kinder- u. Jugendhilfe 30,8
Sozialhilfe 29,7
Arbeitslosenversicherung 28,9
Steuerliche Leistungen* 28,4
Pflegeversicherung 24,3
Betriebl. Altersversorgung 24,0
Priv. Kranken- u. Pflegeversicherung 19,3
Beihilfen für Beamte 13,7
Unfallversicherung 12,5
Zusatzversorgung im öffentl. Dienst 11,4
Erziehungs-, Elterngeld 5,3
Versorgungswerke 4,8
Familienzuschläge 3,2
Alterssicherung der Landwirte 3,0
Ausbildungsförderung 2,6
Soziale Entschädigung** 1,5
Wiedergutmachung u. a. 1,3
Wohngeld 1,1
sonstige Arbeitgeberleistungen 0,7
Arbeitslosenhilfe u.a. 0,6
Priv. Altersvorsorge 0,3

Quelle: BMAS   *z. B. Ehegattensplitting   **z. B. Kriegsopferversorgung   Angaben ohne Verrechnungen   © Globus   6536

[2] *Infografik.*

6. Wertet die Infografik [2] aus.
Schreibt auf, für welche Sozialleistungen der Staat viele/wenige Sozialausgaben ausgibt.

Was ihr noch tun könnt ...
- Sucht in Zeitungen und im Internet aktuelle Berichte/Informationen zu den Sozialversicherungen.
- Recherchiert zu eurem Traumberuf: Tätigkeit / benötigter Schulabschluss / Verdienst (Brutto/Netto) / Sozialabgaben.

Die Krankenversicherung

1. Informiert euch auf dieser Seite über die gesetzliche Krankenversicherung.
2. Präsentiert eure Ergebnisse in der Klasse.

Martina erzählt:

1 Auf einer Rucksack-Tour habe ich mir im Urlaub
2 eine **Hepatitis** zugezogen. Das ist eine schwere
3 Leberentzündung. Da es mir sehr schlecht ging,
4 **musste** ich erst einmal **ins Krankenhaus**. Auch
5 danach musste ich mich schonen und war länge-
6 re Zeit **arbeitsunfähig**. Ich erhielt sechs Wochen
7 lang mein Gehalt in voller Höhe, und danach be-
8 kam ich **Krankengeld** von der Krankenkasse. Das
9 waren immerhin 70 % meines Einkommens.

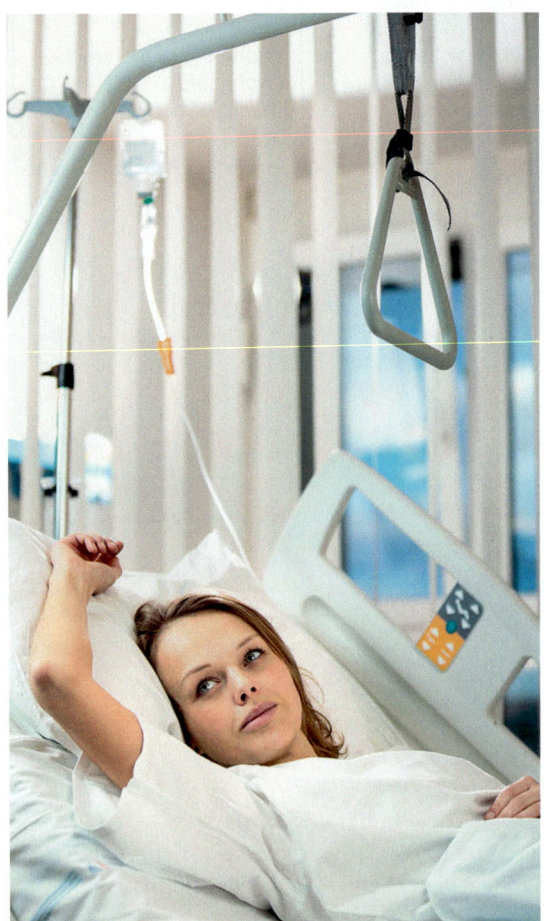

[1] Eine Patientin im Krankenhaus. *Foto.*

Die gesetzliche Krankenversicherung

1 Fast alle Arbeitnehmer in Deutschland sind in
2 der gesetzlichen Krankenversicherung **pflichtver-**
3 **sichert**. Es gibt nur wenige Ausnahmen wie zum
4 Beispiel Selbstständige, Beamte oder Angestellte
5 mit besonders hohen Gehältern. Sie haben die
6 Möglichkeit, sich freiwillig über eine private
7 Krankenkasse abzusichern.

Die elektronische Gesundheitskarte

1 Ab Januar 2014 wurde die traditionelle Kranken-
2 versicherungskarte durch die elektronische Ge-
3 sundheitskarte **mit Lichtbild** abgelöst. Das Licht-
4 bild hilft, Missbrauch durch andere Personen zu
5 verhindern. Die neue Gesundheitskarte enthält
6 wichtige Daten, die zur Verbesserung der Versor-
7 gung beitragen und die Verwaltungskosten sen-
8 ken. Welche zusätzlichen Informationen hier ge-
9 speichert werden dürfen, ist noch umstritten.

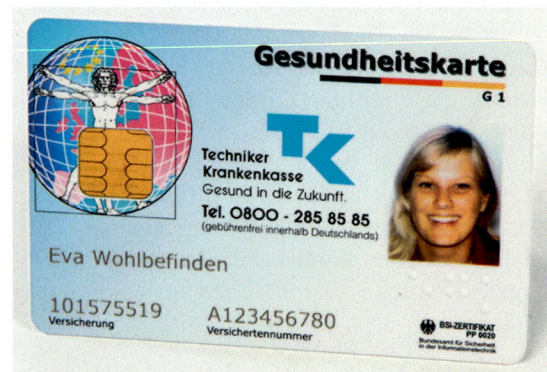

[2] Elektronische Gesundheitskarte.

Tipps für die Erarbeitung
Ihr könnt beim Lesen die Schritte des
Textknackers anwenden. Was habt ihr über
die gesetzliche Krankenversicherung
erfahren?

Tipps für die Präsentation
– Informiert euch zusätzlich über die Kranken-
  kasse (Internet, Befragungen …) und stellt die
  Ergebnisse z. B. auf einem Lernplakat vor.

Die Pflegeversicherung

1. Informiert euch auf dieser Seite über die gesetzliche Pflegeversicherung.
2. Präsentiert eure Ergebnisse in der Klasse.

Eine Pflegerin berichtet:

Frau Groothus (75) wohnt im ersten Stock eines Familienhauses und erlitt vor einem Jahr einen **Schlaganfall**. Nach einem Krankenhausaufenthalt wurde sie pflegebedürftig, weil sie durch eine halbseitige **Lähmung** beeinträchtigt ist. Sie ist in den Bereichen Körperpflege, Hauswirtschaft und Ernährung eingeschränkt.

Ihre Tochter ist berufstätig und mit der Pflege überfordert. Deshalb suchte sie eine **Pflegeberatung** auf. Seitdem helfe ich morgens Frau G. bei der Grundpflege und der Essenszubereitung. Die Tochter kocht am Abend und bringt ihre Mutter zu Bett. Trotz der Lähmung kann sich Frau G. noch selbst beschäftigen, und zu einer Nachbarin hält sie regelmäßig Kontakt.

Die Tochter berichtet, dass ihre Mutter seit einiger Zeit **orientierungslos** wirkt: Sie redet durcheinander und beim Essen hat sie Schluckstörungen. Mittlerweile ist es umständlich geworden, sie ins Bett zu bringen. Der Hausarzt stellte fest, dass Frau Groothus an einer **Demenz** als Spätfolge des Schlaganfalls leidet.

Ich empfehle der Tochter eine weitere Beratung bei der Pflegedienstleitung. Folgendes ist vorstellbar: Zuerst muss ein Antrag auf mehr Leistung durch die erhöhte Pflegebedürftigkeit bei der Krankenkasse beantragt werden. Wird der Antrag anerkannt, kann ich abends zusätzlich kommen, um sie zu waschen, ihr Essen zu reichen und sie ins Bett zu bringen. Außerdem könnte eine Hauswirtschafterin mehrmals in der Woche kommen. Langfristig muss aber darüber nachgedacht werden, ob die Wohnung altersgerecht umgebaut werden kann oder ob Frau G. doch in ein **Pflegeheim** umziehen sollte.

„Ach, schön, dass Sie da sind!"

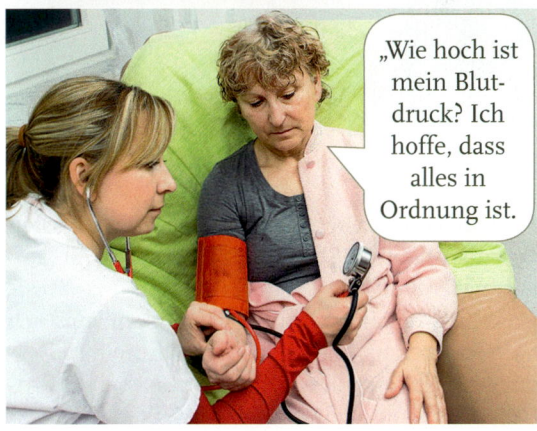

„Wie hoch ist mein Blutdruck? Ich hoffe, dass alles in Ordnung ist."

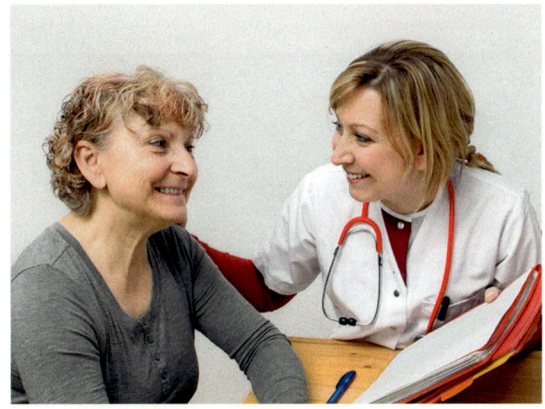

[1]–[3] Häusliche Pflege und Pflegeberatung. *Fotos.*

Tipps für die Erarbeitung
– Lest den Bericht der Pflegeberaterin durch.
– Klärt unbekannte Begriffe mithilfe eines Lexikons oder im Internet.

Tipps für die Präsentation
– Informiert euch zusätzlich im Internet über die Leistungen der Pflegeversicherung.
– Präsentiert eure Ergebnisse auf einem Lernplakat.

Die Arbeitslosenversicherung

1. Informiert euch auf dieser Seite über die gesetzliche Arbeitslosenversicherung.
2. Präsentiert eure Ergebnisse in der Klasse.

Frau Berger berichtet

Ich bin Frau Berger, 48 Jahre alt und arbeite als Steuerberaterin. Im Unternehmen kümmere ich mich um die verschiedenen Steuerangelegenheiten.

[1] Frau Berger bei der Arbeit. *Foto.*

Nun sollen in unserer Firma die **Personalkosten** gesenkt und viele Standorte in Deutschland aufgelöst werden.
Da ich verheiratet bin und mein Mann und ich ein Haus gebaut haben, kann ich mir einen Umzug schwer vorstellen. Ich habe von meinem Arbeitgeber bisher kein Angebot erhalten und werde wohl daher in vier Monaten arbeitslos.

[2] Agentur für Arbeit. *Foto.*

[3] Auf der Suche nach einem Job. *Foto.*

Ich sehe nur wenig Hoffnung, dass ich schnell etwas Neues finde. Demnächst werde ich bei der Agentur für Arbeit anrufen und meine drohende Arbeitslosigkeit melden. Dann würde ich vom ersten Tag meiner Arbeitslosigkeit an für 12 Monate Arbeitslosengeld (ALG I) bekommen, das sind 60% meines alten Nettogehalts. Jedenfalls werde ich nicht aufgeben und sofort anfangen, nach einer neuen Stelle zu suchen. Dazu werde ich mir einen Termin bei der **Arbeitsagentur** geben lassen, damit ich mich gezielt auf etwas Neues in meiner Heimat bewerben kann.
Falls sich nichts Passendes ergeben sollte, werde ich mich **für einen neuen Beruf umschulen lassen** – selbst wenn ich dann weniger verdienen sollte.
Ich möchte auf keinen Fall **ALG II** („Hartz IV") beziehen müssen, denn diese geringe finanzielle Unterstützung würde für mich z. B. den Umzug in eine billigere Wohnung bedeuten.

Tipps für die Erarbeitung
- Lest den Bericht von Frau Berger durch.
- Informationen über Maßnahmen der Agentur für Arbeit (gegen Jugendarbeitslosigkeit; Hilfen bei Ausbildungsplatzsuche) sammelt.

Tipps für die Präsentation
- Eine Arbeitsagentur in der Nähe aufsuchen.
- Informationen sammeln und auf einem Lernplakat präsentieren.
- Eine Ausstellung in der Klasse organisieren.

Wahlseite   Die Rentenversicherung

1. Informiert euch auf dieser Seite über die gesetzliche Rentenversicherung.
2. Präsentiert eure Ergebnisse in der Klasse.

Im Alter abgesichert?

Damit jeder Mensch im Alter Geld zum Leben hat, wurde die **Rentenversicherung** eingeführt. Arbeiter und Angestellte zahlen von ihrem Eintritt ins Berufsleben an Beiträge in die Rentenkasse. Der gleiche Betrag wird zusätzlich von den Arbeitgebern eingezahlt. Einige schließen darüber hinaus noch eine private Altersvorsorge ab.

Herr Schneider freut sich: nach 45 Jahren kann er als Handwerksmeister mit einem guten Auskommen in Rente gehen. Herr Schneider bekommt neben seiner Rente Geld aus seiner privat abgeschlossenen Altersvorsorge. Er und seine Frau wollen die freie Zeit nutzen, um endlich ihr Eigenheim und ihre Hobbies entspannt genießen zu können. Ferner sind er und seine Frau glücklich, nun häufiger mit ihrem Wohnmobil in Europa verreisen zu können. In den Ferien kommen die Enkelkinder und sie werden einige Ausflüge mit ihnen unternehmen. Herr Schneider und seine Frau können es sich leisten, ihre Enkelkinder auch finanziell zu unterstützen – mit Geld für Hobbies oder für die Ausbildung.

[1] Zufriedenes Rentner-Ehepaar. *Foto.*

[2] Eine Rentnerin macht sich Sorgen. *Foto.*

Frau Calmus fängt an zu rechnen: 930 Euro Rente und nach den monatlichen Abzügen wie Miete, Versicherungen, Medikamente und Arztbesuch bleiben ihr 120 Euro zum Leben. Und nun sollen Strom und Gas teurer werden – wie soll das noch gehen? Die gelernte Bürokauffrau bekam zwei Söhne. Ihr Mann starb, als die Kinder noch klein waren, und sie erhält kaum **Witwenrente**. Sie arbeitete in der Gastronomie in Teilzeit. Dann wurde sie krank, und sie konnte nur mit Unterbrechungen berufstätig sein. Insgesamt konnte sie über längere Zeit nur geringe oder gar keine Beträge in die Rentenversicherung zahlen. Um zu überleben benötigt Frau Calmus Lebensmittel- und Kleiderspenden. Sie erhält Wohngeld und ergänzende **Hartz-IV-Leistungen**. Ein gemeinnütziger Verein hilft und unterstützt sie.

Tipps für die Erarbeitung
– Lest die Berichte der beiden Personen durch.
– Klärt unbekannte Begriffe mithilfe eines Lexikons oder im Internet.

Tipp für die Präsentation
Sammelt Informationen über die Leistungen der verschiedenen Rentenversicherungen und vergleicht sie auf einem Lernplakat.

WEBCODE: MZ643776-025   25

Die Zukunft des Sozialstaates

Wächst die soziale Ungleichheit?

Armut in Deutschland

Die Armut in Deutschland ist in den letzten Jahren weiter angestiegen. Die Reichen werden immer reicher, die Ärmeren immer ärmer; auch die Einnahmen des Staates gehen zurück. Dies geht aus einem Bericht der Bundesregierung hervor.

[1] Eine Straßenszene in München. *Foto, 2012*

In Deutschland sind rund 13 Millionen Menschen von Armut bedroht, trotz sinkender Arbeitslosenquote und Wirtschaftswachstum. Hingegen gehört den vermögensstärksten zehn Prozent der Haushalte mehr als die Hälfte des gesamten Nettovermögens.

Das Bundeskabinett hat am 6. März 2013 den **4. Armuts- und Reichtumsbericht** verabschiedet. Die Bundesregierung legt einen solchen Bericht alle vier Jahre vor.

(Quelle: http://www.politische-bildung.de/armut_in_deutschland.html)

Kinder sind besonders gefährdet

1,64 Millionen Jungen und Mädchen sind in Deutschland auf Hartz IV angewiesen. Das geht aus einer Statistik der Bundesagentur für Arbeit (BA) hervor, wie die „Süddeutsche Zeitung" berichtet. Im Mai 2014 lag der Anteil der von Armut betroffenen Kinder in der Altersgruppe unter 15 Jahren demnach bei 15,7 Prozent. 2012 waren es noch genau 15 Prozent gewesen. (...)

Der Deutsche Gewerkschaftsbund (DGB) fordert deshalb ein Aktionsprogramm für Eltern, die mit ihren Kindern schon länger von Hartz IV leben müssen. „Es passt nicht zusammen, über Fachkräftemangel zu diskutieren und zugleich zuzulassen, dass etwa 1,9 Millionen Kinder unter 18 Jahren im Hinterhof unserer Wohlstandsgesellschaft in Hartz-IV-Armut leben müssen", sagte DGB-Vorstandsmitglied Annelie Buntenbach der „SZ".

Dem DGB schwebe dabei vor, mehr geförderte Arbeitsplätze zu schaffen, „sofern eine Beschäftigung anders nicht möglich ist". Das Programm müssten Jobcenter, Kommunen, der Bund, Wohlfahrtsverbände und Vereine gemeinsam tragen.

(Quelle: http://www.spiegel.de/wirtschaft/soziales/kinderarmut-mehr-als-1-6-millionen-betroffene-in-deutschland-a-996606.html)

[2] Viele Kinder sind von der zunehmenden Armut betroffen. *Foto, 2009.*

1. Viele Familien haben nur das Nötigste zum Leben. Zählt auf, was alles die Kinder dieser Familien nicht bekommen können.
2. Macht Vorschläge, was für die Kinder aus armen Familien getan werden müsste.

Der Generationenvertrag – hält er auch in der Zukunft?

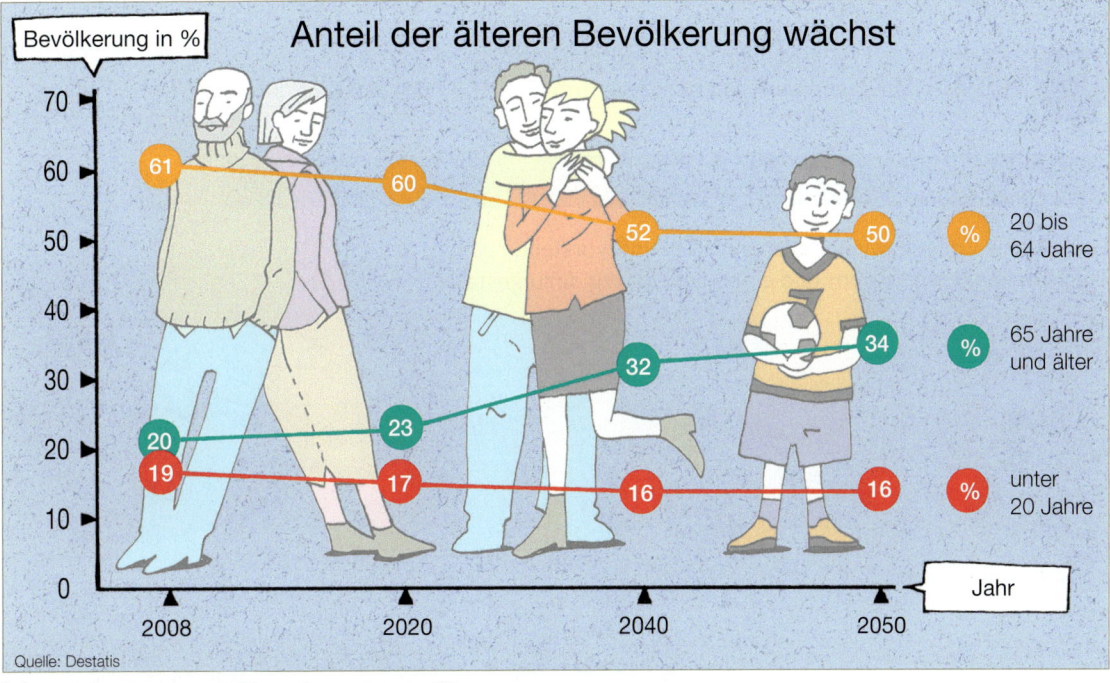

[3] Bevölkerungsentwicklung bis 2050. *Grafik*.

Was bedeutet der Generationenvertrag?

Der Generationenvertrag bildet in Deutschland die Grundlage der gesetzlichen Rentenversicherung. Der Grundgedanke dabei ist, dass die Generation der Berufstätigen für die ältere Generation, aber auch für die Kinder und Jugendlichen sorgt. Versicherungspflichtige Arbeitnehmer zahlen einen Beitrag in die Rentenversicherung ein und decken so, zusammen mit ihren Arbeitgebern und einem Bundeszuschuss, die laufenden Rentenleistungen. Die Beitragszahler erhalten einen Rentenanspruch, der sich nach Beitragszeiten und Einkommen richtet. Wenn die heutige, erwerbstätige Generation in die Rente geht, dann wird ihre Rente aus den Beiträgen der nachwachsenden Generation finanziert.

3. Erklärt mit eigenen Worten, was der Generationenvertrag bedeutet.

> „Die Rente ist sicher."
> *Dr. Norbert Blüm (CDU, Bundesminister für Arbeit und Sozialordnung) 10. 10. 1997*

Was wird sich ändern?

Dem Generationenvertrag macht derzeit der demografische Wandel der Gesellschaft zu schaffen: Durch die steigende Lebenserwartung wächst die Zahl der Rentenberechtigten, dagegen sinkt die Zahl der Beitragszahler.
Die Folge: Das Rentenniveau fällt, sodass Versicherte mit einer erheblichen Rentenlücke rechnen müssen. Sie sind zunehmend auf eine private Altersvorsorge angewiesen, um diese Lücke zu schließen.

4. Erläutert den Begriff „Demografischer Wandel" mithilfe der Infografik [3].

Wählt einen der folgenden Arbeitsaufträge aus:

☑ Beschreibe die Entwicklung der Bevölkerung in Deutschland zwischen 2008 und 2040. Welche Tendenz kannst du erkennen?

☑ Nimm Stellung zu der Aussage von Dr. Norbert Blüm aus dem Jahr 1997. Welche Entwicklung hat sich seitdem vollzogen?

Politik aktiv

Auf dieser Seite findet ihr Anregungen, was ihr zum Thema „Zusammenleben in der Zukunft" noch tun, ausprobieren, erproben und entwickeln könnt.

Denkt auch daran, euer Portfolio zu führen:

– gelungene Ergebnisse in Text und Bild sammeln,
– Lernerfahrungen zum Thema „Zusammenleben in der Zukunft" notieren.

1. Collage erstellen

Erstellt eine Collage, wie ihr euch eure Zukunft vorstellt.
Tipp: Ihr könnt wie in dem Bild einen Lebensweg dazu gestalten.

2. Info-Projekt

Gestaltet ein Projekt, um eure Mitschüler zu informieren.
Ihr könnt einen Infostand mit Flyern zu einzelnen Themen aus diesem Kapitel erstellen. Recherchiert in der Bücherei, bei der Stadt, in sozialen Einrichtungen wie die AWO oder im Internet. Beschafft euch besonders Informationen zum Ehrenamt und gesellschaftlicher Aktivität.

Das kann ich!

[1] **Wichtige Begriffe in diesem Kapitel**

Sozialversicherung   Sozialstaat   Solidaritätsprinzip
Wertewandel   Generationenvertrag   Demografischer Wandel

[2] **Was passiert wenn...**

Wenn ich...	dann bekomme ich...
arbeitslos werde,	...
krank werde,	...
einen Unfall habe,	...
alt werde,	...
Pflege brauche,	...

[3] **So funktioniert die Sozialversicherung**

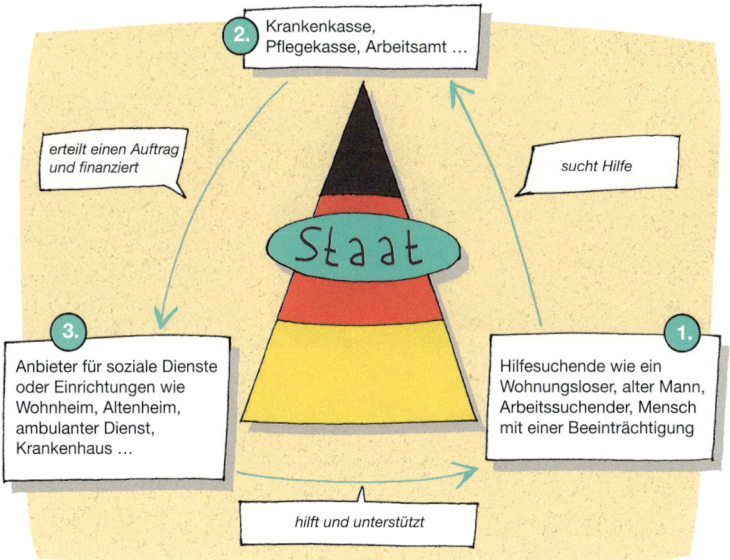

[4] **Politiker und Prominente äußern sich**
Sozialarbeiterin Antje Odenthal: „*Ein Kind nicht in eine Schublade stecken*"
Janna de Rudder: „*Jedem eine Chance geben*"
DBG-Chef Michael Sommer: „*Menschen sind arm trotz Arbeit*"
SPD-Politiker Christoph Matschie: „*Bildung ist Schlüssel zur Gerechtigkeit*"
Armin Buttlar von „Aktion Mensch": „*Jeder soll dazugehören*"
Linke-Politiker Gregor Gysi: „*Ohne Angst durchs Leben gehen können*"
AWO-Geschäftsführer Grießmann: „*Im Alter ein Leben in Würde*"
SPD-Politikerin Heike Taubert: „*Soziale Gerechtigkeit hält die Gesellschaft zusammen*"

Sachkompetenz
1. Erklärt euch gegenseitig die wichtigen Begriffe in [1] und schreibt die Bedeutung der Begriffe auf.
2. Übertragt die Tabelle [2] in euer Heft und füllt sie aus.
3. Beschreibt mithilfe des Schaubildes [3], wie die Sozialversicherung funktioniert. Nennt dazu konkrete Beispiele.

Methodenkompetenz
4. Führt in der Klasse eine „Zukunftswerkstatt" durch.

Urteilskompetenz
5. Eine Zeitung befragte Prominente zum Thema „Soziale Gerechtigkeit". Sucht euch eine Aussage aus [4] und nehmt Stellung dazu.
6. Beurteilt, welche Rolle der Generationenvertrag in der Zukunft spielen könnte.

Handlungskompetenz
7. Plant eine Info-Veranstaltung für die Klasse zum Thema: „Auf der Suche nach einem Ausbildungsplatz". Besorgt euch dazu Informationen von eurer zuständigen Arbeitsagentur.
8. Führt in der Klasse eine Diskussion zu der Fragestellung: „Guter Job und Ja zum Kind – ist das leistbar?" Bringt eure eigenen Ideen für die Gestaltung eurer Zukunft mit ein.

Die Weimarer Republik

Berlin: 9. November 1918

Am 9. November 1918 marschieren Demonstranten durch das Brandenburger Tor in Berlin. Noch am gleichen Tag wird Kaiser Wilhelm II. abdanken. Es ist die Geburtsstunde eines neuen Staates, der „Weimarer Republik".

1. Beschreibt das Bild. Welche unterschiedlichen Personen oder Gruppen sind zu erkennen? Welche Stimmung ist ablesbar?

[1] Matrosenaufstand in Wilhelmshaven. *Foto, 1918.*

Von der Meuterei zur Revolution

Mit großer Begeisterung und Siegeszuversicht waren die deutschen Soldaten 1914 in den Krieg gezogen. Vier Jahre später hungerte die Zivilbevölkerung, es gab kaum noch neue Kleidung oder Brennmaterial. Die deutschen Soldaten mussten den Rückzug antreten. Schließlich bat die oberste Heeresleitung um Waffenstillstand. Der Krieg war verloren. In dieser Situation bekam die Kriegsmarine den Befehl, noch einmal gegen England auszulaufen. Die Matrosen verweigerten den Gehorsam und die Schiffe blieben im Hafen. Am 4. November entwaffneten Soldatenräte in Kiel die Offiziere und übernahmen die Macht. Das war eine Meuterei*. Schnell weiteten sich die Aufstände auf ganz Deutschland aus und erreichten am 9. November 1918 die Hauptstadt Berlin.

> **Meuterei** Aufstand gegen Vorgesetzte, Befehlshaber; Weigerung, Befehle auszuführen.

1. Klärt, welchen Gefahren sich die meuternden Matrosen aussetzten.
2. Beschreibt mithilfe der Karte [2] die Ausbreitung der Revolution. Benennt zu den vier angegebenen Terminen je drei Städte.

[3] Bewaffnete Arbeiter und Soldaten in Berlin am 9. November 1918. *Foto.*

Der Kaiser dankt ab

Die Deutschen hatten lange geglaubt, dass der Krieg gewonnen werden könnte, denn die Heeresleitung und der Kaiser hatten sie nicht über die wirkliche Lage aufgeklärt. Jetzt aber war alles verloren! Wütend und enttäuscht demonstrierten die Menschen für die Abschaffung der Monarchie und die Errichtung einer Republik.

In Berlin zogen demonstrierende Menschenmassen durch das Brandenburger Tor. Bewaffnete Arbeiter und Soldaten marschierten zum Stadtschloss. Jetzt geriet Kaiser Wilhelm II. unter Druck. Als er sich am Mittag des 9. November 1918 noch immer weigerte, zurückzutreten, verkündete Reichskanzler Max von Baden eigenmächtig seine Abdankung.

3. Erklärt, was die Redewendung „Der Kaiser hat abgedankt" bedeutet. Warum waren wohl nicht alle Menschen mit der Abdankung einverstanden?

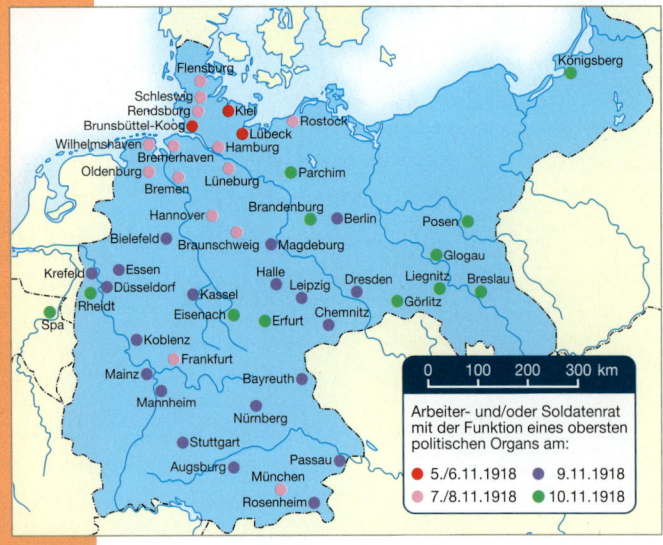

Arbeiter- und/oder Soldatenrat mit der Funktion eines obersten politischen Organs am:

- 🔴 5./6.11.1918
- 🟣 9.11.1918
- 🌸 7./8.11.1918
- 🟢 10.11.1918

[2] Die Novemberrevolution in Deutschland. *Karte.*

WEBCODE: MZ643776-032

Philipp Scheidemann ruft die Republik aus

Am Mittag des 9. November 1918 versammelten sich die Massen vor dem Reichstag in Berlin.

[4] Ausrufung der Republik durch Philipp Scheidemann. *Foto vom 9. November 1918.*

[5] **Gegen 14 Uhr rief der SPD-Politiker Philipp Scheidemann vom Balkon des Reichstages:**
Das deutsche Volk hat auf der ganzen Linie gesiegt. Das alte Morsche ist zusammengebrochen; der Militarismus* ist erledigt! Die Hohenzollern* haben abgedankt! Es lebe die deutsche Republik! ... Jetzt besteht unsere Aufgabe darin, diesen glänzenden Sieg (...) des deutschen Volkes nicht beschmutzen zu lassen, und deshalb bitte ich Sie, sorgen Sie dafür, dass keine Störung der Sicherheit eintrete! ... Ruhe, Ordnung und Sicherheit, das ist das, was wir jetzt brauchen. ... Es lebe die deutsche Republik!

Zit. nach: Manfred Klingenberg, Die Ausrufung der Republik durch Philipp Scheidemann am 9. November 1918, in: Geschichte in Wissenschaft und Unterricht, H. 19, 1986, S. 653 f.

[6] Titelseite des sozialdemokratischen „Vorwärts" vom 9. November 1918.

Am Nachmittag versammelten sich die Massen vor dem Berliner Schloss. Viele schwenkten die rote Fahne des Spartakusbundes*.

[7] **Gegen 16 Uhr sprach der Spartakusführer Karl Liebknecht:**
... Der Tag der Freiheit ist angebrochen. Nie wieder wird ein Hohenzoller diesen Platz betreten. ... Heute steht eine unübersehbare Menge begeisterter Proletarier* an demselben Ort, um der neuen Freiheit zu huldigen. Parteigenossen, ich proklamiere* die freie sozialistische Republik* Deutschland, die alle Stämme umfassen soll, in der es keine Knechte mehr geben wird, in der jeder ehrliche Arbeiter den ehrlichen Lohn seiner Arbeit finden wird.

Vossische Zeitung vom 10.1.1918, zit. nach: Die Weimarer Republik, Quellen für den Geschichtsunterricht. Wochenschau-Verlag, Schwalbach/Ts. 2011, S. 25 f.

4. Vergleicht die Reden [5] und [7]. Legt dazu eine Liste an: In welchen Feststellungen und Zielen stimmen sie überein und in welchen unterscheiden sie sich?

❋

Militarismus Vorherrschaft des militärischen Denkens in Politik und Gesellschaft.
Hohenzollern Deutsches Fürstengeschlecht, stellte die preußischen Könige und ab 1871 die deutschen Kaiser.
Spartakusbund Kommunistische Gruppe, benannt nach dem Führer eines Sklavenaufstandes im antiken Rom.
Proletarier Begriff für besitzlose Arbeiter.
proklamieren ausrufen, verkünden.
sozialistische Republik Staatsform, in der das Eigentum am Boden und an den Fabriken dem Staat gehört.

Wählt einen der folgenden Arbeitsaufträge aus:

▪ Gestaltet zu beiden Redesituationen einen Comic mit Sprechblasen.

▪ Spielt die Reden aus [5] und [7] als Szene in der Klasse vor oder dreht dazu einen Videofilm.

Orientierung

[1] Deutschland 1918–1933. *Karte.*

1. Wertet die Karte [1] aus:
  – Reichweite von West nach Ost und Nord nach Süd (Beispiel: Deutschland reicht von der Grenze zu den Niederlanden im Westen bis ...)
  – Nachbarstaaten
  – große Reichsländer (z. B. Bayern)
  – abgetretene Gebiete (gemäß Versailler Vertrag).
2. Beschreibt die Lage eures Wohnortes bzw. Schulortes.
3. Ermittelt aus der Zeitübersicht:
  – Wie lange hatte die Weimarer Republik Bestand? Was lag vor der Zeit der Weimarer Republik, was danach?
4. Erklärt die Bezeichnung „Weimarer Republik" mit eigenen Worten.

Von Berlin nach Weimar

Die Bezeichnung „Weimarer Republik" für die Jahre zwischen 1918 und 1933 geht auf den Ort Weimar in Thüringen zurück. Um den politischen Unruhen in der Hauptstadt Berlin zu entgehen, tagte die Nationalversammlung in Weimar und beschloss dort 1919 die neue Reichsverfassung. Der Reichstag hatte seinen Sitz in der Hauptstadt Berlin.

Wählt einen der folgenden Arbeitsaufträge aus:

▪ Legt für die Zeit der Weimarer Republik eine Zeitleiste an (1 Jahr = 1 cm) und schreibt die wichtigsten Ereignisse der Jahre 1918, 1919, 1923, 1925, 1929 und 1933 darunter.

▪ Schreibt zu den in der Zeitübersicht vorkommenden Begriffen Meuterei, Revolution, Republik, Verfassung, Putsch, Inflation, Wirtschaftskrise eine kurze Worterklärung.

1918
Eine Meuterei der Matrosen in Kiel wird zur Revolution, am 9. November dankt Kaiser Wilhelm II. ab.
In Berlin wird die Republik ausgerufen.

1919
Spartakusaufstand,
Wahl zur Nationalversammlung,
Friedrich Ebert wird erster Reichspräsident,
Ermordung von Rosa Luxemburg und Karl Liebknecht,
Unterzeichnung des Versailler Vertrages,
Reichsverfassung in Weimar beschlossen.

1923
Besetzung des Ruhrgebietes durch französische Truppen,
Hitler-Putsch (9. Nov.) in München gescheitert,
Höhepunkt der Inflation.

1925–1929
Wahl Paul von Hindenburgs zum Reichspräsidenten,
Verständigung mit Belgien und Frankreich auf der Konferenz von Locarno,
Aufnahme Deutschlands in den Völkerbund (1926).

1929
25. Oktober: „Schwarzer Freitag" an der Börse in New York und Beginn der Weltwirtschaftskrise,
hohe Arbeitslosigkeit und wirtschaftliche Not in Deutschland.

1930–1932
Zunahme der Arbeitslosigkeit in Deutschland bis 6 Millionen, Stimmengewinne der Nationalsozialistischen Deutschen Arbeiterpartei (NSDAP) mit ihrem Parteiführer Adolf Hitler,
Notverordnungen.

1933
Am 30. Januar wird Adolf Hitler Reichskanzler

[2] Zeittafel Weimarer Republik.

► Die Weimarer Republik

Wie kam es zur Abdankung des Kaisers und zur Ausrufung der Republik? Wie demokratisch war die Weimarer Republik? Was ist eine Inflation? Warum waren so viele Menschen gegen die Republik eingestellt? Wieso wurden die 20er Jahre auch „Goldene Jahre" genannt? Was bedeutete die Arbeitslosigkeit für die Menschen? Wer war verantwortlich für den Untergang der Republik?
Mit diesen und anderen Fragen beschäftigt sich das folgende Kapitel.

Wichtige Kompetenzen in diesem Kapitel

Sachkompetenz
► wesentliche Ergebnisse des Ersten Weltkrieges (z. B. Friedensschlüsse) beschreiben und erklären
► Weimarer Republik als Ergebnis der Novemberrevolution und außenpolitischen Verhältnisse erläutern
► die demokratisch-parlamentarischen Elemente der Weimarer Verfassung beschreiben und erläutern
► erläutern, wodurch die Weimarer Republik belastet war und was zum Sturz der Demokratie beitrug

Methodenkompetenz
► politische Plakate analysieren

Urteilskompetenz
► den Versailler Friedensvertrag im Hinblick auf seine Folgen beurteilen
► innere und äußere Belastungen für die Weimarer Republik erörtern und beurteilen, ob ein Fortbestand der Demokratie möglich gewesen wäre

Handlungskompetenz
► Medienprodukte zu fachbezogenen Sachverhalten erstellen und im schulöffentlichen Raum präsentieren

Der Weg zur Demokratie

Wer bekommt die Macht?

[1] Links: Aufständische Spartakisten. Rechts: Freikorpssoldaten. *Fotos, 1919.*

1. Beschreibt die Fotos [1]. Vermutet, warum hier Deutsche auf Deutsche schießen.

Alle Macht den Räten?

Nach der Ausrufung der Republik wurde aus Mitgliedern der sozialdemokratischen Partei (SPD) ein „Rat der Volksbeauftragten" als vorübergehende Regierung gebildet. Ihr Ziel war eine demokratische Verfassung mit Gewaltenteilung und dem Wahlrecht für alle erwachsenen Staatsbürger. Die Gesetze sollten von einem frei gewählten Parlament beschlossen werden.

Den im Spartakusbund organisierten Anhängern des Kommunismus ging es vor allem darum, die Macht des Kapitals durch Enteignung des Großgrundbesitzes und der Fabriken zu brechen. Sie wollten kein parlamentarisches System, sondern die Macht sollten – nach russischem Vorbild – nur die von den Arbeitern und Soldaten gewählten Räte haben.

2. Stellt die wichtigsten Unterschiede der „parlamentarischen Demokratie" und des „Rätesystems" in einer Tabelle gegenüber.

[2] Rosa Luxemburg und Karl Liebknecht. *Fotos.*

Der Spartakusaufstand

In Sorge um die Aufrechterhaltung von Ruhe und Ordnung schloss die provisorische Regierung ein Abkommen mit der Führung des Militärs. Darin versprach die Heeresleitung, die Regierung anzuerkennen und zu unterstützen. Durch das Bündnis sollten Unruhen verhindert werden. Aber das Gegenteil trat ein: Im Januar 1919 besetzten radikale Spartakusanhänger das Berliner Zeitungsviertel, um die Regierung zu stürzen und die Wahl zur verfassunggebenden Nationalversammlung zu verhindern. Die Regierung schlug den Aufstand mit Freikorpstruppen, die aus freiwilligen, ehemaligen Kriegssoldaten und Offizieren gebildet wurden, brutal nieder. Die Anführer des Spartakusbundes, Rosa Luxemburg und Karl Liebknecht, wurden von Freikorpssoldaten gefangengenommen, misshandelt und ermordet.

3. Erklärt, warum es für die Regierung so wichtig war, das Militär auf ihrer Seite zu haben. Worin bestand der Nachteil?

4. Beurteilt die Haltung der Regierung während des Spartakusaufstandes.

WEBCODE: MZ643776-036

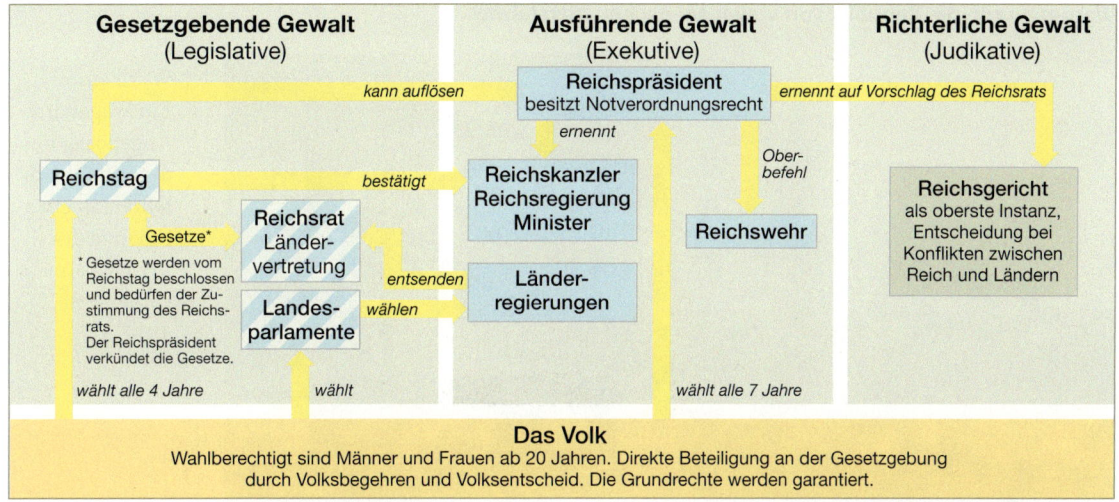

| Gesetzgebende Gewalt (Legislative) | Ausführende Gewalt (Exekutive) | Richterliche Gewalt (Judikative) |

Reichspräsident besitzt Notverordnungsrecht — *kann auflösen* — *ernennt auf Vorschlag des Reichsrats*

Reichstag — *bestätigt* — **Reichskanzler Reichsregierung Minister**

ernennt

Reichsgericht als oberste Instanz, Entscheidung bei Konflikten zwischen Reich und Ländern

Ober-befehl

Reichswehr

Reichsrat Länder-vertretung

*Gesetze**

* Gesetze werden vom Reichstag beschlossen und bedürfen der Zustimmung des Reichsrats. Der Reichspräsident verkündet die Gesetze.

entsenden

Landes-parlamente — *wählen* — **Länder-regierungen**

wählt alle 4 Jahre *wählt* *wählt alle 7 Jahre*

Das Volk
Wahlberechtigt sind Männer und Frauen ab 20 Jahren. Direkte Beteiligung an der Gesetzgebung durch Volksbegehren und Volksentscheid. Die Grundrechte werden garantiert.

[3] Die Verfassung der Weimarer Republik. *Schaubild.*

Die Nationalversammlung in Weimar

Am 19. Januar 1919, nur wenige Tage nach dem Aufstand des Spartakusbundes, fanden die Wahlen zur Nationalversammlung statt. Die Kommunistische Partei beteiligte sich nicht. Um neuen Unruhen in der Hauptstadt Berlin zu entgehen, tagte die Nationalversammlung in Weimar. Am 11. Februar 1919 wurde der SPD-Politiker Friedrich Ebert zum ersten Reichspräsidenten gewählt.

Die Verfassung

Die von der Nationalversammlung ausgearbeitete Verfassung bestimmte in Artikel 11: „Das Deutsche Reich ist eine Republik. Die Staatsgewalt geht vom Volke aus." Die schwarz-rot-goldenen Farben der Revolution von 1848 wurden zu Nationalfarben erklärt. Männer und erstmals auch Frauen ab 20 Jahren besaßen das Recht, den Reichspräsidenten, den Reichstag und die Parlamente in den einzelnen Ländern (z. B. Preußen, Bayern, Baden) zu wählen.

Die Verfassung war nach dem Prinzip der Gewaltenteilung aufgebaut. Im zweiten Teil waren die Grundrechte (z. B. Gleichheit vor dem Gesetz, Freiheit der Person, Briefgeheimnis, Recht auf freie Meinungsäußerung, Versammlungsfreiheit) aufgeführt.

Der Reichspräsident wurde für sieben Jahre direkt von der Bevölkerung gewählt.

Der Reichspräsident konnte nach Artikel 48 bei Gefahr für die öffentliche Sicherheit
– vorübergehend Grundrechte außer Kraft setzen,
– das Militär im Inneren einsetzen,
– Notverordnungen mit Gesetzeskraft erlassen.

5. Erklärt anhand des Schaubildes [3]:
   – Welche Institutionen (Einrichtungen) gehören zur gesetzgebenden, ausführenden und richterlichen Gewalt?
   – Woran ist erkennbar, dass es sich um eine demokratische Verfassung handelt?
6. Beurteilt die Stellung des Reichspräsidenten.

Wählt einen der folgenden Arbeitsaufträge aus:

◨ Zeichnet das Verfassungsschaubild [3] vergrößert auf ein Plakat und hängt es in der Klasse auf.

◨ Schreibt einen kritischen Zeitungskommentar zum Artikel 48 unter der Überschrift: „Alle Macht für den Präsidenten?"

Was ihr noch tun könnt…
■ euch über einzelne Persönlichkeiten (F. Ebert, P. v. Hindenburg) informieren.

Hass, Lügen, Gewalt und Krisen

Warum wurde die Republik von vielen Menschen abgelehnt?

[1] Wahlkampf: Ein Wagen mit Angehörigen des „Stahlhelm" fahren an einer Kolonne des „Reichsbanner" vorbei. *Foto, 1930.*

1. Vermutet, was die beiden Gruppen auf dem Foto [1] sich zugerufen haben könnten.

Antidemokratisches Denken

Niederlage im 1. Weltkrieg, Abdankung des Kaisers, Ausrufung der Republik, Demokratie – all das glich für viele Menschen in Deutschland einem Sturz ins Bodenlose. Der Friedensvertrag von Versailles, der die Abtretung deutscher Gebiete und hohe Reparationszahlungen vorsah, wurde von fast allen Menschen in Deutschland abgelehnt. Vielen ehemaligen Soldaten und Offizieren fiel es schwer, einen neuen Beruf zu finden. Die Arbeiter fühlten sich noch immer von den Fabrikbesitzern ausgebeutet. Diese Unzufriedenheit versuchten extreme Parteien für ihre Zwecke auszunutzen. Auf der Straße standen sich oft halbmilitärische Kampfverbände von „links" und „rechts" gegenüber. Zum linken Lager gehörten die der SPD nahestehenden Mitglieder des „Reichsbanner", die für die Demokratie eintraten. Offen demokratiefeindlich war der aus ehemaligen Frontsoldaten gebildete rechtsstehende „Stahlhelm", der die Errichtung einer Diktatur zum Ziel hatte. Oft kam es zu Straßenschlachten mit zahlreichen Toten und Verletzten.

Die Dolchstoßlegende

Von ehemaligen Offizieren wurde wahrheitswidrig behauptet, die deutschen Soldaten seien unbesiegt aus dem Krieg heimgekehrt. Vielmehr hätte die Heimat sie im Stich gelassen. Die Armee sei „von hinten erdolcht" worden. Die Schuld am Zusammenbruch des Kaiserreichs schob man den „Roten", vor allem den Sozialdemokraten, zu.

[2] Ausschnitt aus einem Wahlplakat der rechtsstehenden Deutschnationalen Volkspartei. 1924.

2. Beschreibt Abbildung [3] und versucht eine Deutung. Beachtet vor allem die Farbgestaltung.

[3] Kapp-Putsch 1920. Aufständische Soldaten haben das Berliner Regierungsviertel besetzt. *Foto, 13. März 1920.*

[4] Kinder spielen mit Inflationsgeld. *Foto, 1923.*

Politische Morde

Immer wieder wurden Politiker zu Opfern politischer Gewalt. 1921 wurde der frühere Finanzminister Matthias Erzberger ermordet. Bei dem Mord an dem jüdischen Außenminister Walther Rathenau am 24. Juni 1922 spielte auch der zunehmende Antisemitismus eine Rolle.

3. Klärt, mit welchem Ziel in der Weimarer Republik Gewalttaten verübt wurden.
4. Erklärt den Begriff „Sündenbock". Überlegt, ob auch heute Menschen zum „Sündenbock" gemacht werden.
5. Beschreibt das Foto [3]. Wie wirkt die dargestellte Situation auf den Betrachter?

Umsturzversuche

Zwischen 1919 und 1923 kam es zu zahlreichen Umsturzversuchen. So besetzten Mitte März 1920 in Berlin stationierte Truppen das Regierungsviertel und riefen den preußischen Regierungspräsidenten Kapp zum Kanzler aus. Nachdem die Gewerkschaften den Generalstreik verkündeten, brach der Putsch zusammen. Am 9. November 1923 erklärte Adolf Hitler in München die Regierung für abgesetzt. Als er mit seinen Anhängern zur Feldherrnhalle marschierte, wurde der Putsch von der Polizei niedergeschlagen. Hitler wurde wegen Hochverrats zu fünf Jahren Festungshaft verurteilt. Da er aber bei den Vertretern der Justiz einige Anhänger hatte, brauchte er nur neun Monate auf der Festung Landsberg zu verbringen. Während dieser Zeit schrieb Hitler sein Buch „Mein Kampf", worin er seine politischen Ideen darlegte.

Inflation

Der Erste Weltkrieg hatte dem Deutschen Reich hohe Schulden hinterlassen. Hinzu kamen jetzt riesige Entschädigungszahlungen für die Siegermächte. Als Deutschland mit den Kohle- und Holzlieferungen in Rückstand geriet, besetzten französische und belgische Truppen das Ruhrgebiet. Die deutschen Arbeiter leisteten passiven Widerstand. Es wurden kaum noch Waren produziert. Die Preise stiegen immer schneller. Das Geld verlor seinen Wert. Es kam zu einer galoppierenden Inflation. Ein Brot, das im Dezember 1919 0,80 Mark gekostet hatte, wurde im November 1923 für 201 000 000 000 Mark verkauft. Reichskanzler Gustav Stresemann beendete den passiven Widerstand gegen die Ruhrbesetzung und führte die Rentenmark als neue Währung ein.

Durch die Inflation hatten Menschen, die ihr Geld zu Hause oder bei einer Bank aufbewahrt hatten, alle Ersparnisse verloren. Viele Sparer gaben dem demokratischen Staat die Schuld an ihrem Unglück.

6. Klärt Ursachen, Erscheinungsformen und Folgen der Inflation von 1923.

Wählt einen der folgenden Arbeitsaufträge aus:

◼ Legt zu den auf dieser Doppelseite dargestellten Ereignissen eine zeitlich geordnete Tabelle an (Jahr, Ereignis).

◼ Spielt um Foto [4] eine kleine Szene der Klasse vor: Die beiden älteren Kinder unterhalten sich über die Inflation.

Es geht aufwärts: Politik

1. Beschreibt die Gefühle, die die Menschen im Rheinland im Jahr 1930 bewegt haben könnten.

Außenpolitik

Von 1923 bis 1929 war Gustav Stresemann deutscher Außenminister. Sein Ziel war es, Deutschland wieder zu einem geachteten Land zu machen und die Beziehungen zu seinen Nachbarn zu verbessern. Auch der französische Außenminister Aristide Briand wollte die alte Erbfeindschaft zwischen Deutschland und Frankreich beenden, um den Frieden in Europa sicherer zu machen. Bei einer Konferenz in Locarno (Schweiz) verpflichteten sich Deutschland und Frankreich sowie Deutschland und Belgien, auf keinen Fall einen Angriff oder einen Krieg untereinander zu beginnen.

Die Aufnahme in den Völkerbund

Jetzt war der Weg frei für die Aufnahme Deutschlands in den Völkerbund. Ziel des in Genf (Schweiz) tagenden Völkerbundes war es, durch internationale Zusammenarbeit den Frieden zu sichern. Bei Streitigkeiten unter den Völkern sollte ein internationales Gericht entscheiden. Als die deutsche Abordnung 1926 unter der Leitung Gustav Stresemanns erstmals den Sitzungssaal betrat, setzte ein Beifallssturm ein.

Weitere Fortschritte

1929 schlossen Deutschland und Russland einen Vertrag zur Verbesserung ihrer Beziehungen. Im gleichen Jahr legte der Young-Plan fest, dass Deutschland jährlich 2 Milliarden Goldmark an Reparationen zu zahlen habe. 1931 wurden die Zahlungen endgültig eingestellt. Da die Deutschen dem Young-Plan zugestimmt hatten, räumten die Siegermächte 1930 das Rheinland.

Wir wollen den Frieden mit allen Staaten Europas.

[2] Stresemann vor dem Völkerbund. *Foto, 1926.*

2. Klärt die Ziele der Außenpolitik Stresemanns.
3. Vergleicht die Aufnahme Deutschlands in den Völkerbund mit dem Empfang der Deutschen bei der Übergabe des Versailler Vertrags.

Tipps für die Erarbeitung
Tabelle mit den Jahreszahlen, beteiligten Politikern und politischen Ergebnissen anlegen.

Tipps für die Präsentation
– Zeitungsartikel zu den in [1] und [2] dargestellten Ereignissen schreiben.
– Zeitungskommentare verfassen.

Es geht aufwärts: Wirtschaft

[1] Kaufhaus Karstadt am Hermannplatz in Berlin. *Foto, 1929.*

[2] Industrielandschaft im Ruhrgebiet. *Foto, 1920er Jahre.*

1. Informiert euch anhand der Texte und Bilder über die wirtschaftliche und technische Entwicklung.
2. Präsentiert eure Ergebnisse in geeigneter Form vor der Klasse.

Wirtschaft, Technik, Verkehr

Nach der Inflation von 1923 ging es wirtschaftlich wieder aufwärts. Die Kriegsentschädigungen wurden neu festgelegt und verringert. Ausländische Banken gaben Kredite. Zwischen 1924 und 1929 nahmen Produktion, Konsum und Volkseinkommen zu. Die elektrotechnische, chemische und optische Industrie sowie neue Industriezweige wie Automobil- und Flugzeugbau wiesen ein besonders starkes Wachstum auf. Die deutschen Exporte verdoppelten sich. Die Löhne der Arbeiter stiegen nach 1924 um etwa ein Drittel. Technische Großprojekte wie der Bau des Luftschiffs „Graf Zeppelin" oder des Passagierschiffs „Bremen" demonstrierten die Leistungsfähigkeit der deutschen Wirtschaft.

„Temporausch" bestimmte den Zeitgeist der zwanziger Jahre. Die Motorisierung bedeutete technischen Fortschritt und Modernisierung. Mit dem eigenen Auto oder Motorrad Wochenendfahrten ins Grüne zu unternehmen – das blieb aber zunächst nur ein Traum für wenige Reiche.

[3] Am Potsdamer Platz in Berlin. *Foto, um 1933.*

Jahr	Personenkraftwagen	Lastkraftwagen
1914	83 000	10 000
1920	61 000	30 000
1925	176 000	80 000
1927	267 774	100 969
1930	501 254	157 432

[4] Der Bestand an Personen- und Lastkraftwagen 1914–1930. *Statistik.*

Tipps für die Erarbeitung

Wirtschaftlichen Aufschwung an Beispielen anhand des Textes, der Bilder und der Statistik belegen.

Tipps für die Präsentation

Wandzeitung erstellen (Aufschwung in Stichworten, Beispiel-Bilder, Schaubild usw.).

Es geht aufwärts: Kultur

[1] „Die Stützen der Gesellschaft". *Gemälde von George Grosz, 1928.*

1. Informiert euch anhand des Textes und der Abbildungen über die Entwicklung der Kultur.
2. Präsentiert die Ergebnisse in geeigneter Form vor der Klasse.

Die „Goldenen zwanziger Jahre" in der Kunst

In den zwanziger Jahren erlebte Deutschland einen beispiellosen Aufschwung des kulturellen Lebens. Viele Künstler setzten sich in ihren Werken mit den Problemen der Zeit auseinander und engagierten sich für die Demokratie. Dazu gehörten die Schriftsteller Bertolt Brecht, Alfred Döblin, Kurt Tucholsky, Thomas und Heinrich Mann. In der Architektur setzte sich der „Bauhausstil" mit sehr sachlichen, funktionalen Formen im Hausbau oder in der Möbelherstellung durch. In der Malerei griffen Maler wie Max Beckmann, Otto Dix oder George Grosz gesellschaftliche oder alltägliche Themen auf.

[2] Marlene Dietrich als Lola in dem Film „Der blaue Engel" von 1930.

Kunst und Unterhaltung im Kino

Schon 1917 war in Deutschland die Universum-Film AG (UfA) gegründet worden, die sich in den 20er Jahren zur größten Filmwerkstatt Europas entwickelte. Hier entstanden zunächst zahlreiche künstlerisch hochwertige Stummfilme. Der fehlende Ton wurde durch eine sehr ausdrucksstark wirkende Mimik und Gestik der Darsteller ersetzt. Fast noch wichtiger aber war eine durch Licht und Schatten, Kostüme und Ausstattung erzeugte Atmosphäre des Unwirklichen. Mit dem Ton-Film wurde das Kino zu einer Massenveranstaltung.

Amüsement

Aus Amerika wurde die Jazz-Musik eingeführt. In Bars oder auf privaten Veranstaltungen kam ein neuer Tanz, der Charleston, in Mode. Dazu trugen die Frauen eine kurze Bubikopf-Frisur und kniefreie Kleider. Allein in Berlin gab es in dieser Zeit 49 Theater, 166 Varietés (Bühnen für Tanz, Gesang und Artistik) und 317 Kinos. Die Zahl der Rundfunkteilnehmer stieg von 10 000 Hörern im Jahr 1925 auf 4 Millionen im Jahr 1932.

Tipps für die Erarbeitung
Beispiele aus Literatur, Malerei, Film usw. aus dem Text aufschreiben, Bilder beschreiben und deuten.

Tipps für die Präsentation
Beispiele für Kultur der 20er Jahre vorstellen (z.B. Filmausschnitt zeigen, Theaterszene sprechen).

Die moderne Frau

[1] Schreibmaschinensaal eines Berliner Unternehmens. *Foto, 1925.*

[2] Fünf Freundinnen beim Zelten. *Foto, um 1928.*

1. Informiert euch anhand des Textes und der Abbildungen über „Die moderne Frau" während der Zeit der Weimarer Republik.
2. Präsentiert die Ergebnisse in geeigneter Form vor der Klasse.

Frauen zwischen Beruf und Familie
Seit der Wahl zur verfassunggebenden Nationalversammlung am 19. Januar 1919 waren **Frauen** in Deutschland **wahlberechtigt**. **Neue Berufsfelder** in Fabriken, Büros und Verwaltungen öffneten sich für die Frauenarbeit. Auch die moderne Technik hatte ihren Anteil an der **„Befreiung der Frau"**. Staubsauger, Kühlschränke oder Waschmaschinen erleichterten die Arbeit im Haushalt – falls man sich diesen Luxus leisten konnte. Aber viele Frauen waren **berufstätig**, um das Einkommen der Familien zu sichern. Nur wenige Männer waren bereit, ihre Frauen bei der Hausarbeit zu unterstützen.

[3] Frau mit Zigarette auf dem Motorrad. *Foto, um 1924.*

Tipps für die Erarbeitung
Textknacker nutzen; Stichworte zum Thema „Moderne Frau" aufschreiben.

Tipps für die Präsentation
– Wandzeitung gestalten, Kommentar zum Thema „Die moderne Frau" aus weiblicher oder männlicher Sicht vortragen.

Die Weltwirtschaftskrise

[1] Amerikanisches Werbeplakat aus den 1920er Jahren.

1. Beschreibt Abbildung [1]. Welches Lebensgefühl will das Plakat vermitteln?

Die Wirtschaftskrise in den USA

Die USA waren nach dem Ersten Weltkrieg die führende Wirtschaftsmacht der Erde. Durch die moderne Fließbandproduktion wurden immer mehr Autos, Radios, Kühlschränke, Staubsauger und andere Konsumgüter hergestellt. Zwischen 1921 und 1929 konnte die Industrieproduktion fast verdoppelt werden. Die Firma Ford verkaufte in dieser Zeit fast zehn Millionen Wagen des berühmten „T-Modells". Jeder fünfte Amerikaner besaß 1929 ein Auto. Dieses Verhältnis wurde in Deutschland erst 1965 erreicht.

Viele Menschen legten ihr Geld in Aktien (Anteilscheine an Firmen) an oder kauften diese auf Kredit. Wenn der Kurs der Aktie an der Börse gestiegen war, konnten die Schulden schnell zurückgezahlt werden.

Aber schon 1928 kam es zu Absatzschwierigkeiten. Zahlreiche Firmen konnten ihre Produkte nicht mehr verkaufen. Die Folge waren Betriebsschließungen und Massenentlassungen. Am „Schwarzen Freitag", dem 25. Oktober 1929, brachen an der New Yorker Börse in der Wall Street die Aktienkurse zusammen. Innerhalb kürzester Zeit verloren die Aktienbesitzer mehr als 30 Milliarden Dollar. Viele Aktien wurden völlig wertlos. Die Produktion der Betriebe ging um 50 Prozent zurück, jeder dritte Arbeitnehmer wurde arbeitslos. Hunderttausende Menschen mussten jetzt hungern oder standen Schlange vor eilig eingerichteten Volksküchen, warteten auf etwas Suppe und Brot. Zehntausende Familien wurden aus ihren Wohnungen oder Farmen verdrängt, weil sie die Miete nicht mehr bezahlen konnten.

2. Schreibt einen Zeitungsartikel mit der Überschrift „Schwarzer Freitag".

3. Klärt, was die Wirtschaftskrise für einzelne Menschen bedeutete.

4. Beschreibt Abbildung [2] und vergleicht mit Abbildung [1].

5. Vermutet, welche Gedanken und Gefühle bei den Männern in Abbildung [2] vorherrschen. Schreibt dazu Texte.

[2] Arbeitslose in einer Suppenküche in Washington. *Foto, 1936.*

Ein Leben ohne Arbeit

Der Aufschwung der deutschen Wirtschaft in den späten 1920er Jahren war vor allem mithilfe amerikanischer Kredite finanziert worden. Diese Gelder wurden jetzt zurückgefordert. Auch in Deutschland kam es nun zu Betriebsschließungen und Massenentlassungen.

[3] Arbeitsloser. *Foto, 1930er Jahre.*

[4] Entwicklung der Arbeitslosenzahlen in Deutschland (jeweils im Januar).

Jahr	Arbeitslose
1924	900 000
1929	2 900 000
1931	4 900 000
1932	6 000 000

6. Erstellt ein Säulen- oder Kurvendiagramm zur Entwicklung der Arbeitslosigkeit (Abb. [4]).
7. Beschreibt Abbildung [3] und [5]. Vermutet, welche Chancen der Mann in Abbildung [3] hatte.
8. Vermutet, was die Wartenden in der Arbeitslosenschlange (Abb. [5]) miteinander besprochen haben könnten. Unterscheidet private und politische Gesprächsinhalte.

Wer arbeitslos wurde, bekam vom Staat Arbeitslosenunterstützung oder Krisenfürsorge. Fast ein Drittel aller Arbeitslosen war aber auf die Wohlfahrtsunterstützung (vergleichbar mit der heutigen Sozialhilfe) angewiesen. Eine Familie mit zwei Erwachsenen und zwei Kindern bekam 51 Reichsmark als Krisenfürsorge. Für Miete, Licht und Heizung waren etwa 32,50 Reichsmark zu rechnen. Das restliche Geld reichte täglich für ein halbes Brot, 500 Gramm Kartoffeln, 50 Gramm Margarine, 100 Gramm Kohl und einen halben Liter Milch.

[5] Arbeitslosenschlange vor dem Arbeitsamt Hannover. *Foto, 1932.*

[6] **Über die Stimmungslage der Arbeitslosen berichtete die Zeitung „Der Tag" am 22.9.1932:**
Der Hunger ist noch lange nicht das Schlimmste. Man ist rumgelaufen nach Arbeit. Tag für Tag. Man ist schon bekannt bei den einzelnen Fabriken, und wenn man darin immer das eine hört: Nichts zu machen – da wird man abgestumpft. Ich hasse diesen Staat und ich habe als Arbeitsloser das Recht und die Pflicht, den deutschen Besitzenden zu hassen ...

[7] Arbeitslose tragen sich in eine Liste der nationalsozialistischen Sturmabteilung (SA) ein. *Foto, 1932.*

Wählt einen der folgenden Arbeitsaufträge aus:

■ Erläutert die in Text [6] zum Ausdruck kommende Stimmungslage in einem Zeitungskommentar.

■ Schreibt Gründe auf, die die in Abbildung [7] dargestellten Arbeitslosen gehabt haben könnten, um in die SA einzutreten.

Politische Plakate analysieren

Was ist ein politisches Plakat?

Plakate begegnen uns in vielen Bereichen des täglichen Lebens, z. B. als Werbeplakate für bestimmte Produkte oder Veranstaltungen.

Politische Plakate werben für Parteien oder einzelne Kandidaten und werden zumeist vor Wahlen eingesetzt. Die Menschen sehen sie meist im Vorübergehen oder Vorbeifahren an. In diesem kurzen Augenblick soll das Plakat seine Wirkung entfalten. Deshalb zeigen sie in der Regel große Abbildungen von Politikern mit dem Logo ihrer Partei. Plakate enthalten oft nur sehr kurze, schlagwortartige Formulierungen (Slogans). Bei der Gestaltung spielen Farbe, Schriftart und Schriftgröße eine wichtige Rolle.

Die folgenden Schritte sollen euch helfen, politische Plakate zu analysieren:

1. Schritt: Beobachtung und Einordnung

Betrachtet das Plakat so genau wie möglich und notiert euren ersten Eindruck.
- Wer hat das Plakat in Auftrag gegeben?
- Worauf soll es aufmerksam machen?

2. Schritt: Beschreibung

- Wer und was ist auf dem Plakat dargestellt?
- Welches Problem der Zeit wird dargestellt?
- Welche Anteile haben in etwa Bild und Text?
- Welche Texte und Logos sind erkennbar?
- Welche Farben werden verwendet?
- Wie wurde die Schrift gestaltet (Schriftart, Größe, Farbe)?
- Wie ist das Bild insgesamt aufgebaut (Vorder- und Hintergrund, freie Gestaltung)?

3. Schritt: Deutung, Wertung

- Welche Bedeutung könnten die Gestaltungselemente (Bilder, Texte, Schrift) haben?
- Welche Aussage soll das Plakat vermitteln?
- Welche Wirkungsabsicht hat das Plakat?
- Stimmen die gestalterischen Mittel mit den Absichten überein?
- Wie wirkt das Plakat auf mich?
- Wie bewerte ich das Plakat (gelungen, misslungen, abschreckend usw.)?

1. Wendet die Methode auf eines der dargestellten Wahlplakate an.

[1] Plakate von vier Parteien der Weimarer Republik.

Parteien und Wahlen 1928–1933

[1] Joseph Goebbels (NSDAP) bei einer Wahlrede im Berliner Sportpalast. *Foto, 1932.*

1. Beschreibt Abbildung [1]. Welche Aufgabe könnten die uniformierten SA-Leute gehabt haben?

Politische Parteien

Als demokratische Parteien konnten die Sozialdemokratische Partei Deutschlands (SPD), das Zentrum, die Deutsche Demokratische Partei (DDP) und die Deutsche Volkspartei (DVP) bezeichnet werden. Die Demokratie wurde von der linken Kommunistischen Partei Deutschlands (KPD), der rechten Deutschnationalen Volkspartei (DNVP) und der ebenfalls rechts stehenden Nationalsozialistischen Deutschen Arbeiterpartei (NSDAP) abgelehnt und bekämpft.

Wahlen

Bei den Wahlkämpfen kam es immer häufiger zu gewaltsamen Auseinandersetzungen zwischen den Anhängern der verschiedenen politischen Richtungen. In der Reichstagswahl am 6. November 1932 setzte sich die demokratiefeindliche NSDAP mit ihrem Parteiführer Adolf Hitler als stärkste Partei durch.

2. Wertet Schaubild [2] aus:
– Schreibt die Wahlergebnisse der SPD, des Zentrums, der KPD und der NSDAP (in %) in eine Tabelle.
– Vergleicht die Wahlergebnisse der vier Parteien.
– Welche Partei hat zwischen 1928 und 1932 die größten Verluste hinnehmen müssen, welche blieb etwa gleich stark und welche Partei hatte die größten Gewinne?
3. Vergleicht die Wahlergebnisse mit der Entwicklung der Arbeitslosenzahlen. Was stellt ihr fest?

Wählt einen der folgenden Arbeitsaufträge aus:

▣ Stellt die Wahlergebnisse der SPD, des Zentrums, der KPD und der NSDAP in einem Kurvendiagramm dar.

▣ Schreibt einen Kommentar zum Wahlergebnis vom 6.11.1932 für eine demokratische Zeitung.

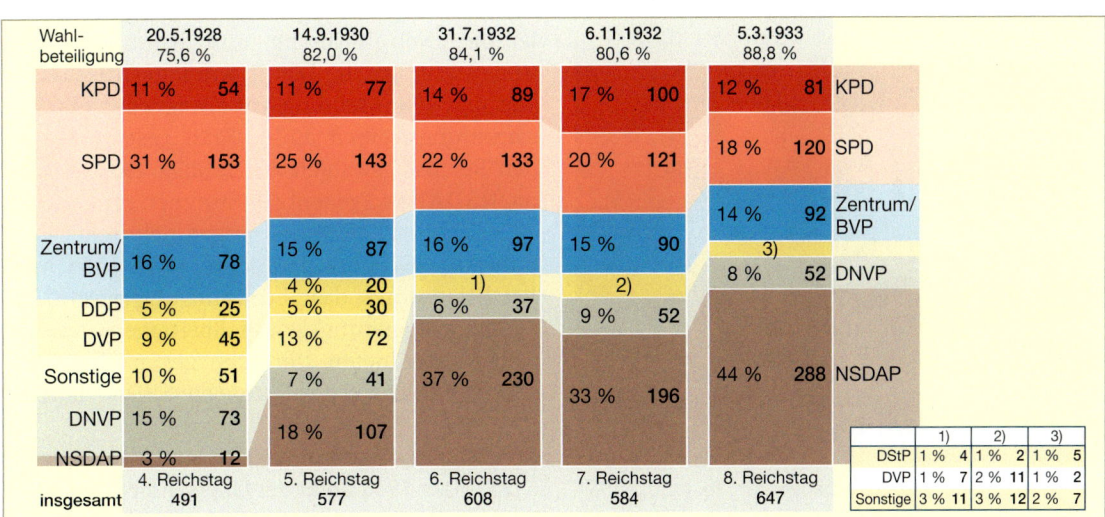

[2] Wahlergebnisse der Reichstagswahlen 1928–1933. *Schaubild.*

Der Weg in die Diktatur

Wie wurde die Demokratie abgeschafft?

Der 30. Januar 1933

Am 30. Januar 1933 wurde Adolf Hitler von Reichspräsident Hindenburg zum Reichskanzler ernannt. Die NSDAP war bei den vorangegangenen Reichstagswahlen zwar zur stärksten Partei gewählt worden, hatte aber nicht die absolute Mehrheit der Stimmen erhalten; daher musste sie eine Koalitionsregierung* bilden. Der Regierung Hitlers gehörten nur zwei Minister aus der NSDAP an. Viele Menschen glaubten nicht an eine lange Regierungszeit der Nationalsozialisten. Noch am Abend der Ernennung veranstalteten die Anhänger der Nationalsozialisten einen Fackelzug durch das Brandenburger Tor und feierten Hitlers Ernennung als „Machtergreifung".

[1] Die Mitglieder der „Regierung Hitler" am 30. Januar 1933. Sitzend von links: Hermann Göring (NSDAP), Adolf Hitler (NSDAP) und Franz von Papen (parteilos). *Foto.*

[2] Fackelzug der Hitler-Anhänger am 30. Januar 1933 in Berlin (aus einem für Propagandazwecke nachgestellten Film). *Foto, 1933.*

[3] Passanten beobachten den Reichstagsbrand. *Foto, 1933.*

> **Koalition** Eine aus mehreren Parteien gebildete Regierung.
> **Kabinett** Der Regierungschef und die Minister.

1. Beschreibt und deutet Abbildung [2]. Woran ist erkennbar, dass es sich um einen zuvor organisierten Aufmarsch handelte?
2. Beurteilt, ob es sich bei dem 30. Januar 1933 um den Tag der „Machtergreifung" oder eher um einen „Regierungswechsel" handelte.

Reichstagsbrand und Ermächtigungsgesetz

Als am 27. Februar 1933 der Reichstag in Flammen aufging, wurden die Kommunisten beschuldigt, die Brandstifter zu sein. Noch in der Nacht wurden 4000 Kommunisten verhaftet. Mithilfe des Artikels 48 der Reichsverfassung setzte Hitler die „Notverordnung zum Schutz von Volk und Staat" durch. Damit wurden Grundrechte wie die freie Meinungsäußerung oder die Versammlungsfreiheit außer Kraft gesetzt. Bis zu den Reichstagswahlen am 5. März 1933, bei der die NSDAP 44 Prozent der Stimmen errang, kam es zu zahlreichen Verhaftungen politischer Gegner. Am 23. März 1933 ließ sich Hitler vom Reichstag durch das „Ermächtigungsgesetz" die alleinige Regierungsgewalt übertragen. Nur die SPD-Abgeordneten stimmten gegen dieses Gesetz. Kurze Zeit später wurde die SPD verboten.

3. Fasst die Ereignisse vom 30. Januar bis zum 23. März 1933 unter der Überschrift „Der Weg in die Diktatur" kurz zusammen. Nehmt auch die Abbildungen [1] bis [3] zuhilfe.

Woran scheiterte die Weimarer Republik?

Wenn man die Frage nach dem Scheitern der Weimarer Republik älteren Menschen stellt, kommt oft die Antwort: „Wir hatten damals 6 Millionen Arbeitslose und die Nazis haben den Leuten Arbeit und Brot versprochen!". Aber reicht das als alleinige Begründung für das Scheitern der Weimarer Republik aus?

1. Nennt Ursachen, die nach eurer Meinung beim Scheitern der Republik entscheidend waren.

[1] **Der Historiker und Schriftsteller Sebastian Haffner schrieb zum Untergang der Weimarer Republik:**

Die Weimarer Republik wurde damals nur von insgesamt drei Parteien getragen ... Sozialdemokratie, Deutsche Demokratische Partei und Zentrum. ... Die kommunistische Linke wollte eine ganz andere Republik. Und die Rechte wollte ihren Kaiser wiederhaben. ... Sämtliche Institutionen des Kaiserreichs, Armee, Beamtenschaft, Justiz, Kirchen, Universitäten, nicht zuletzt Großlandwirtschaft und Großindustrie, blieben ablehnend ... Die Ablehnung durch alle Gruppen war wohl der tiefste Grund, warum es der Republik niemals gelang, sich als dauernde Staatsform des Deutschen Reiches zu konsolidieren (= festigen, sichern).
Es waren drei Gründe, die die Nationalsozialisten ... zur stärksten Partei überhaupt machten. Der erste ist in der Weltwirtschaftskrise zu suchen ... Ein zweiter Grund lag in einem plötzlich wiedererstarkenden Nationalismus ... Der dritte Grund ... lag in der Person Hitlers selbst ...

Sebastian Haffner, Von Bismarck zu Hitler. Ein Rückblick, München 1989, S. 204–219

2. Stellt die wesentlichen Aussagen des Textes in folgender Form zusammen:

Demokratische und antidemokratische Kräfte	
Demokratische Parteien	
Antidemokratische Parteien	
Institutionen gegen die Republik	
Gründe für den Aufstieg der Nationalsozialisten	
1. Grund	
2. Grund	
3. Grund	

[2] „Sie tragen die Buchstaben der Firma – aber wer trägt den Geist?" *Karikatur von Thomas Theodor Heine in der Zeitschrift Simplicissimus von 1927.*

[3] Das Verhängnis. *Lithografie von A. Paul Weber, 1932.*

3. Beurteilt: War die Weimarer Republik eine „Demokratie ohne Demokraten"?.

Wählt einen der folgenden Arbeitsaufträge aus:

■ Beschreibt und deutet Abbildung [2]: Was könnten die Farben bedeuten? Welche Gruppen sind dargestellt?

■ Beschreibt und deutet Abbildung [3]. Welche Vorstellung von der Zukunft Deutschlands hatte der Zeichner?

Geschichte aktiv

Diese Seite richtet sich an alle, die sich für das Thema „Die Weimarer Republik"
besonders interessieren, die gern etwas recherchieren, beschreiben, darstellen ...
Ihr könnt die Anregungen vielleicht in oder außerhalb der Schule, allein, zu zweit
oder in der Gruppe aufnehmen und die Ergebnisse in der Klasse vorstellen.
Denkt auch daran, euer Portfolio zu führen:

– schöne Ergebnisse in Text und Bild sammeln,
– Lernerfahrungen zum Thema „Die Weimarer Republik" notieren.

1. Jugendbücher lesen und vorlesen

Viele spannende Jugendbücher beschäftigen sich mit der Zeit der Weimarer
Republik.
Hier ist eine kleine Auswahl:

▶ Klaus Kordon, Die roten Matrosen oder Ein vergessener Winter.
Verlag Beltz & Gelberg, Weinheim 2011.
▶ Klaus Kordon, Mit dem Rücken zur Wand. Beltz & Gelberg, Weinheim 2010.
▶ Willy Fährmann, Der Mann im Feuer, Arena-Verlag, Würzburg 2005.
▶ Ingeborg Bayer, Der Drachenbaum, Roman einer Familie 1918–1923,
Arena-Verlag, Würzburg 1988.

2. Kunst und Kultur – Beispiele vorstellen

In den „Goldenen 20er Jahren" entfaltete sich in
Deutschland eine reiche Kulturszene. Ihr könntet zu
einem der folgenden Bereiche oder Beispiele Recherchen
anstellen und darüber in der Klasse berichten.

▶ **Malerei/Karikatur:** George Grosz, Otto Dix,
John Heartfield, Gerd Arntz, A. Paul Weber,
Thomas Theodor Heine
▶ **Literatur:** Hans Fallada, Erich Maria Remarque,
Erich Kästner, Kurt Tucholsky
▶ **Theater:** Bertolt Brecht, Max Reinhardt,
Erwin Piscator
▶ **Architektur:** „Bauhaus", Walter Gropius,
Mies van der Rohe
▶ **Filme:** Nosferatu, Metropolis, Der blaue Engel

3. Spurensuche im Archiv oder Museum

▶ Wie lebten die Menschen zwischen 1918 und 1933 bei uns auf dem
Land oder in unserer Stadt? Wie wurden die Ereignisse von 1918 in
Berlin bei uns aufgenommen? Gab es schon ein Kino oder Theater?
Wie waren die Verkehrsverhältnisse damals? Wie wohnten die
Menschen? Welche Wahlergebnisse gab es?
▶ Bei der Recherche helfen euch die Mitarbeiter des Stadtarchivs oder
Museums.

Das kann ich!

[1] Wichtige Ereignisse

1918	Spartakusaufstand, Verfassung, Versailler Vertrag
1919	Ernennung Hitlers zum Reichskanzler
1923	Aufnahme Deutschlands in den Völkerbund
1926	Inflation, Besetzung des Ruhrgebiets, Putsch in München, Rentenmark
1929	Abdankung des Kaisers, Ausrufung der Republik
1933	Beginn der Weltwirtschaftskrise

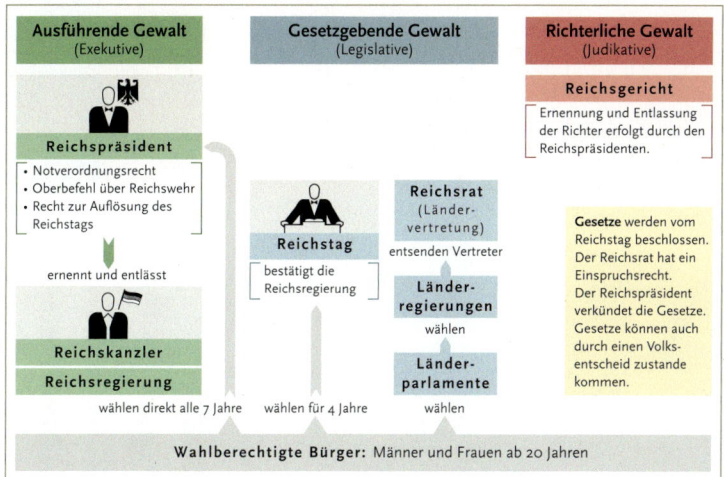

[2] Die Verfassung der Weimarer Republik. *Schaubild.*

[3] Wahlplakat zur Reichstagswahl 1932.

Sachkompetenz

1. Ordnet den Jahreszahlen die entsprechenden Ereignisse zu (Übersicht [1]).
2. Erklärt den Begriff „Weimarer Republik".
3. Beschreibt, wie es zur Novemberrevolution 1918 kam und wie die revolutionären Ereignisse verliefen.
4. Beschreibt und erläutert das Verfassungsschaubild [2].
5. „Zwischen 1925 und 1929 ging es mit Deutschland politisch, wirtschaftlich und kulturell aufwärts". Erläutert diese Behauptung an einem Beispiel.

Methodenkompetenz

6. Beschreibt und deutet das Wahlplakat von 1932 [3]

Urteilskompetenz

7. Beurteilt, welche Folgen der Versailler Vertrag für die innere Entwicklung in Deutschland hatte.
8. Erläutert, welche inneren und äußeren Belastungen es für die Weimarer Republik gab.
9. Nehmt Stellung zu der Frage, ob ein Fortbestand der Demokratie möglich gewesen wäre.

Handlungskomptenz

10. Entwerft ein Schaubild, eine Wandzeitung oder eine andere Form der Präsentation (z. B. Powerpoint) zum Thema „Von der Demokratie zur Diktatur – der Untergang der Weimarer Republik".

Nationalsozialismus und Zweiter Weltkrieg

Der Aufmarsch

Aufmärsche waren ein beliebtes Mittel der nationalsozialistischen Propaganda. Fackelzüge, Großversammlungen und militärische Paraden sollten Machtwillen, Siegessicherheit und Volksnähe demonstrieren. Gegendemonstrationen waren grundsätzlich verboten. Mit dem Januar 1933 begann die Festigung der NS-Herrschaft in ganz Deutschland. Für zwölf Jahre beherrschten die Ideen Hitlers und seiner Gefolgsleute die Politik und das öffentliche Leben.

1. Betrachtet das Foto. Beschreibt die vermutliche Wirkung auf Teilnehmer und Zuschauer.
2. Erinnert euch an Informationen aus dem vorangegangenen Kapitel: Wie sind die Nationalsozialisten an die Macht gekommen?

Der Aufmarsch

Aufmärsche als Machtdemonstration

Es sollte der Gegensatz zu zivilen Zusammenkünften demonstriert werden: militärisch daherkommende Kolonnen mit dröhnendem Marschtritt, Fahnen und Marschmusik, Appelle, „zackige" Kommandos. Alles sollte den Eindruck von Entschlossenheit und Stärke zeigen.

Parteigruppierungen und NS-Berufsverbände traten möglichst in einheitlichen Uniformen auf. Das sollte das Gefühl von Zusammengehörigkeit schaffen – aber auch den Einzelnen in der uniformierten Gruppe aufgehen lassen.

[1/2] Adolf Hitler und Benito Mussolini vor der Tribüne des Olympiastadions auf dem Maifeld in Berlin am 28. September 1937. *Fotos.*

[3] Verbindung von Sport, Kunst und Militär: Aufmarsch von Soldaten zum „Wecken" bei den Olympischen Spielen auf einer mit Großfiguren geschmückten Straße in Berlin. *Foto, 1936.*

[4] Trommelnde Mitglieder der Hitlerjugend, 1933. *Foto.*

[5] **„Da bekam man eine Gänsehaut…“. Bericht des Arbeiters Lorenz Armbruster, Köln 1936:**
Wie viele meiner Kollegen war ich Sozialdemokrat und hatte mit den Nazis eigentlich nichts am Hut. Trotzdem haben mich die Aufmärsche berührt. Im März stand ich am Ende der Schildergasse und sah die Kompanien der Wehrmacht, die zum Führerbesuch angetreten waren. Sämtliche Häuser waren mit Fahnen geschmückt. Unter den Zuschauern herrschte Aufregung. Würde man den Führer sehen können…?
Militärkapellen spielten Marschmusik. Uniformen und blank geputzte Stiefel überall. Kommandos wurden gebrüllt, mit schwerem Krachen sausten die Kolben der Karabiner aufs Pflaster, die Offiziere zogen die Säbel blank. Jetzt näherte sich eine Wagenkolonne. Tatsächlich stand in einer großen offenen Limousine der Führer, Adolf Hitler; neben ihm der Gauleiter Josef Grohé. Ein Begeisterungssturm brach los und die „Heil“-Rufe wollten kein Ende nehmen. Eine Frau neben mir weinte. Es war ein gewaltiges Schauspiel und ich kann nur sagen: Da bekam man eine Gänsehaut, dem konnte man sich nicht entziehen … Irgendwie geschah etwas kraftvolles Neues mit Deutschland.

unveröff. Manuskript; im Besitz d. Autors

1. Wertet die Fotos der Doppelseite aus: Welche Situationen werden gezeigt? Was ist jeweils das Besondere (Personen, Kleidung, Fahnen usw.)?
2. Beschreibt den Bericht über den Führerbesuch in Köln (Text [5]). Was beeindruckte die Menschen?

3. Vergleicht, was ihr über die Zeit des Nationalsozialismus wisst. *Tipp: Notiert Stichworte/ Begriffe auf Karten und befestigt sie auf einem Plakat an der Klassenwand.*

[6] Hitlerjungen mit ihren Motorrädern beim Reichstreffen der HJ 1938 im Harz. *Foto.*

Wählt einen der folgenden Arbeitsaufträge aus:

▣ Macht eine Umfrage in eurer Klasse: Wie steht ihr zu Uniformen (Bundeswehr/ Polizei/Schützenverein)? Wie wirken sie auf euch?

▣ Ordnet in die historische Situation ein: Im Bericht vom Führerbesuch ist die Rede von etwas „kraftvollem Neuen“. Was könnte damit gemeint sein?

Orientierung

> ❋
> **Faschismus** von lat. *fasces* = urspr. römische Rutenbündel als Machtzeichen; von italienischen Radikalen („Faschisten", 1921) als Symbol benutzt. Auch der deutsche Nationalsozialismus war eine faschistische Bewegung.

Die Zeit zwischen den Kriegen – eine Epoche der Unruhe

In den vorangegangenen Kapiteln habt ihr von den tiefgreifenden Folgen des Ersten Weltkrieges gehört. Alte Ordnungen waren zerfallen, die neu heraufziehende Zeit erzeugte Unsicherheit und Angst vor dem Chaos.

In dieser nicht stabilen Situation rissen in vielen Staaten Europas autoritäre Machthaber die Staatsgeschäfte an sich. Allen war gemeinsam:

– ein extrem nationalistischer Kurs,
– Feindschaft gegen die parlamentarische Demokratie,
– Ausrichtung auf eine Leitfigur (Diktator/„Führer"),
– Unterdrückung demokratischer Freiheiten,
– Missachtung von Recht und Gesetz,
– Einsatz der Staatspolizei (oder anderer Gruppen) zur Einschüchterung der Bevölkerung.

Am Ende stand dem demokratischen Lager eine große Gruppe von Staaten gegenüber, die über die Rechte ihrer Bürger mehr oder weniger hinweggingen.

[1] Europa zwischen Demokratie und Diktatur (1918–1938).

1. Wertet die Karte [1] aus. Wie sind die politischen Systeme in Europa verteilt? Welche Staaten sind noch Demokratien?

Mussolini wird Hitlers Vorbild

[2] Mussolini und Hitler.

Die italienischen Faschisten waren in der Tat in vieler Hinsicht Ideengeber und Vorbilder für die deutschen Nationalsozialisten. Hitler konnte seit 1921 studieren, wie der Diktator Benito Mussolini

- zur Macht kam, um diese nicht wieder abzugeben,
- flammende Reden hielt, wie ein Schauspieler auftrat und sich als „göttlicher Führer" feiern ließ,
- Massenaufmärsche seiner uniformierten Schwarzhemden organisierte,
- den Gruß der römischen Kaiser mit der ausgestreckten Hand einführte (später in Deutschland „Hitlergruß" oder „Deutscher Gruß" genannt),
- nationalen „Sozialismus" predigte, aber die freien Gewerkschaften verbot,
- Großprojekte nutzte, um sich als Mann der Zukunft zu empfehlen (moderne Großbauten usw.).

2. Vergleicht das Auftreten der faschistischen Machthaber mit Repräsentanten eines demokratischen Staates (Präsident, Kanzlerin).

3. Notiert Gründe, warum die Diktatoren mit diesem Auftreten Zustimmung gewinnen konnten.

▶ # Nationalsozialismus und Zweiter Weltkrieg

Wie funktionierte das Herrschaftssystem der Nationalsozialisten?
Wie konnte es zur Verfolgung und Ermordung europäischer Juden, Sinti und Roma und Andersdenkenden kommen?
Weshalb war der von Hitler geführte Krieg ein „Vernichtungskrieg"?
Welche Möglichkeiten zum Widerstand gab es für den Einzelnen?
Mit diesen und ähnlichen Fragen beschäftigt sich das folgende Kapitel.

Wichtige Kompetenzen in diesem Kapitel

Sachkompetenz
▶ die nationalsozialistische Machtübernahme und Machtstabilisierung erklären
▶ Entrechtung, Verfolgung und Ermordung von verfolgten Gruppen im Dritten Reich darstellen
▶ Formen des Widerstands erkennen und vergleichen
▶ Ursachen und Verlauf des Zweiten Weltkrieges in Grundzügen darstellen
▶ Ziele der Verbündeten (Alliierten) gegen NS-Deutschland beschreiben

Methodenkompetenz
▶ selbstständig Fragen mithilfe eines Lernzirkels bearbeiten und Ergebnisse der Lerngruppe präsentieren

Urteilskompetenz
▶ Auswirkungen der nationalsozialistischen Zwangsherrschaft auf das Leben der Menschen beurteilen
▶ Möglichkeiten und Grenzen des Widerstands im nationalsozialistischen Deutschland beurteilen
▶ den gegenwärtigen Umgang mit der NS-Vergangenheit beurteilen

Handlungskompetenz
▶ projektartige Nachforschungen zur NS-Zeit im eigenen Umfeld anstellen
▶ sich für demokratische Freiheitsrechte einsetzen

Machtsicherung

Lange Zeit war die Vorstellung verbreitet, Hitler hätte sich an die Macht geputscht oder sie jedenfalls überraschend an sich gerissen („Machtergreifung"). Das ist nicht richtig. Hitler wurde in einem ordnungsgemäßen Verfahren vom Reichspräsidenten als Kanzler eingesetzt („Machtübertragung"). Er hat – einmal an der Macht – ein bis dahin nicht für möglich gehaltenes Terrorsystem errichtet und konsequent seine Macht gesichert.

mokraten, christliche Parteien) sollten ausgeschaltet werden. Andersdenkende (z. B. in christlichen Kirchen und Jugendbünden) wurden eingeschüchtert und bedrängt.

[2] „Ganz Deutschland hört den Führer mit dem Volksempfänger". *Propagandaplakat, 1936.*

[1] Die Ernennung der Regierung Hitler am 30. Januar 1933. Im Vordergrund (von rechts nach links) Franz von Papen, Hitler und Goebbels. *Foto, 1933.*

Ein Volk wird vereinnahmt

Den Nationalsozialisten war durchaus bewusst, dass sie von Teilen der Bevölkerung abgelehnt wurden. Deshalb schufen sie ein System, das wie ein feinmaschiges Netz über das Land gelegt wurde. Bis in das kleinste Dorf sollte es reichen, alle Lebensbereiche umfassen, jeden Verein einbinden und das Denken der Leute beeinflussen. Politische Gegner (z. B. Kommunisten, Sozialde-

Was ihr noch tun könnt ...

■ Materialien zu den Themen des Lernzirkels suchen (siehe nebenstehenden „Laufzettel"):
  – Festschriften von Vereinen, Zeitungsartikel, alte Fotos, Stadtchroniken, Urkunden, Orden, alte Briefmarken, Lexika, Geschichtsbücher, Internet usw.; wenn möglich, auch im Stadtarchiv nachfragen.

■ Befragen von Zeitzeugen, Experten und geschichtlich Interessierten aus dem Ort:
  – Fragen nach jüdischen Mitbürgern, jüdischen Geschäften (in ländlichen Gebieten auch Viehhändlern), Bauwerken aus der Zeit des Dritten Reiches, Kriegszerstörungen, Bunkern, Einsatz von Zwangsarbeitern in Handwerk und Landwirtschaft, Opfern der NS-Diktatur usw.

Mit dem Lernzirkel arbeiten

Zu der Vorgehensweise, wie die Nationalsozialisten ihre Macht ausbauten und ein besonderes Herrschaftssystem errichteten, könnt ihr Einzelheiten in einem Lernzirkel selbstständig erarbeiten. Dabei werden an zehn Stationen Materialien angeboten, die bei der Beantwortung der nebenstehenden Fragen ("Laufzettel") helfen sollen.

Die Aufgaben könnt ihr selbstständig in Stillarbeit oder gemeinsam in Partner- und Gruppenarbeit bearbeiten und anschließend der Lerngruppe bzw. der Klasse präsentieren. Viel Erfolg!

Regeln für den Lernzirkel

1. Schritt: Vorbereitung

- Legt Stationen innerhalb der Klasse fest (Tische, Fensterbänke oder Ähnliches zur Ablage des Materials); wenn ihr allein arbeitet, sollte jede Station zweimal vorhanden sein, damit kein Stau entsteht.
- Legt an jeder Station ein Buch „Menschen Zeiten Räume Band 3" und schlagt die Seite auf, die zur jeweiligen Station gehört.
- Schreibt die Nummer der Station groß auf ein Blatt und legt/stellt es auf den Tisch.
- Richtet bei Bedarf Zusatzstationen mit interessanten Aufgaben ein, die von besonders Schnellen bearbeitet werden können.

2. Schritt: Durchführung

- Legt die Arbeitspartner fest.
- Stellt euren „Laufzettel" (siehe rechts) her (Raum für die Antworten freilassen!).
- Haltet ein Blatt Notizpapier und Schreibzeug bereit.
- In einem Anfangsgespräch werden die Stationen kurz vorgestellt und Fragen geklärt.
- Jede Arbeitsgruppe wählt die Reihenfolge der Station für sich frei aus.
- Hinterlasst die Station so, wie ihr sie vorgefunden habt. Keine Hetze und kein Gedränge.

3. Schritt: Auswertung und Präsentation

- Nach der Arbeitsphase werden die Ergebnisse der einzelnen Stationen zusammengetragen, besprochen und der Klasse präsentiert.
- Klärt Probleme bei der Teamarbeit oder im Ablauf des Lernzirkels.

„Laufzettel"

Station 1: Das Führerprinzip
- Wie wurde das Führerprinzip begründet?
- Wie funktionierte die Organisation von Staat und Partei?
- Nennt Stationen von Hitlers Lebenslauf.

Station 2: Gleichschaltung und Verbote
- Was bedeutete und wie funktionierte die „Gleichschaltung" von Vereinen und Organisationen?
- Nennt drei verbotene bzw. aufgelöste Organisationen.
- Welche NS-Organisationen gab es?

Station 3: Terror gegen Andersdenkende
- Wie verhielt sich die SA gegenüber politischen Gegnern?
- Was bedeutet „Gleichschaltung der Presse"?
- Wie ging das NS-Regime gegen unliebsame Schriftsteller vor?

Station 4: KZs gab es überall
- Was geschah im KZ Kemna bei Wuppertal?
- Warum unternahm die Justiz nichts gegen das Unrecht?
- Was wurde aus der Bestrafung der Verantwortlichen nach dem Krieg?

Station 5: Kirche in Not
- Welche Zusicherung machte Hitler den Kirchen nach der Machtübernahme?
- Welche Einstellungen zum Nationalsozialismus gab es in den großen Religionsgemeinschaften?
- Wie passen Einschüchterung von Geistlichen [1/2] und Fahnenschmuck in der Kirche [4] zusammen?

Station 6: Hitlerjugend
- Was hatte Hitler mit der Jugend vor?
- Welche Bedeutung hatten „Wehrsportübungen"?
- Welche Ziele haben Jugendgruppen heute?

Station 7: Schule im Nationalsozialismus
- Welche Maßnahmen sollten Treue zum nationalsozialistischen Deutschland und die Bereitschaft zum Kriegseinsatz fördern?
- Nennt Schikanen gegen Schüler und Lehrer.

Station 8: Die Rolle der Frau
- Welche Erwartungen hatten die Machthaber an die Frauen?
- Was sollte die Verleihung von „Mutterkreuzen" bewirken?

Station 9: Arbeit für alle
- Welche Ziele verfolgte die Regierung?
- Wie wurde die Arbeitslosigkeit beseitigt?

Station 10: „Kraft durch Freude"
- Welche Aufgaben hatte die Aktion „Kraft durch Freude"?
- Welchen Friedens- bzw. Kriegsnutzen hatten das Seebad in Prora und die Volkswagenwerke in Wolfsburg?

Das Führerprinzip

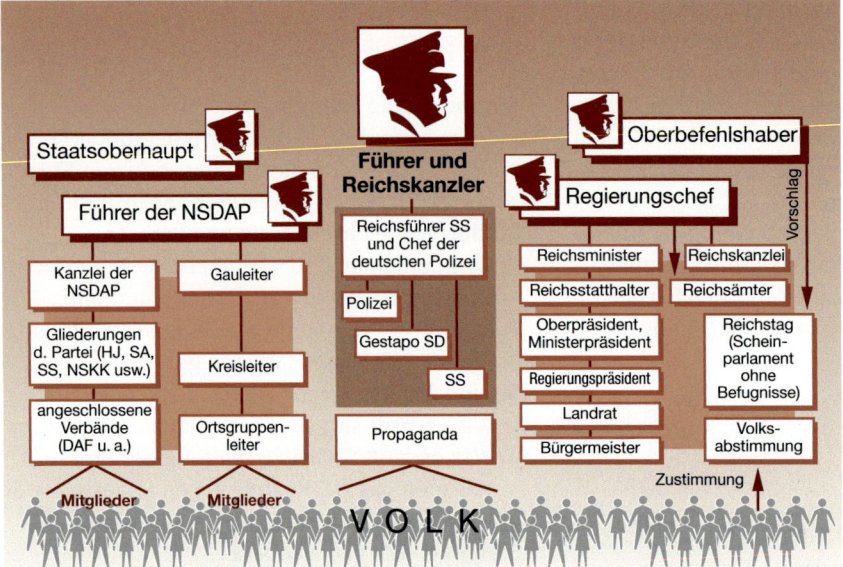

[1] Das Führerprinzip in Partei, Staat und Gesellschaft.

[4] Hitler eröffnet eine Sportveranstaltung. *Foto 1934.*

Wie das Führerprinzip begründet wurde

Vorbild sollte die Zeit der Germanen sein, als die „Gefolgschaft" ihrem Heerführer angeblich in Treue verbunden war und ihm ohne Widerspruch gefolgt sein soll. Einem solchen Führer wurden Weisheit, Kraft und Mut zugeschrieben. Das Führertum sei allen anderen Formen der (demokratischen) Staatsführung haushoch überlegen, hieß es.

[2] **Hermann Göring, ein führender Nationalsozialist, schrieb:**
Der Führer (ist) für uns in allen politischen und sonstigen Dingen, die das ... Interesse des Volkes angehen, glattweg unfehlbar.

H. Göring, Aufbau einer Nation. Berlin 1934, S. 51

Führer befiehl, wir folgen!

[3] Text eines weitverbreiteten NS-Spruchbandes.

Auch in der Firma: Der Chef als „Betriebsführer"

Die Begriffe aus Staat und Politik wurden jetzt auch in den Betrieben angewandt. Der Chef erreichte eine neue Würde als „Betriebsführer"; die Arbeiterinnen und Angestellten bildeten seine „Gefolgschaft", die seinen „Führer-Befehlen" folgen sollte.

Adolf Hitler (1889–1945)

20.4.1889 Geburt in Braunau am Inn (Österreich)

1907–1913 in Wien; ohne Beruf und lebt vom Postkartenmalen; geht nach München

1914 Kriegsfreiwilliger

1920 Führer der noch unbedeutenden NSDAP

1923 Putschversuch gegen die bayerische Landesregierung und Festungshaft in Landsberg

1924/25 schreibt in der Haft sein Buch „Mein Kampf"; darin schon klare Pläne zu Krieg und Judenvernichtung

1933 Ernennung zum Reichskanzler; errichtet von da an eine Diktatur, vereinigt als „Führer" das Amt des Reichspräsidenten und des Reichskanzlers in seiner Person

1939 Beginn der Folge von Angriffskriegen, aus denen sich der Zweite Weltkrieg entwickelt

30.4.1945 Selbstmord im Bunker der Reichskanzlei in Berlin

[5] Lebenslauf von Adolf Hitler.

Aufgaben → „Laufzettel" (S. 59)

Gleichschaltung und Verbote

[1] Plakat der Deutschen Arbeitsfront (DAF), *1933/34*.

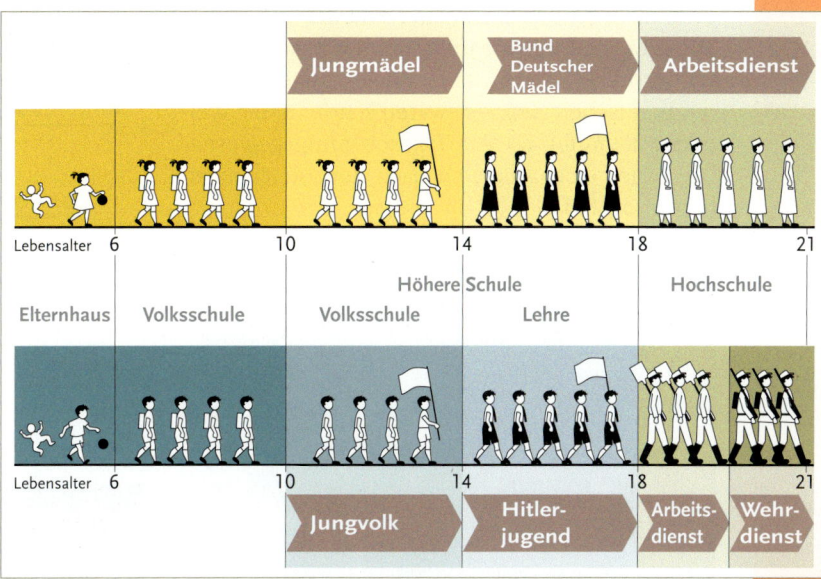

[2] Der Weg des „gleichgeschalteten" Staatsbürgers.

Gleichschaltung – alle im gleichen Marschtritt

Die Nationalsozialisten sorgten 1933 dafür, dass alle Länder des Deutschen Reiches mit der Zentrale in Berlin „gleichgeschaltet" wurden. Im Gebiet des heutigen Bundeslandes Nordrhein-Westfalen lagen die fünf NS-Gaue: Westfalen-Nord, Westfalen-Süd, Essen, Düsseldorf und Köln-Aachen. Parteileitungen der NSDAP übernahmen hier nun die staatliche Macht. Bürgermeister wurden abgelöst und NS-Gefolgsleute an ihre Stellen gesetzt. Versammlungsverbote und das Verbot politischer Parteien zerstörten die Demokratie.

Verbot der Gewerkschaften

Nach dem „Tag der nationalen Arbeit" (1. Mai 1933) wurden die freien Gewerkschaften verboten und alle „schaffenden Deutschen der Stirn und der Faust" in der Deutschen Arbeitsfront (DAF) zwangsweise zusammengeschlossen. Das gesamte Volk wird in NS-Organisationen versammelt.
Zwangsweise oder freiwillig lösten sich jetzt viele Organisationen auf und wurden in NS-Abteilungen übernommen.
Verboten waren andere Parteien, Organisationen und Vereine, z. B.: KPD (Kommunistische Partei Deutschlands), SPD (Sozialdemokratische Partei Deutschlands) und alle jüdischen Organisationen.

Das Ergebnis: Vom Kindergarten bis zum Altenheim – ein lückenloser Weg durch die NS-Organisationen!

Weitere NS-Organisationen waren u. a.:

– BDM (Bund Deutscher Mädel)
– HJ (Hitlerjugend)
– NS-Frauenschaft
– SA (Sturmabteilung)
– SS (Schutzstaffel)
– NSBO (NS-Betriebsorganisation)
– NS-Beamtenschaft
– NSV (Nationalsozialistische Volkswohlfahrt)
– NSKK (NS-Kraftfahrerkorps)
– Reichsluftschutzbund
– NS-Verbände für Ärzte, Lehrer, Techniker, Rechtswahrer
– KdF („Kraft durch Freude")

Was ihr noch tun könnt ...

■ den Lebenslauf eines Menschen zusammenstellen, der vom Kindergarten bis zum Altenheim durch die NS-Organisationen geschleust wurde.

Aufgaben → „Laufzettel" (S. 59)

Terror gegen Andersdenkende

„Wer nicht für uns ist, ist ein Feind des Volkes!"
Diese Einstellung war unter den Nationalsozialisten verbreitet. Die Auseinandersetzungen mit ihren politischen Gegnern waren schon in der Weimarer Republik an der Tagesordnung gewesen. Die Lage verschärfte sich nach dem Reichstagsbrand von 1933.

[2] Ausgabe der Westfälischen Allgemeinen Volkszeitung vom 26. 2. 1933.

[1] Die SA nimmt politische Gegner gefangen.
Foto, 1933.

Schlägertrupps unterwegs

Besonders die SA („Sturmabteilung") war durch Aufmärsche, Bedrohungen von Bügerinnen und Bürgern und „Saalschlachten" aufgefallen. Die SA-Männer überfielen Versammlungen von Gewerkschaftlern, Sozialdemokraten oder Kommunisten. Deren Organisationen waren in Nordrhein-Westfalen – und besonders im Ruhrgebiet – zahlreich vertreten.
Bei den Schlägereien verhielt sich die Polizei nicht neutral. Sie deckte viele Taten der Nationalsozialisten.
1933 erhielt die SA sogar selbst Polizeigewalt. Sie konnte nun ihre Gegner in den schnell errichteten ersten Konzentrationslagern* einsperren. Beschönigend sprach man von „Schutzhaft".
Gewalt und Folter sorgten rasch für Furcht und Schrecken unter der Bevölkerung.

> **Konzentrationslager** (Kurzform: KZ oder KL)
> In den Lagern wurden politische Gegner des NS-Regimes, jüdische Menschen, Sinti und Roma, Homosexuelle, Zeugen Jehovas und Kriminelle zusammengefasst (konzentriert) und gefangen gehalten. Ein KZ konnte als Sammel-, Straf-, Arbeits- und/oder Vernichtungslager dienen.

[3] Die Bücherverbrennung der Nationalsozialisten auf dem Opernplatz in Berlin. *Foto, 1933.*

Zeitungsverbote und Bücherverbrennungen

Um andere Informationen und Meinungen auszuschalten, verbot die nationalsozialistische Regierung, so schnell es ging, solche Zeitungen, die nicht auf ihrer Linie lagen. Sie nannte das „Gleichschaltung der Presse".
In vielen Städten wurden im April/Mai 1933 Bücher von Schriftstellern verbrannt, die den Nationalsozialisten nicht genehm waren.
In NRW geschah dies z. B. in Barmen (Rathausvorplatz), Bonn (Marktplatz), Düsseldorf (Planetarium), Dortmund (Hansaplatz), Essen (Gerlingsplatz), Köln (Claudiusstraße) und Münster (Hindenburgplatz).

Regierungsradio „Volksempfänger"

Die Nationalsozialisten sorgten für die Verbreitung eines günstigen Radioapparates, mit dem man den Regierungssender empfangen konnte. Alle übrigen Programme waren verboten.

Aufgaben → „Laufzettel" (S. 59)

KZs gab es an vielen Orten

Ein „wildes Lager" in der Nachbarschaft

Da die Nationalsozialisten überall mit der Verfolgung der Andersdenkenden begannen, wurde bald der Platz in den Gefängnissen knapp.

Wie in vielen Orten Deutschlands wurde zum Beispiel auch in Wuppertal-Kemna ein vorläufiges Lager errichtet. Schon im Sommer 1933 wurden NS-Gegner in einer ehemaligen Putzwoll-Fabrik festgehalten und schikaniert.

Aus der gesamten Umgebung des Bergischen Landes (auch aus Duisburg, Essen, Düsseldorf und Dortmund) wurden Gefangene hierhin verschleppt. Die SA-Leute in Wuppertal empfingen ihre verhassten politischen Gegner mit Schlägen und Tritten. Obwohl das KZ nur ungefähr sieben Monate bestand, erfuhren mehr als 4000 Häftlinge Folter, Misshandlungen und Erniedrigungen.

[1] Die ehemalige Putzwollfabrik, das Hauptgebäude des KZ Kemna, im Jahr 2007. *Foto.*

[2] Mahnmal für das Konzentrationslager Kemna, errichtet im Jahr 1983. *Foto, 2008.*

Der Terror war bekannt…

Über die Aktionen gegen die Gegner des Nationalsozialismus wurde anfangs noch in Zeitungen berichtet. Auch in der Nachbarschaft wurde über die Verhaftungen und die Zustände in den neuen Konzentrationslagern gesprochen. In Wuppertal ermittelte sogar die Staatsanwaltschaft. Vorgesetzte Stellen verhinderten aber weitere Nachforschungen. Staatsanwalt Gustav Winckler wurde strafversetzt und so zum Schweigen gebracht. Bald trauten sich nur noch Wenige, die Verfolgungen zu kritisieren.

[3] KZ-Häftlinge eines Sprengkommandos. Bochum-Weitmar, *Foto, 1943.*

Beispiele von KZ-Standorten in NRW:
Bergkamen: Schönhausen
Bochum, Brüllstraße
Bonn, Endenich
Büren: Niedernhagen + Wewelsburg
Dortmund-Hörde (Steinwache, Hüttenverein u. a.)
Duisburg: Meiderich
Düsseldorf: Bergische Landstraße; ebenso: Kranken- und Sterbelager
Essen: Humboldtstraße
Gelsenkirchen: Gelsenberg
Köln: Messelager (für Buchenwald), Bickendorf („Zigeunerlager"), Gremberger Wäldchen
Lengerich/Westf.: Porta Westfalica: Frauenlager Hausberge/Barkhausen
Schwerte: Ost
Stukenbrock: Stammlager 326
Unna: Hellweg-Kaserne
Witten-Annen: Uttermannplatz
Wuppertal: Kemna

Kirche in Not

Wer sich nicht anpasst – wird verfolgt

Eine Reihe von evangelischen und katholischen Pfarrern kam sehr bald in Konflikt mit den Nationalsozialisten. Bei Predigten, in der Jugendarbeit oder beim Verfassen von Schriften vertraten sie christliche Auffassungen, die dem Regime nicht gefielen.

So wurde der Wuppertaler Pfarrer Karl Immer 1937 verhaftet und sein Pfarrhaus beschmiert. Er wurde ins KZ transportiert.

[1] Aufgemalte Hass-Parolen am Pfarrhaus des Pfarrers Karl Immer (Wuppertal-Barmen): „Hier wohnt der Volksverräter Immer." *Foto.*

Auch der Elberfelder evangelische Pastor Helmut Hesse predigte gegen die Verfolgung von Juden und politischen Gegnern. Die Gestapo* verhaftete ihn 1943. Er starb im KZ Dachau, wo eigens Unterkünfte für Geistliche eingerichtet waren.
Nicht besser erging es dem katholischen Pfarrer Franz Boehm aus Monheim am Rhein. Er wurde mehrfach verhaftet und starb im KZ Dachau.

[2] Pastor Helmut Hesse. *Foto.*

✣
Gestapo Geheime Staatspolizei

Zwischen Kreuz und Hakenkreuz – die Kirchen im NS-Staat

Zwar hatte die katholische Kirche zunächst eine Mitgliedschaft in der NSDAP verboten. Nach einer Vereinbarung mit dem Vatikan (Konkordat) änderte sich das aber. Das Verbot wurde aufgehoben und Treue gegenüber der „Obrigkeit" gefordert.

Hitler selbst schimpfte nur in kleinem Kreis gegen die Kirchen. In der Öffentlichkeit verhielt er sich aber scheinbar freundlich.

[3] Hitler gegrüßt auf dem Reichsparteitag 1934 den evangelischen Reichsbischof Ludwig Müller besonders herzlich. Daneben der katholische Abt Schachtleiter. *Foto, 6. September 1934.*

Manche Gläubige standen den Nationalsozialisten ohnehin nahe („Deutsche Christen"); viele waren ängstliche Mitläufer, andere blieben unentschieden. Eingeschüchtert versuchten sie, an ihrem Glauben festzuhalten. Nur eine kleine Gruppe leistete Widerstand. Mehr oder weniger offen nahmen sie gegen die Nationalsozialisten Stellung („Bekennende Kirche") oder versuchten, politischen Widerstand zu organisieren.

[4] Eine Kirche in Berlin im Hakenkreuzschmuck. *Foto, 1. Januar 1934.*

[1/2] Plakatwerbung für die nationalsozialistischen Jugendorganisationen. *1936.*

[3] Luftschutz-übungen der Hitlerjugend. *Foto, um 1936.*

„Diese Jugend lernt ja nichts anderes ..."

[4] **Adolf Hitler sagte am 4. Dezember 1938 in einer Rede vor einer HJ-Versammlung in Reichenberg (damals Sudentenland, heute Tschechien):**

Diese Jugend, die lernt ja nichts anderes als deutsch denken, deutsch handeln, und wenn diese Knaben mit zehn Jahren in unsere Organisation hineinkommen ..., dann kommen sie vier Jahre später vom Jungvolk in die Hitlerjugend, und dort behalten wir sie wieder vier Jahre. Und dann geben wir sie erst recht nicht zurück in die Hände unserer alten Klassen- und Standeserzeuger, sondern dann nehmen wir sie sofort in die Partei, in die Arbeitsfront, in die SA oder in die SS ... und so weiter. Und wenn sie dort ... noch nicht ganz Nationalsozialisten geworden sein sollten, dann kommen sie in den Arbeitsdienst und wer-den dort wieder sechs und sieben Monate ge-schliffen. ... Und was dann ... noch an Klassenbe-wusstsein und Standesdünkel ... vorhanden sein sollte, das übernimmt dann die Wehrmacht zur weiteren Behandlung auf zwei Jahre (Beifall). ... Und sie werden nicht mehr frei ihr ganzes Leben (Beifall), und sie sind glücklich dabei.

Tondokument Nr. C 1326 des Deutschen Rundfunk-archivs, Frankfurt/Main

[5] Aufmarsch der Deutschen Jungmädel. *Foto, 1935.*

„Dann fanden wir es sehr schön ..."

[6] **Zeitzeugen berichteten aus ihrer Zeit in der Hitlerjugend:**

Wolfgang Frank, Jahrgang 1928

1938 war ich zehn Jahre alt und bin natürlich in das deutsche Jungvolk eingetreten, zum Leidwe-sen meines Vaters, der immer versucht hatte, mich davon abzubringen. Es gab große Konflikte zwischen meinem Vater und mir. Das ging so weit, dass ich mir überlegt habe, meinen Vater anzuzeigen.

Marianne Langen, Jahrgang 1917

Ich habe im Allgemeinen das Leben mit Kamera-dinnen im BDM als sehr angenehm empfunden. Wir haben auch Aufmärsche mitgemacht. Und dann fanden wir es sehr schön, wenn die Jugend des Volkes jubelnd begrüßt wurde. Wenn ich das heute mal so überdenke – wir haben früher keine Diskussionen gehabt, wir waren Befehlsempfän-ger. Vielleicht sind wir Deutschen ein Volk von Befehlsempfängern.

Jutta von Freyberg u. a., Wir hatten andere Träume. Verlag für Akademische Schriften, Frankfurt/M. 1995

Aufgaben → „Laufzettel" (S. 59)

[1] **Aufgaben der Schule im Nationalsozialismus:**
Die nationalsozialistische Erhebung setzt eine innere Erneuerung des Volkes voraus. ...
Die Tugenden der Wahrhaftigkeit und Wehrhaftigkeit, der Frömmigkeit und des Gehorsams, der Vaterlandsliebe und der Treue, der Willenskraft und der Entschlussfreudigkeit sollen den deutschen Menschen auszeichnen.
In der Zugehörigkeit zu Volk und Rasse soll er eine von Gott gegebene Ordnung sehen. Anerkennung der Autorität und Unterordnung unter die berufenen Führer ist eine Vorbedingung völkischen Lebens. Der Einzelne ist nichts, der Staat alles.

Verfügung des Regierungspräsidenten im Amtlichen Schulblatt f. d. Reg.-Bez. Köln, 1. Juni 1933

[2] „Jungvolk-" und „Jungmädel"-Mitglieder gestalten an der Volksschule Garthestraße (Köln) eine Feierstunde zu Hitlers Geburtstag. *Foto, 20. April 1938.*

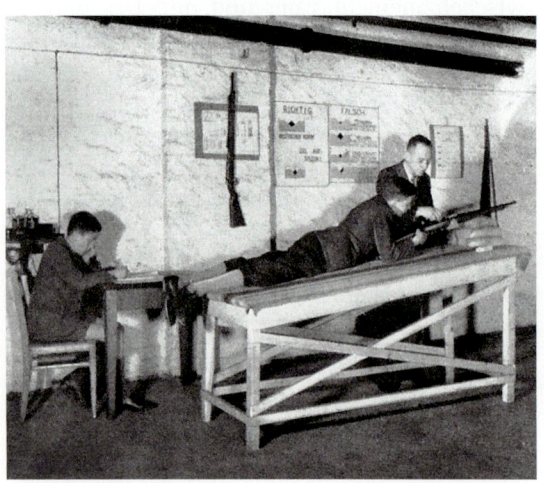

[3] Wehrsportliche Übungen im schuleigenen Schießstand an einer Schule. *Foto, 1936/37.*

Aber auch Schüler machen Druck ...

[4] An der Tafel steht: „Der Jude ist unser größter Feind! Hütet euch vor den Juden!" *Foto, um 1934.*

[5] **1933: gegen einen jüdischen Mitschüler am damaligen Mainzer Karrillon-Gymnasium**
Der Schüler Walter Bachrach war ... verstärkt antisemitischen Angriffen seiner Mitschüler ausgeliefert gewesen. Insbesondere hatten sie ihm Prügel für den Fall angedroht, dass sie „nationale Symbole" bei ihm entdeckten. Als ein neues ... Schulbuch zur Verteilung kam, auf dessen Titelblatt das Hakenkreuz prangte, entfernte er dieses, um es später in der Schultasche verschwinden zu lassen. Der herbeigerufene Direktor verwies Walter Bachrach unter dem Vorwurf, nationalsozialistische Symbole verhöhnt zu haben, von der Schule. Der Junge ging tief betroffen nach Hause und wollte sich erhängen.

Bärbel Maul, in: A. M. Keim (Hg.): Als die letzten Hoffnungen verbrannten. Mainz 1988, S. 43

[6] **1934: gegen einen Kölner Lehrer, der den Hitlergruß verweigerte:**
Dem Studienrat Schulte musste erst durch die Schüler einer Klasse, die bei Beginn der Schulstunden so lange mit ausgestrecktem rechtem Arm stehen blieben, bis der Gruß erwidert wurde, angewöhnt werden, mit dem Deutschen Gruß das Klassenzimmer zu betreten ...

Joachim Trapp, Schulen in der NS-Zeit. Böhlau, Köln 1994, S. 50

Aufgaben → „Laufzettel" (S. 59)

Im nationalsozialistischen Deutschland wurden immer wieder besonders „männliche" und „soldatische" Eigenschaften beschworen: Härte, Tapferkeit („Bereitschaft zum Tod für das Vaterland") und Unempfindlichkeit gegenüber Gefühlen. Was aber war mit den Millionen von Frauen, der anderen Hälfte der Bevölkerung? Um auch ihre Zustimmung zu bekommen, betonten die Nationalsozialisten die Rolle der Frau als „Erhalterin des Volkes". Durch Geburt möglichst vieler Kinder sollte sie zur Größe Deutschlands beitragen.

[1] **In einem Biologiebuch hieß es:**
In seiner Weihnachtsbotschaft 1938 schuf der Führer das Ehrenkreuz der kinderreichen Mutter. Es ist das Frontkämpferkreuz des Geburtskrieges! In Bronze wird es den Frauen verliehen, die dem Volke 4 oder 5 Kinder geschenkt haben, in Silber denen mit 6 oder 7 und in Gold den Müttern mit 8 und mehr Kindern.

Zit. nach: Irmtraut Frucht, in: Praxis Geschichte 1/1995, S. 41

[2] Für Mütter mit mehr als vier Kindern wird ein besonderer Orden verliehen: das Mutterkreuz. *Foto, 1939.*

[3] Umzug zum Tag „Mutter und Kind", 1934 in Berlin. *Foto, 1934.*

„Kinderkriegen und Granatendrehen"

[4] **Die Wissenschaftlerin Ursula Böhm schrieb 1986 in einem Buch:**
Das Ideal der deutschen Frau sah in den Augen der Nationalsozialisten etwa so aus:
– blond und blauäugig
– raucht nicht, schminkt sich nicht
– als Mädchen im Arbeitsdienst Helferin in der Landwirtschaft
– interessiert an Kochen, Backen, Stricken usw.
– besucht Kurse zu Volkstanz und Säuglingspflege
– als Frau gibt sie ihren Arbeitsplatz für einen Mann auf und kümmert sich nur noch um die Familie
– in ihrer Freizeit besucht sie NS-Frauengruppen
– wenn die Männer im Krieg sind, macht sie ihnen Mut durch Feldpost-Briefe und Päckchen
– sie arbeitet ohne zu murren in Rüstungsbetrieben, wenn durch den Kriegsdienst der Männer Stellen unbesetzt sind
– kommen Kinder oder Ehemänner im Krieg um, weiß sie, dass sie „für Deutschland gestorben sind", und trägt dies, ohne zu klagen.

Ursula Böhm, Kinderkriegen und Granatendrehen, in: Borries, B. v./Kuhn, A. (Hg.), Frauen in der Geschichte VIII. Düsseldorf 1986

[5] „Jahresschau – Die Küche, das Reich der Frau". *Plakat, 1937.*

Aufgaben → „Laufzettel" (S. 59)

Abbau der Arbeitslosigkeit mit allen Mitteln

Viele von Arbeitslosigkeit betroffene Menschen (sechs Millionen) setzten ihre Hoffnung auf die Nationalsozialisten. Die Regierung aber verfolgte drei Hauptziele:

1. die Deutschen völlig an Hitler und seine Herrschaft zu binden,
2. Deutschland auf einen Krieg vorzubereiten,
3. alle Arbeitslosen in Beschäftigung zu bringen.

Dass diese drei Absichten zusammenhingen, blieb vielen zunächst verborgen.

Maßnahmen im Einzelnen waren:

a) Staatsaufträge für die Bauwirtschaft und Rüstungsindustrie

Wohnungsbau, Parteibauten, Autobahnen, Militäreinrichtungen usw.; Ausführung der Arbeiten oft von Hand statt mit Maschinen, um mehr Arbeitskräfte zu binden. Einige der Maßnahmen waren aber nicht Hitlers Idee, sondern schon in der Weimarer Republik geplant.

[1] Werbeplakat für den Autobahnbau, 1937.

REICHSAUTOBAHNEN IN DEUTSCHLAND

Eine vorbildliche Tat der Firma Reemtsma-Zigaretten-Fabriken – 26 weibliche Angestellte feiern ... Hochzeit – 24 Männer besetzen die Arbeitsplätze der Frauen. Die Reichsregierung hat ... zur Verminderung der Arbeitslosigkeit ... für die Förderung der Eheschließungen ein Ehestandsdarlehen in Aussicht gestellt. ...

[2] Völkischer Beobachter, 23. Oktober 1933. Text einer Originalnotiz.

b) Verdrängung der berufstätigen Frauen aus der Arbeitswelt in den Haushalt

Siehe auch Station 8.

c) Einführung eines sechsmonatigen Reichsarbeitsdienstes für alle jungen Männer und Frauen und Einführung der zweijährigen Wehrpflicht

Damit waren die meisten 18- bis 21-Jährigen gebunden und machten weitere Arbeitsplätze frei.

[3] Plakat, 1936.

Früher = Arbeitslosigkeit-Hoffnungslosigkeit-Verwahrlosung-Streik-Aussperrung
Heute = Arbeit-Freude-Zucht-Volkskameradschaft
Darum Deine Stimme dem Führer!

d) Marktkontrollen

Löhne, Preise, Abliefermengen in Industrie und Landwirtschaft; durch Verbot der Gewerkschaften konnte der Staat die Arbeitszeit erhöhen.

e) Aufstellung eines Vierjahresplanes für die Steuerung der Wirtschaft

Dies ermöglichte u. a. Unabhängigkeit vom Ausland für den Kriegsfall; Ankurbelung der Rüstung.

Durch diese Maßnahmen wurde in drei bis vier Jahren die Vollbeschäftigung erreicht. Es gab offiziell kaum noch Arbeitslose. Die Bevölkerung war mit diesem Ergebnis sehr zufrieden. Noch nach dem verlorenen Zweiten Weltkrieg – als Deutschland in Trümmern lag und Millionen von Menschen den Größenwahn der Nazis mit dem Leben bezahlt hatten – sagten viele Leute hinter vorgehaltener Hand: „.... aber die Arbeitslosen hat er von der Straße geholt und die Autobahnen gebaut ...“

Aufgaben → „Laufzettel“ (S. 59)

Billig Urlaub machen

Durch die Verlängerung des bezahlten Jahresurlaubs von drei auf sechs bis zwölf Tage konnten auch einfache Arbeiter an Urlaub denken.

Die Deutsche Arbeitsfront (DAF) organisierte nun Wanderungen, Theaterbesuche und Urlaubsreisen meist in Deutschland, aber auch in wenigen Fällen ins Ausland.

Die staatlich gelenkte Freizeitgestaltung kam sehr gut an – wenn auch teurere Schiffsreisen fast den Monatslohn eines Arbeiters kosteten. Das konnte sich noch lange nicht jeder leisten.

[1] Plakat der NS-Organisation „Kraft durch Freude", 1937. Unten steht: „Auch Du kannst jetzt reisen! Besorge Dir noch heute eine Reisesparkarte (...)"

Ein Erholungsheim als mögliches Kriegslazarett

[2] **DAF-/KdF-Chef Robert Ley über den Bau der Erholungsanlage Prora auf Rügen:**

Die Idee des Seebades kam vom Führer selbst. ... Das Bad (müsse) 20 000 Betten haben. Alles soll so eingerichtet werden, dass man das Ganze im Falle eines Krieges auch als Lazarett verwenden kann. ... Wenn der Arbeiter in das Seebad kommt, dann muss er sofort seine Vergangenheit vergessen. Ich möchte es so einrichten, dass er in einen Trubel hineinkommt, der ihm den Atem nimmt, dass er vor lauter Musik ... nicht zu sich selbst kommt. ...

Zit. nach: Helmut Heiber (Hg.), Die Rückseite des Hakenkreuzes. dtv, München 1995, S. 193

Der Betrug mit dem „Volkswagen"

[3] Der Volkswagen im KdF-Prospekt, um 1939.

Ein Plan des Autokonstrukteurs Ferdinand Porsche wurde von Hitler unterstützt. Danach sollten „Volksgenossen", die jede Woche 5 Mark sparten, am Ende für 1 000 Mark einen eigenen „Volkswagen" bekommen. Über 300 000 Personen hofften auf ein Auto, 60 000 hatten den Gesamtbetrag schon bezahlt.

Mit dem eingezahlten Geld wurde auch das Werk und die anlaufende Produktion finanziert.

1938 wurde der Grundstein zum „größten Kraftwagenwerk der Welt" gelegt. Daneben entstand die „Stadt des KdF-Wagens bei Fallersleben", die nach dem Kriegsende in Wolfsburg umbenannt wurde.

[4] **Der Historiker Wolfgang Benz bewertete das Projekt „Volkswagen":**

Als sozialpolitischer Köder, aber auch um die Motorisierung Deutschlands zu beschleunigen, wurden die Pläne ... vom Regime ... gefördert.

Keiner hat ihn (den Volkswagen) erhalten, da das Werk auf Rüstungsproduktion umgestellt wurde und ab 1939 ausschließlich Kübelwagen für die Wehrmacht produzierte. ...

Wolfgang Benz, Geschichte des Dritten Reiches. Beck Verlag, München 2000, S. 104

Aufgaben → „Laufzettel" (S. 59)

Gewalttaten gegen jüdische Mitbürger

Jüdisches Leben und Antisemitismus

Die seit der Römerzeit in Deutschland lebenden Juden waren mit circa einem Prozent der Gesamtbevölkerung eine kleine Minderheit. In der Zeit der Kreuzzüge kam es zu Morden und Vertreibungen. Handwerk und Landbesitz war Juden verboten, sodass oft nur der Handel blieb. In der Öffentlichkeit mussten sie besonders gekennzeichnete Kleidung tragen.

Im 19. Jahrhundert fielen viele Benachteiligungen weg, und einige Juden traten als erfolgreiche Bankiers, Wissenschaftler, Rechtsanwälte, Künstler und Ärzte hervor. Die Mehrheit lebte jedoch in den ländlichen Gebieten in bescheidenen Verhältnissen – nur hin und wieder brachten es einige (z. B. als Viehhändler) zu einigem Wohlstand. Dennoch waren immer wieder Antisemiten aufgetreten, die alles Üble auf der Welt auf die Juden zurückführten. Auch die Nationalsozialisten sahen in den jüdischen Menschen Feinde, die sie erbittert bekämpfen wollten.

Dabei war es gar nicht leicht, Juden von der übrigen Bevölkerung zu unterscheiden. Oft musste erst mühsam in Kirchenbüchern und Geburtsregistern nach jüdischen Eltern und Großeltern gesucht werden.

Jüdische Männer hatten sich im Ersten Weltkrieg ausgezeichnet und Orden und Ehrenzeichen erhalten. Sie fühlten sich nicht weniger als Deutsche als andere.

1. Beschreibt die Situation der Juden in Deutschland vor der Zeit der Nationalsozialisten.

2. Entnehmt dem Text [2] die verschiedenen Gründe für die Judenfeindschaft.

[1] Boykott jüdischer Geschäfte in Berlin. *Foto, 1934.*

---

1. Religiöse Motive

Juden wurden als angebliche „Christusmörder" verfolgt. Unter allerlei Vorwänden wurden sie in Notzeiten immer wieder von Christen zu Sündenböcken gemacht und schikaniert.

2. Gesellschaftliche und wirtschaftliche Gründe

Zu Beginn des 10. Jahrhunderts wurde die rechtliche Benachteiligung aufgehoben. Eine gewisse Missachtung blieb aber. Wenn jüdische Bürger wirtschaftlichen Erfolg hatten oder kulturelle Leistungen erbrachten, hatten sie mit Neid und Minderwertigkeitsgefühlen mancher Menschen zu kämpfen.

3. Rassistisches Denken

Die eigene Rasse erklärte man zur wertvollsten. Dieser Rassismus wandte sich besonders gegen Juden, obwohl das Judentum keine „Rasse", sondern eine Religionsgemeinschaft ist. Neben den Juden wurden auch die als „Zigeuner" bezeichneten Sinti und Roma diskriminiert.

[2] Wurzeln des Antisemitismus* in Europa.

Was war neu am Antisemitismus der Nationalsozialisten?

Erstmalig erklärte ein Staat einen Teil seiner Bürger für „minderwertig" und leitete dessen Ausrottung ein. Mit großer Energie schuf man eine geradezu „industriell organisierte" Vernichtungsmaschinerie: Verhaftung – Verschleppungen per Eisenbahntransport – Ermordung in Vernichtungslagern.

Wählt einen der folgenden Arbeitsaufträge aus:

▣ Auch heute gibt es Verleumdungen gegen Minderheiten. Notiert Möglichkeiten, was der Staat/der Einzelne dagegen tun kann.

▣ Formuliert zu rassistischen Behauptungen die passenden Gegenargumente. *(Beispiel: Behauptung: „Die XY sind alle Diebe!" – Antwort: ...)*

*
Antisemitismus Ablehnung des Judentums. Der Begriff leitet sich vom Wort „Semiten" ab: Semitische Völker sind seit Jahrtausenden in Palästina, Arabien usw. beheimatet.

[3] Zusammenlebende Juden und Nichtjuden werden von SA-Männern öffentlich schikaniert. *Foto, 1935.*

3. Beschreibt das Foto [3] und nehmt Stellung zu der Maßnahme der SA.

1933	Boykott jüdischer Geschäfte; jüdische Ärzte, Professoren und Rechtsanwälte verlieren ihre Zulassung, jüdische Arbeiter und Angestellte ihre Arbeit im öffentlichen Dienst; Berufsverbot für Künstler.
1935	„Nürnberger Gesetze": Ehe zwischen Juden und Nichtjuden wird verboten; Juden verlieren deutsches Staatsbürgerrecht.
1936	Studienverbote; Zwang zur Aufgabe von Geschäften und Handwerksbetrieben.
1938	„Reichspogromnacht": Zerstörung von ca. 8 000 jüdischen Gotteshäusern und Geschäften; Wohnungen und Friedhöfe werden verwüstet.
1939	Berufsverbote für jüdische Ärzte und Apotheker; Wertgegenstände und Radios werden beschlagnahmt.
1941	Zwang, gelben Stern an der Kleidung zu tragen; Verbot der Auswanderung.
1942	Wannsee-Konferenz: Treffen hochrangiger Vertreter von Regierung und SS, um den bereits begonnenen Mord an den Juden Europas systematisch zu organisieren.

[4] Wie der Terror gegen Juden gesteigert wurde.

[5] Nach einer Brandstiftung brennt die Synagoge von Essen nieder. *Foto, 10. 11. 1938.*

Die Reichspogromnacht

Als Rache für die Ermordung eines deutschen Diplomaten in Paris organisierte Propagandaminister Goebbels einen „Ausbruch des Volkszorns". Brandstifter zündeten Synagogen an, zerstörten Geschäfte und Wohnungen von jüdischen Nachbarn. Es gab viele Tote. 30 000 jüdische Frauen und Männer wurden ohne Urteil verhaftet und in Konzentrationslager verschleppt. Um die jüdische Bevölkerung noch weiter zu demütigen, wurde ihr eine Sondersteuer auferlegt.

[6] **Reichspogromnacht in Dinslaken, 10. 11. 1938:**

Parteigenossen hatten die Synagoge niedergebrannt und eine Reihe von Häusern angezündet und schwer beschädigt. Die jüdischen Bewohner waren in einem Raum zusammengetrieben worden. Viele weinten und trugen blutige Spuren der erlittenen Misshandlungen.
Übel erging es den jüdischen Waisenkindern. Völlig verängstigt wurden die Jüngsten auf einen Leiterwagen gestoßen, den ihre älteren Mitschüler durch die Straßen ziehen mussten. Die Bürgersteige waren voll mit Menschen, welche die „Judenprozession" ansehen wollten.

Autorentext, nach Zeitzeugenberichten erstellt

4. Untersucht, wie es zu diesen Ausbrüchen von Gewalt kommen konnte und warum kaum jemand Widerstand leistete.

Massenmord an den Juden

Vernichtungslager als „Tötungsfabriken"

[1] SS und Polizei eskortieren verhaftete Juden zum Bahnhof. *Foto, 1942.*

1. Beschreibt Bild [1]. Vermutet, wer auf dem Bild Täter, Opfer und Zuschauer ist.
Notiert eure Einschätzungen, ob zu Recht behauptet wurde, die Bevölkerung hätte nichts vom Schicksal der Juden gewusst.

Vernichtungslager als „Tötungsfabriken"
Gegner des Regimes waren schon seit Beginn der Naziherrschaft in Konzentrationslagern in Deutschland inhaftiert worden. Nachdem Hitler mit dem Überfall auf Polen (1. September 1939) den Zweiten Weltkrieg begonnen hatte, ging man nun im großen Stil daran, Juden, Sinti und Roma in Europa systematisch auszurotten. In den eroberten Ostgebieten (z. B. Polen) wurden große Arbeits- und Vernichtungslager errichtet. Millionen von Frauen, Kindern und Männern wurden hier getötet. Der Leidensweg der Betroffenen führte über Verhaftung, Bahntransport, Vergasung oder Erschießung in die Verbrennungsöfen der KZs oder in Massengräber. Insgesamt fielen dem Holocaust* etwa sechs Millionen Juden zum Opfer.

[2] Im Viehwagen nach Osten. In den Waggons herrschten unmenschliche Zustände. *Foto, um 1942.*

[3] Jüdische Frauen und Kinder aus Ungarn treffen im Sommer 1944 in Auschwitz ein. *Foto.*

---

* **Holocaust** Bezeichnung für den Mord an den Juden in der NS-Zeit. Das Wort ist abgeleitet von griech.: holókauston = vollständig verbrannt

An der Verladerampe werden die Familien getrennt. Es beginnt die „Selektion" (Aussortierung). Nicht arbeitsfähige Kranke, Alte und Kinder werden in der Regel sofort vergast, andere erst zu Arbeiten eingesetzt.

[4] **Aussage des KZ-Kommandanten Rudolf Höß vor seiner Hinrichtung:**

Ich befehligte Auschwitz [vom 1. Mai 1940] bis zum 1. Dezember 1943 und schätze, dass mindestens 2 500 000 Opfer dort durch Vergasung und Verbrennung hingerichtet wurden ...; mindestens eine weitere halbe Million starben durch Hunger und Krankheit. ...

Die zur Vernichtung bestimmten Juden wurden zu den Krematorien geführt. Im Auskleideraum wurde ihnen gesagt, dass sie hier nun zum Baden und zur Entlausung kämen. Nach der Entkleidung gingen die Juden in die Gaskammer. ... Zuerst kamen die Frauen mit den Kindern hinein, hernach die Männer. Die Tür wurde nun schnell zugeschraubt und das Gas sofort durch die Decke in einem Luftschacht bis zum Boden geleitet. Durch das Beobachtungsloch in der Tür konnte man sehen ..., dass ungefähr ein Drittel sofort tot war. Die anderen fingen an zu taumeln, zu schreien und nach Luft zu ringen. ... Nach wenigstens 20 Minuten regte sich keiner mehr. ...

[5] Überlebende in Auschwitz nach ihrer Befreiung.

[6] 70 Jahre Befreiung KZ Auschwitz. Besucher in der Gedenkstätte. *Foto, 2014*

[7] Konzentrations- und Vernichtungslager im nationalsozialistisch besetzten Europa.

Ermordung von Kranken

Hitlers „Euthanasie"-Erlass

Nicht nur Juden sowie Sinti und Roma wurden systematisch verfolgt und getötet. Das NS-Regime ließ psychisch Kranke, Behinderte und unangepasste Menschen ermorden, die sie als „Asoziale" diskriminierten. Ausgangspunkt war Hitlers Erlass an seinen Leibarzt Dr. Brandt und den Chef seines Privatbüros Philipp Bouhler. Da deren Dienststelle in der Berliner Tiergartenstraße 4 lag, liefen die Tötungsaktionen unter dem Decknamen „T 4".

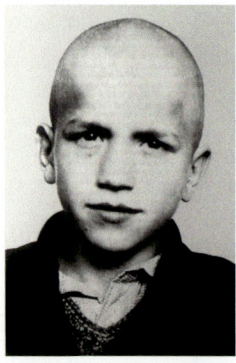

Reichsleiter B o u h l e r und
Dr. med. B r a n d t

sind unter Verantwortung beauftragt, die Befug-
nisse namentlich zu bestimmender Ärzte so zu erweitern, dass nach menschlichem Ermessen unheilbar
Kranken bei kritischster Beurteilung ihres Krank-
heitszustandes der Gnadentod gewährt werden kann.

[1] „Euthanasie"-Erlass. *Foto, 1939.*

Ein Kind wurde ermordet!

Ernst Lossa war eines von vielen Kindern und Jugendlichen, die in einer Kinderfachabteilung einer Klinik (Heil-und Pflegeanstalt) für geistige Erkrankungen eingeliefert wurden. Da sich ihr Leiden nach Ansicht der Ärzte nicht heilen ließ, tötete man sie mit „Luminal". Dieses Mittel führt zu Atemlähmungen und beidseitiger Lungenentzündung mit Todesfolge. Solche und ähnliche Fälle passierten in vielen Kliniken.

1. Stellt euch vor, ein Schüler oder eine Schülerin aus eurer Klasse wäre aus dem Krankenhaus verlegt und getötet worden. Überlegt mögliche Reaktionen.

Euthanasie (griech.: guter Tod), eigentlich Sterbehilfe für unheilbar kranke Patienten; der beschönigende Begriff wurde von den Nationalsozialisten für systematische Mordtaten („Gnadentod") gegen sogenanntes „lebensunwertes Leben" benutzt.

„Da kommt wieder die Mordkiste"

[2] Busse warten auf Patienten, um sie nach Hadamar bei Limburg zu bringen, wo sie umgebracht und verbrannt werden. *Foto, ca. 1939.*

[3] **Aus einem Brief des Bischofs aus Limburg an den Reichsjustizminister, 13. August 1941:** Öfter in der Woche kommen Autobusse mit einer größeren Anzahl solcher Opfer in Hadamar an. Schulkinder der Umgebung kennen diese Wagen und reden: Da kommt wieder die Mordkiste. Nach der Ankunft der Wagen beobachten dann die Hadamarer Bürger den aus dem Schlot aufsteigenden Rauch und sind von dem ständigen Gedanken an die armen Opfer erschüttert, zumal wenn sie je nach der Windrichtung durch die widerlichen Düfte belästigt werden. Die Wirkung der hier getätigten Grundsätze: Kinder, einander beschimpfend, tun Äußerungen: „Du bist nicht recht gescheit, du kommst nach Hadamar in den Backofen"...

2. Beschreibt mithilfe von Text [3], wie die Vorgänge von der Bevölkerung aufgenommen wurden.
3. Wie könnte der Brief des Bischofs auf die nationalsozialistische Führung gewirkt haben?

Was ihr noch tun könnt...

- recherchiert mithilfe des Webcodes auf dieser Seite nach weiteren Fällen, die Kinder und Jugendliche betrafen.
- setzt euch mit den Biografien der Personen auseinander und stellt diese in einem Kurzvortrag euren Mitschülern vor.

Heil- und Pflegeanstalten im heutigen NRW, die an Patientenmorden beteiligt waren oder von denen aus Menschen in Tötungsanstalten „verlegt" wurden:

Bereich Rheinprovinz

Düsseldorf-Grafenberg, Galkhausen, Waldniel, Düren, Süchteln, Bedburg-Hau, Kloster Hoven (Zülpich)

Bereich Provinz Westfalen

Marienthal/Münster, Niedermarsberg, Warstein, Eickelborn, Gütersloh, Dortmund-Aplerbeck, Schwalmtal-Hostert

[5] **Tötungsanstalten außerhalb NRW**

Ort	Opfer 1940/41
Bernburg (Sachsen-Anhalt)	9 375
Sonnenstein bei Pirna (Sachsen)	13 720
Hadamar (Hessen)	10 072
Brandenburg (Brandenburg)	9 772
Grafeneck (Baden-Württemberg)	9 839
Hartheim bei Linz (Österreich)	18 269

Gesamtzahl der Opfer durch „Euthanasie-Verbrechen" an kranken und behinderten Menschen: ca. 300 000

Zusammengestellt vom Autor aus Materialien des Vereins zur Förderung der Gedenkstätte Hadamar

Proteste erschweren die Morde

In der Bevölkerung entstand zunehmend Unruhe, als z. B. aus den Kirchen öffentliche Kritik kam. So predigte der Bischof von Münster, von Galen, gegen die Tötung der „armen, wehrlosen Geisteskranken", weil „dann der Mord an allen unproduktiven Menschen freigegeben" sei. Als daraufhin die Vergasung der Opfer eingeschränkt wurde, fand man andere, unauffälligere Methoden, die Kranken zu töten: mit tödlichen Medikamenten-Mengen, durch Hunger oder mangelnde Heilbehandlung. Die Angehörigen der Verstorbenen erhielten lügenhafte „Trostbriefe", in denen die wirkliche Todesursache verschwiegen wurde.

Zwangssterilisierung

Dem Rassenwahn der Nationalsozialisten entsprach, dass niemand Kinder bekommen sollte, den sie dafür als nicht geeignet ansahen: Geistesschwache, aber auch Menschen mit erblicher Taubheit oder Blindheit, Alkoholismus oder „asozialen Neigungen" (damit konnte bei Frauen auch häufiger Partnerwechsel gemeint sein).

[6] Biografien von Opfern in einer Ausstellung der Gedenkstätte Hadamar. *Foto, 2007.*

Man forschte z. B. dem Verhalten im Alltag nach („vernachlässigt ihre häusliche Arbeit"; ein Lehrer über einen Schulschwänzer: In ihm „schlummern asoziale Erbanlagen" ...).

Erbgesundheitsgerichte urteilen

Nach dem „Gesetz zur Verhütung erbkranken Nachwuchses" (1933/34) urteilten „Erbgesundheitsgerichte", ob solche Menschen zwangsweise operiert und unfruchtbar gemacht wurden.

Man schätzt die Gesamtzahl der Opfer auf ca. 400 000 Frauen und Männer.

Wählt einen der folgenden Arbeitsaufträge aus:

☒ Erklärt mit eigenen Worten die Begriffe „Euthanasie" und „Zwangssterilisation" und beurteilt die Handlungen der Nationalsozialisten.

☒ In jüngster Zeit wird verstärkt über Sterbehilfe bei unheilbar Kranken diskutiert (zum Beispiel: Krebserkrankung im letzten Stadium). Formuliert eure Meinung dazu.

Krieg als Mittel der NS-Politik

Aufrüstung und Kriegsplanung

Die Führer von Staat und Partei glaubten an die Möglichkeit, durch Kriegsdrohungen und rasche Feldzüge eine Vergrößerung des Deutschen Reiches zu erreichen. Die möglichen Gegner – im Ausland und innerhalb Deutschlands – hielten sie für schwach und unentschlossen.

1. Beantwortet durch Bearbeitung der angeführten Materialien folgende Fragen:
   – Welchen Grund nennt Hitler für eine gewaltsame Ausdehnung Deutschlands (Text [1])?
   – Woran erkennt ihr, dass der Krieg bewusst geplant wurde (Text [1] und Abbildung [2])?
   – Was ist von Hitlers Friedensbeteuerungen zu halten? Beachtet die Aussagen von Text [4] und [5].
   – Wie schätzt der Diktator die Rechtslage ein (Text [5])?

[1] Hitler erklärte in einer geheimen Denkschrift über den Vierjahresplan 1936:

Die endgültige Lösung liegt in einer Erweiterung des Lebensraumes bzw. der Rohstoff- und Ernährungsbasis unseres Volkes. ...
Ich stelle damit folgende Aufgabe:
I. Die deutsche Armee muss in 4 Jahren einsatzfähig sein.
II. Die deutsche Wirtschaft muss in 4 Jahren kriegsfähig sein.

Denkschrift Hitlers über die Aufgaben eines Vierjahresplan, zit. nach: Vierteljahreshefte für Zeitgeschichte, Wilhelm Treue (Hg.), Jg. 3 (1955). DVA, Stuttgart, S. 204 ff.

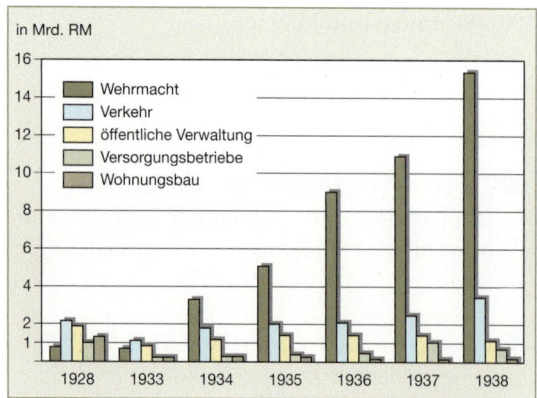

[2] Die öffentlichen Ausgaben im Deutschen Reich 1928–1938.

Vom Frieden reden – den Krieg planen

[3] Karikatur in der amerikanischen Zeitung „The Nation" zu einer Friedensrede Hitlers, Mai 1933.

[4] Hitler sagte in einer geheimen Rede vor deutschen Verlegern am 10. November 1938:

Die Umstände haben mich gezwungen, jahrzehntelang fast nur vom Frieden zu reden. ... Es war nun notwendig, das deutsche Volk ... allmählich umzustellen und ihm langsam klarzumachen, dass es Dinge gibt, die, wenn sie nicht mit friedlichen Mitteln durchgesetzt werden können, mit Mitteln der Gewalt durchgesetzt werden müssen. ...

Zit. nach: W. Treue (Hg.), Rede Hitlers vor der deutschen Presse am 10. November 1938, in: Vierteljahreshefte für Zeitgeschichte, Jg. 6 (1958). DVA, Stuttgart, S. 175 ff.

[5] Hitler erklärte vor Befehlshabern der Wehrmacht am 22. August 1939:

Ich werde propagandistischen Anlass zur Auslösung des Krieges geben, gleichgültig, ob glaubhaft. Der Sieger wird später nicht danach gefragt, ob er die Wahrheit gesagt hat oder nicht. Bei Beginn und Führung eines Krieges kommt es nicht auf das Recht an, sondern auf den Sieg.

Zit. nach: Johannes Hohlfeld (Hg.), Dokumente der deutschen Politik von 1848 bis zur Gegenwart, Bd. 5. Dokumenten-Verlag, Berlin 1955, S. 74–80

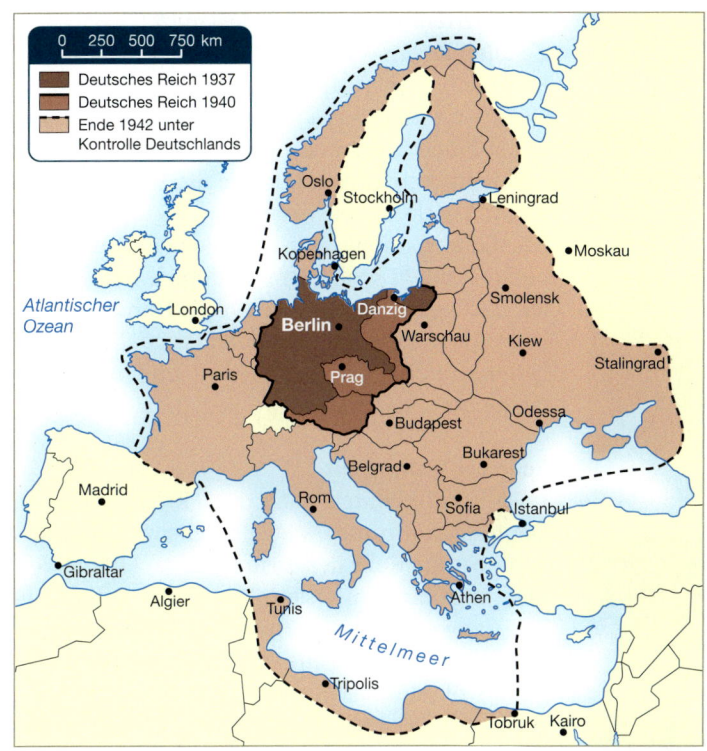

Legende:
- Deutsches Reich 1937
- Deutsches Reich 1940
- Ende 1942 unter Kontrolle Deutschlands

0 250 500 750 km

Atlantischer Ozean

Oslo
Stockholm
Leningrad
Kopenhagen
Moskau
London
Danzig
Berlin
Warschau
Smolensk
Paris
Prag
Kiew
Stalingrad
Budapest
Odessa
Belgrad
Bukarest
Madrid
Rom
Sofia
Istanbul
Gibraltar
Athen
Algier
Tunis
Mittelmeer
Tripolis
Tobruk Kairo

[6] Größte Ausdehnung des deutschen Machtbereichs bis Ende 1942.

2. Wertet Karte [6] und die Zeittafel [7] aus. Welche Länder wurden in den Krieg verwickelt?

– Vermutet, wie sich die Ausdehnung der Fronten auf die deutsche Kriegführung auswirkte. Welche Probleme waren naheliegend?

– Unterscheidet anhand der Zeittafel drei Phasen des Weltkriegsverlaufs:
  a) deutsche Anfangssiege;
  b) Wende in Russland;
  c) zunehmende Nieder- lagen.

Alliierte Verbündete Gegner Deutschlands: England, Frankreich, UdSSR, USA.

1.9.1939	Deutscher Angriff auf Polen
3.9.1939	Kriegserklärung Großbritanniens und Frankreichs an Deutschland
10.5.1940	Deutscher Angriff auf Belgien, die Niederlande, Luxemburg, Frankreich
22.6.1940	Waffenstillstand zwischen Deutschland und Frankreich
7.12.1941	Japanischer Angriff auf den amerikanischen Stützpunkt Pearl Harbor auf Hawaii
11.12.1941	Kriegserklärung Deutschlands an die USA
31.1.1943	Kapitulation der 6. deutschen Armee in Stalingrad
ab 1943	Verstärkung der alliierten* Bombenangriffe auf deutsche Städte
6.6.1944	Invasion amerikanischer und britischer Soldaten in Nordwestfrankreich
8./9.5.1945	Unterzeichnung der deutschen Kapitulation

[7] Zeittafel des Zweiten Weltkriegs.

[8] Deutsche Panzer rollen durch die Straßen von Warschau. *Foto, 1939.*

Bis 1939 hatten Hitlers Täuschungen gewirkt. Nachdem aber am 1. September 1939 deutsche Truppen Polen überfallen hatten, erklärten England und Frankreich Deutschland den Krieg.

Wählt einen der folgenden Arbeitsaufträge aus:

◼ Deutet die Karikatur [3].

◼ Überprüft, welche Kriegsgegner Deutschlands (siehe Kasten: Alliierte) bereits in den Ersten Weltkrieg verwickelt waren.

Unterdrückung, Ausbeutung und Mord

[1] Deutsche Truppen in Russland. *Foto, 1941.*

[2] Ermordung von Zivilisten durch deutsche Truppen in Pancevo (Jugoslawien). *Foto.*

[3] „Ostarbeiterinnen" bei der Zwangsarbeit. *Foto, 1942.*

Die „Herrenrasse" im „Feindesland"

Zu allen Zeiten waren Kriege mit dem Leiden der Kämpfer – aber mehr noch der Zivilbevölkerung – verbunden. Schon die Kriegführung selbst brachte Tod und Elend: So brannten längs der deutschen Vormarschlinie die Dörfer; Städte wurden rücksichtslos zerstört.

Die Führer von Wehrmacht, Polizei und SS erhielten zudem strikte Anweisungen, mit äußerster Härte gegen jeden vermuteten Feind vorzugehen. Als sogenannte „andersrassige Elemente" hatten Juden, Sinti und Roma ohnehin keine Gnade zu erwarten.

Rolle der Wehrmacht

In den Jahrzehnten nach dem Krieg gab es in Deutschland immer wieder intensive Diskussionen über die Rolle der Wehrmacht in Hitlers Vernichtungskrieg im Osten. Das in der Öffentlichkeit lange Zeit vorherrschende Bild von der „sauberen" Wehrmacht wurde schließlich korrigiert. Es konnte nachgewiesen werden, dass sich Teile der Wehrmacht teils führend, teils unterstützend an den Verbrechen beteiligt hatten.

1. Notiert eure Einschätzung, wie die Nachrichten von den brutalen Übergriffen auf Deutschlands Kriegsgegner gewirkt haben könnten.

Zwangsarbeit für den deutschen Sieg

[4] **Der Reichsführer-SS Heinrich Himmler sprach am 4. Oktober 1943 vor SS-Gruppenführern:**
Ob bei dem Bau eines Panzergrabens 10 000 russische Weiber an Entkräftung umfallen oder nicht, interessiert mich nur insoweit, als der Panzergraben für Deutschland fertig wird. ...

Zit. nach: W. Hofer, Der Nationalsozialismus, Dokumente 1933–1945, Frankfurt / Main 1982, S. 113

2. Nennt Gründe, warum der Einsatz von Zwangsarbeitern aus anderen europäischen Ländern den Nationalsozialisten nötig erschien.
3. Wertet die Abbildung [3] und den Text [4] aus. Welche Haltung gegenüber Zwangsarbeitern wird deutlich?

WEBCODE: MZ643776-078

Mädchen und Frauen im Kriegseinsatz

Wie sich die Bilder gleichen! Schon im Ersten Weltkrieg mussten Frauen auf allen Gebieten ihre im Krieg befindlichen Männer ersetzen. Vom Bild der deutschen Frau und Mutter – die eigentlich vor allem für die Aufzucht neuer Kinder da sein sollte – war jetzt nicht mehr die Rede. Jede mögliche Hilfe wurde ab sofort gebraucht.

[5] Frauen in der Rüstungsindustrie. *Foto, 1943.*

Auch für die Mädchen gab es bei andauerndem Krieg keine Schonzeit mehr. In „freiwilligen" Arbeitseinsätzen als Pflegekräfte, Luftschutzhelferinnen und „Blitzmädchen" (Telefonistinnen) mussten sie ihren Beitrag leisten.

[6] Krankenschwestern des Roten Kreuzes an einem Militärzug. *Foto, 1941.*

4. Versetzt euch in die Situation der jungen Krankenschwestern und schreibt aus ihrer Sicht einen Brief nach Hause, in dem ihr über einen Einsatz berichtet.

Jugendliche und Alte als letzte Reserve

Die Überdehnung der militärischen Kräfte führte zu großen Verlusten an Menschen und Material. Tausende von Männern waren an der Front gebunden. Zur „Verteidigung der Heimat" griffen die Machthaber gegen Kriegsende auch auf Schüler und ältere Männer zurück. Als Flakhelfer und Volkssturm-Männer versuchten sie, die Übermacht der Feinde abzuwehren. Viele bezahlten diese Einsätze mit Gesundheit und Leben.

[7] Hitlerjugend im Kriegseinsatz. *Foto, 1944.*

Wählt einen der folgenden Arbeitsaufträge aus:

▣ Stellt ein Gespräch nach: Jugendliche sind stolz auf ihren Kriegseinsatz, die Eltern warnen vor den Gefahren. Welche Spannungen werden deutlich?

▣ Durchhalten oder aufgeben? Notiert Argumente für beide Positionen, wie sie auch Jugendliche seinerzeit am Ende des Krieges diskutiert haben.

Was ihr noch tun könnt...

▪ euch erkundigen, wo in eurer Umgebung Zwangsarbeiter eingesetzt wurden.

Nicht alle waren einverstanden

[1] Die SA verhaftet Gegner und bringt sie in Konzentrationslager. *Foto, 1933.*

Gegner des NS-Regimes

Hitler und seine nationalsozialistische Partei trafen von Anfang an auch auf energischen Widerspruch. Kommunisten, Sozialdemokraten, viele freiheitlich denkende oder christlich orientierte Menschen dachten anders als die neuen Machthaber. Politische Gegner wurden aber nach dem Wahlerfolg von 1933 rasch mundtot gemacht. Die Gestapo und Helfer aus den nationalsozialistischen Organisationen hielten Augen und Ohren offen: Wer allzu deutlich widersprach, war seines Lebens nicht mehr sicher.

Ein anderer Teil der Bevölkerung nahm die Nationalsozialisten nicht ernst genug oder war mit der neuen Politik im Großen und Ganzen einverstanden. Erst als die Kriegserfolge ausblieben, wurden viele wach – den Mut zu aktivem Widerstand aber hatten nur wenige.

1. Benennt Gründe, warum der Widerstand nicht besonders wirksam wurde.

[2] Der Sozialdemokrat Fritz Steinhoff (1897 bis 1969) überlebte schwere KZ-Aufenthalte. Nach dem Krieg engagierte er sich weiterhin politisch und war 1956–1958 Ministerpräsident von Nordrhein-Westfalen. *Foto, 1956.*

[3] **Der evangelische Pfarrer Martin Niemöller war 1938–1945 in KZ-Haft, weil er den Nationalsozialismus offen ablehnte. Er sagte am 19. April 1976 in einer Osterpredigt:**

Als die Nazis die Kommunisten holten, habe ich geschwiegen; ich war ja kein Kommunist. Als sie die Sozialdemokraten einsperrten, habe ich geschwiegen; ich war ja kein Sozialdemokrat. Als sie die Gewerkschafter holten, habe ich geschwiegen; ich war ja kein Gewerkschafter. Als sie mich holten, gab es keinen mehr, der protestieren konnte …

Zit. nach: Martin-Niemöller-Stiftung: http://www.martin-niemoeller-stiftung.de/4/daszitat/a31 (12.11.2012)

2. Lest aus Text [3] heraus, zu welcher Erkenntnis Martin Niemöller kommt. Welche Gruppen nennt er, die von den Nazis „geholt" wurden?

Auf den Seiten 81–83 finden sich Beispiele für Widerstandsgruppen oder -aktionen (A–D).
- Wertet die Texte von A–D aus.
- Untersucht, wer aus welchem Grund Widerstand leistete. Bedenkt dabei, welches Risiko die Menschen eingingen, einem gut organisierten Terrorstaat zu trotzen.

[4] Bundeskanzlerin Angela Merkel eröffnet die neue Dauerausstellung in Berlin. *Foto, 2014.*

A. Widerstand aus den Reihen der Arbeiterbewegung

Gegen die Unterdrückung ihrer Weltanschauung und den Verlust politischer Freiheit

Kommunisten und Sozialdemokraten leisteten den wirkungsvollsten Widerstand. Viele von ihnen bezahlten ihre Überzeugung mit ihrem Leben. Dass sie nicht stärker zusammenarbeiteten, schwächte ihren Widerstand aus heutiger Sicht.

[4] Heimlich verteilter Handzettel der KPD, *1936*.

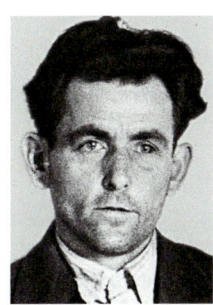

Der Schreiner Elser verübte 1939 ein Bombenattentat auf Hitler, weil ihm klar wurde, dass dieser einen Eroberungskrieg vorbereitete. Der Anschlag misslang, weil Hitler die Veranstaltung zu früh verließ.

[5] Georg Elser.
Foto.

B. Widerstand aus den Reihen der Religionsgemeinschaften

Gegen moralisch falsche Ziele und die Einschränkung kirchlicher Arbeit

[6] **Der Berliner Domprobst Lichtenberg wurde wegen seines Widerstands 1942 verurteilt.**
Lichtenberg wurde verurteilt, weil er „in einer Abendpredigt ... für die christlichen Nichtarier, für die Juden sowie für die Häftlinge in Gefängnissen und Konzentrationslagern, insbesondere für seine Amtsbrüder, gebetet hat. ...

Zit. nach: Benedictus M. Kempner, Priester vor Hitlers Tribunalen, München 1966, S. 33

[7] **Dietrich Bonhoeffer, evang. Pfarrer, sagte:**
Die Kirche bekennt ihre Furchtsamkeit, ihr Abweichen, ihre gefährlichen Zugeständnisse. Sie hat ... den Ausgestoßenen und Verachteten die schuldige Barmherzigkeit verweigert. Sie war stumm, wo sie hätte schreien müssen. ...

Dietrich Bonhoeffer.
Foto.

D. Bonhoeffer, Werke, Bd. 6: Ethik, hrsg. v. E. Feil. Gütersloh 1992, S. 129 ff.

[8] **Aus Kardinal von Galens Predigt vom 13. Juli 1941:**
„Keiner von uns ist sicher ..., dass er nicht eines Tages aus seiner Wohnung geholt, seiner Freiheit beraubt, in den Kellern und Konzentrationslagern der Geheimen Staatspolizei eingesperrt wird. ... darum rufe ich laut ...: „Wir fordern Gerechtigkeit!" Bleibt dieser Ruf ungehört und unerhört ..., ... so wird unser deutsches Volk und Vaterland ... an innerer Fäulnis und Verrottung zugrunde gehen! [...]

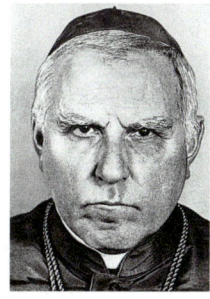

Kardinal von Galen.
Foto.

Domkapitel Münster (Hg.), Clemens August Kardinal von Galen. Predigten in dunkler Zeit. Münster 1993, S. 22

Wenige handeln für viele

Die „Weiße Rose"

[1] **Aus den Flugblättern der Weißen Rose, einer Studentengruppe in München 1942/43:**
Im Namen der deutschen Jugend fordern wir vom Staat Adolf Hitlers die persönliche Freiheit, das kostbarste Gut ... zurück, um das er uns in der erbärmlichsten Weise betrogen hat. ... Der deutsche Name bleibt für immer geschändet, wenn nicht die deutsche Jugend endlich aufsteht. ...

Sophie Scholl, Mitglied der Widerstandsgruppe „Weiße Rose". Hingerichtet 1943, 21 Jahre alt. *Foto.*

Zit. nach: J. Hohlfeld, Dokumente der dt. Politik und Geschichte von 1848 bis zur Gegenwart, Bd. IV/V., Dokumenten-Verlag, Berlin 1951, S. 401 ff.

Widerstand von Bürgerinnen und Bürgern
Der 17-jährige Helmuth Hübener schrieb auf seiner Schreibmaschine Flugblätter gegen die Nationalsozialisten und den Krieg. Um Informationen zu bekommen, hörte er den Londoner Rundfunk ab. Mit diesem Wissen wollte er Lügen der staatlichen Propaganda richtigstellen. 1942 wurde er deshalb zum Tod verurteilt und hingerichtet.

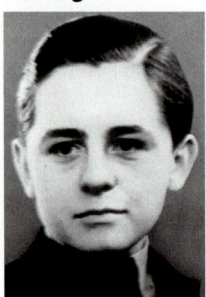

[2] Helmut Hübener. *Foto, 1941.*

[3] **Das Flugblatt Helmuth Hübeners:**
Ja, Hitler ist schuld, dass das Volk muss berappen.
Von seinem Vorrat, dem ohnehin schon knappen.
Für Hitlers Irrtum zahlt das Volk nun die Kosten.
Was hilft's, Russland bleibt ein verlorener Posten.
Dass Stalin sein Heer jetzt zum Siege hinführt,
Das hatte der Führer nicht einkalkuliert!

Im Jahr einundvierzig wird alles gebrochen,
So hatte der Führer dereinst keck versprochen.
Jetzt trägt der Soldat für den Irrtum die Leiden,
während Hitler verspricht: „Dieses Jahr wird entscheiden!"
Es wird sich entscheiden, wenn alles sich „rührt"!
(Und dann hat auch Hitler sich auskalkuliert!)

Zit. nach: F. Ahrens: Helmuth Hübener, Hamburg 1948, S. 17

Der Rentner Wilhelm Lehmann
Er wurde hingerichtet, weil er an eine öffentliche Toilette geschrieben hatte: „Hitler, du Massenmörder musst ermordet werden, dann ist der Krieg zu Ende."

Der 20. Juli 1944
Als Startzeichen des Umsturzversuchs hoher Militärs zündete Graf von Stauffenberg in Hitlers Hauptquartier eine Bombe. Hitler überlebte das Attentat. Stauffenberg wurde noch in der folgenden Nacht erschossen.

[4] **Für den Fall des Gelingens hatte Stauffenberg schon einen Aufruf an die Deutschen formuliert:**
Hitler ... hat die göttlichen Gebote verhöhnt, das Recht zerstört, den Anstand verfemt, das Glück von Millionen vernichtet. Er hat Ehre und Würde, Freiheit und Leben anderer für nichts erachtet ... So durfte es nicht weitergehen! ... Wir wollen unsere Ehre und damit unser Ansehen in der Gemeinschaft der Völker wiederherstellen. ...

Claus Graf Schenk von Stauffenberg. *Foto.*

Zit. nach: J. Hohlfeld: Dokumente der dt. Politik und Geschichte von 1848 bis zur Gegenwart, Bd. IV/V. Dokumenten-Verlag Berlin, 1951, S. 401 ff.

Vorherige Versuche, Hitler zu töten – und damit den Krieg und die Vernichtung der Juden zu beenden – waren mehrfach fehlgeschlagen. Nach dem Scheitern des Attentats wurden zahlreiche Mitwisser in Schauprozessen verurteilt und hingerichtet.

D. Widerstand von Jugendlichen

Gegen Staatsjugendzwang und Einengung der persönlichen Freiheit

Während des Krieges traten Gruppen von Jugendlichen auf, die sich nicht in die HJ einreihen wollten. Sie nannten sich „Cliquen", „Meuten" und „Piraten" und wollten ein freies, selbstbestimmtes Leben führen. Als sie vom Staat in den Untergrund gedrängt wurden, griffen sie auch zu ungesetzlichen Mitteln. Sie wollten überleben und „Sand ins Getriebe der Kriegsmaschine streuen". Auf ihre Aktionen reagierten die Nazis allerdings sehr hart (Jugend-KZ, Gefängnis).

[5] Kittelbach-Piraten aus Gladbeck. *Foto, 1937.*

[6] **Lied der Edelweißpiraten:**
Hohe Tannen weisen die Sterne,
von der Isar springend zur Flut
liegt das Lager der Edelweißpiraten,
und du, Eisbär, hütest es gut.
Hör, Eisbär, wenn wir dir jetzt sagen,
unsere Heimat ist nicht mehr frei,
schwingt die Keulen wie in alten Zeiten,
schlagt HJ, SA den Schädel entzwei.

Bundesarchiv Koblenz

Die gegen die Nazis auftretenden Jugendlichen waren vergleichbar mit einigen Gruppen der heutigen Jugendszene. Sie wollten sich nicht ihre Anschauung von Mode, Musik und Freizeitgestaltung vom Staat vorschreiben lassen. Es gibt einen Streit darüber, ob das „echter" Widerstand war.

FAZIT: Kurze Bewertung des Widerstandes

1. Wertet die Texte [7] und [8] aus, nehmt die Informationen ab Seite 80 hinzu und versucht eine kurze Wertung des Widerstands gegen die NS-Herrschaft.

[7] **Der Wissenschaftler Wilhelm Sommer schrieb 1994 über den Widerstand:**
– Der Widerstandsbegriff muss unterteilt werden (Widerstand, der den Sturz der Regierung will; Protest, Verweigerung, Nichtanpassung).
– Widerstand erwuchs aus christlichen, politischen, militärischen und sittlich-moralischen Gründen.
– Widerstand war nicht ungefährlich, er wurde verfolgt und hart bestraft, häufig mit dem Tod.
– Widerstand war Sache einer Minderheit.
– Die Verhaftungserfolge der Gestapo beruhten zu einem großen Teil auf der Mithilfe der deutschen Bevölkerung.

Wilhelm Sommer, Widerstand im Nationalsozialismus, in: Geschichte lernen, Heft 40, Juli 1994, S. 15

[8] **Eine Stimme zum Widerstand:**
Der niedersächsische Kultusminister Wernstedt in einer Rede zum 50. Jahrestag des 20. Juli 1944:
Das Fundament demokratischer Stabilität (muss) während einer Demokratie gelegt werden. Das Vorbild todesmutiger Opferbereitschaft kann kein Erziehungsziel sein, sondern die Verhinderung von Zuständen, in denen nur Opfermut ... retten kann. ...

2. Erklärt die Aussage Wernstedts (Text [8]). Was meint er mit der „Verhinderung von Zuständen, in denen nur Opfermut ... retten kann"?
3. Beurteilt das Verhalten von Teilen der Bevölkerung, die der Geheimen Staatspolizei zuarbeiteten.

Was ihr noch tun könnt ...
- Erkundigt euch nach Gegnern der Nationalsozialisten und eventuellen Widerstandsgruppen an eurem Wohnort. Gibt es Gedenktafeln oder Ähnliches?

Das Ende rückt näher

Die Alliierten – gemeinsam gegen Hitler-Deutschland

Die westlichen Mächte USA und Großbritannien einerseits und die Sowjetunion andererseits sahen sich ursprünglich eher als Gegner an. Zu unterschiedlich waren die Vorstellungen von Staats- und Wirtschaftsform (Demokratie gegen Sozialismus usw.). Als die Sowjetunion mit Hitler den sog. „Hitler-Stalin-Pakt" (1939/40) schloss, wurde sie zudem als Unterstützer des nationalsozialistischen Deutschlands scharf abgelehnt.

Das änderte sich mit Hitlers überraschendem Überfall auf die Sowjetunion (Juni 1941) und die Kriegserklärung gegen die USA (Dez. 1941). Jetzt war man zur Zusammenarbeit gezwungen.

Auf einer Konferenz in Teheran (Nov. 1943) einigte man sich auf das gemeinsame Ziel:

– Sieg über Deutschland
– Entwaffnung (Entmilitarisierung) und
– Einforderung von Entschädigungsleistungen (Reparationen).

Nach Kriegsende zeigte sich, dass die stark unterschiedlichen Interessen der Alliierten noch zu schweren Konflikten führen sollten.

Totaler Krieg – totale Niederlage

Nach der schweren Niederlage der deutschen Truppen bei Stalingrad war die Stimmung in der Bevölkerung auf einem Tiefpunkt.

[1] Gefangengenommene deutsche Soldaten in Stalingrad. *Foto, 1943.*

Die Reichsführung wollte sich deshalb für ihre Idee des totalen Krieges unbedingt die Zustimmung der Bevölkerung sichern.

Im Berliner Sportpalast versammelte man linientreue Nationalsozialisten. Der Reichspropaganda-Minister Goebbels hielt eine Rede:

[2] **Rede des Propagandaministers Goebbels vor Anhängern nach der Niederlage bei Stalingrad im Berliner Sportpalast 1943:**

Die Engländer behaupten, das deutsche Volk habe den Glauben an den Sieg verloren. Ich frage euch: Glaubt ihr mit dem Führer und mit uns an den endgültigen, totalen Sieg des deutschen Volkes? ...

Die Engländer behaupten, das deutsche Volk wehrt sich gegen die totalen Kriegsmaßnahmen der Regierung. Es will nicht den totalen Krieg, sondern die Kapitulation. (Zurufe: „Niemals! Niemals!")

Ich frage euch: Wollt ihr den totalen Krieg? Wollt ihr ihn, wenn nötig totaler und radikaler, als wir ihn uns heute überhaupt noch vorstellen können? ...

Die Engländer behaupten, das deutsche Volk hat sein Vertrauen zum Führer verloren.

Ich frage euch: Ist euer Vertrauen zum Führer heute größer, gläubiger und unerschütterlicher denn je? (Die Menge erhebt sich ... begeisterte Sprechchöre: „Führer befiehl, wir folgen!")

Pressefassung aus dem „Völkischen Beobachter", Münchner Ausgabe, 19. Februar 1943, S. 2

1. Prüft, welche Aussagen Goebbels vor Nationalsozialisten im Sportpalast macht (Text [2]) und warum die Zuhörer (trotz der schwierigen Kriegslage und angesichts bombardierter Städte) wohl so reagieren.
2. Fühlt euch in die Stimmung der Soldaten von Abbildung [1] ein. Was hätten sie wahrscheinlich zu der Rede gesagt?
3. Beurteilt, in welcher Lage die Bevölkerung war. Auf der einen Seite die „Durchhaltebefehle", die mitunter durch Todesurteile gegen Aufgabewillige durchgesetzt wurden – andererseits der immer aussichtsloser werdende Kampf gegen die alliierte Übermacht.

WEBCODE: MZ643776-084

Bomben auf Deutschland und selbstmörderische Führerbefehle

[3] Propagandaplakat „Trotzdem und dennoch/ „Wi staoht fast!" (Wir stehen fest/Wir halten stand). Münster, *1944.*

[4] Münster 1945. *Foto.*

Das furchtbare Ergebnis

[5] **Menschenverluste des Zweiten Weltkrieges (in Klammern jeweils die in der Gesamtzahl bereits enthaltenen Zivilisten)**

Deutschland	5 250 000 (500 000)
Sowjetunion	20 600 000 (7 000 000)
USA	259 000
Großbritannien	386 000 (62 000)
Frankreich	810 000 (470 000)
Polen	4 250 000 (4 200 000)
ferner 1,5 Mio. Menschen in den von der Sowjetunion 1939 annektierten polnischen Ostgebieten	
Italien	330 000
Rumänien	378 000
Ungarn	420 000 (280 000)
Jugoslawien	1 690 000 (1 200 000)
Finnland	84 000
Norwegen	10 000
Dänemark	1 400
Bulgarien	20 000
Griechenland	160 000 (140 000)
Belgien	88 000 (76 000)
Niederlande	210 000 (198 000)
Japan	1 800 000 (60 000)
Gesamtverluste: rund 55 Millionen Tote	

Ploetz, Geschichte der Weltkriege. Mächte, Ereignisse, Entwicklungen, 1900–1945, hrsg. von A. Hillgruber und J. Ulfer, Freiburg 1981, S. 151

4. Wertet Tabelle [5] aus. Welche Nationen waren am härtesten betroffen?

Wählt einen der folgenden Arbeitsaufträge aus:

◼ Spielt ein Gespräch zwischen einem überzeugten Anhänger Hitlers und einem ausgebombten Bewohner von Münster, der Angehörige verloren hat.

◼ Schreibt einen Zeitungsbericht über das Kriegsende in Deutschland.

Niederlage oder Befreiung?

Kriegsende

7. März	Truppen der Alliierten überschreiten von Westen kommend den Rhein.
30. April	Hitler bringt sich im Bunker der Reichskanzlei um. Mit ihm begehen Selbstmord: seine gerade angetraute Ehefrau Eva Braun, die Familie Goebbels mit allen Kindern.
8. Mai	Deutschland kapituliert bedingungslos. Das Kriegsende in Europa ist da. Bis September kämpft Japan weiter, dann ist der Zweite Weltkrieg endgültig zu Ende.

[1] Das Ende – Kurz-Chronik. März–Mai 1945.

Die Menschen erlebten das Kriegsende zwischen Trümmern und Toten wie betäubt, verzweifelt oder auch erleichtert.

Schon bald setzte die Diskussion ein, wie man das Ende der nationalsozialistischen Herrschaft einschätzen sollte: als Niederlage Deutschlands oder als Befreiung der Deutschen vom Nationalsozialismus durch die Siegermächte?

Amerikaner, Engländer und Franzosen setzten auf den Aufbau eines demokratischen Nachkriegsdeutschlands. Das wurde die Stunde der bisher verfemten Demokraten.

Erst nach und nach wurde das ganze Ausmaß der Gewalttätigkeiten, von Mord und Terror deutlich.

1. Bildet euch eine Meinung zu der Frage: Niederlage oder Befreiung? Befragt dazu auch andere Menschen in eurer Umgebung.

[2] Amerikanische Behelfsbrücke über den Rhein bei Remagen. *Foto, 1945.*

[3] Köln nach dem Kriegsende. *Foto, 1945.*

Ein „Schlussstrich" unter die Vergangenheit?

Die von vielen Deutschen in die Politik der Nationalsozialisten gesetzten Erwartungen waren total gescheitert. Das löste Enttäuschung, Resignation und Verdrängung aus. Viele ehemalige Nationalsozialisten waren bald in Wirtschaft und Verwaltung „wieder eingegliedert". Aber auch die Gegner Hitlers fanden sich in einem ruinierten Land wieder.

Schwierigkeiten im Nachkriegsalltag, Enttäuschung sowie Probleme mit den Schuldvorwürfen an die Adresse der Deutschen – all das machte die Menschen unsicher. So stürzte man sich in den Wiederaufbau des Landes und erinnerte sich ungern an die Jahre zuvor.

[4] **Der Historiker Axel Schildt berichtete von Befragungsergebnissen zwischen 1945 und 1949:**

Selbst nach der Aufdeckung der nationalsozialistischen Verbrechen gab ... mehr als die Hälfte der Befragten an, dass der Nationalsozialismus eine gute Idee gewesen sei, die nur schlecht ausgeführt worden wäre ...

Zit. nach: Informationen zur Politischen Bildung, 256/1997, S. 21

2. Beurteilt die Aussagen in Text [4]. Diskutiert die Frage: Welche Gefahr besteht, wenn die Vergangenheit nicht aufgearbeitet wird?

Lehren aus der Vergangenheit

Noch lange nach dem Krieg bedrückte das Bewusstsein der Schuld an Krieg und Holocaust die Menschen in Deutschland. Wie konnte man diese Last bewältigen?

[5] **Der damalige Bundespräsident Richard von Weizsäcker sagte zum 40. Jahrestag des Kriegsendes 1985:**

Hitler hat stets damit gearbeitet, Vorurteile, Feindschaften und Hass zu schüren. Die Bitte an die jungen Menschen lautet: Lassen Sie sich nicht hineintreiben in Feindschaft und Hass gegen andere Menschen, gegen Russen und Amerikaner, gegen Juden und Türken, ... gegen Schwarz oder Weiß. Lernen Sie, miteinander zu leben, nicht gegeneinander.

Zit. nach: Presse- und Informationsamt der Bundesregierung (Hrsg.), Bulletin Nr. 52 vom 9. 5. 1985, S. 441 ff.

3. Beurteilt den Redeauszug [5] des ehemaligen Bundespräsidenten. Welche konkreten Schlüsse zieht ihr für euch aus seiner „Bitte an die jungen Menschen"?

Kann man heute noch Neonazi sein?

Im Fernsehen seht ihr häufiger Bilder von Aufmärschen rechtsradikaler Gruppen. Das Grundgesetz erlaubt ausdrücklich, dass sie ihre Meinung in die Öffentlichkeit tragen können (Ausnahme: die sogenannte „Auschwitz-Lüge").

Warum schließen sich junge Leute neonazistischen Gruppen an?

Die Einstellung und das Verhalten von Neonazis können verschiedene Motive haben:

1. *Oberflächliche Selbstdarstellung:* Sie provozieren und randalieren, um Aufmerksamkeit zu bekommen – was in Deutschland am ehesten mit Nazi-Parolen funktioniert.
2. *Flucht in eine „heile" Welt:* Sie träumen sich aus einer persönlich deprimierenden Lage in die Zeit zurück, als „Großdeutschland" sich aufmachte, ganz Europa zu beherrschen.
3. *Verunsicherung:* Fremdenhass als Antwort auf die Kompliziertheit der modernen Welt, die sie nicht mehr überblicken können und in fremden Menschen eine Gefahr für die deutsche Gesellschaft vermuten.

[6] Dortmunder Neonazis bei einem Aufmarsch in Magdeburg. *Foto, 2012.*

[7] Neonazis präsentieren sich im Internet. Hier werden auch Musiktitel von rechtsradikalen Bands ausgetauscht und die sogenannte „Auschwitz-Lüge" verbreitet. Gegen geschichtlich bewiesene Tatsachen wird dabei behauptet, die Vernichtungslager habe es nie gegeben. Dies sei eine Inszenierung der Kriegssieger gewesen. Die Verbreitung dieser Lüge ist strafbar! *Foto.*

Wählt einen der folgenden Arbeitsaufträge aus:

☑ Beurteilt Einstellung und Verhalten rechtsradikaler Gruppen (siehe Text oben).

☑ Sammelt Vorschläge, was zu tun wäre, um das Miteinander der verschiedenen Kulturen (z. B. von Deutschen und Migranten) und religiösen Gruppen (z. B. von Christen, Muslimen und Juden) zu verbessern.

Geschichte aktiv

Denkt auch daran, euer Portfolio zu führen:

– gelungene Ergebnisse in Text und Bild sammeln,
– Lernerfahrungen zum Thema „Nationalsozialismus und Zweiter Weltkrieg" notieren.

1. Gedenkstätten besuchen

▶ Besucht eine Gedenkstätte für Opfer des Nationalsozialismus.
Wenn ein direkter Besuch nicht möglich ist,
könntet ihr Gedenkstätten
im Internet finden und euch mit den Webseiten
dieser Institutionen beschäftigen.

[1] Stolpersteine des Kölner Bildhauers Gunter Demnig zur Erinnerung an die Opfer der NS-Zeit. *Foto, 2011.*

2. Friedhöfe besuchen

▶ Besucht Friedhöfe eures Ortes/der Umgebung und stellt fest:
  a) Wann wurden sie angelegt? Wo liegen sie? Gibt es Besonder-
     heiten? (Gibt es Gräber jüdischer Familien?)
  b) Findet ihr Hinweise auf Todesfälle zwischen 1939 und 1945?
     Gibt es Sondertafeln für Gefallene, die den Familiengräbern
     hinzugefügt sind?
  c) Gibt es Sonderplätze für Kriegsgräber? Gedenksteine?
  d) Sind Tafeln, Grabkreuze usw. in besonderer Form angeord-
     net? Welche Materialien wurden verwandt?
  e) Sammelt bestimmte Inschriften und Grabsprüche, die ihr
     interessant bzw. aussagekräftig findet.

[2] Britischer Ehrenfriedhof für 2700 Gefallene in Köln (Südfriedhof). *Foto, 2007.*

3. Historische Orte entdecken

▶ Erkundigt euch nach Plätzen, die während der Zeit des
Nationalsozialismus bzw. des Krieges eine besondere Bedeutung hatten, z. B. Parteihäuser, Versammlungsstätten, Muniti-
onsfabriken, Gefechtsstände, Bahn- und Verladerampen,
Bunker, Gefängnisse, Lager, Lazarette.
  a) Wurde das Objekt eigens für den späteren Zweck errichtet
     oder wurde es in der NS-Zeit umgewidmet?
  b) Was befindet sich heute dort?
  c) Sind Spuren geblieben? Welche? Wird durch Beschilderung
     auf die Nutzung zwischen 1939 und 1945 hingewiesen?
  d) Wie beurteilt ihr die heutige Situation? Welche Erfahrungen
     machtet ihr bei der Recherche?

[3] Ehemalige Zellen des Gestapo-Gefängnisses in Köln (EL-DE-Haus, Appellhofplatz). *Foto, 2014.*

4. Schule gegen Rassismus

▶ Plant, wie viele andere Schulen, dem Projekt „Schule gegen Rassismus!" beizutreten.
Das Projekt ist inzwischen das größte Schulnetzwerk in Deutschland.
(Kontakt: www.schule-ohne-rassismus.org).

Das kann ich!

[1] **Wichtige Begriffe im Kapitel:**

Antisemitismus Diktatur Euthanasie
Faschismus Holocaust Konzentrationslager
Nationalsozialismus Neonazis Pogrom
Propaganda Rassenwahn
Vernichtungslager Widerstand

[2] **Aus einem Brief von einem jungen Neonazi, 2009:**

Haben denn die Nationalsozialisten etwas Schlimmes getan – nur weil sie für ihr Land eingetreten sind? Weil sie ihre Rasse verteidigt haben? Scheinbar haben sich doch viele Menschen in der Hitlerzeit sehr wohl gefühlt. Hitler hat Rüstungsfabriken und Autobahnen gebaut und den Leuten Arbeit gegeben. Was ist daran falsch? Gruß, Thorsten

Auszug; Brief im Besitz des Autors

[3] Projekt zum Thema NS-Zeit: Schüler geben den Opfern einen Namen. *Foto, 2013.*

Sachkompetenz

1. Erklärt euch gegenseitig die wichtigen Begriffe in [1] und schreibt die Bedeutung der Begriffe auf.
2. Nennt Beispiele, mit welchen Methoden die Nationalsozialisten ihre Macht sicherten und gegen wen sich die Zwangsmaßnahmen richteten (gegen welche Parteien, Bevölkerungsgruppen usw.).
3. Nennt mindestens zwei Wurzeln des antisemitischen Denkens in Europa und erklärt, was am Antisemitismus der Nationalsozialisten so neu und verhängnisvoll war.
4. Nennt Maßnahmen, mit denen die jüdische Bevölkerung terrorisiert wurde und beschreibt, wie die Ermordung jüdischer Menschen organisiert wurde.
5. Klärt unterschiedliche Motive (Beweggründe), die Menschen zum Widerstand gegen die Nationalsozialisten veranlassten.
6. Nennt Gründe, weshalb die Geheime Staatspolizei stets gut informiert war.
7. Nennt die Ursachen des Zweiten Weltkrieges und einige der betroffenen Länder.
8. Beschreibt, wie der Zweite Weltkrieg endete und zeigt Folgen für die betroffenen Menschen auf.

Methodenkompetenz

9. Notiert, worauf beim selbstständigen Erarbeiten von Informationen (z. B. aus Büchern oder Lernzirkeln) und beim Informieren der anderen Schüler zu achten ist.

Urteilskompetenz

10. Begründet, warum Widerstand in der NS-Zeit sehr gefährlich war.
11. Beurteilt, ob die Widerstandskämpfer, die Hitler töten wollten (Elsner, Stauffenberg und andere), moralisch richtig handelten.
12. Antwortet Thorsten (Text [2]), indem ihr die Informationen des Kapitels heranzieht. Geht auch darauf ein, welche wirklichen Ziele Hitlers Politik hatte.

Handlungskompetenz

13. Nennt Möglichkeiten, wie ihr im eigenen Ort/in der Region Nachforschungen bzw. ein Projekt zur NS-Zeit durchführen könntet (siehe Abb. [3]) und was man aktiv tun kann, um sich für demokratische Freiheitsrechte einzusetzen.

Weltbevölkerung – Wachstum ohne Ende?

Manila

Manila ist die Hauptstadt der Philippinen und hat ungefähr zwölf Millionen Einwohner. Insgesamt leben auf der Erde heute mehr als sieben Milliarden Menschen. In Manila wurde der siebenmilliardste Mensch der Erde geboren.

1. Beschreibt das Foto und klärt Unterschiede zur Situation in eurer Stadt.

Nummer 7 000 000 000 – ihr Name: Danica

Manila, 31. Oktober 2011

Ein Kind ist soeben erst geboren – und doch schon ein kleiner Weltstar: Danica May Camacho kam in einem Kreißsaal eines Hospitals in Manila auf den Philippinen zur Welt. „Sie sieht so süß aus", sagte ihre Mutter Camille Galura. Der Name der neuen Erdenbürgerin heißt übersetzt „Morgenstern".

Mit ihren 2,5 Kilogramm und einer großen roten Mütze liegt sie ruhig auf dem Bauch ihrer Mutter. Sie stören das Blitzlichtgewitter und die Aufregung um ihre Geburt nicht.

Stolz nimmt der Vater den Schokoladenkuchen mit der Zuckergussaufschrift „7 B Philippines" am Bett von Mutter und Tochter entgegen. Der Kuchen ist ein Geschenk von UN-Vertretern.

Der 31. Oktober 2011 – ein historisches Datum.

Irgendwann wird Danica den Grund für die Aufregung um ihre Geburt erfahren: Sie ist das Baby mit der Nummer 7 000 000 000 – eine symbolischen Zahl, denn ganz genau lässt sich die Zahl der Weltbevölkerung nicht feststellen.

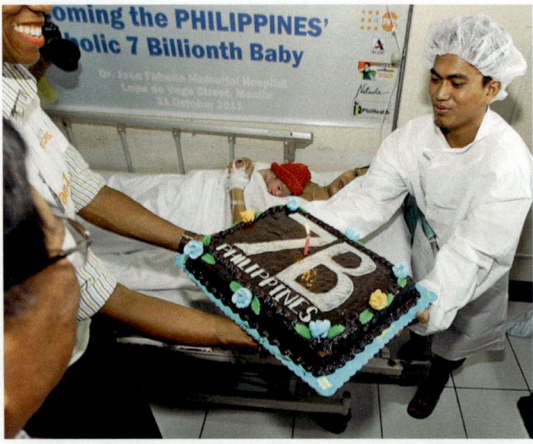

[1] Die Bezeichnung „7 B" auf dem Kuchen ist eine Abkürzung in Englisch. „B" bedeutet „Billion" und steht für „Milliarde". *Foto, 2012.*

1. Versetzt euch in die Lage von Danicas Eltern. Was mögen sie empfunden haben?

Danicas Familie

Danicas Familie lebt nur vom Gehalt des Vaters. Er arbeitet als Fahrer eines „Jeepneys", eines für die Philippinen typischen Kleinbusses.

Ursprünglich waren es Jeeps des Militärs. Im Laufe der Jahre wurden durch viele Umbauten daraus größere Fahrzeuge und Busse mit ihren typischen Bemalungen. Sie ersetzten nach dem Krieg den öffentlichen Personen-Nahverkehr. Bis heute sind sie ein wichtiges und preiswertes Verkehrsmittel.

[2] Ein Jeepney. *Foto, 2012.*

Hinter dem Steuer fühlt sich Danicas Vater wie ein „King of the road" und das bei bis zu 14 Stunden täglicher Arbeitszeit. Sein Verdienst: nicht einmal 300 Philippinische Peso (keine sechs Euro) pro Tag für den Kampf mit rund 60 000 anderen Jeepneys durch die ständig verstopften Straßen Manilas. So kann er gerade einmal für den Unterhalt der Familie sorgen.

2. Berichtet über Danicas Vater.

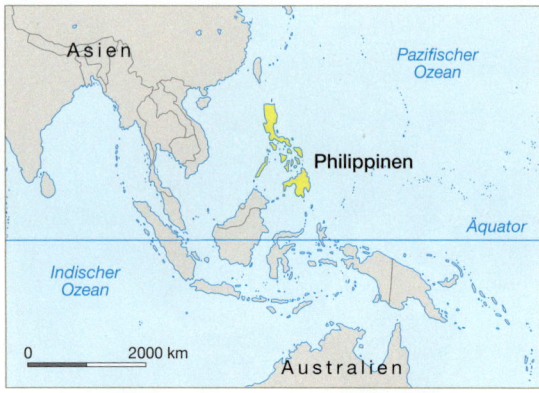

[3] Die geographische Lage der Philippinen.

Was wird aus Danica?

Zusammen mit ihrem Bruder und ihren Eltern wird Danica in dem kleinen Haus der Familie leben. Es besteht aus einem Wohnraum und einem Küchenbereich. Neben einem Fernseher gibt es einen großen Ventilator und einen Kühlschrank. Gekocht wird auf Gas.

Im Fall einer Krankheit ist die Großfamilie die Krankenkasse. Dann springt jeder für jeden ein und gibt Geld für ärztliche Versorgung oder das Krankenhaus.

[4] Haus im lädlichen Raum der Philippinen. *Foto.*

Mit sechs Jahren wird Danica zur Schule gehen, zumindest bis sie zwölf Jahre alt sein wird.

Dabei ist Bildung der Schlüssel zum Beruf. Wenn sie lernt, hat sie bessere Chancen auf dem Arbeitsmarkt. Mit einem High-School-Abschluss verbessert sich ihre Berufsperspektive. Danica könnte zum Beispiel Krankenschwester werden. Sie hat dann wahrscheinlich die Aussicht auf ein Arbeitsplatzangebot mit einer ordentlichen Bezahlung.

Somit verringert sich die Wahrscheinlichkeit auf ein Leben außerhalb der Heimat. Einer ihrer Onkel verdient mit harter Arbeit Geld auf einem Schiff – ähnlich wie so viele Wanderarbeiter aus den Philippinen. Ein anderer Onkel arbeitet als Wanderarbeiter in Saudi-Arabien.

Diese beiden Onkel sind keine Einzelfälle. Eine Statistik belegt das im Rückblick der letzten 35 Jahre. So steigt die Zahl der im Ausland tätigen Philippinos zwischen 1977 und 2011 stetig an.

Viele dieser Menschen überweisen einen großen Teil ihres Lohnes zur Unterstützung ihrer Familien in die Heimat.

3. Fasst Danicas Zukunftschancen mit euren Worten zusammen.

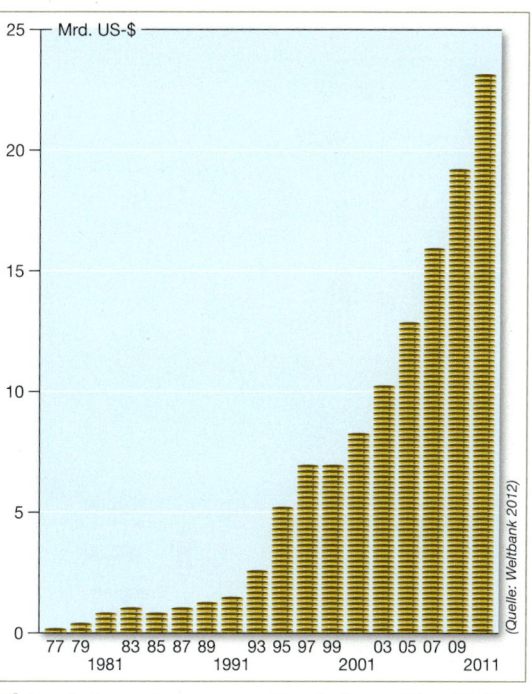

[5] Rücküberweisungen an Haushalte auf den Philippinen 1977–2011.

4. Wertet die Infografik [5] aus:
- Wie hat sich die Zahl der Rücküberweisungen verändert?
- Vergleicht die Zahlen der Jahre 1977, 1995 und 2011.
- Welche Tendenz lässt sich erkennen?

Wählt einen der folgenden Arbeitsaufträge aus:

☑ Formuliert mindestens fünf Fragen, die sich Danicas Mutter zur Zukunft ihrer Tochter stellen könnte.

☒ Danicas Vater fragt sich: Soll ich auch im Ausland mein Geld verdienen? Schreibt Pro-Argumente und Kontra-Argumente auf.

Was ihr noch tun könnt ...

■ Sucht in Zeitungen und dem Internet nach aktuellen Berichten zur Situation auf den Philippinen und zu Wanderarbeitern.

Orientierung

... 7, 8, 9, 10 Milliarden Menschen?

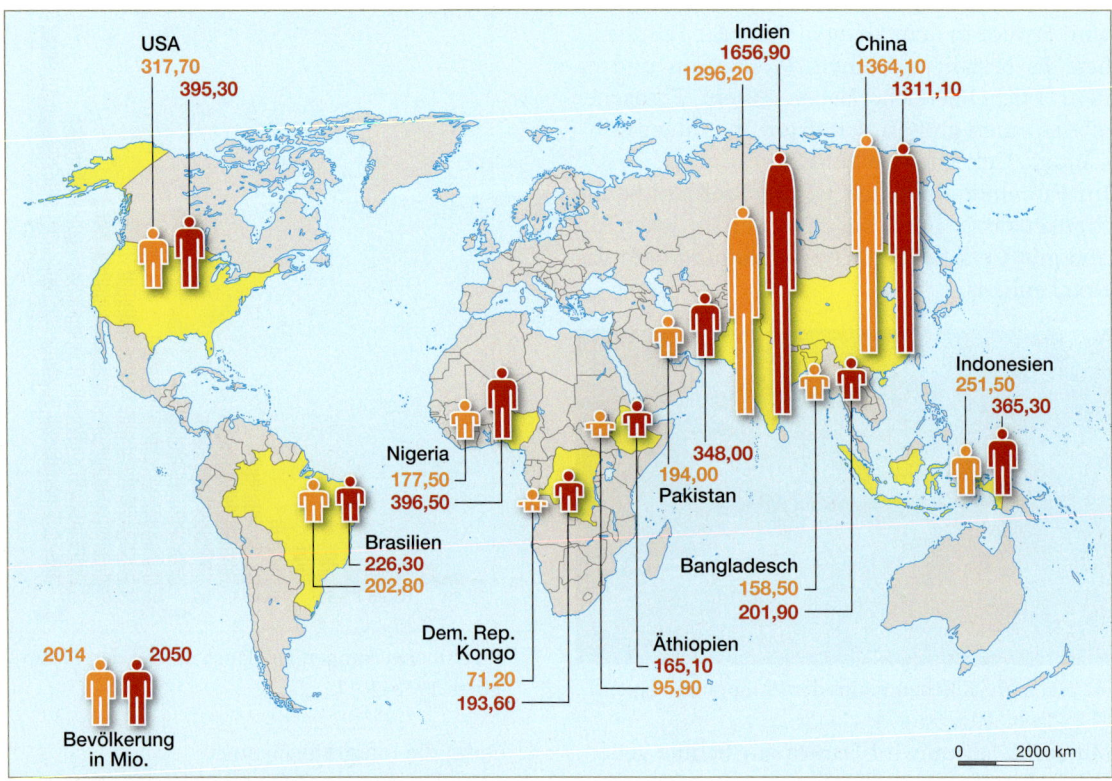

USA
317,70
395,30

Indien
1656,90
1296,20

China
1364,10
1311,10

Indonesien
251,50
365,30

Nigeria
177,50
396,50

348,00
194,00
Pakistan

Brasilien
226,30
202,80

Bangladesch
158,50
201,90

2014   2050

Dem. Rep.
Kongo
71,20
193,60

Äthiopien
165,10
95,90

Bevölkerung
in Mio.

0   2000 km

[1] Die bevölkerungsreichsten Länder der Erde.

1. Übertragt die Werte für die fünf bevölkerungs-reichsten Länder (2050) aus der Karte [1] in eine Tabelle.

Die bevölkerungsreichsten Länder				
Land	2014 (Mio.)	2050 (Mio.)	Wachs-tum (insge-samt)	Wachs-tum in % (2014 = 100 %)
Indien				

2. Findet heraus:
- Welches Land wird 2050 das bevölkerungs-reichste sein?
- Welches Land wird bis 2050 prozentual am stärksten wachsen?

Seit dem Herbst 2011 ist es soweit: Sieben Milli-arden Menschen leben auf der Erde. In nur hun-dert Jahren hat sich die Weltbevölkerung damit vervierfacht.

Zurzeit wächst die Weltbevölkerung um 1,2 Pro-zent pro Jahr. Das ist mehr als die Einwohnerzahl Deutschlands.
...Und es geht weiter: 2050 werden vermutlich acht bis zehn Milliarden Menschen unseren Pla-neten bevölkern.
Ein Blick auf die Kontinente zeigt jedoch äußerst unterschiedliche Entwicklungen:
- In Entwicklungsländern liegt die Geburtenrate über der Sterberate. In den Industrieländern ist es genau umgekehrt.
- In Deutschland liegt bereits heute die Sterbera-te über der Geburtenrate. Fachleute gehen von der Fortsetzung dieser Entwicklung aus.
- Eine afrikanische Frau bringt durchschnittlich 4,7 Kinder zur Welt, eine deutsche Frau 1,4.
- Afrikaner machen 2050 etwa ein Drittel der Weltbevölkerung aus.
- Mit über 1,3 Milliarden Menschen ist China zurzeit das bevölkerungsreichste Land der Erde, gefolgt von Indien (über 1,2 Milliarden).

Die Weltbevölkerung wächst – überall?

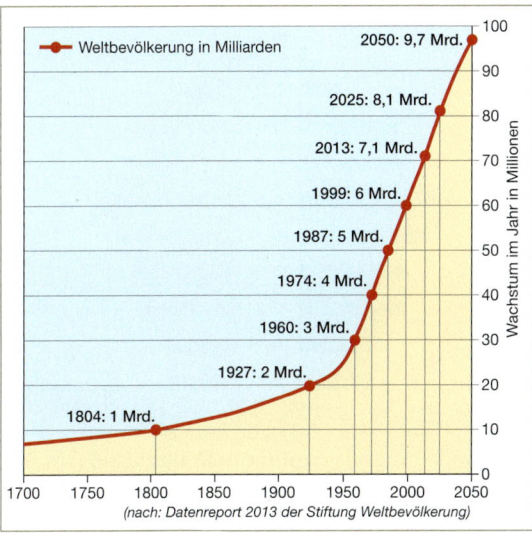

[2] Infografik.

3. Übertragt die Infografik in eure Mappen.
4. Wertet die Infografik aus.

Die Weltbevölkerung insgesamt wächst – doch sie wächst mit regionalen Unterschieden.
In Deutschland zählt man rund 81 Millionen, in der Demokratischen Republik Kongo rund 71 Millionen Einwohner. In weniger als 40 Jahren werden es voraussichtlich 193,6 Millionen Einwohner in der Demokratischen Republik Kongo und nur noch 76,2 Millionen Deutsche sein.
In der Folge könnten sich Machtverhältnisse zwischen den Kontinenten, möglicherweise aber auch innerhalb der Kontinente, verschieben. So werden Staaten wie China, Indien oder Brasilien verstärkt an Einfluss auf politischer Ebene gewinnen, gleichzeitig aber wird Indien China als bevölkerungsreichstes Land ablösen.
Insgesamt verlangsamt sich das Tempo der Zunahme aller Voraussicht nach, doch die Zahl der Menschen wächst weiter. Einer der Gründe dafür ist: Wir leben länger. Ein anderer Grund besteht in der Tatsache, dass noch nie so viele Frauen auf der Erde – nämlich gegenwärtig etwa 1,8 Milliarden – im gebärfähigen Alter waren.

► Weltbevölkerung – Wachstum ohne Ende?

In diesem Kapitel geht es vor allem um folgende Fragen:
Wie hat sich die Weltbevölkerung entwickelt?
Wie wird sich die Weltbevölkerung entwickeln?
Was sind Ursachen einer wachsenden Weltbevölkerung?
Welche Folgen hat eine steigende Weltbevölkerung?
Welche Maßnahmen zur Eingrenzung wachsender Bevölkerung gibt es?

Wichtige Kompetenzen in diesem Kapitel

Sachkompetenz
► die Entwicklung der Weltbevölkerung beschreiben
► Ursachen und Folgen steigender und schrumpfender Bevölkerungszahlen nennen
► Maßnahmen zum Eindämmen weltweiten Bevölkerungswachstums kennen
► das Konzept der Tragfähigkeit der Erde erläutern
► Ursachen und Folgen der räumlich unterschiedlichen Entwicklung der Weltbevölkerung darstellen
► Ursachen und Folgen des Wachsens und Schrumpfens von Städten in Entwicklungs- und Industrieländern gegenüberstellen

Methodenkompetenz
► Bevölkerungsdiagramme auswerten

Urteilskompetenz
► einige Folgen einer steigenden Weltbevölkerung für die Tragfähigkeit der Erde beurteilen
► Chancen und Herausforderungen von Verstädterung beurteilen
► die Folgen einer zunehmenden Verstädterung beurteilen
► die Chancen und Herausforderungen beurteilen, die sich für schrumpfende Städte ergeben

Handlungskompetenz
► ein Projekt zur Entwicklung der Bevölkerung vor Ort planen und durchführen

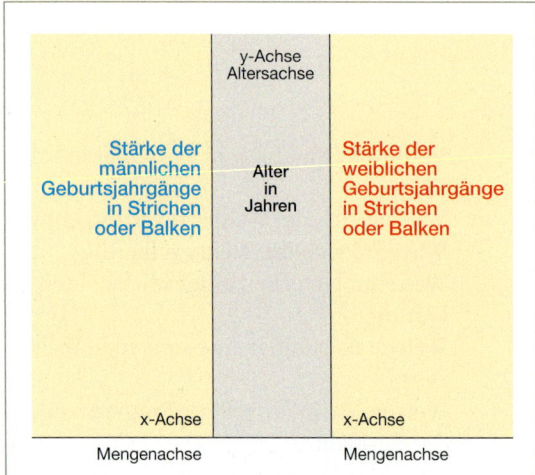

[1] Aufbau eines Bevölkerungsdiagramms.

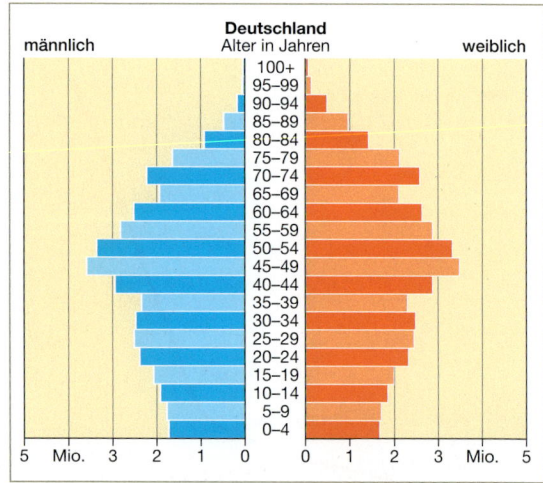

[2] Bevölkerungsdiagramm von Deutschland (2013).

1. Erläutert den Aufbau eines Bevölkerungsdiagramms [1]. Welche Bedeutung haben die Farben Blau und Rot?

Drei Schritte zur Auswertung von Bevölkerungsdiagrammen

1. Schritt: Grundaussagen klären

- Für welches Land werden die Angaben gemacht?
- Für welches Jahr gelten die Angaben?
- Was ist auf der x-Achse dargestellt?
- Was ist auf der y-Achse dargestellt?
- Welche Abstufungen hat die y-Achse?

2. Schritt: Beschreibung

- Hat das Bevölkerungsdiagramm eine breite oder schmale Basis?
- Welche Altersgruppen sind stark vertreten (0–15 Jahre; 15–65 Jahre; über 65 Jahre)?
- Welche Altersgruppen sind schwach vertreten (0–15 Jahre; 15–65 Jahre; über 65 Jahre)?
- Sind die Verteilungen von Männern und Frauen ungefähr gleich?

3. Schritt: Fragen entwickeln

- Welche Fragen könnten sich aus dem Aufbau eines Bevölkerungsdiagramms ergeben?

Auswertung eines Bevölkerungsdiagramms in drei Schritten am Beispiel Deutschland

1. Schritt: Grundaussagen klären

- Die Angaben werden für Deutschland gemacht.
- Die Angaben gelten für 2013.
- Auf der x-Achse ist die Anzahl der Einwohner in Millionen dargestellt.
- Auf der y-Achse sind Lebensaltersgruppen dargestellt.
- Die Abstufung der y-Achse erfolgt in Fünfjahresabständen.

2. Schritt: Beschreibung

- Das Bevölkerungsdiagramm hat eine schmale Basis.
- Stark vertreten sind die Altersgruppen 15 bis 65 Jahre.
- Schwach vertreten ist die Altersgruppe 0 bis 15 Jahre.
- Die Verteilungen von Männern und Frauen sind ungefähr gleich.

3. Schritt: Fragen entwickeln

- Hat der große Anteil der 15- bis 65-Jährigen (insbesondere der 45- bis 54-Jährigen) eine besondere Auswirkung auf Deutschlands Zukunft?

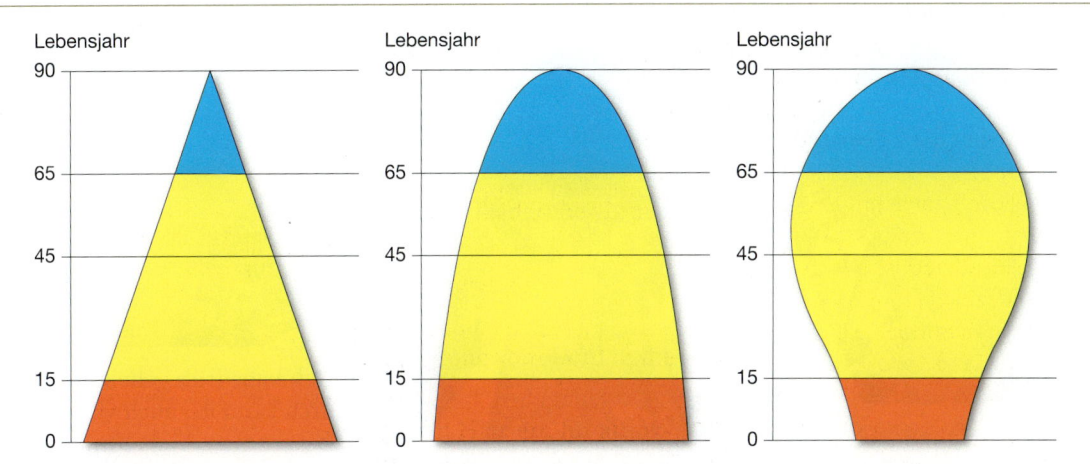

Bevölkerungsdiagramme lassen sich in drei Grundtypen einteilen. Diese Grundtypen wurden nach ihrer äußeren Form bezeichnet. In der obigen Grafik sind von links nach rechts abgebildet:
a) die Pyramidenform, b) die Glockenform (auch: Bienenkorbform), c) die Zwiebelform (auch: Urnenform oder Dönerform).

[3] Grundformen von Bevölkerungsdiagrammen.

2. Legt eine Tabelle an und ordnet die Aussagen den Grundformen zu.

Pyramide	Glocke	Zwiebel

- Die Bevölkerungszahl wächst.
- Die Bevölkerungszahl nimmt ab.
- Die Bevölkerungszahl wächst nur gering, weil viele Menschen früh sterben.
- Von Jahr zu Jahr steigt der Bestand der Neugeborenen.
- Jahr für Jahr werden etwa gleich viele Menschen geboren.
- Die Bevölkerungszahl bleibt gleich oder wächst nur langsam an.
- Jeder folgende Jahrgang von Neugeborenen ist kleiner als der vorherige.
- Jeder folgende Jahrgang von Neugeborenen ist größer als der vorherige.
- Es gibt einen großen Anteil von Menschen, die 65 Jahre alt oder älter sind.
- Es gibt nur einen kleinen Anteil von Menschen, die 65 Jahre alt oder älter sind.
- Die Basis des Bevölkerungsdiagramms ist breit.
- Die Basis des Bevölkerungsdiagramms ist schmal.

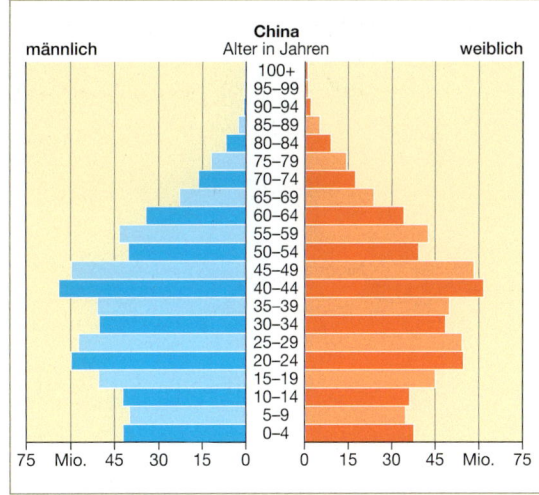

[4] Bevölkerungsdiagramm von China (2013).

3. Ordnet das Bevölkerungsdiagramm von China [4] einer der drei Grundformen [3] zu.
4. Wertet das Bevölkerungsdiagramm von China [4] mithilfe der Methode in drei Schritten aus.
5. Vergleicht das Bevölkerungsdiagramm von Deutschland [2] mit dem Bevölkerungsdiagramm von China [4]. Welche Besonderheiten würdet ihr bei eurem Vergleich hervorheben?

Bevölkerungswachstum – zwei Fallbeispiele

Welche Gründe gibt es?

> Ich bin das Familienoberhaupt und bestimme die Zahl meiner Kinder. Wir als Eltern müssen im Alter versorgt werden. Das geht nur mit vielen Kindern.

> Ich bin froh, dass ich so viele Geschwister habe, so ist immer jemand zum Spielen da.

> Ich habe früh geheiratet. Dadurch kann ich auch viele Kinder bekommen. Viele Kinder sind für mich ein Geschenk Gottes. Unsere Religion verbietet den Einsatz von Verhütungsmitteln. Außerdem sind sie zu teuer.

[1] Eine Familie in Nigeria – ein Beispiel für viele afrikanische Staaten. *Foto.*

1. Formuliert Fragen für ein Interview mit dieser Familie [1] aus Nigeria.

[2] Die geographische Lage von Nigeria.

Kinderreichtum in Nigeria

Nigeria ist ein westafrikanischer Staat, dessen Bevölkerungszahl stark wächst. Zwischen 2014 und 2050 wird sich die Bevölkerungszahl voraussichtlich mehr als verdoppeln und dann fast 400 Millionen erreichen. Das Wachstum der Bevölkerung wird auf dem afrikanischen Kontinent in den nächsten Jahrzehnten am stärksten ausgeprägt sein. Für die große Zahl an Kindern gibt es zahlreiche Gründe. So erhoffen sich deren Eltern beispielsweise, dass ihre Kinder für sie sorgen können, wenn sie alt sind. Renten – wie wir sie in Deutschland kennen – gibt es in den meisten Staaten Afrikas nicht. Auch religiöse oder traditionelle Gründe können zu hohen Kinderzahlen führen.

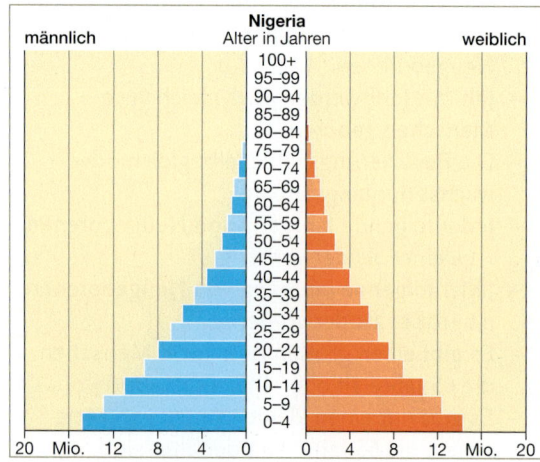

[3] Bevölkerungsdiagramm von Nigeria (2013).

2. Wertet das Bevölkerungsdiagramm von Nigeria [3] aus.

[4] Die geographische Lage von Brasilien.

[5] Marta dos Santos mit ihrer Familie. *Foto.*

3. Vergleicht die Fotos [1] und [5] miteinander.
4. Formuliert Fragen für ein Interview mit dieser Familie [5] aus Brasilien.

Frauenpower in Brasilien?

„Ich bin Marta dos Santos. Ich bin stolz auf meine Familie mit nur zwei Kindern. So habe ich mir das gewünscht.

Zwei Kinder zu haben, ist in Brasilien noch nicht die Regel, aber ungewöhnlich ist es auch nicht mehr. Doch seit einigen Jahrzehnten gibt es eine langsame Veränderung. Meine Mutter Mercedes ist ein typisches Beispiel: Sie und ihr Mann hatten noch sieben Kinder."

Wie kommt es zu diesen großen Veränderungen? Seitens der brasilianischen Regierung hat es nie Maßnahmen gegen eine hohe Kinderzahl gegeben. Eigentlich müsste es mehr Kinder geben, da die katholische Kirche noch immer einen großen Einfluss hat. Abtreibungen sind – bis auf wenige Ausnahmen – illegal.

Gesellschaftliche Veränderungen scheinen ausschlaggebend für den Wandel. Im Gegensatz zu früheren Generationen sind viele Frauen heute berufstätig.

Für jüngere Frauen trägt wahrscheinlich auch der „Seifenopereffekt" zum Geburtenrückgang bei. Gleich mehrere dieser Sendungen sind täglich im Fernsehen zu sehen. In allen gesellschaftlichen Schichten sind sie beliebt. Gleichzeitig transportieren sie auch eine „versteckte Botschaft": Ein Ehepaar hat nicht mehr als zwei Kinder.

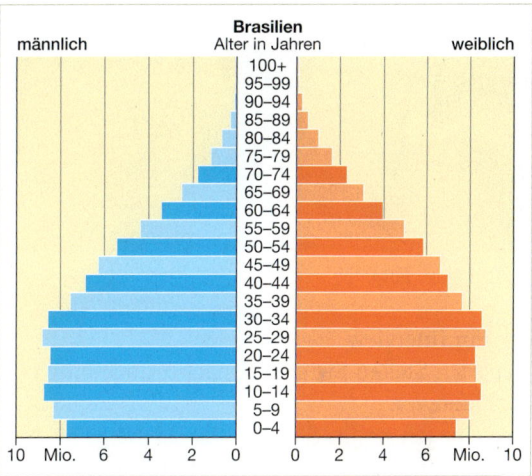

[6] Bevölkerungsdiagramm von Brasilien (2013).

5. Wertet das Bevölkerungsdiagramm von Brasilien [6] aus.

Wählt einen der folgenden Arbeitsaufträge aus:

◾ Ordnet die Gründe für das Bevölkerungswachstum in Nigeria den Stichwörtern zu.
   – sozial
   – politisch
   – religiös
   – kulturell/traditionell

◾ Erklärt, wie es zu einem „neuen Frauenbild" in Brasilien kommt.

◾ „Der Wunsch nach einem Sohn ist der Vater vieler Töchter." Erklärt dieses Zitat. Stellt Zusammenhänge mit dem Thema „Bevölkerungswachstum" her.

Vom Land in die Großstadt

Warum ziehen Menschen vom Land in die Stadt?

[1] Shayan. *Foto.*

[2] **Ein Interview**

Reporter: Stellen Sie sich zunächst doch bitte einmal kurz vor.

Shayan: Ich heiße Shayan, bin 25 Jahre alt und komme aus einem Dorf etwa 120 Kilometer von Mumbai entfernt. In diesem Dorf leben noch meine Eltern mit meinen sieben Geschwistern und auch meinen Großeltern.

Reporter: Wie ist die Lebenssituation im Dorf?

Shayan: Wie die meisten Bewohner betreibt auch meine Familie Landwirtschaft. Davon können wir gerade einmal so leben. Schlechte Ernten in den letzten Jahren haben uns jedoch immer wieder in Not gebracht. Außerdem sind wir von einer großen Wasserknappheit bedroht.

Reporter: Welche Folgen ergeben sich daraus?

Shayan: Plantagen benötigen große Anbauflächen. Diese wurden uns Kleinbauern einfach weggenommen. Uns fehlt damit die Lebensgrundlage. Auch sinkt der Grundwasserspiegel, immer mehr, da die Plantagen viel Wasser verbrauchen. Meine Familie hat kein Geld für teure Pumpen. Auch der globale Klimawandel zeigt Auswirkungen: Wir erleben oft stärkeren Wind, der fruchtbares Ackerland wegweht.

Reporter: Gibt es weitere Gründe für Ihren Fortzug aus dem Dorf?

Shayan: Da sind die vielen Kinder und junge Menschen. Sie finden auf dem Dorf keine Arbeit und damit kein Einkommen. So erging es auch meinem jüngerer Bruder, der bereits hier in Mumbai ist. Er schickt etwas Geld in unser Dorf. So konnte meine Familie überleben. Ich will das auch tun. Im Fernsehen haben wir Leute in Mumbai gesehen, denen es viel besser geht. So möchte ich auch einmal leben.

übersetzt, Radiosendung

1. Gebt das Interview mit Shayan [2] mit euren Worten wieder.

Leben in Städten – Europa in der Vergangenheit

Zwar gibt es seit über 10 000 Jahren Städte, doch bis 1800 lebte die Mehrheit der Bevölkerung in Europa auf dem Land. Erst mit der sogenannten „Landflucht" im Rahmen der Industrialisierung änderte sich diese Situation. Viele Menschen zogen in die Industriezentren und Städte. Sie suchten dort nach einer besseren Zukunft.

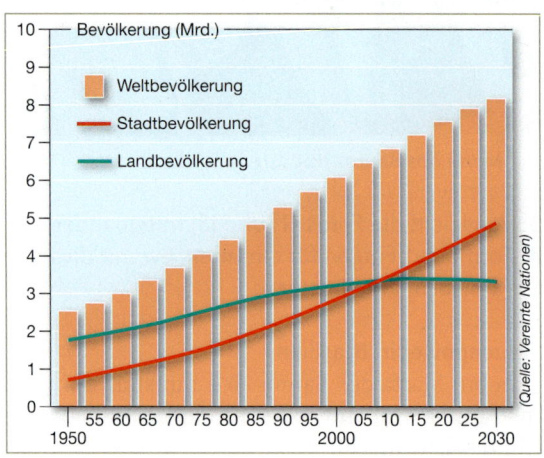

[3] Infografik.

2. Wertet die Infografik [3] aus: Welcher Trend ist zu erkennen? Was bedeutet das für die Zukunft der Menschen auf dem Lande und in den Städten?

Leben in großen Städten – ein weltweiter Trend

1900 lebten weltweit rund zehn Prozent der Menschen in Städten. 2010 war es die Hälfte der Menschen, die in Städten lebte. Für 2050 sagen die Vereinten Nationen (UN) einen weltweiten Anstieg der Stadtbevölkerung auf 75 Prozent vor-

[4] Mumbai (Indien) – mit einem großen Slum im Bildvordergrund. *Foto.*

aus. Diese Entwicklung wird als „Urbanisierung" bezeichnet (Urban = Stadt). Insbesondere in Asien, Afrika und Lateinamerika werden sich die größten Städte der Erde entwickeln. Dort leben dann mehr als zehn Millionen Menschen auf engstem Raum (Megastädte).

Das rasante Wachstum dieser Städte macht eine Stadtplanung unmöglich. Unkontrolliert wachsen so Slums um den Stadtkern.

In den Slums fehlen weitgehend Ver- und Entsorgungseinrichtungen. Es fehlt beispielsweise an Trinkwasser ebenso wie an einem Abwassersystem. Elektrizität steht nicht flächendeckend und erst recht nicht jederzeit zur Verfügung. An eine geordnete Müllabfuhr ist nicht zu denken.

Die mit der Landflucht verbundenen Hoffnungen auf eine Verbesserung der Lebensumstände erfüllen sich oft nicht. Nicht selten verschärfen sie sich sogar, da in der Stadt insbesondere der soziale und familiäre Zusammenhalt fehlt.

3. Beschreibt das Foto [4].

4. Erläutert die Entstehung eines Slums und berichtet über die dortigen Zustände.

5. Ordnet in einer Tabelle mögliche Vorteile und Nachteile des Stadtlebens [5].

Mögliche Vorteile und Nachteile des Lebens in großen Städten
– Angebot an Arbeitsplätzen
– Einkaufmöglichkeiten
– Belastung (Lärm, Staub)
– medizinische Versorgung
– Angebot an Kultur (Kino, Theater)
– Sehenswürdigkeiten
– steigende Mieten
– mögliche Anonymität
– Kriminalität
– vielfältige Freizeitangebote
– vielleicht ein Leben in einem Slum
– Bildungsmöglichkeiten

[5] Leben in großen Städten.

Wählt einen der folgenden Arbeitsaufträge aus:

◨ Nennt Gründe für Shayans Fortzug.

◨ Vermutet, wie Shayans Leben nach ein oder zwei Jahren in Mumbai aussehen könnte.

Die Städte im Ruhrgebiet schrumpfen

Welche Ursachen hat das Schrumpfen der Städte und was soll dagegen getan werden?

[1] Frühjahr 2014 – mehr als hundert Häuser werden in Duisburg abgerissen (Rückbau). *Foto, 2014.*

1. Beschreibt das Foto [1]. Überlegt euch Fragen.

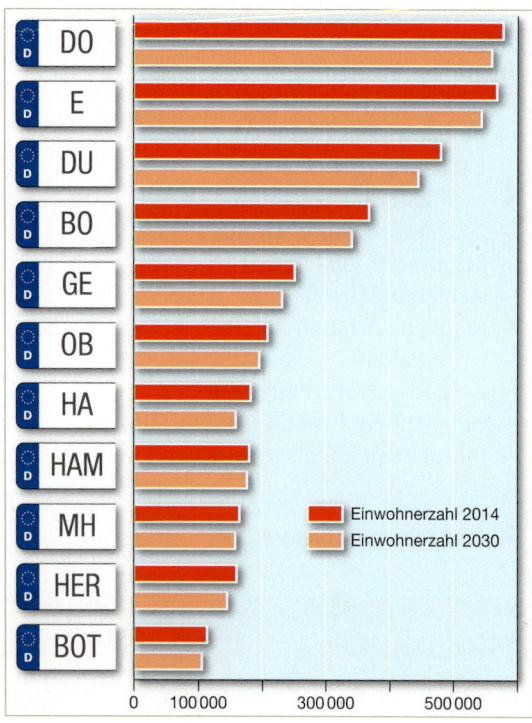

Einwohnerzahl 2014
Einwohnerzahl 2030

[2] Infografik.

2. Erläutert die Infografik [2].

Kennzeichen vieler Städte in Entwicklungsländern ist ihr rasches, ausuferndes Wachstum. Eine umgekehrte Tendenz lässt sich in Industrieländern feststellen: Hier schrumpfen viele Städte. Beispielhaft lässt sich das am Ruhrgebiet erkennen.

Die Städte des Ruhrgebietes erlebten in der Phase der Industriellen Revolution einen großen Einwohnerzuwachs. Das Ruhrgebiet wuchs und wurde zum größten europäischen Industrieraum.

Zu Beginn der 1960er Jahre (nach dem Ende des Wiederaufbaus infolge des Zweiten Weltkrieges) war der Höhepunkt der industriellen Entwicklung erreicht. Der Ballungsraum Ruhrgebiet begann zu schrumpfen.

Wesentliche Faktoren für das Schrumpfen sind
– der Rückgang der Beschäftigten in den „alten" Industrien von Kohle und Stahl,
– Werksschließungen (wie bei Opel in Bochum),
– fehlendes Angebot an Ausbildungs- und Arbeitsplätzen,
– die „natürliche" Bevölkerungsentwicklung (demographischer Wandel).

[3] Abriss des Phoenix-Stahlwerks im Jahr 2003. *Foto.*

[4] 2014 – der neue Phoenix-See im Entstehen. *Foto.*

Frischer Wind am Phoenix-See – hier wurde früher Stahl gekocht

Immer noch bekommen Hans und Isolde Rudzewski leuchtende Augen, wenn die Rede auf Phoenix-West kommt. „Phoenix" – das war „ihr" Werk, es wurde abgerissen und in China wieder aufgebaut. „Phoenix" – das war ebenso Tradition von vier Generationen: harte Arbeit, aber auch sicheres Einkommen. Und die Zukunft? Hans gilt mit über 50 Jahren als schwer vermittelbar und wird wohl Langzeitarbeitsloser. Isolde wird mit weniger Haushaltgeld auskommen müssen.

Sohn André steht kurz vor dem Schulabschluss. Beruflich hat er keine Zukunft im alten Stadtteil Hörde. Er ist darauf gefasst, dass er für eine gute Ausbildungsstelle sogar aus Dortmund wegziehen muss – leicht wird es ihm bestimmt nicht fallen.

Bei Familie Rudzewski gibt es noch eine weitere Neuorientierung: Das Haus, in dem sie wohnen, befindet sich auf einer „Abbruchliste" zur Neugestaltung des Stadtteils.

Fehlende Arbeit hat bereits mehrere Nachbarn zum Wegzug gezwungen. Die Zahl der leerstehenden Wohnungen steigt. Nicht nur ein Geschäft hat bereits geschlossen. Leerstand bei den Geschäften wird zu einem Problem – nicht nur für Dortmund.

Doch auf dem Phoenix-See, an dessen Ufer modernste teure Häuser gebaut werden, weht bereits ein neuer Wind. Hier sieht man immer öfter Segelboote und Erholung Suchende in den Cafés an den Promenaden.

Ein Blick in die Zukunft

Leerstände, sinkende Einwohnerzahlen und teilweise Abriss (genannt: „Rückbau") – das sind zukünftige Herausforderungen der Stadtplaner im Ruhrgebiet. Ziel muss hierbei die Qualitätssteigerung der wieder gewonnenen Freiflächen sein, beispielsweise durch Ansiedlung von Handwerks- und Dienstleistungsbetrieben oder durch die Anlage von Wissenschaftsparks.

In Dortmund wurde mit dem künstlich angelegten Phoenix-See ein erweitertes Angebot geschaffen. Durch die Bereitstellung attraktiver Baugrundstücke erhoffen sich die Stadtplaner die Ansiedlung zahlungskräftiger Menschen. So wie es scheint, ist das „Experiment Phoenix-See" gelungen. An sonnigen Wochenenden tummeln sich hier Hunderte Besucher/-innen, und die hochwertigen Neubauvillen sind sehr gefragt.

3. Fasst die Entwicklung in Dortmund-Hörde (Phoenix) in euren Worten zusammen.

Wählt einen der folgenden Arbeitsaufträge aus:

▪ Erläutert den Begriff „Rückbau".

▪ Denkt euch ein kleines Rollenspiel aus: Wie könnte Familie Rudzewski über ihre Zukunftssorgen miteinander sprechen?

▪ Informiert euch über die neuesten Entwicklungen am Phoenix-See (Webcode) und berichtet darüber vor der Klasse.

Wachstum ohne Ende?

Kann ein Staat die Geburtenzahlen steuern?

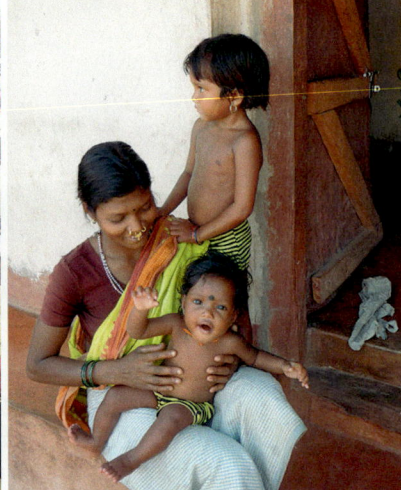

[1] Weltbevölkerungstag in Neu-Delhi 2002: Wunsch der Regierung – und Wirklichkeit. *Fotos.*

1. Beschreibt und vergleicht die drei Fotos [1].

7 Milliarden Menschen – und kein Ende in Sicht?
Kann das weltweite Bevölkerungswachstum verlangsamt oder gar gestoppt werden?
Verschiedene Überlegungen werden angewendet: von der alle zehn Jahre stattfindenden Weltbevölkerungskonferenz der UNO, über Aufklärungskampagnen und der Verteilung von Verhütungsmitteln bis zu Programmen zur Stärkung der Rolle der Frau. Ein anderer Versuch der Problemlösung sind freiwillige oder erzwungene Umsiedlungen in dünn besiedelte Gebiete. Auch kann die Anzahl der Kinder staatlicherseits begrenzt werden.

Indien – bald die Nummer 1

Beispiel: Indien
Ziel ist eine Geburtenrate von höchstens zwei Kindern pro Familie. Das soll durch Aufklärung und Verteilen von Verhütungsmitteln erreicht werden. Außerdem gibt es Programme zur freiwilligen Sterilisation.

[2] Entwicklung der Geburten- und Sterberate in Indien. *Infografik.*

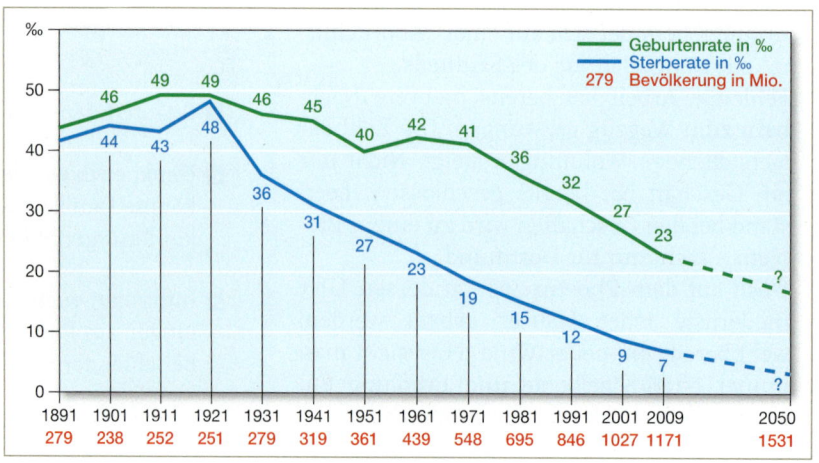

2. Wertet die Infografik [2] aus. Wie wird sich die Bevölkerungszahl Indiens voraussichtlich entwickeln?

3. Erläutert, warum sich die Bevölkerungszahl Indiens trotz sinkender Kurven so entwickeln würde. Ist das kein Widerspruch?

Indien – das heißt, bezogen auf die Bevölkerung

– Ablösung von China als bevölkerungsreichstes Land um das Jahr 2025
– momentanes jährliches Wachstum um 17 Millionen; das sind weit mehr Menschen als in Berlin, Düsseldorf, Hamburg, Frankfurt und München zusammen leben
– mögliches Überschreiten der Zwei-Milliardengrenze bis 2071 bei nicht deutlich abnehmender Kinderzahl.

Ein Mitglied der indischen Regierung:

„Natürlich haben wir Probleme in unserem Land. Aber die Probleme sind längst nicht so groß, wie manche behaupten", sagte beispielsweise der indische Planungsminister Montek Singh Ahluwalia 2006. Und weiter: „Sie werden sehen: Langfristig werden von dem Wachstum in Indien alle ihren Nutzen haben."

... und das sagt eine indische Mutter:

– Nur viele Kinder sichern mein Leben im Alter. Eine Rente gibt es für mich nicht.
– Auf dem Land sehe ich keine Zukunft mehr. Ich will in die Stadt nach Mumbai oder Delhi.
– Ich habe schon öfter abgetrieben, weil es weibliche Föten waren. Nur Jungen zählen. Eine Freundin ist bei einem Eingriff gestorben.
– Verhütungsmittel sind kaum zu bekommen und sehr teuer.
– Der Jungenüberschuss wird meinen Söhnen Probleme bereiten, wenn sie eine Frau zum Heiraten finden wollen.

4. Stellt die Aussagen des indischen Regierungsvertreters und der indischen Mutter gegenüber. Vertreten beide dieselben Ansichten?

Beispiel: China

In den 1970er Jahren wurde die Ein-Kind-Politik verordnet. Durchgesetzt wurde sie mit Vergünstigungen. Am Anfang kam es auch zu Zwangssterilisierungen. Traditionell wünschen sich Chinesen einen männlichen Erbfolger. Das führte zu einer großen Zahl von Abtreibungen (Mädchen) und zu einer ungleichen Geschlechterverteilung. Gegenwärtig (seit Dezember 2013) dürfen Ehepartner, bei denen ein Partner Einzelkind ist, zwei Kinder bekommen.

Beispiel: Iran

In den 1960er Jahren warb der damalige Staatschef für eine Verminderung der Kinderzahl, weil so ein besseres Leben möglich wäre. In den 1980er Jahren änderte sich die Ansicht der Politik: Die Bevölkerungszahl wuchs daraufhin stark. Da das Bevölkerungswachstum zu stark anstieg, wurde Oktober 2012 erneut eine Trendwende ausgerufen.: „Zwei Kinder sind genug" – heißt es nun wieder.

5. Stellt Gemeinsamkeiten und Unterschiede bei der Bevölkerungspolitik von China und dem Iran gegenüber.

Wählt einen der folgenden Arbeitsaufträge aus:

◉ Schreibt aus der Sicht einer indischen Mutter an das Regierungsmitglied. Schildert eure Probleme und Überlegungen bei der Familienplanung. Macht auch Verbesserungsvorschläge.

◪ Schlagt als Regierungsvertreter Möglichkeiten für Maßnahmen gegen das hohe Bevölkerungswachstum in Indien vor.

Die Tragfähigkeit der Erde

Wie viele Menschen können auf der Erde leben?

[1] Die Erde als Lebensraum. *Illustration.*

1. Beschreibt die Darstellung der Erde als Lebensraum [1]. Welche Details erkennt ihr, welche fehlen eurer Meinung nach noch? Begründet.

„Tragfähigkeit" – ein Berechnungsproblem?

Immer wieder haben sich Gelehrte und Wissenschaftler darüber Gedanken gemacht, wie viele Menschen auf der Erde leben können.

1741 schrieb der Geistliche Johann Peter Süßmilch ein Buch, in dem es auch um die „Tragfähigkeit der Erde" ging. Er berechnete eine maximale Anzahl von sieben Milliarden Menschen, die ernährt werden könnten.

Rund 50 Jahre später entgegnete der britische Mathematiker Thomas Malthus, dass mit einer Milliarde Menschen die Tragfähigkeit schon nahezu erreicht wäre. Ungefähr so viele Menschen lebten bereits im 18. Jahrhundert auf der Erde.

Von einer Milliarde Menschen auf der Erde sind wir zu Beginn des 21. Jahrhunderts schon weit entfernt. Die Weltbevölkerung wächst – ein Ende scheint nicht in Sicht. Inzwischen ist schon die Sieben-Millarden-Marke überschritten.

2. Fasst den Text mit euren Worten zusammen.
3. Wie viele Menschen können eurer Ansicht nach ernährt werden? Diskutiert diese Frage.

Was bedeutet der Begriff „Tragfähigkeit"?

Bei dem Wort „Tragfähigkeit" denken manche vielleicht an ein Boot: Es können nur eine bestimmte Anzahl Passagiere einsteigen oder begrenzt Fracht geladen werden, ohne dass es wegen Überfüllung sinkt.

Die „Tragfähigkeit der Erde" hat mit vielen einzelnen Gesichtspunkten zu tun. Ein anderes, vielleicht besser geeignetes Wort für „Tragfähigkeit" könnte der Begriff „Belastungsgrenze" sein. Auf theoretische Belastungsgrenzen stößt man beispielsweise bei den folgenden Unterthemen.

Bevölkerungswachstum

Gelingt es, das schnelle Bevölkerungswachstum (von rund drei Milliarden Menschen 1970 auf über sieben Milliarden heute) zu verlangsamen?

Umweltbelastung

Lassen sich die Umweltbelastungen eindämmen oder sogar verringern?

Boden

Reicht der weltweit verfügbare Boden als Fläche für die Landwirtschaft (Ackerbau und Viehhaltung) aus, um alle Menschen in angemessener Weise ernähren zu können?

Wasser

Gibt es weltweit (auch zukünftig) genug Trinkwasser? Ist die Zukunft der Meere ausreichend geschützt, sodass die Menschen noch lange Fischfang betreiben können?

[2] *Karikatur.*

4. Wertet die Karikatur aus [2]. Wie passt sie zum Thema dieser Doppelseite?

Nachhaltigkeit

Wer heute über die „Tragfähigkeit der Erde" nachdenkt, kommt am Begriff der „Nachhaltigkeit" nicht vorbei. Damit ist eine Nutzung des Planeten durch den Menschen gemeint, in deren Folge die Erde noch vielen Generationen als Lebensraum zur Verfügung steht.

Nachhaltigkeit gibt es beispielsweise in der Landwirtschaft, wo auf (zu viel) Einsatz von Chemie verzichtet wird.

In der Fischerei gibt es verschiedene Fangmethoden. Einserseits fahren große Kühlschiffe über die Weltmeere und fischen „im großen Stil". Das führt bis zur Bedrohung von Fischarten und ist daher überaus problematisch. Andererseits gibt es beispielsweise Fischer im Indischen Ozean, die nur für den Eigenbedarf aktiv sind.

[5] Gut für die Tragfähigkeit der Erde?

[3] Hochseeschiff für industriellen Fischfang. *Foto.*

[6] Ein Symbol der Hoffnung.

7. Eure Meinung ist gefragt: Findet ihr, dass das Foto [6] eine gute Darstellung zum Thema „Tragfähigkeit und Nachhaltigkeit" ist? Warum?

[4] Fischfang auf Sri Lanka. *Foto.*

5. Vergleicht die beiden Fotos oben [3] und [4]. Was ist eher nachhaltig? Begründet eure Antworten.

6. Beurteilt, ob Recycling [5] eine Maßnahme zu einer höheren Tragfähigkeit der Erde sein kann.

Wählt einen der folgenden Arbeitsaufträge aus:

◩ Überlegt, wie jede/-r Einzelne einen Beitrag für den nachhaltigen Umgang mit Wertstoffen leisten kann und macht Vorschläge.

▨ Stellt weitere „Belastungsgrenzen" zusammen, die es in Bezug auf die Tragfähigkeit der Erde gibt. Begründet eure Auswahl.

Was ihr noch tun könnt ...

■ „Sparsam leben – ein Weg zur Nachhaltigkeit?" Entwerft ein Lernplakat, auf dem dieses Thema erläutert wird.

1. Informiert euch auf dieser Seite über Möglichkeiten der Welternährung.
2. Präsentiert eure Ergebnisse in geeigneter Form in der Klasse.

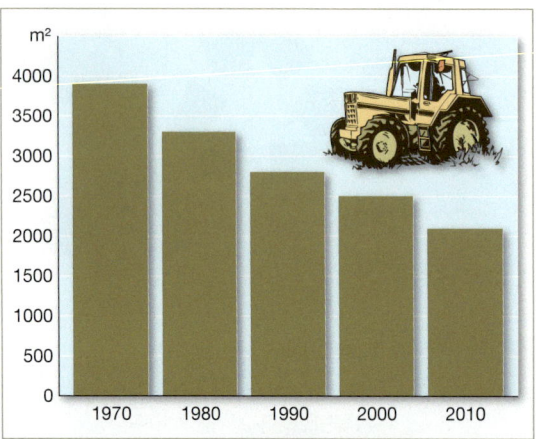

[1] Weltweite Ackerfläche pro Kopf. *Grafik.*

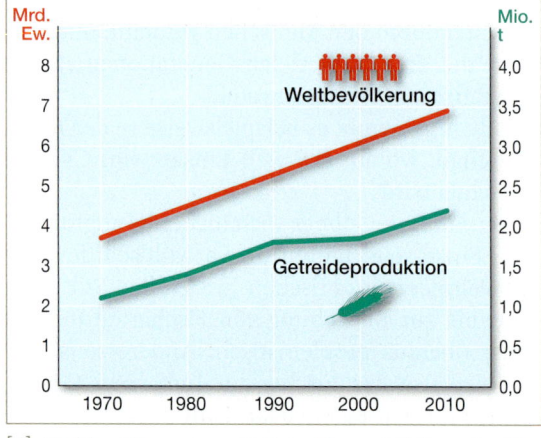

[4] Weltbevölkerung und Getreideproduktion. *Grafik.*

[2] Ausbreitung von Trockenheit und Wüsten. *Foto.*

[3] Hoch technisierte Landwirtschaft. *Foto.*

Welternährung zwischen Hunger und Überfluss

1 Die **Nahrungsmittelproduktion** auf der Erde
2 reicht grundsätzlich aus, um alle Menschen zu
3 ernähren. Doch gegenwärtig leiden viele Men-
4 schen weltweit **Hunger** oder sie sind zumindest
5 unterernährt. Die Zahl der Hungernden wird von
6 Fachleuten auf rund eine Milliarde geschätzt. Da-
7 von leben die meisten in den ländlichen Gebie-
8 ten der **Entwicklungsländer**.
9 Allerdings gibt es auch Hunderttausende, die
10 Übergewicht haben und infolge zu vielen Essens
11 sogar krank werden.
12 **Getreide** kann direkt (wie Reis) oder nach einer
13 kurzen Verarbeitung (z. B. Brot) verzehrt werden.
14 Getreide wird allerdings auch für die Fütterung
15 von Tieren genutzt. Um ein Kilogramm Fleisch
16 zu erzeugen, müssen ungefähr 15 Kilogramm
17 Getreide verfüttert werden.
18 Nicht vergessen werden darf, dass viele Nah-
19 rungspflanzen zur Erzeugung von Kraftstoff die-
20 nen (sog. „Bio-Sprit"). Diese Pflanzen kommen
21 der menschlichen Ernährung in keiner Weise
22 mehr zugute.
23 **Ackerflächen** gehen auch deswegen verloren,
24 weil Böden austrocknen und weggeweht werden.

Tipps für die Erarbeitung
Ihr könnt beim Lesen die Schritte des
Textknackers anwenden. Was habt ihr über
die Welternährungslage erfahren?

Tipp für die Präsentation
Ihr könnt euren Mitschülern erklären, warum es
sowohl Übergewichtige als auch Hungernde auf
der Welt gibt.

Mehr Menschen, mehr Müll?

1. Informiert euch auf dieser Seite über das Problem wachsender Müllberge.
2. Präsentiert eure Ergebnisse in geeigneter Form in der Klasse.

[1] Müll schwimmt in einem Fluss in Manila. *Foto.*

[2] Mülldeponie in Manila. *Foto.*

Wachsende Menschheit – wachsender Müllberg

Mit rund 3,5 Millionen Tonnen Müll täglich produziert die Weltbevölkerung ein immer größer werdendes Problem.

Wissenschaftler rechnen sogar mit einer Verdopplung der heutigen Abfallmenge bis zum Jahr 2025. Schätzungen gehen sogar von elf Millionen Tonnen fester Abfälle täglich bis zum Jahr 2100 aus.

Zahllose Menschen weltweit lassen den Müll einfach an Ort und Stelle liegen oder verbrennen ihn unter freiem Himmel. Beide Verhaltensweisen sind äußerst problematisch. So wird insbesondere ein großer Teil des Kunststoffmülls (z. B. Plastiktüten) durch den Wind transportiert, landet in Flüssen und anschließend in den Weltmeeren. Dort treiben schon seit vielen Jahren riesige Müllstrudel, die das Meeresleben in hohem Maße bedrohen. Dabei ließe sich Kunststoffmüll doch recyceln und so einer weiteren sinnvollen Verwendung zuführen.

Nicht nur in Manila bestreiten Hunderte von Menschen ihren Lebensunterhalt durch das Sammeln und Verkaufen von recyclingfähigem Müll. Mancher Müll, der nicht recycelt werden kann, könnte thermisch verwertet (verbrannt) werden. Da viele Kunststoffe aus Erdöl hergestellt werden, sind sie im Rahmen einer geordneten Verbrennung begehrt. Allerdings werden in solchen modernen Abfallkraftwerken aufwändige technische Filter verwendet, sodass die Abgase so wenig Gift wie möglich enthalten. In Ländern, die sich solche Abfallkraftwerke nicht leisten können, stellt die Müllverbrennung eine äußerst ernst zu nehmende Gefahr dar.

[3] Abfallkraftwerk in Herten (NRW). *Foto.*

Tipp für die Erarbeitung
Ihr könnt (gereinigten) Plastikmüll (Grüner Punkt) sammeln und in den Unterricht mitbringen.

Tipp für die Präsentation
Ihr könnt den von euch gesammelten Müll auf einem Tisch präsentieren.

Wahlseite Der Kampf ums blaue Gold

1. Informiert euch auf dieser Seite über den „Kampf ums blaue Gold".
2. Präsentiert eure Ergebnisse in geeigneter Form vor der Klasse.

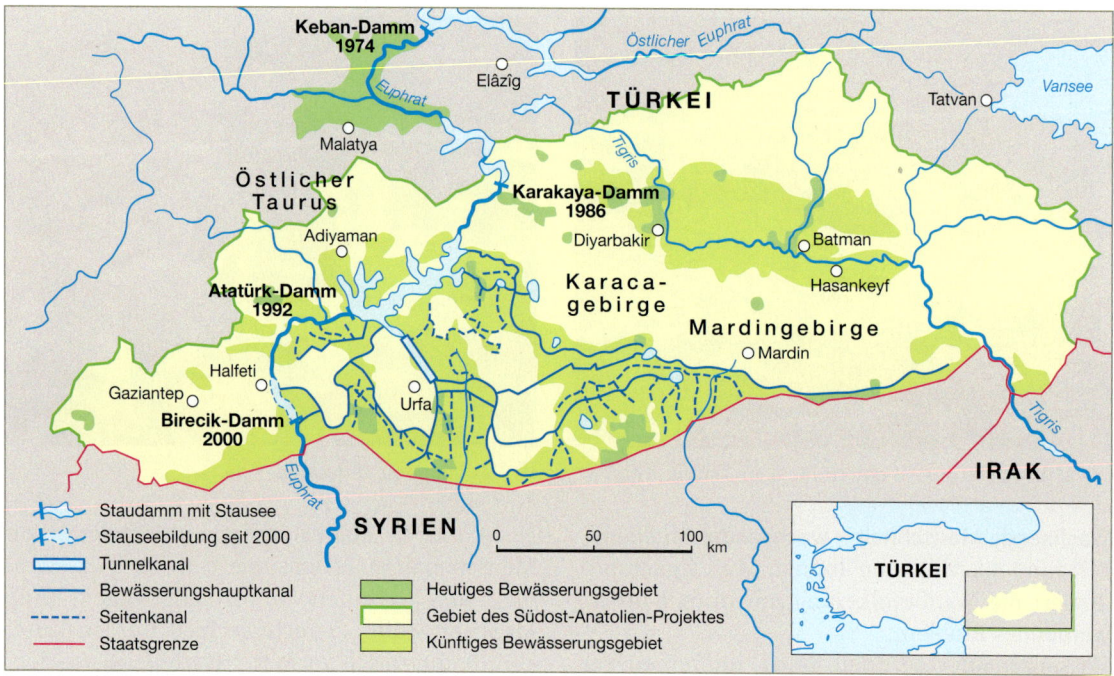

[1] Das Südostanatolien-Projekt (GAP).

„Die Kriege der Zukunft werden um Wasser geführt"

Die Süßwasserreserven nehmen stark ab und die Weltbevölkerung wächst weiter. 2050 wird wahrscheinlich fast nur die Hälfte der Menschen Zugriff auf genügend Trinkwasser haben.

Um Trinkwasser wird gestritten. Ein Beispiel dafür ist die Situation an den Flüssen Euphrat und Tigris.

Durch das Südostanatolien-Projekt (GAP) der Türkei mit etlichen Staudämmen fühlen sich die Nachbarstaaten Irak und Syrien in ihrer Wasserversorgung bedroht. Sie fürchten, dass die Türkei ihnen „das Wasser abdrehen" könnte. Der Irak hat bereits mit militärischen Maßnahmen gedroht.

Ein offener Konflikt konnte bisher noch durch internationale Vermittlung vermieden werden.

So wie auch im Nahen Osten zwischen Israelis und Palästinensern gibt es einen weltweiten Kampf um Wasser. Wasser – das ist einerseits die Grundlage allen Lebens. Andererseits ist Wasser ein gewinnbringendes Gut internationaler Wasserkonzerne. Hier zeigt sich eine Schattenseite der Globalisierung: Wasser wird nicht mehr ohne Weiteres als allgemeines Gut aller Menschen gesehen. Der Besitz von Wasserrechten und daraus erzielte Gewinne geraten weltweit zunehmend in die Hände weniger Konzerne.

Da die Konzerne Gewinne erzielen wollen, werden die Preise ständig erhöht. Somit ist es fraglich, ob bis 2015 die Zahl der Menschen, die keinen Zugang zu sauberem Trinkwasser haben, halbiert werden kann. Das war 2002 eine Überlegung auf dem Johannesburger Weltgipfel.

Tipp für die Erarbeitung
Ihr könnt zum aktuellen Stand des Südostanatolien-Projektes (GAP) recherchieren.

Tipp für die Präsentation
Ihr könnt euren Mitschülern erklären, warum Süßwasser als „blaues Gold" bezeichnet wird.

Ungewollt schwanger?

1. Informiert euch auf dieser Seite über das Problem ungewollter Schwangerschaften.
2. Präsentiert eure Ergebnisse in geeigneter Form in der Klasse.

[1] Schulen – hier erreicht man viele. *Foto.*

[2] Aufklärungsbemühungen in Afrika. *Foto.*

In Deutschland eine Selbstverständlichkeit: der Zugang zu Aufklärung und Verhütung

Diese Selbstverständlichkeit gibt es so nicht in vielen Teilen der Welt – Beispiel: die Subsahara-Staaten. Hier liegen 33 von 48 der am wenigsten entwickelten Länder weltweit. Dies sind zugleich die Staaten mit den weltweit höchsten Geburtenraten. Schätzungen zufolge könnten in diesem afrikanischen Teilraum bereits im Jahr 2050 doppelt so viele Menschen leben wie heute.

In der Folge drohen Hunger und eine Ressourcenverknappung. Eine Entwicklung dieser Länder wird behindert.

Untersuchungen zeigen nämlich, dass kein heutiges oder ehemaliges Entwicklungsland sich entwickelt hat, ohne dass gleichzeitig dazu die Geburtenrate gesunken ist.

Ein Beispiel für eine solche Maßnahme ist die Idee von „Youth-to-Youth". Das ist ein Projekt für Sexualaufklärung und Gesundheitsfürsorge.

Das Besondere daran: Jugendliche klären Jugendliche auf. Dies geschieht beispielsweise in Jugendclubs, auf Sportplätzen oder in der Schule. In vertrauter Umgebung können Fragen rund um die Sexualität ungezwungen angesprochen werden.

Jugendberater klären auf

Die Aufgaben als Jugendberater qualifizieren die Jugendlichen auch in anderen Lebensbereichen: Ihre Arbeit schafft Selbstvertrauen.

Untersuchungen zeigen den großen Erfolg einer solchen Vorgehensweise.

Und es geht um weitere Probleme: Neben ungewollten Schwangerschaften bedrohen HIV-Infektionen (AIDS) das Leben von Millionen junger Menschen in den Subsahara-Staaten.

[3] Subsahara-Staaten.

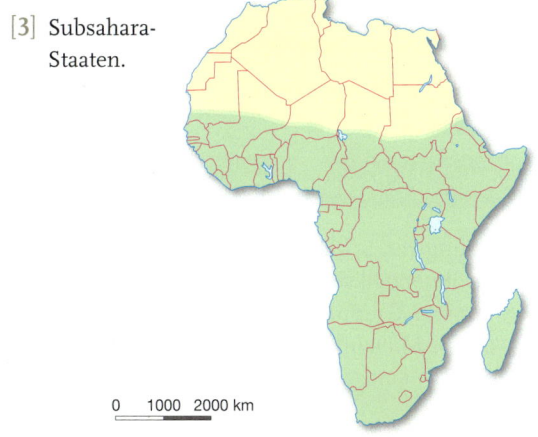

0   1000   2000 km

Tipp für die Erarbeitung
Ihr könnt euch weitere Informationen zum Projekt „Youth-to-Youth" (Webcode) beschaffen.

Tipp für die Präsentation
Ihr könnt die Klasse in einem Kurzvortrag informieren.

In diesem Kapitel habt ihr viel über das Wachstum der Weltbevölkerung erfahren.
Denkt auch daran, euer Portfolio zu führen:

– schöne Ergebnisse in Text und Bild sammeln,
– Lernerfahrungen zum Thema „Weltbevölkerung" notieren.
Hier einige Anregungen, was ihr noch tun könnt.

1. Erkundungstipps

Mögliche Themen:
Thema 1: Bevölkerungsentwicklung in eurer Gemeinde
Thema 2: Müllaufkommen in eurer Gemeinde

▶ Überlegt euch, wie ihr das Thema durchführen wollt:
   Befragung auf dem Rathaus, Fotodokumentation ...
▶ Recherchiert mögliche Auswirkungen eurer erhaltenen
   Zahlen.
▶ Erstellt Infotafeln, setzt eure Ergebnisse in Tabellen
   und Grafiken um.
▶ Überlegt den Ort der Präsentation: Schule ...

2. What's your number?

Der wie vielte Erdenbürger bist du?

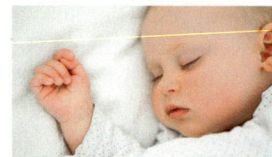

▶ Ruft dazu auf:
   http://www.weltbevoelkerung.de/meta/whats-your-
   number.html
▶ Vergleicht eure Ergebnisse.

3. ... und hier noch ein Filmtipp:

▶ http://3sat.de/mediathek/?mode=play&obj=26956

4. Führt eine Diskussion durch zum Thema: „Jedes Kind ein Wunschkind".

Sammlung von Schlagzeilen wie:

▶ Einwohnerzahl sinkt weiter
▶ Kita muss Gruppe schließen
▶ Weniger Müllaufkommen in unserer Gemeinde
▶ Deutsche sind Weltmeister im Mülltrennen

Das kann ich!

Sachkompetenz
1. Ordnet die „Erdkunde-Vokabeln" [1] richtig zu.
2. Überprüft die „Richtig-falsch-Aussagen" [2].

Methodenkompetenz
3. Nennt die Schritte zur Auswertung eines Bevölkerungsdiagramms.
4. Wertet das Bevölkerungsdiagramm [3] aus. Verwendet dazu die Schritte der Methodendoppelseite 96/97.

Urteilskompetenz
5. Beurteilt Maßnahmen zur Bevölkerungspolitik hinsichtlich ihrer Vor- und Nachteile.

Handlungskompetenz
6. Sammelt aus Zeitungen und dem Internet Aktuelles zum Thema „Weltbevölkerung".
7. Erstellt eine Wandzeitung und präsentiert sie in der Schule.

[1] „Erdkunde-Vokabeln" aus diesem Kapitel

Urbanisierung	Bereich einer Stadt mit schlechten Lebensverhältnissen
Landflucht	Stadt mit mehr als 10 Millionen Einwohnern
Tragfähigkeit	Ausbreitung städtischer Lebensformen
Megastadt	Belastungsgrenze
Rückbau	Abwanderung vom Land in die Stadt
Slum	Abriss von Häusern für attraktive Freiflächen

[2] **Richtig oder falsch? Korrigiert die falschen Aussagen und schreibt alle in eure Mappen.**
1. Jährlich werden weltweit weniger Menschen geboren, als Deutschland Einwohner hat.
2. Kennzeichen vieler Städte in den Entwicklungsländern ist ihr starkes Wachstum.
3. Im Oktober 2011 lebten etwa sieben Milliarden Menschen auf der Erde.
4. Ein Bevölkerungsdiagramm zeigt die Zusammensetzung der Bevölkerung eines Landes nach Geschlecht und Alter.
5. China hatte Erfolg mit seiner Ein-Kind-Politik zur Eindämmung des Bevölkerungswachstums.
6. Zukünftige Kriege könnten um Süßwasser geführt werden.

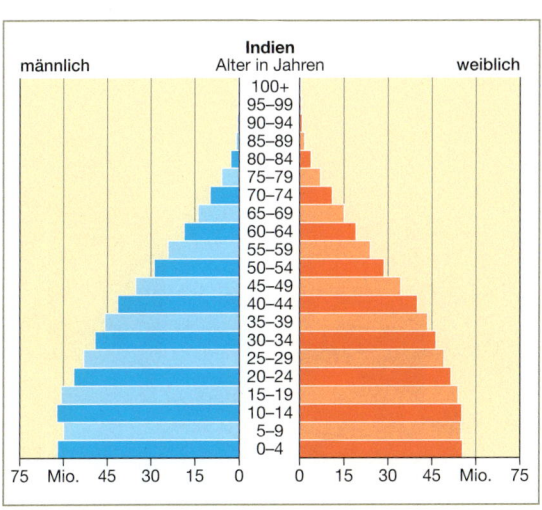

[3] Bevölkerungsdiagramm Indien (2013).

Globaler Klimawandel

Sturm über Düsseldorf

Düsseldorf, 9. Juni 2014: Mit über 100 km/h fegte der Orkan „Ela" durch die Landeshauptstadt Nordrhein-Westfalens. Zehntausende von Bäumen stürzten um, beschädigten Autos und Häuser. Drei Menschen wurden getötet; es gab zahlreiche Verletzte.

War der Sturm ein normales Wetterereignis im Frühsommer oder war er schon ein Teil des globalen Klimawandels?

1. Beschreibt das Bild und vermutet, welche zusätzlichen Folgen der Sturm für die betroffenen Menschen gehabt haben könnte.

[1] Das Unwetter braut sich zusammen. *Foto, 2014.*

[3] Sturmschäden in Düsseldorf. *Foto, 2014.*

1. Beschreibt die bedrohliche Stimmung, die sich im Foto [1] zeigt.
2. Welche Sturmschäden sind im Foto [3] zu erkennen?

Der Sturm Ela über Düsseldorf
Düsseldorfer Feuerwehr-Protokoll vom 9. und 10. Juni 2014:

[2] **9. Juni 2014, Pfingstmontag**
20.40 Uhr – Das Orkantief Ela zieht vom Süden auf Düsseldorf zu. Am Himmel sind merkwürdige Wolkenformationen zu sehen, die wie aufgebauscht wirken. Dann wird es grau. Erst hellgrau, dann dunkelgrau, dann schwarz. Der Wind wird stärker, es fallen Regentropfen, dann bricht der Orkan los.
20.51 Uhr – Der erste Notruf geht in der Feuerwehrwache 1 an der Hüttelstraße ein. Im Düsseldorfer Süden ist ein Baum in der Hans-Endt-Straße umgefallen. Der erste von einigen Zehntausend.
20.54 Uhr – Die erste automatische Feuermeldung einer Brandmeldeanlage vom DRK-Zentrum in der Kölner Landstraße schlägt in der Leitstelle Alarm. Im Minutentakt kommen weitere Brandmeldungen dazu.
21.05 Uhr – Viele Bäume stürzen um – auch auf Fahrzeuge. Gott sei Dank wird niemand verletzt, nur Sachschaden. Im Laufe der nächsten Stunden fallen über 300 Bäume auf abgestellte PKWs. Dabei werden acht Menschen verletzt. (...)
21.10 Uhr – Der Orkan tobt über Düsseldorf. Daueralarm. 1 000 Notrufe gehen ab jetzt pro Stunde bei der Feuerwehr ein.

21.20 Uhr – Die Feuerwehrspitze erklärt den Ausnahmezustand.
21.30 Uhr – Notruf von der Henkelstraße in Reisholz. Ein Baum ist auf ein Gartenhaus gestürzt. Es sollen sich Menschen in dem Haus befinden. Es wird umgehend ein größerer Einsatz mit „ergänzenden Kräften" für Feuerwehr und Rettungsdienst eingeleitet, Hebegerät wird mit auf den Weg geschickt. (...)
22.00 Uhr – Es wird Vollalarm für die Freiwillige Feuerwehr der Landeshauptstadt mit 300 Kräften ausgelöst.
22.10 Uhr – Zum Unfallort in Reisholz sind 24 Einsatzfahrzeuge ausgerückt. Darunter sieben Rettungswagen, drei Notärzte und der Leitende Notarzt. Die rund 60 Helfer haben sich an der Henkelstraße zum Gartenhaus vorgekämpft. (...) Es ist dunkel, es ist laut, Verletzte rufen um Hilfe.

10. Juni 2014, Dienstag
0.37 Uhr – Traurige Bilanz an der Henkelstaße. Wer sich in dem Gartenhaus in der Nähe des Tisches aufhielt, hat überlebt. (...)
2.21 Uhr – Der Letzte der Toten ist geborgen. Jetzt beginnt die Polizeiarbeit. Die Feuerwehr baut die im Einsatz verwendeten Geräte ab. (...)

Quelle: Der Sturm Ela über Düsseldorf, Protokoll von Uwe-Jens Ruhnau (aus der Themenserien der Zeitung „Rheinische Post", 2014).

3. Schildert das Unwetter [2] in der Form einer Rundfunkreportage.

[4] Umgestürzte Bäume. *Luftbild, 2014.*

[5] Aufräumarbeiten nach dem Sturm. *Foto 2014.*

Der Sturm Ela – eine Bilanz

Der Orkan Ela fegte am 9. und 10. Juni 2014 vor allem durch Nordrhein-Westfalen, Hessen und Niedersachsen. In Düsseldorf, Essen, Köln und Krefeld starben sechs Menschen an den Folgen des Unwetters. An privaten Gebäuden und Kraftfahrzeugen wurden 350 000 Schäden in Höhe von 650 Millionen Euro gemeldet.

Allein in der Düsseldorfer Innenstadt wurden 22 500 der rund 69 000 Straßenbäume stark beschädigt; 2 500 von ihnen stürzten um. Mehr als 150 Schulen und Kindertagesstätten wiesen Schäden auf und mussten zeitweilig geschlossen werden. Der Öffentliche Personennahverkehr war stark eingeschränkt. Der Gesamtschaden für die Stadt wird mit 64 Millionen Euro angegeben.

4. Listet die festgestellten Sturmschäden (allgemeine Schäden und Schäden in Düsseldorf) in einer Tabelle auf.

Ela und der globale Klimawandel

„Gewitter, Hagelschlag oder Stürme – das hat es doch immer schon gegeben". So sehen es bei uns die meisten Menschen. Aber der Sturm Ela überraschte vor allem durch seine hohe Geschwindigkeit. Plötzlich war er da – es war wie ein Überfall. Die meisten Klima-Experten sind sich weitgehend einig: Die Wahrscheinlichkeit solcher extremen Wetterereignisse hat auch bei uns zugenommen. Vor allem die durch den Klimawandel gestiegenen Temperaturen begünstigen die Entstehung von schweren Unwettern.

[6] **Eine Experten-Meinung:**

„Derartige [Starkregen]Ereignisse sind mit zunehmender Wärme häufiger zu erwarten, weil dann viel mehr Energie in der Atmosphäre ist", sagt auch der Potsdamer Klimafolgen-Experte Anders Levermann. Es sei damit zu rechnen, dass klimatische Extremereignisse in Zukunft häufiger und in noch größerer Intensität auftreten werden. „Vielen Menschen ist nicht klar, dass wir mit dem Klimaproblem ein wirklich existierendes Problem haben, das nicht nur Entwicklungsländer betrifft."

Quelle: Rheinische Post (www.rp-online.de)

5. Diskutiert die Frage: Sind Unwetter bei uns normal oder eine Folge des Klimawandels?

Wählt einen der folgenden Arbeitsaufträge aus:

☑ Berichtet von Unwettern in eurer eigenen Umgebung und vergleicht mit dem Sturm Ela.

☑ Schildert das Unwetter Ela aus der Sicht eines Bewohners der Düsseldorfer Innenstadt.

☑ Schreibt einen Zeitungskommentar zum „Sturm über Düsseldorf" und nehmt dabei zu den möglichen Ursachen, den Schäden und den Folgen für die Umwelt Stellung.

Orientierung

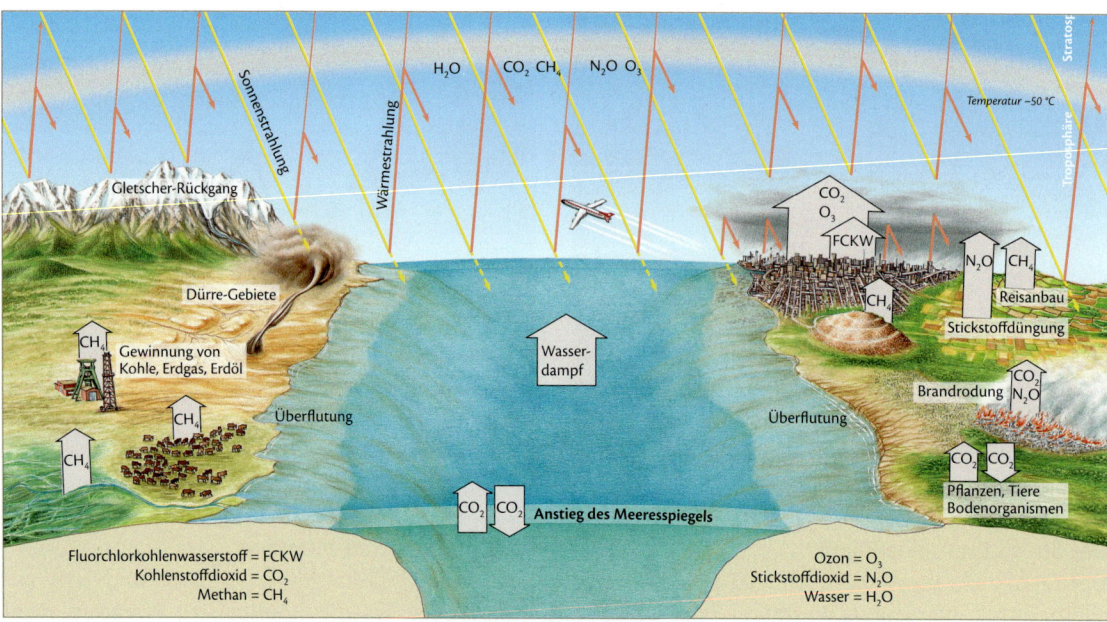

Im Bild beschriftet: Sonnenstrahlung, Wärmestrahlung, H₂O, CO₂, CH₄, N₂O, O₃, Temperatur ~50 °C, Stratosphäre, Troposphäre, Gletscher-Rückgang, Dürre-Gebiete, CH₄, Gewinnung von Kohle, Erdgas, Erdöl, CH₄, CH₄, Überflutung, Wasserdampf, CO₂, CO₂, Anstieg des Meeresspiegels, Überflutung, CO₂, O₃, FCKW, CH₄, N₂O, CH₄, Reisanbau, Stickstoffdüngung, CO₂, N₂O, Brandrodung, CO₂, CO₂, Pflanzen, Tiere Bodenorganismen.

Fluorchlorkohlenwasserstoff = FCKW
Kohlenstoffdioxid = CO₂
Methan = CH₄

Ozon = O₃
Stickstoffdioxid = N₂O
Wasser = H₂O

[1] Der anthropogene Treibhauseffekt durch Kohlenstoffdioxid (CO$_2$) und andere Treibhausgase.

1. Findet heraus, was in Abbildung [1] dargestellt wird und vermutet, welcher Zusammenhang hier mit dem Thema „Klimawandel" zum Ausdruck kommt.

Der Klimawandel

Die Veränderung des Klimas auf der Erde als Folge der globalen Erderwärmung wird als „Klimawandel" bezeichnet. Der Weltklimarat zeichnet in seinem Bericht von 2014 ein dramatisches Bild der Folgen: Anstieg der Meeresspiegel, weiteres Abschmelzen der Gletscher und Zunahme von extremen Wettersituationen.

2. Erläutert den Begriff „Klimawandel" mit eigenen Worten.

Der natürliche Treibhauseffekt

Die Sonne erwärmt die Erde. Die Wärme wird von der Erde teilweise bis in die äußerste Schicht der Atmosphäre (Stratosphäre) zurückgestrahlt. Ein anderer Teil der reflektierten Strahlung wird jedoch durch Gase wie Wasserdampf, Ozon oder Kohlenstoffdioxid (Kohlendioxid) zurückgehalten. Dadurch wird ein natürlicher Treibhauseffekt erzeugt, dem eine globale Mitteltemperatur von 15 Grad Celsius zu verdanken ist. Ohne diesen Effekt wäre die Erde eine unbewohnbare Eiswüste mit minus 18 Grad Celsius.

Der anthropogene Treibhauseffekt

Seit dem Beginn der Industriellen Revolution werden immer größere Mengen von Erdöl, Erdgas oder Kohle verbrannt. Dabei entsteht ein farb- und geruchsloses Gas, das „Kohlenstoffdioxid" (chemische Formel: CO$_2$) genannt wird. Es macht mit etwa 64 Prozent den größten Anteil aller Treibhausgase aus und ist hauptverantwortlich für die Erderwärmung (Treibhauseffekt).

Methan (CH$_4$) entsteht bei der Zersetzung organischer Substanzen (vor allem Nassreisfelder, Moore, Müllkippen). Aber auch die Ausweitung der Rinderhaltung verstärkt den Treibhauseffekt, denn die Rinder erzeugen Methangase, die etwa 20 Prozent der Treibhausgase ausmachen. Fluorchlorkohlenwasserstoffe (FCKW) werden massenhaft als Kühlmittel, Treibgas in Spraydosen oder zum Aufschäumen von Kunststoffen verwendet. Der FCKW-Anteil beträgt zehn Prozent. Lachgas (N$_2$O) wird vor allem als Stickstoffdünger in der Landwirtschaft freigesetzt und ist mit sechs Prozent an den Treibhausgasen beteiligt.

3. Stellt den natürlichen Treibhauseffekt in einer einfachen Schemazeichnung dar.

4. Erläutert den Begriff „anthropogener Treibhauseffekt". Stellt die Treibhausgase in einer tabellarischen Übersicht (Name, Abkürzung, Anteil an Treibhausgasen, Vorkommen) dar.

weniger
Wasservorräte

mehr extreme
Klimaereignisse

weniger bio-
logische Vielfalt

Landwirtschaft
in Gefahr

Arktis
– Eisschmelze

Nordamerika
– sinkende Wasser-
spiegel in den
Großen Seen
– Beeinträchtigung der
Landwirtschaft

Europa
– mehr Regen im Norden,
Trockenheit im Süden
– Gletscherschmelze

Asien
– Abwanderung
von Millionen von
Menschen aufgrund
des steigenden
Meeresspiegels
– gefährdete
Ökosysteme:
Mangrovenwälder,
Korallenriffe

Lateinamerika
– Überschwemmungen
– Zunahme tropischer
Wirbelstürme

Afrika
– Ausbreitung der Wüsten
– Hungersnöte
– Gefahr von Über-
schwemmungen

**Australien,
Neuseeland**
– Dürre

Antarktis
– Eisschmelze

[2] Mögliche Folgen des Treibhauseffektes auf der Erde.

5. Findet mithilfe von Karte [2] heraus, in welchen Regionen der
Erde die folgenden Probleme besonders zunehmen könnten:
extreme Klimaereignisse, weniger Wasser, Gletscherschmelze,
weniger biologische Vielfalt.

Verursacher	Verkehr	Haushalt, Kleinverbraucher	Industrie	Kraftwerk, Heizkraftwerk
Eingesetzte Energieträger	Diesel, Benzin, Flugtreibstoffe	Heizöl, Erdgas, feste Brennstoffe	Heizöl, Erdgas, feste Brennstoffe	Stein- und Braunkohle
Beispiele für Energiewandler, die CO_2 freisetzen	Dieselmotor, Ottomotor, Flugzeugturbine	Raumheizungsanlage, Herd	Industriefeuerung, Anlage zur Gewinnung von Prozesswärme	Kohlekraftwerk
	17 %	24%	24 %	35%

[3] CO_2-Verursacher in Deutschland.

Wählt einen der folgenden Arbeitsaufträge aus:

▪ Erläutert den natürlichen und anthropogenen Treibhauseffekt
und die möglichen Folgen des Klimawandels in einem
Kurzreferat.

▪ Zeichnet zu [3] „CO_2-Verursacher in Deutschland" ein
Säulendiagramm und schreibt dazu einen kurzen Erläute-
rungstext.

▶ Klimawandel

**Was haben Unwetter bei uns mit
dem Klimawandel zu tun?
Wodurch wird der Treibhauseffekt
verursacht? Welche Folgen hat der
Klimawandel in verschiedenen
Regionen der Erde?**
Mit diesen und ähnlichen Fragen
beschäftigt sich das folgende
Kapitel.

Wichtige Kompetenzen
in diesem Kapitel

Sachkompetenz
▶ die Hauptursachen sowie die
regionalen und globalen Auswirkungen des anthropogen verur-
sachten Klimawandels erklären
▶ ausgewählte politische Maßnahmen zur Bewältigung der ökologischen Herausforderungen durch
den Klimawandel beschreiben
▶ Chancen und Grenzen inner- und
überstaatlicher politischer Vereinbarungen zur Sicherung einer
intakten Umwelt erörtern

Methodenkompetenz
▶ Hypothesen entwickeln und
überprüfen

Urteilskompetenz
▶ Lösungsstrategien und politische
Vereinbarungen zur Reduzierung
der globalen Erwärmung im
Hinblick auf Wirksamkeit und
Durchsetzbarkeit beurteilen

Handlungskompetenz
▶ sich im unterrichtlichen Zusammenhang für eine bessere Qualität
der Umwelt sowie eine sozial
gerechte und nachhaltige Entwicklung einsetzen
▶ Interessengegensätze im Rollenspiel ausloten

Hochwasser in Bangladesch

1. Informiert euch auf dieser Seite zum Thema „Überschwemmungen in Bangladesch".
2. Präsentiert eure Ergebnisse in geeigneter Form in der Klasse.

[1] Nach einem Dauerregen in Bangladesch. *Foto.*

[2] Bangladesch heute.

Bangladesch

Mit einer Fäche von fast 150 000 Quadratkilometern ist Bangladesch etwa halb so groß wie Deutschland, hat aber mit 161 Millionen Menschen doppelt so viele Einwohner. Bangladesch ist eines der ärmsten Länder der Erde und ist durch die globale Klimaerwärmung besonders gefährdet. Das Land am Indischen Ozean ist weitgehend eben und niedrig. Die größte Fläche wird vom Deltabereich der Flüsse Brahmaputra, Ganges und Meghna mit ihren zahlreichen Zuflüssen und Kanälen gebildet.

Naturkatastrophen

Die geographische Lage zwischen dem Himalayagebirge und dem Golf von Bengalen bewirkt, dass sich die Regenwolken des alljährlich einsetzenden Sommermonsuns am Gebirge abregnen. So wird das Delta mit Wasser und fruchtbarem Schwemmland versorgt. Aber es kommt auch immer wieder zu Naturkatastrophen. Sturmfluten von mehr als fünf Metern Höhe sind keine Seltenheit. Im Sommer 2004 wurde Bangladesch von einer riesigen Überschwemmung heimgesucht, bei der 25 Millionen Menschen betroffen waren und 400 ums Leben kamen.

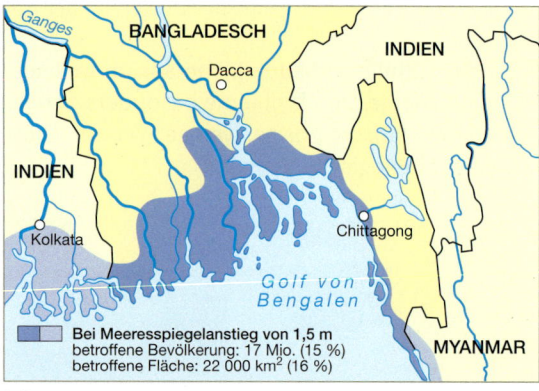

[3] Im Fall eines Meeresanstiegs um 1,5 Meter.

Bangladesch und der Klimawandel

Der von den Klimaexperten als Folge der Erderwärmung erwartete Anstieg des Meeresspiegels würde den südlichen Teil von Bangladesch überfluten. Außerdem ist zu befürchten, dass die großen Flüsse weiter aufgestaut würden und Überflutungen im Landesinneren hervorrufen könnten. Die im Grenzgebiet zu Indien liegenden Mangrovenwälder sind die Lebensgrundlage für etwa zehn Millionen Menschen, die hier vom Fischfang leben. Bei einem Anstieg des Meeresspiegels sind die Mangrovenwälder in ihrem Bestand gefährdet.

Tipps für die Erarbeitung
- Stichwörter zu Landschaft, Naturkatastrophen und Klimawandel zusammenstellen.
- Bild und Karten auswerten.

Tipps für die Präsentation
- Lage und Situation von Bangladesch an einer Wandkarte erläutern.
- Interview mit Klimaexperten.

Hitze und Dürre in Australien

1. Informiert euch auf dieser Seite über sich ausbreitende Hitze und Dürre in Australien.
2. Präsentiert eure Ergebnisse in geeigneter Form in der Klasse.

[1] Viehherde im Südosten Australiens. *Foto, 2012.*

Dürre in Australien: Ortsbewohner haben kaum noch Trinkwasser

Sydney, 6. Februar 2014
Die 3 000 Einwohner des australischen Ortes Cloncurry haben kaum noch etwas zu trinken. Der Ortschaft im Osten des Landes droht während der Dürre in Australien das Aus. Wenn es nicht bald ergiebig regnet, könnten die Menschen gezwungen sein, zu flüchten, sagte Bürgermeister Andrew Daniels der Zeitung Sydney Morning Herald.

[2] Niederschläge und Viehhaltung.

Der Klimawandel in Australien

Meldungen über Dürreperioden waren in Australien in den letzten Jahren keine Seltenheit, denn hier hat sich der Klimawandel besonders bemerkbar gemacht. Seit 1950 stiegen die Jahresdurchschnittstemperaturen um 0,9 Grad Celsius. Niederschläge (außer an der Nordküste) nahmen ab, Hitze und Dürre breiten sich aus.
Der Anstieg des Meeresspiegels wird die Australier ebenfalls hart treffen, denn 92 Prozent der Einwohner leben in den Städten an der Küste.

Folgen für die Landwirtschaft

In Australien dienen etwa 70 Prozent des Süßwassers zur Bewässerung von Feldern. Aber die großen Flüsse führen nur noch wenig Wasser. Im Jahr 2008 konnte Australien statt der jährlichen Ausfuhr von 25 Millionen Tonnen Weizen nur 13 Millionen Tonnen ernten. Aufgrund der großen Hitze kommt es immer wieder zu verheerenden Buschfeuern. Im Februar 2009 starben dabei 200 Menschen. Das Feuer zerstörte ganze Dörfer und 350 000 Hektar Weide- und Weinland.

Tipps für die Erarbeitung
– Folgen des Klimawandels für die Menschen, die Städte und die Landwirtschaft auflisten.
– Bild und Karte auswerten, Zusatzinfos recherchieren.

Tipps für die Präsentation
– Folgen des Temperaturanstiegs am Beispiel Australiens aufzeigen, eine Karte von Australien zeichnen.

Eisbären in Not

1. Informiert euch auf dieser Seite über das Thema „Eisbären in Not".
2. Präsentiert eure Ergebnisse in geeigneter Form in der Klasse.

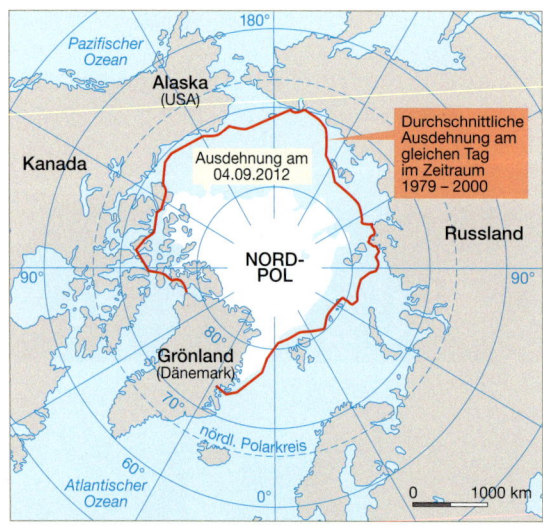

[1] Eisbedeckung am Nordpol.

[2] Eisbär auf einer Eisscholle in der Arktis. *Foto.*

Eisbären

1 Der Eisbär ist das größte, an Land lebende **Raub-**
2 **tier** der Erde. Er wird zwischen 2,40 und 2,60 Me-
3 ter lang und wiegt zwischen 400 und 500 Kilo-
4 gramm. Das gelb-weiße Fell ist sehr dicht, ölig,
5 wasserabweisend und dient als **Tarnung** im Eis
6 der **Arktis**. Eisbären sind gute Schwimmer, jagen
7 ihre **Beute** – hauptsächlich **Robben** – aber vor al-
8 lem „vom Land" aus. Der Geruchssinn der Eisbä-
9 ren ermöglicht es ihnen, ihre Beute in mehr als
10 einem Kilometer Entfernung und sogar unter der
11 Eis- und Schneeschicht aufzuspüren. Oft warten
12 die Eisbären stundenlang an den Eislöchern, bis
13 eine Robbe zum Atemholen an die Oberfläche
14 kommt, um sie dann mit blitzschnellem Zugriff
15 zu erlegen.
16 Eisbären kommen auf Spitzbergen und dem
17 Franz-Josef-Land, im nördlichen Sibirien, im
18 westlichen und nördlichen Alaska, in Kanada
19 entlang der Hudson Bay und an der Labrador-
20 Halbinsel sowie hauptsächlich in Grönland vor.

Tauwetter an den Polen

1 Seit längerer Zeit wird der Lebensraum der Eis-
2 bären durch die Förderung von Erdöl und Erdgas
3 in der Arktis eingeschränkt. Vor allem der Rück-
4 gang der Eisbedeckung in den arktischen Gebie-
5 ten aufgrund der Erderwärmung schränkt den
6 Lebensraum der Tiere immer mehr ein. Es wird
7 für die Eisbären immer schwieriger, Jagdbeute
8 zu finden. In der Beaufort Sea in Alaska und im
9 Nordwesten von Kanada ist der Eisbärbestand
10 seit Beginn unseres Jahrhunderts um rund
11 40 Prozent zurückgegangen. 2004 wurden noch
12 1500 Tiere gezählt, zuletzt waren es nur noch
13 900. Die Lebensumwelt der Eisbären verändert
14 sich so schnell, dass ihnen kaum Zeit zur Anpas-
15 sung bleibt. Prognosen gehen davon aus, dass
16 die Zahl der Eisbären bis zur Mitte unseres Jahr-
17 hunderts um zwei Drittel sinken wird. Sollte der
18 **Treibhauseffekt** zu einem völligen Verschwinden
19 des Polareises führen, werden die Eisbären als
20 Art wohl nicht überleben.

Tipps für die Erarbeitung
Ihr könnt beim Lesen die Schritte des
Textknackers anwenden. Was habt ihr über
die Eisbären erfahren?

Tipps für die Präsentation
– Karte zeichnen (Verbreitung der Eisbären).
– Reportage zum Thema „Eisbären in Not"
  schreiben und vortragen.

Wahlseite | Wenn die Gletscher schmelzen

1. Informiert euch auf dieser Seite über das Problem der abschmelzenden Gletscher.
2. Präsentiert eure Ergebnisse in geeigneter Form in der Klasse.

Ötzi – der Mann aus dem Eis

Bei einer Wanderung in den Ötztaler Alpen fanden Wanderer am 19. September 1991 eine männliche Leiche im Eiswasser. Die Polizei ging zunächst von einem Bergsteiger-Unfall aus. Aber bei einer genaueren Untersuchung stellte sich heraus, dass der Gletschermann „Ötzi" schon vor rund 5 000 Jahren gelebt hatte. So lange war die Mumie vom Gletschereis bedeckt. Erst als das Eis an der Fundstelle im heißen Sommer des Jahres 1991 abschmolz, kam der „Mann aus dem Eis" zum Vorschein.

5 150 Gletscher mit einer Fläche von 2 900 Quadratkilometern. Zwischen 1850 und 1970 waren bereits 35 Prozent davon abgeschmolzen. Bis zum Jahr 2000 hat sich der Schwund auf nahezu 50 Prozent vergrößert. Zurückgeführt wird das Abschmelzen auf den beschleunigten Temperaturanstieg als Folge des anthropogenen Treibhauseffektes.

[1] Unter einem Gletscher auf Neuseeland. *Foto.*

[2] Gletscher mit Gletscherzunge in den Alpen. *Foto.*

Gletscherschwund seit 1850

In der Erdgeschichte gab es immer wieder Zeiten, in denen das Klima sehr kalt war. Auf der Erde bildeten sich Gletscher, eine aus Schnee hervorgegangene Eismasse. Gletscher sind die größten Süßwasserspeicher auf der Erde. In den Polargebieten bedecken sie große Teile der Landflächen. Sie liefern das Wasser für viele Flusssysteme und wirken entscheidend auf die Temperaturen der Erde ein. Seit dem Beginn der Industriellen Revolution ist weltweit ein deutlicher Rückgang der Gletscher zu beobachten. So gab es in den 1970er Jahren in den Alpen

Folgen

Wenn Gletscher schmelzen, verwandeln sich ehemalige Gletschertäler in Gesteinswüsten, die unter Wasserknappheit leiden. Hier fühlen sich nur noch wenige Pflanzen und Tiere wohl. Die Artenvielfalt verschwindet. Steigende Temperaturen verändern auch den Gletscherboden. Die früher vom Druck des Gletschereises hervorgerufene Bodenstabilität ist nicht mehr gegeben. Erdrutsche und Bergabgänge (Muren) aus Wasser, Erde, Schutt und Gesteinsbrocken sind die Folge.

Tipps für die Erarbeitung
– Recherche zur Fundgeschichte des „Ötzi" durchführen.
– Im Atlas Gletschergebiete der Erde suchen.

Tipps für die Präsentation
– Gletscherkarten zeichnen, Gletscherfotos zeigen.
– Interview mit Gletscherexperten erfinden.

Der Klimawandel – und die Politik

Welche Möglichkeiten hat die weltweite Poltik, den Klimawandel zu beeinflussen?

[1] UN-Klimagipfel 2014 in New York. *Foto.*

[2] Klimapolitik – und weltweite Proteste. *Foto, 2012.*

Weltklimakonferenzen – der Anfang

Der globale Klimaschutz stand auf der Weltkonferenz für Umwelt und Entwicklung (sog. „Umweltgipfel") 1992 in Rio de Janeiro erstmalig im Zentrum der Diskussionen. 1997 folgte eine weitere Weltklimakonferenz, die nach dem japanischen Konferenzort Kyoto bezeichnet wurde. Die Beschlüsse dieser internationalen Zusammenkunft werden mit dem Begriff „Kyoto-Protokoll" bezeichnet. 2005 trat ein daraus folgendes Abkommen in Kraft, das zum ersten Mal völkerrechtlich verbindliche Zielwerte für Treibhausgasausstoß in den Industrieländern festlegte. Die Treibhausgase gelten als Verursacher der globalen Erwärmung – insbesondere das Gas Kohlenstoffdioxid.

Das Kyoto-Protokoll sieht – verkürzt gesagt – vor, den jährlichen Ausstoß der Treibhausgase in den Industrieländern um durchschnittlich 5,2 Prozent gegenüber dem Stand von 1990 zu vermindern.

Weltklimagipfel – die Gegenwart und Zukunft

Die UN-Weltklimakonferenz (auch: „Weltklimagipfel" oder „Klimagipfel") findet jährlich statt. Alle Mitglieder des „Klimagipfels" sind dazu verpflichtet, regelmäßige Fakten und Trends zur Treibhausgasemission zu veröffentlichen.

2011 wurde auf dem Klimagipfel in Durban (Südafrika) beschlossen, dass bis 2015 ein verbindlicher Klimavertrag ausformuliert wird. Er soll 2020 in Kraft treten.

1. Übersetzt die Aussagen auf den Plakaten [2].
2. Wertet die Info-Grafik [3] aus. Wie unterscheiden sich die Ergebnisse des oberen Teils der Grafik vom unteren Teil?

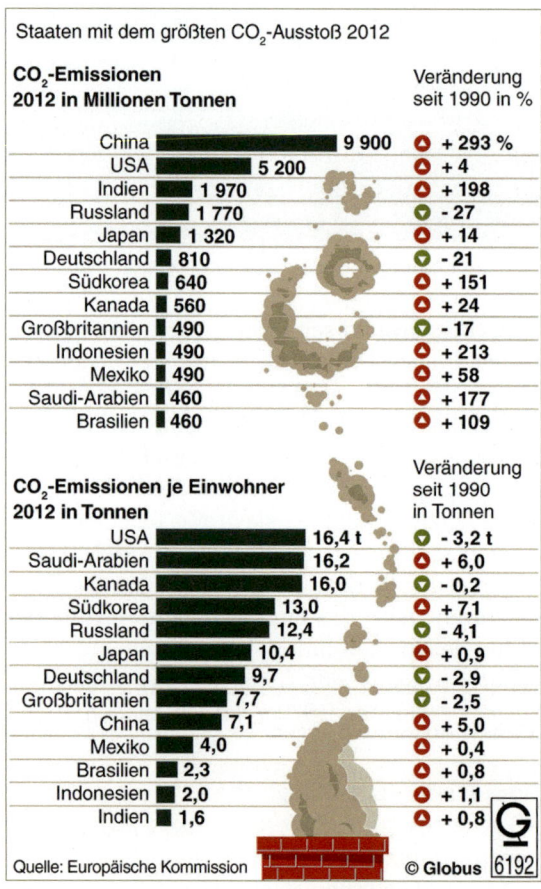

Staaten mit dem größten CO_2-Ausstoß 2012

CO_2-Emissionen 2012 in Millionen Tonnen		Veränderung seit 1990 in %
China	9 900	⬆ + 293 %
USA	5 200	⬆ + 4
Indien	1 970	⬆ + 198
Russland	1 770	⬇ − 27
Japan	1 320	⬆ + 14
Deutschland	810	⬇ − 21
Südkorea	640	⬆ + 151
Kanada	560	⬆ + 24
Großbritannien	490	⬇ − 17
Indonesien	490	⬆ + 213
Mexiko	490	⬆ + 58
Saudi-Arabien	460	⬆ + 177
Brasilien	460	⬆ + 109

CO_2-Emissionen je Einwohner 2012 in Tonnen		Veränderung seit 1990 in Tonnen
USA	16,4 t	⬇ − 3,2 t
Saudi-Arabien	16,2	⬆ + 6,0
Kanada	16,0	⬇ − 0,2
Südkorea	13,0	⬆ + 7,1
Russland	12,4	⬇ − 4,1
Japan	10,4	⬆ + 0,9
Deutschland	9,7	⬇ − 2,9
Großbritannien	7,7	⬇ − 2,5
China	7,1	⬆ + 5,0
Mexiko	4,0	⬆ + 0,4
Brasilien	2,3	⬆ + 0,8
Indonesien	2,0	⬆ + 1,1
Indien	1,6	⬆ + 0,8

Quelle: Europäische Kommission   © Globus 6192

[3] Die „Klimasünder" der Welt. *Infografik.*

[4] Das Braunkohlekraftwerk Jänschwalde. *Foto, 2014.*

[5] Plakat in Berlin am 20. 10. 2014. *Foto, 2014.*

Klimapolitik in Deutschland

Ziel der Bundesregierung ist eine Verminderung des Treibhausgasausstoßes von mindestens 40 Prozent bis 2020 und 80 bis 95 Prozent bis 2050 gegenüber 1990.

Ein Großteil der deutschen Emissionen stammt aus der Energiewirtschaft. Für den Klimaschutz ist es daher entscheidend, das Energiesystem so zu gestalten, dass klimaschädliche Emissionen deutlich vermindert werden.

2011 beschloss die Bundesregierung den schrittweisen Ausstieg aus der Kernenergie. Dies erfolgte nach einem schweren Atomkraftunfall im japanischen Fukushima. Durch den Ausstieg aus der Kernenergie wurde in Deutschland die sogenannte „Energiewende" begründet.

[6] Plakat in Jänschwalde am 23. 08. 2014. *Foto, 2014.*

Klimaschutz und Wachstum in Deutschland

Zwischen Klimaschutz und Wirtschaftswachstum besteht ein Zielkonflikt. Einerseits will die Bundesregierung ihren Beitrag zur Verminderung der globalen Erwärmung leisten. Andererseits soll auch die Wirtschaft in Deutschland nicht an Kraft verlieren. Nicht zu vergessen sind die Arbeitsplätze, die bei einem wirtschaftlichen Abschwung verloren gehen könnten.

3. Fasst die Bemühungen Deutschlands bezüglich des globalen Klimaschutzes in euren Worten zusammen.
4. Wie beurteilt ihr die Chancen der deutschen Bundesregierung, den Ausstoß von Treibhausgasen dauerhaft zu vermindern?

Wählt einen der folgenden Arbeitsaufträge aus:

◾ Stellt in einer Liste Schwierigkeiten zusammen, die bei Maßnahmen zum Klimaschutz auftreten oder auftreten könnten.

◾ Denkt euch ein kleines Rollenspiel aus, bei dem Befürworter und Gegner der Braunkohleenergie aufeinander treffen.

◾ Versetzt euch in die Lage eines chinesischen Politikers, der die CO_2-Emissionen seines Landes rechtfertigen möchte. Verwendet die Grafik [3] und schreibt den Anfang einer „flammenden Rede".

Hypothesen

Was ist eine Hypothese?

Wissenschaftler/-innen untersuchen Sachverhalte, die noch nicht genügend erforscht sind. Wenn Wissenschaftler/-innen einen Untersuchungsgegenstand erklären wollen, formulieren sie dazu eine Frage – eine Forschungsfrage. Nachdem die Forschungsfrage gestellt ist, wird eine vorläufige Antwort, die Hypothese, formuliert. Diese Hypothese muss mit anderen Forschungsergebnissen und weiteren Materialien überprüft werden.

Die Ergebnisse werden anderen Wissenschaftlern zur Überprüfung vorgelegt. Diese entscheiden, ob die Hypothese sich als richtig oder falsch erwiesen hat. In der Schule können Hypothesen nur in Ansätzen in jedem Fach überprüft werden. Denn eine wissenschaftliche Auseinandersetzung kann bis zu mehreren Jahren andauern.

Vier Schritte zur Auswertung von Hypothesen:

1. Schritt: Formulierung einer Forschungsfrage

- Welches Problem soll geklärt werden?
- Welche Ursachen gibt es dafür?
- Welche Faktoren haben zusammengewirkt?
- Kann man das Problem lösen?

2. Schritt: Formulierung der Hypothese bzw. der vorläufigen Antwort

Formulierungsbeispiele
- Die Ursachen von ...
- Durch das ...
- Von den vielen Faktoren, die bei dem Ergebnis zusammenwirken, war ...

3. Schritt: Überprüfung der Hypothese

- Mit wissenschaftlichem Material aus unterschiedlichen Quellen überprüfen (Bilder, Statistiken usw.).
- Aussagen der Materialien in Bezug auf die Hypothese auswerten.

4. Schritt: Austausch mit anderen

- Vorstellung der Ergebnisse.
- Sind diese Vorstellungen überzeugend?

[1] Aron ist entschlossen, zu handeln. *Foto.*

1. Wendet die Methode „Hypothesen" auf das folgende Beispiel an.

Auto stehenlassen – Klima schonen?

Aron Bartsch hat viele Informationen zu den Themen „globaler Klimawandel" und „CO_2-Emissionen" gesammelt. Er findet, dass es an der Zeit wäre, selbst mehr dafür zu tun. Ansatzpunkt ist das Auto der Familie. Es wird eine Hypothese aufgestellt: „Wenn wir weniger Auto fahren, können wir einen Beitrag zum Klimaschutz leisten."

Benzinverbrauch, CO_2 und Klimabelastung

Ein Liter Benzin verbrennt zu etwa 2,33 Kilogramm CO_2. Dies ist eine chemische Gleichung, die allerdings nicht viel über den Benzinverbrauch eines Autos pro hundert Kilometer aussagt. Der Benzinverbrauch ist von vielen Einzelheiten abhängig – beispielsweise vom Fahrzeug: Ist es alt oder neu, groß oder klein?

Auch die Fahrweise beeinflusst den Verbrauch eines Autos: Wird umsichtig gefahren (defensiv) oder an jeder roten Ampel stark gebremst? Dreht der Motor lange Zeit im Leerlauf oder wird der Motor bei längerem Halt abgeschaltet?

Selbst der Luftdruck in den Reifen trägt zum Kraftstoffverbrauch bei. Ist er zu gering, verbraucht das Auto mehr Benzin.

Nicht zuletzt ist das Fahrzeuggewicht für den Benzinverbrauch mit verantwortlich. Prinzipiell gilt: Je weniger ein Auto wiegt, desto gümstiger ist der Verbrauch. Der Benzinverbrauch lässt sich verringern, wenn weniger Ballast an Bord ist. Auf viele Einzelheiten hat die/der Autofahrer/-in allerdings keine Einflussmöglichkeiten. So haben moderne Autos mit ihren vielen Hilfsmotoren für die Lenkung, Fensterheber, Außenspiegel usw. ein hohes Eigengewicht.

[2] Anzeige eines Bordcomputers im Auto. *Foto.*

[3] CO$_2$-Effizienz eines Neuwagens. *Foto.*

Fahrzeugnutzung

Allein aufgrund des Energieverbrauchs lässt sich nicht unbedingt sagen, ob ein Verkehrsmittel das Klima mehr oder weniger belastet. Eine große Rolle spielt die Auslastung von Fahrten. Fährt beispielsweise eine einzelne Person mit dem Auto von Köln nach Hamburg, belastet dies die Umwelt weitaus mehr als eine Bahnfahrt. Fahren aber vier Personen auf dieser Strecke gemeinsam, verbessert sich die Umweltbilanz des Autos erheblich. Sie ist allerdings immer noch schlechter als die Umweltbilanz einer Bahnreise.

So könnten die Lösungen zum Beispiel „Auto stehenlassen – Klima schonen?" aussehen:

1. Schritt: **Formulierung einer Forschungsfrage**

- Kann man beim Autofahren Energie einsparen und damit einen Beitrag zum Klimaschutz leisten?

2. Schritt: **Formulierung der Hypothese bzw. der vorläufigen Antwort**

- Beim Autofahren kann Energie eingespart werden und jede/-r Autofahrer/-in kann einen Beitrag zur Schonung des Klimas leisten.

3. Schritt: **Überprüfung der Hypothese**

- Die Auswertung der Materialien ergab, dass durch die richtige Auswahl des Autos, die Fahrweise und die Fahrzeugnutzung jede/-r Autofahrer/-in Energie einsparen und einen Beitrag zum Klimaschutz leisten kann.

4. Schritt: **Austausch mit anderen**

- Schon beim Autokauf kann die/der Autofahrer/-in einen Beitrag zum Klimaschutz leisten, denn wie viel Benzin ein Auto verbraucht, hängt vom Alter, von der technischen Ausstattung und auch vom Gewicht des Autos ab. Einen großen Einfluss auf den Benzinverbrauch hat auch die Fahrweise (starkes Abbremsen, viel Gas geben bei hoher Beschleunigung, Leerlauf-Abschaltung, Luftdruck der Reifen). Besonders wichtig für den Benzinverbrauch sind die tatsächlich gefahrenen Kilometer bzw. die eingesparten Fahrstrecken (z. B. durch Fahrradgebrauch). Daneben ist die Auslastung des Verkehrsmittels (wie viele Personen fahren in einem Auto?) für den Pro-Kopf-Energie-Verbrauch entscheidend.

Was ihr noch tun könnt …
- Die Methode „Hypothesen" an einem weiteren Beispiel aus dem Haushalt (z. B. Heizenergieverbrauch) anwenden.

Klimaschutz zu Hause?

Kann ich als Einzelne/-r mit meinem Verhalten etwas für den Klimaschutz tun?

[1] Modernes Jugendzimmer – in bester Ordnung?

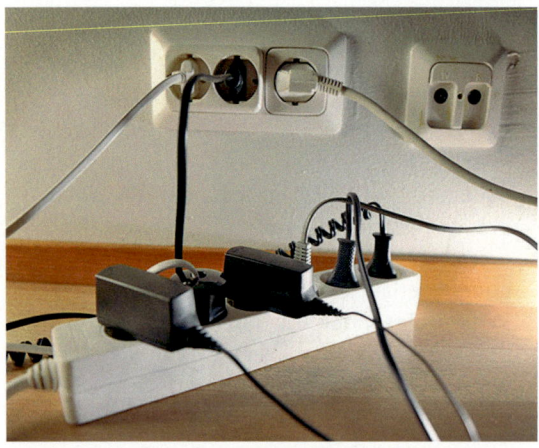

[2] Ständig unter Strom? *Foto, 2014.*

1. Bringt die beiden Abbildungen [1] und [2] in einen gedanklichen Zusammenhang: Ist im Jugendzimmer alles in bester Ordnung?
2. Notiert aus dem Gedächtnis, welche Elektrogeräte bei euch zu Hause dauerhaft im Stand-by-Modus betrieben werden.
3. Überprüft eure Liste aus Aufgabe 2 „vor Ort": An welche Elektrogeräte wurde nicht gedacht? Woran könnte das liegen?

Stand-by

In deutschen Privathaushalten machen Stand-by-Verluste mindestens elf Prozent des Stromverbrauchs aus. Somit verursacht der Stand-by-Verbrauch eines Haushaltes mit durchschnittlicher Ausstattung in einem Jahr Stromkosten von mehr als 70 Euro.

Der Stand-by-Verbrauch aller europäischen Haushalte entspricht ungefähr der kompletten Stromerzeugung durch Windkraft und Photovoltaik in Deutschland im Jahr 2009.

Heiß und kalt

Alles, was mithilfe von elektrischem Strom Kälte (z.B. Klimaanlagen) oder Wärme (z.B. Heizstrahler, Bügeleisen) erzeugt, „frisst" besonders viel Energie. Wird diese elektrische Energie durch Verbrennen von Erdöl, Erdgas oder Kohle gewonnen, ergibt sich ein entsprechend hoher CO_2-Ausstoß.

Seit Ende 2011 gilt eine (überarbeitete) EU-Kennzeichnung für einige Geräte der sog. „weißen Ware" (das sind Kühlschränke, Waschmaschinen etc.) und für Fernsehgeräte. Kennzeichnungen für weitere Gerätetypen werden folgen.

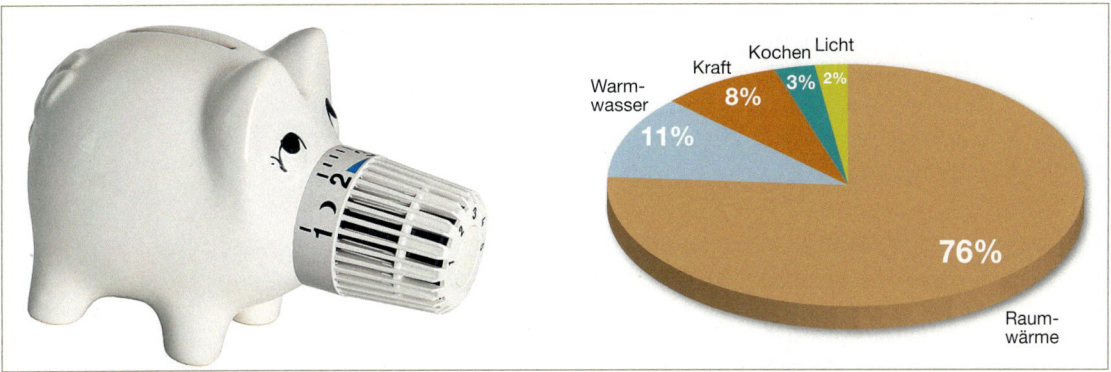

[3] Raumwärme – der größte Energieverbraucher in privaten deutschen Haushalten.

Der durchschnittliche Energieverbrauch der ge-
kennzeichneten Geräte konnte von 2005 bis 2010
um neun Prozent gesenkt werden.
Zunächst wurden vier EU-Energieeffizienz-Gruppen mit den Buchstaben A bis D eingeführt. Die
meisten Geräte waren nach Einführung dieser
Kennzeichnung in der Klasse A zu finden. Innerhalb der Klasse A gab es jedoch große Unterschiede beim Energieverbrauch. Inzwischen
wurde deshalb die gesamte Energieverbrauchs-
kennzeichnung überarbeitet, sodass die Produkte wieder unterscheidbar sind. Die Gruppe der
Sparsamsten wurde in vier Untergruppen aufge-
teilt. Sie reicht nun von „A" bis zu „A mit dreifa-
chem Pluszeichen".

[4] EU-Energieeffizienz-Gruppen.

Energieeffizienz

Energieeffizienz ist ein technisches Ziel, das bei
jeder Art von Verbrauch angesteuert wird.
Besonders hoch ist die Energieeffizienz in Verbindung mit den erneuerbaren Energien. Aber
auch die erneuerbaren Energien sind mit Um-
welteinwirkungen verbunden. Deshalb ist die
umweltschonendste Energie die, die man gar
nicht erst verbraucht.

4. Erklärt, warum Wärme- und Kälteerzeugung
   mithilfe von elektrischem Strom besonders
   klimaschädlich ist.
5. Erläutert Sinn und Zweck der EU-Kennzeichnung für Energieeffizienz.
6. „Heißes Wannenbad oder lauwarm Duschen?"
   Führt eine Pro-und-Contra-Diskussion zu
   diesem Thema unter besonderer Berücksichti-
   gung des Energierverbrauchs und des Klimaschutzes.

Wählt einen der folgenden Arbeitsaufträge aus:

☑ Fertigt eine Liste an, wo ihr täglich Energie
verbraucht. Unterteilt sie nach folgenden
Gesichtspunkten:
  – elektrische Energie (ohne Wärme)
  – Wärmeerzeugung (nicht elektrisch)
  – Verkehrsmittel
  – Sonstiges

☑ Ermittelt, welche „Energiefresser" es bei
euch zu Hause gibt. Welche Möglichkeiten
gibt es, deren „Energiehunger" zu verringern?

☑ Entwerft ein Plakat, das für das Energiespa-
ren werben soll. Welche Zielgruppe nehmt
ihr ins Visier? Warum gerade diese?

Erdkunde aktiv

Auf dieser Seite findet ihr Anregungen, was ihr zum Thema „Klimawandel" noch tun, ausprobieren oder durch ein Modell herausfinden könnt.
Denkt auch daran, euer Portfolio zu führen:

    – gelungene Ergebnisse in Text und Bild sammeln,
    – Lernerfahrungen zum Thema „Klimawandel" aufschreiben.
    Hier einige Vorschläge, was ihr noch tun könnt.

1. Projekt: „Klimadetektive"

▶ Fertigt eine Tabelle über die CO_2-Einsparmöglichkeiten im Klassenzimmer/in der Schule an.
▶ Listet Maßnahmen auf, die das Klima schützen.
▶ Stellt euer Projekt in der Klasse/Schule vor.

2. Treibhausmodell

Material: eine große durchsichtige Glasschüssel oder ein leeres Aquarium/Terrarium, eine Abdeckung (am besten eine Glasscheibe o. Ä.), ein Thermometer, viel Sonnenschein.

Legt ein Thermometer in das Terrarium, deckt es ab und lasst das Terrarium ungefähr eine Stunde von der Sonne bescheinen. Messt die Temperatur.

Legt danach das Thermometer vor das Terrarium und lasst das Thermometer ebenfalls ungefähr eine Stunde von der Sonne bescheinen. Messt auch hier die Temperatur.

Vergleicht eure Messergebnisse und wertet sie aus.

3. Eine Ausstellung zum Klimawandel erarbeiten

▶ Ihr könnt versuchen, durch verschiedene Materialien Andere für das Thema zu sensibilisieren.

Das kann ich!

[1] **Wichtige Begriffe:**

> Treibhauseffekt Klimawandel Wetterextreme
> Emissionen Kohlenstoffdioxid Energieeffizienz
> Weltklimakonferenz

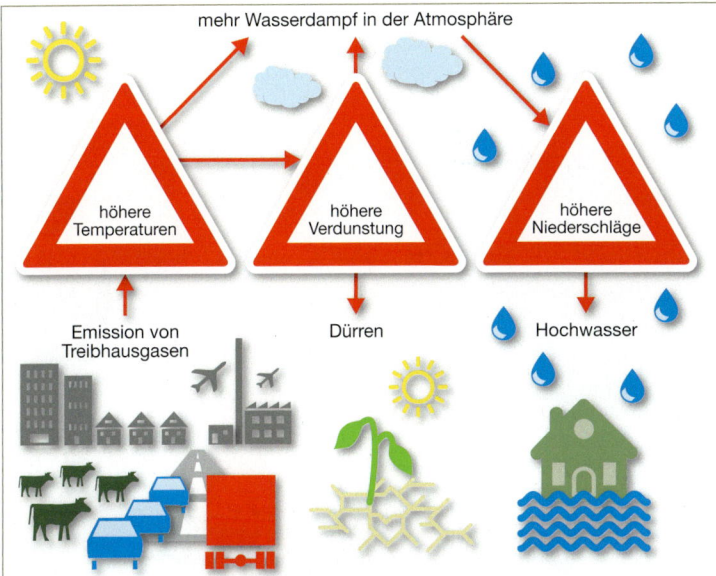

[2] Infografik.

[3] Karikatur.

Sachkompetenz
1. Wählt drei „Erdkunde-Vokabeln" [1] aus und erklärt sie mit eigenen Worten.
2. Beschreibt die Folgen des globalen Klimawandels.
3. Erklärt den Unterschied zwischen dem natürlichen und dem anthropogenen Treibhauseffekt.
4. Wertet die Infografik [2] aus.

Methodenkompetenz
5. Erklärt einander, wie man Hypothesen formuliert und wie man sie überprüft.
6. Wertet die Karikatur [3] aus.

Urteilskompetenz
7. Nehmt Stellung dazu, ob die Menschen durch ihr Verhalten bzw. eine Verhaltensänderung den Klimawandel aufhalten können.

Handlungskompetenz
8. Sammelt aus Zeitungen und aus dem Internet Informationen zu den Handlungsmöglichkeiten, um den Klimawandel zu bremsen. Erstellt hierzu einen Flyer.
9. Nehmt Stellung zu den Folgen des globalen Klimawandels.

Innovationen in Wirtschaft und Kommunikation

Robottechnik

Roboter gibt es längst nicht nur in Action-Filmen. Sie nehmen immer mehr Raum in der Arbeitswelt und im Alltag ein. Ob im Bereich der Medizin oder im privaten Haushalt: Robottechnik ist ein zukunftsreiches Entwicklungsfeld.

1. Beschreibt das Bild und verfasst eine kurze Bildunterschrift.

2. Tragt eigenes Wissen zum Thema „Roboter" zusammen.

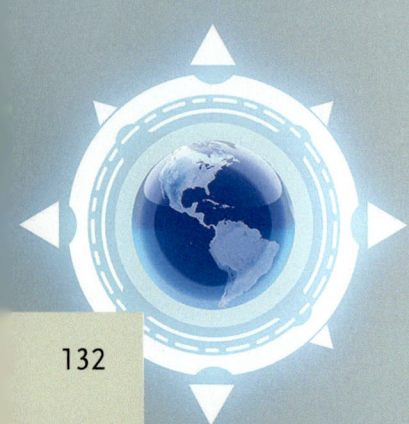

Schauplatz Robottechnik

[1] Hochregallager. *Foto.*

1. Beschreibt und erläutert das Foto [1].

Fabrik ohne Menschen?

Im Hochregallager bewegen sich die sogenannten „Regalbediengeräte" zwischen bis zu 50 Meter hohen Warenstapeln. Kein Mensch ist hier zu sehen. In den Regalen können mehrere Hunderttausend Paletten auf engstem Raum gestapelt werden. Verwaltet und gesteuert wird das Ganze über Informationstechnische Systeme (= IT-Systeme). Sie sorgen dafür, dass eine bestimmte Ware in kürzester Zeit herbei geholt oder abgelegt wird.

Ähnlich geht es in den meisten großen Betrieben zu. Früher mussten Arbeiter immer dieselben Handgriffe am Fließband ausüben oder schwere Lasten bewegen. Heute sitzen oft nur noch ein oder zwei Personen in sauberen und schalldichten Steuerzentralen. Von hier aus überwachen sie die Arbeit der Robotsysteme.

2. Nennt Vorteile moderner Robotanlagen.
3. Beschreibt Auswirkungen der Robottechnik auf verschiedene Berufe.

Robotmedizin

Nicht jedem gefällt der Gedanke, sich von einem Roboter operieren zu lassen. Doch viele Eingriffe, bei denen es auf höchste Präzision ankommt, werden mittlerweile mithilfe der Medizinroboter erledigt – selbstverständlich nicht ohne die Oberaufsicht durch Fachärzte!

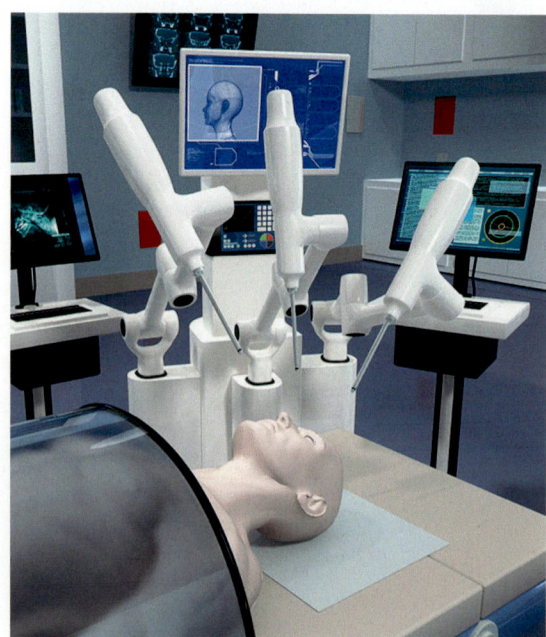

[2] Modell eines Operationsroboters. *Foto.*

Helfer im Alltag

Der Staubsauger, der alleine seinen Weg durch die Wohnung findet, ist kein Wunschtraum mehr. Oder der Rasenmäher, den man über die Wiese schickt, während man auf der Terrasse gemütlich seinen Kaffee trinkt. Auch er gehört zu den vielen automatischen Helfern im Alltag.

[3] Robotstaubsauger im Einsatz. *Foto.*

Die neuesten Hausgeräte sind vernetzt, interaktiv und lernfähig. So sorgt der vollautomatische Backofen für perfekte Ergebnisse. Und der Kühlschrank sendet ein Foto seines Innenraumes aufs Smartphone, wenn man im Laden steht und nicht mehr genau weiß, was noch fehlt.

4. Tragt zusammen, was ihr über intelligente Haushaltshelfer wisst.

[4] Musizierende Roboter. *Foto.*

Mein Auto ist einfach genial! Es sagt mir zum Beispiel, auf welchem Reifen zu wenig Druck ist oder dass mein linkes Bremslicht defekt ist. Bei Regen schalten sich die Wischer ein und im Dunkeln geht das Licht an. Am tollsten aber ist, dass es alleine einparken kann und mich warnt, wenn ich unachtsam bin und die Fahrspur nicht halte.

Spielzeug

Die sprechende und laufende Puppe hat es schon vor rund 50 Jahren gegeben. Doch sie ist nichts im Vergleich mit den heutigen Spielfiguren, denen vielfältige Verhaltensweisen einprogrammiert sind und die ferngesteuert auf kleinste Impulse reagieren.

5. Berichtet über eigene Erfahrungen mit Spielrobotern.

Wählt einen der folgenden Arbeitsaufträge aus:

◼ Listet in einer Tabelle alle hier genannten Robot-Helfer auf und schreibt daneben, wie und durch wen dieselbe Arbeit früher verrichtet wurde.

◼ Entwerft das „Haus der Zukunft" (z. B. Zeichnungen und Texte, Collage, Werbebroschüre, Zeitungsbericht...).

Orientierung

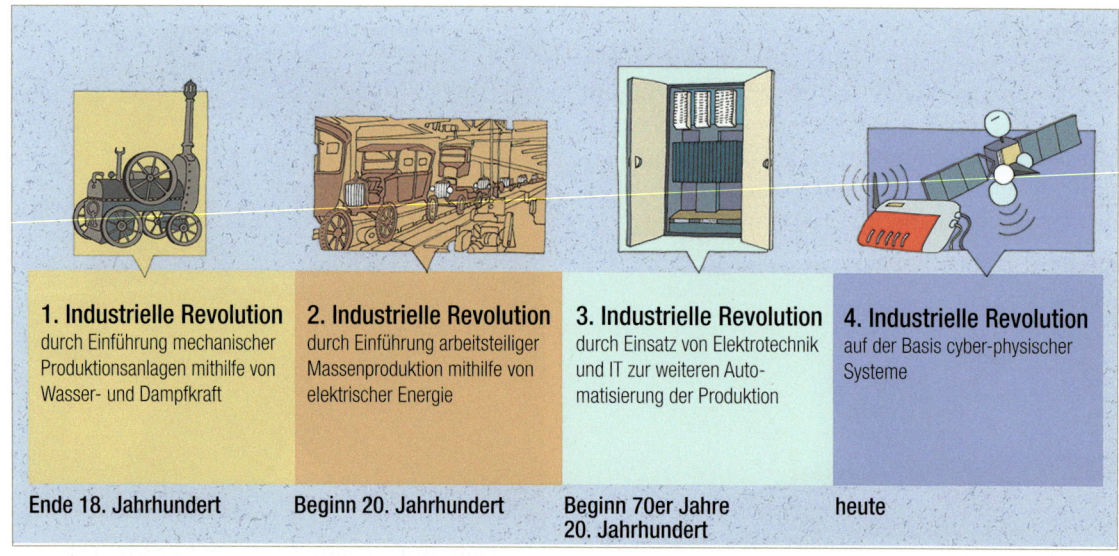

1. Industrielle Revolution	2. Industrielle Revolution	3. Industrielle Revolution	4. Industrielle Revolution
durch Einführung mechanischer Produktionsanlagen mithilfe von Wasser- und Dampfkraft	durch Einführung arbeitsteiliger Massenproduktion mithilfe von elektrischer Energie	durch Einsatz von Elektrotechnik und IT zur weiteren Automatisierung der Produktion	auf der Basis cyber-physischer Systeme
Ende 18. Jahrhundert	Beginn 20. Jahrhundert	Beginn 70er Jahre 20. Jahrhundert	heute

[1] Neue Technologien mit Signalwirkung. *Schaubild.*

1. Betrachtet und erläutert das Schaubild [1].

Entwicklungsschritte

Neue technische Entwicklungen verändern die Arbeitswelt. Einige grundlegende Erfindungen wirkten so stark, dass man jeweils von einer „Industriellen Revolution" spricht:
– Die Dampfmaschine als Antrieb von Produktionsanlagen führte zur 1. Industriellen Revolution (1. IR),
– es folgte die Massenproduktion mithilfe der Elektrizität (2. IR)
– und schließlich der Einsatz von Elektronik und die Automatisierung (3. IR).

Heute stehen wir wieder an der Schwelle einer solchen Veränderung. Die Fabrik der Zukunft verfügt über Produktionsanlagen, die sich selbst steuern und vernetzt miteinander kommunizieren. Deutschland ist auf dem besten Wege, eine führende Rolle bei dieser 4. Industriellen Revolution (= Industrie 4.0) zu spielen.
Die Menschen sind künftig kaum noch an den Arbeitsplatz gebunden. Über Smartphones oder Tablet-PCs haben sie von überall her Zugriff auf alle Informationen. Falls nötig, können sie auch aus der Ferne eingreifen. Industriearbeiter der Zukunft arbeiten nicht mehr in erster Linie körperlich. Sie planen, steuern und überwachen. Vieles davon ist schon in heutigen Arbeitsbereichen angekommen.

Kommunikation

Das Internet ermöglicht die Kommunikation zwischen Produktionsanlagen untereinander, zwischen Mensch und Maschine, aber auch von Mensch zu Mensch. Im Bereich der menschlichen Kommunikation haben sich in den letzten Jahren Veränderungen ergeben. Immer wichtiger werden die sozialen Netzwerke wie Twitter oder Facebook. Informationen verbreiten sich schnell und unabhängig von den gewohnten Massenmedien. Gerne bedienen sich auch Politiker dieser neuen Möglichkeiten und verbreiten ihre Meinung über die sozialen Netzwerke.

[2] Kommunikation Mensch–Maschine. *Foto.*

2. Zeigt auf, welche Folgen die jeweils neuen Technologien für die Arbeitsplätze hatten.
3. Tauscht eigene Erfahrungen über soziale Netzwerke aus.

1765
Dampfmaschine

1830
Eisenbahn

1838
Fotografie

1864
Telefon

1885
Automobil

1894
Flugapparat

1895
Film

1923
Radio (Erstsendung Deutschland)

1924
Fernsehen (Erstsendung Deutschland)

1954
Kernkraftwerk
(friedliche Nutzung Atomkraft)

1958
integrierte Schaltkreise

1958
Mobiltelefon

1960
Lasertechnik

1961
Industrieroboter
(Einsatz in der Produktion)

1970
Taschenrechner

1971
Personal-Computer

1975
Digitalkamera

1991
Internet

2007
Smartphone

2010
Tablet

[3] Technische Erfindungen, Innovationen.
Zeittafel

▶ Innovationen in Wirtschaft und Kommunikation

Welche neueren Techniken gibt es?
Welche Veränderungen kommen auf die Betriebe zu?
Was hat der Verbraucher davon?
Welche Neuerungen gibt es bei Medien und Kommunikation?
Wie stellen sich Medien in den Dienst der Politik?
Wie können soziale Netzwerke genutzt werden?
Mit diesen und ähnlichen Fragen beschäftigt sich das folgende Kapitel.

Wichtige Kompetenzen in diesem Kapitel

Sachkompetenz
▶ Merkmale und Entwicklungen der Hightech-Industrie kennenlernen und erläutern
▶ Zusammenballungen (Cluster) im Bereich der Spitzentechnologie (Hightech) beschreiben
▶ Organisationsformen der Industrie und ihre Auswirkungen auf den Umraum beschreiben
▶ die politische Funktion von Massenmedien in der Demokratie erläutern
▶ Veränderungen der politischen Einflussmöglichkeiten durch Elektronik und digitale Medien erläutern

Methodenkompetenz
▶ sachgerechte Debatten vorbereiten und führen

Urteilskompetenz
▶ den Stellenwert industrieller Cluster im Zusammenhang mit der Globalisierung beurteilen
▶ die Rolle der Medien für Demokratie und Rechtsstaat im Hinblick auf politische Mitwirkungsmöglichkeiten bewerten

Handlungskompetenz
▶ Interessengegensätze im Rollenspiel ausloten
▶ Informationen selbstständig erarbeiten und Ergebnisse sachgerecht präsentieren

Spitzentechnologie

Wie wichtig ist Hightech für die Zukunft?

600 Millionen Euro für Spitzentechnologie

Neue Spitzencluster für Leichtbau und Mobilität

…Am Carbonfaser-Cluster in der Region München–Augsburg–Ingolstadt arbeiten fast 100 Partner am Faserleichtbau, angeführt von Unternehmen wie Audi, BMW, Voith und SGL Carbon und der TU München. Die Hoffnung ist, CFK zu dem Werkstoff des 21. Jahrhunderts zu machen, um ihn bis 2020 vor allem im Auto-mobilbau großindustriell nutzen zu können. Das Elektromobilitäts-Cluster siedelt in der Region Karlsruhe–Mannheim–Stuttgart–Ulm. Ziel ist vor allem die Produktion von Batterien, derzeit noch die Schwachstelle des E-Mobils. Darüber hinaus geht es generell um vernetzte Mobilität… *(Handelsblatt, 20. 1. 2012)*

[1] Forschungspolitik.

Gemeinsame Ziele

Das bekannteste und wohl auch älteste Spitzen-technologie-Zentrum ist das sogenannte „Silicon-Valley" in Kalifornien (USA). Tausende von Un-ternehmen haben sich hier angesiedelt und bahnbrechende Verfahren im Bereich der Infor-mationstechnik entwickelt.

Eine solche Konzentration von Unternehmen mit einem gleichen oder ähnlichen Ziel nennt man Wirtschaftscluster*. Betriebe und For-schungseinrichtungen tauschen sich aus. Sie bringen damit Entwicklungen in der Spitzen-technologie voran. Die Schlüsseltechnologien* kommen aus den Bereichen Information und Kommunikation sowie aus Biologie, Medizin, Energie und Umwelt.

1. Erläutert den Begriff „Wirtschaftscluster".

Luftfahrtstandort Hamburg

Wie hier in Hamburg werden innerhalb eines Clusters viele Einzelprojekte durchgeführt. Es werden u. a. Anlagen zur Reinigung von Spezial-geräten in Verkehrsflugzeugen entwickelt. Oder es werden Reparaturmöglichkeiten für Hochleis-tungs-Faserstoffe getestet. Auch gibt es For-schungen zum Lichtempfinden der Passagiere, zum Kabinenklima und zur Sicherheit. Ferner erforscht man die Wirtschaftlichkeit des Flugha-fenbetriebs. Hierbei soll auf „grüne" Luftfahrt-technik besonderer Wert gelegt werden.

[3] Forschungsprojekt: Kabinenlicht. *Foto.*

2. Nennt Vorteile der Zusammenarbeit zwischen Forschung und Produktion oder Forschung und Dienstleistungen.

> Ich arbeite in einem Cluster mit mehr als 120 Partnern aus Hochschulen, Uniklini-ken, Forschungseinrichtungen und Unter-nehmen. Wir versuchen, Medikamente mit möglichst wenig Nebenwirkungen zu entwickeln, die ganz gezielt auf bestimmte Patienten zugeschnitten werden können.

[2] Forschung für die Gesundheit. *Foto.*

Cluster Bündel, Anhäufung
Schlüsseltechnologie Technologie mit grund-legender Bedeutung

Hightech in NRW

Zwei nordrhein-westfälische Spitzencluster sind Gewinner im Wettbewerb der Bundesregierung und werden besonders gefördert:

EffizienzCluster LogistikRuhr

Dieses Cluster umfasst das gesamte Ruhrgebiet. Es ist das größte Logistik*-Forschungsprojekt Deutschlands. Mehr als 120 Unternehmen und elf Bildungs- und Forschungseinrichtungen sind darin zusammengeschlossen. Sie wollen gemeinsam Verbesserungen erarbeiten und die Ergebnisse in die Praxis umsetzen. Effiziente* Logistik bedeutet, dass die richtigen Güter mit möglichst wenig Energieeinsatz zur richtigen Zeit an der Stelle ankommen, wo sie für die Produktion benötigt werden.

it's owl

Dieses Cluster ist das Markenzeichen des Technologiestandorts in Ostwestfalen-Lippe. Er umfasst Betriebe der Elektro- und Elektronikindustrie, der Autozuliefererindustrie und des Maschinenbaus. Intelligente technische Systeme bieten diesen Unternehmen hervorragende Möglichkeiten für die Zukunft. Die Produkte sollen energiesparend sein und werden immer mehr den Wünschen der Anwender angepasst.

Landescluster

Wie die übrigen Bundesländer verfügt das Land NRW auch über regionale Cluster. Die großen Städte unterstützen dabei kleinere und mittlere Unternehmen. Manche konkurrieren miteinander, doch in vielen Bereichen ergänzen sie sich und nutzen die Vorteile der Netzwerke.

Der Medienstandort des Landes wird durch das Mediencluster NRW gestützt. Das Netzwerk umfasst nicht nur sämtliche Vertreter der Medienbranche wie Verlage, Rundfunk, Film, Games oder Werbung. Es kümmert sich auch um Forschungen im Medienbereich, um die Ausbildung und um Finanzierungsmodelle.

[4] Das Colorium im Medienhafen Düsseldorf. *Foto 2014.*

* **Logistik** Organisation des Transportwesens
Effizienz Wirtschaftlichkeit (hoher Ertrag bei wenig Aufwand)

Wählt einen der folgenden Arbeitsaufträge aus:

■ Fasst die Arbeitsfelder aller auf dieser Doppelseite vorgestellten Cluster in einer Tabelle zusammen:

Wer?	Was?	Ziel?

■ Skizziert einen Plan: Wie könnten in einer Stadt Schulen, Museen, Theater, Vereine usw. in einem Cluster zusammenarbeiten? Wo liegen die Vorteile für alle?

Lean production

1. Informiert euch auf dieser Seite über lean production.
2. Präsentiert eure Ergebnisse in der Klasse.

Im Betriebspraktikum hat Lena sich von Erol erklären lassen, was eigentlich „lean production" bedeutet. Erol ist im zweiten Ausbildungsjahr Mechatronik. Er beginnt:

„Alle modernen Hersteller arbeiten nach diesem Grundsatz. Damit ist gemeint, dass Verschwendung abgebaut wird."

„Klar doch! Das macht man zu Hause auch so. Man versucht doch immer, sparsam mit Material umzugehen."

„Das ist auch in Betrieben selbstverständlich. Aber hier ist eher an die Verschwendung von Arbeitszeit gedacht und an alles, was die Produktion in irgendeiner Form behindert."

„Und was könnte das sein? Gib mal ein paar Beispiele!"

„Da wäre erst einmal die Überproduktion, also wenn mehr produziert wird, als die Kunden abnehmen. Lagerbestände kosten Platz und bringen nichts ein. Auch die Bestände an Material oder halbfertigen Bauteilen gelten als Verschwendung."

„Ist aber auch ein Risiko, ob das alles jemals verkauft werden kann!"

„Auch Transport und unnötige Bewegung sind Verschwendung von sogenannter produktiver Arbeitszeit. Wie oft wird nach verlegten Werkzeugen gesucht oder Teile müssen zur weiteren Bearbeitung anderswohin transportiert werden."

„Dazu gehören sicher auch Wartezeiten, wenn also Mitarbeiter auf Material warten müssen, was nicht rechtzeitig angeliefert wird. Ist aber doch wohl alles eine Frage der Organisation!"

„Klar. Nicht zuletzt ist Ausschuss, also fehlerhafte Teile, reine Verschwendung. Entweder muss das Stück komplett weggeworfen und neu produziert oder aufwändig nachbearbeitet werden."

„Ja, genau. Und das Gegenteil wäre dann noch der Fall, wenn zu viel Aufwand getrieben wird, der für den Einsatz des Teils nicht nötig ist."

„Ursachen könnten vielleicht schlecht gewartete Maschinen sein oder einer hat nicht aufgepasst. Vielleicht wurde auch minderwertiges Rohmaterial geliefert."

„Kapiert! Also beispielsweise besonders edle Oberflächen an Teilen, die man später gar nicht sehen kann. So, aber jetzt kann ich mir unter lean production immerhin etwas vorstellen."

Tipp für die Erarbeitung
– Wichtige Fachbegriffe herausschreiben und erklären.

Tipps für die Präsentation
– Die sieben in der Fachliteratur beschriebenen Hindernisse für die lean production auflisten und mit weiteren Beispielen erläutern.
– Einzelne Punkte kritisch beleuchten.

Logistik und Transport

1. Informiert euch auf dieser Seite über Logistik und Transport.
2. Präsentiert eure Ergebnisse in der Klasse.

> Viele von euch erleben die Staus auf unseren Autobahnen nur ein paarmal im Jahr. Wir Berufskraftfahrer haben täglich das Vergnügen! Und wenn wir dann auch noch pünktlich, also just-in-time, liefern müssen, steht man wegen der zu langen Fahrzeiten auch gleich noch mit einem Bein im Gefängnis!

[1] Autobahnstau. *Foto.*

Just-in-time-Lieferungen

1 Immer mehr **Güter** werden aus den **Lagerhallen**
2 heraus auf die Straßen umgesiedelt. Lagerraum
3 nimmt Platz weg und kostet Geld. Und transpor-
4 tiert werden müssen die Sachen ohnehin. Also
5 warum nicht gleich so, dass alles exakt zu dem
6 Zeitpunkt angeliefert wird, zu dem man es auch
7 benötigt?
8 Diese perfekt klingende Lösung hat unser ge-
9 samtes Transportsystem verändert. **Punktgenau**
10 stehen die Lieferfahrzeuge zur vereinbarten Zeit
11 an der Rampe, um entladen zu werden. Ein Puf-
12 fer für kleine Verzögerungen ist zwar eingebaut,
13 doch im Prinzip müssen die Fahrer die Zeiten
14 einhalten. Ansonsten können ihre Chefs mit
15 Strafen rechnen, denn jeder Produktionsausfall
16 kostet Geld.

Containertransport

1 Mittlerweile werden rund 90 Prozent der Güter
2 des gesamten Welthandels in **Containern** beför-
3 dert. Die Vorteile liegen klar auf der Hand: Con-
4 tainer haben genormte Maße und können blitz-
5 schnell vom Schiff auf die Bahn oder den LKW

6 umgeladen werden. In den großen Container-
7 häfen wie Rotterdam oder Duisburg geschieht
8 das bereits vollautomatisch.
9 In Verbindung mit immer größeren Schiffen
10 können niedrige **Preise für den Transport** angebo-
11 ten werden. Und nur so funktioniert der globale,
12 also weltweite Handel mit Billigprodukten: So
13 wird eine Jeans zum Annähen von Knöpfen von
14 A nach B transportiert und zum Waschen wiede-
15 rum nach C. Und die niedrigen Supermarktprei-
16 se für Waren aus aller Welt versteht man, wenn
17 man hört, dass z. B. der Transport einer Flasche
18 Wein von Australien nach Deutschland ganze
19 zwölf Cent kostet.

[2] Pünktlich am Ziel – oder? *Foto.*

Tipps für die Erarbeitung
Ihr könnt beim Lesen die Schritte des Textknackers anwenden.
Was habt ihr über Logistik und Transport erfahren?

Tipps für die Präsentation
– Vor- und Nachteile von Just-in-time-Lieferungen zur Diskussion stellen.
– Containerhäfen mit anderen Häfen vergleichen (Übersichtlichkeit, Arbeitskräfte, Geräusche ...).

1. Informiert euch auf dieser Seite über Outsourcing.
2. Präsentiert eure Ergebnisse in der Klasse.

Nicht mehr alles selbst machen

In meinem Betrieb habe ich vor einiger Zeit eine Reinigungsfirma mit dem Saubermachen beauftragt und das funktioniert reibungslos. Wegen dieser Erfahrung habe ich später auch alle Abrechnungen, Lohnzahlungen, Steuerangelegenheiten usw. außer Haus gegeben. Das spart Ärger, Zeit und Personal. Wenn z. B. bei uns die einzige Buchhalterin krank wurde, lag das ganze Rechnungswesen lahm. Jetzt ist das nicht mehr unsere Sorge!

So wie heute kaum noch jemand seine Brötchen selbst backen oder die Kleidung selbst nähen möchte, so überlegt man in vielen Betrieben, welche Aufgaben andere Firmen übernehmen könnten. Meist sind das Bereiche, die vom sogenannten „Kerngeschäft" ablenken, für die spezialisiertes Personal benötigt wird oder die einen hohen Zeitaufwand erfordern. Das sind z. B. Reinigung, Instandhaltungen, Abrechnungen, Kundenberatung oder Vertrieb. Ein typisches Beispiel sind die Call-Center.

Beim sogenannten „Outsourcing" geht es um die Verlagerung von Leistungen nach außen. Es wird vertraglich festgelegt, was für wie lange getan werden soll. Oft wird die Auslagerung von Arbeitsplätzen in eigens gegründete, kostengünstigere Tochtergesellschaften vorgenommen. Bevorzugt wird das Outsourcing ins Ausland, wo die Löhne niedriger oder gesetzliche Vorschriften weniger streng sind. Besonders beim Outsourcing von Teilbereichen der Produktion werden die Verkehrswege zusätzlich belastet.

Call-Center
Es gibt Call-Center in den USA seit den 1970er Jahren. Sie sind in erster Linie Kundenbetreuungszentren. Ihre Aufgabenfelder sind heute vielfältig. Call-Center geben beispielsweise Hilfestellung beim Umgang mit Geräten und Einrichtungen, erledigen für Versandhäuser die Auftragsannahme, nehmen Beschwerden entgegen oder erteilen Auskünfte, arbeiten für Notfalldienste oder Reiseunternehmen.
Als eher störend werden Anrufe von Call-Centern immer dann empfunden, wenn sie im Auftrag der Markt- und Meinungsforschung tätig werden oder gar die in Deutschland mittlerweile verbotenen Werbeanrufe durchführen.
Call-Center finden sich meist dort, wo die Arbeitslosigkeit hoch und die Lohnkosten niedrig sind. Besonders begehrt sind Call-Center in Indien. Dort gibt es bei niedrigen Löhnen viele gut ausgebildete, englischsprachige Arbeitskräfte. Von Großraumbüros aus sind sie weltweit tätig.

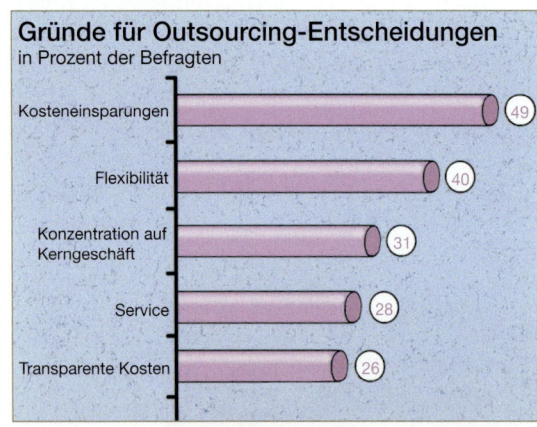

Gründe für Outsourcing-Entscheidungen
in Prozent der Befragten

Kosteneinsparungen	49
Flexibilität	40
Konzentration auf Kerngeschäft	31
Service	28
Transparente Kosten	26

[1] Outsourcing. *Infografik.*

Tipps für die Erarbeitung
– Infografik [1] auswerten.
– Weitere Beispiele für Outsourcing finden.
– Die Bedeutung des world-wide-web in diesem Zusammenhang erläutern.

Tipps für die Präsentation
– Konsequenzen für die Arbeitskräfte bedenken.
– Eigene Erfahrungen mit Call-Centern (Hotlines) einbringen.

1. Informiert euch auf dieser Seite über betriebliche Veränderungen.
2. Präsentiert eure Ergebnisse in der Klasse.

[1] Stahlwerk ThyssenKrupp in Duisburg. *Foto.*

Beispiel Großbetrieb

Im September 1891 gab August Thyssen in Duisburg den Besitz aller Anteile an einem Steinkohlenbergwerk bekannt. Drei Monate später wurde sein neues Stahlwerk in Betrieb genommen. Die eigene Kohlenzeche, ein Werkshafen am Rhein und der Gleisanschluss an das Eisenbahnnetz waren günstige Standortvoraussetzungen für den Betrieb. Noch heute wird Stahl im Stammhaus an der gleichen Stelle produziert!
Im Laufe der Jahre verbesserte August Thyssen die Produktion von Eisen und Stahl. Daneben erweiterte er systematisch sein Unternehmen. Er kaufte z. B. ausländische Erzgruben, um sicheren Zugang zum Rohstoff zu haben. Außerdem gründete er Betriebe für die Weiterverarbeitung seiner Produkte – beispielsweise Schiffsbauunternehmen.

Zwei Weltkriege, Krisen und tiefgreifende technische Neuerungen hinterließen Spuren. Um gegen die internationale Konkurrenz überlebensfähig zu sein, schlossen sich die Thyssen-Werke mit anderen Unternehmen der gleichen Branche zusammen, u. a. mit der Friedrich Krupp AG.
Diese Entwicklung ist ständig in Bewegung. Immer wieder werden Geschäftszweige ausgegliedert oder verkauft. Andere, jeweils passende Betriebe in der ganzen Welt kommen neu hinzu.

Beispiel Kleinbetrieb

Die Firma Mannebach in der Duisburger Steinstraße gibt es schon seit 1891. Damals verkaufte der Gründer des Betriebes Eisenwaren. Die Geschäftsräume wurden im Laufe der Jahre vergrößert. Auch das Angebot wurde erweitert. Immer noch können die zahlreichen Stammkunden dort Schrauben und Nägel kaufen. Aber seit zwei Jahren gehen die Umsätze zurück. Das Geld für dringende Renovierungen fehlt jedoch ...

Betrieblicher Strukturwandel

Um über mehr Kapital zu verfügen, könnte Herr Mannebach z. B. Teilhaber aufnehmen. Damit würde sich die sogenannte „Organisationsstruktur" ändern: Aus seinem bisherigen Einzelunternehmen würde eine Gesellschaft, bei der künftig auch andere ein Mitspracherecht hätten.
Viele Betriebe verändern im Laufe der Jahre ihre Struktur. Sie erweitern ihre Produktpalette oder stellen sie ganz um. Auch werden Geschäftszweige neu gegründet oder hinzugekauft. Von nicht mehr passenden Zweigbetrieben trennt man sich allerdings auch wieder.
Der Grund eines solchen Wandels ist oft das Streben nach höheren Gewinnen. Manchmal führen aber auch falsche Entscheidungen der Betriebsleitung zu Krisen, die Anpassungen nötig werden lassen. Mitunter erzwingt auch der Konkurrenzdruck Veränderungen.

Tipps für die Erarbeitung
– Unbekannte Begriffe klären.
– Veränderungen in den Beispielen [2] und [3] finden und auflisten.

Tipps für die Präsentation
– Den betrieblichen Strukturwandel mit eigenen Worten erklären.
– Gemeinsam mit der Klasse Beispiele aus der eigenen Region finden.

Eine Debatte führen

[1] Debatte im Deutschen Bundestag am 26.11.2014. *Foto.*

Einen Sachverhalt klären

In einer Diskussion wird zwischen zwei oder mehreren Personen ein bestimmter Sachverhalt erörtert. Jeder trägt die eigenen Argumente vor. Das Gegenüber muss dabei nicht von der eigenen Meinung überzeugt werden. Ziel kann die Lösung eines Problems sein. Die Diskussion kann aber auch zu der Einsicht führen, dass es unterschiedliche Sichtweisen gibt.

Diskussionen können auch schriftlich ausgetragen werden, z. B. in Internetforen oder auf der Leserbriefseite einer Zeitung.

Während die Diskussion ein offenes Gespräch zwischen Personen ist, wird eine Debatte nach festgelegten Regeln durchgeführt.

Überzeugungsarbeit leisten

Debatten sind aus dem politischen Alltag nicht wegzudenken. Keine parlamentarische Entscheidung fällt ohne eine vorausgegangene Debatte. Hierbei werden die gegenteiligen Meinungen der einzelnen politischen Parteien zu einer Sache vorgetragen. Vielfach handelt es sich dabei um Gesetzentwürfe. Mit möglichst stichhaltigen Argumenten versuchen die Redner, die Gegenseite von der eigenen Ansicht zu überzeugen. Anschließend wird abgestimmt.

Debatten mit dem Ziel, eine Entscheidung zu erwirken, werden in vielen unterschiedlichen Zusammenhängen geführt – oft auch im Fernsehen. Sie laufen nach bestimmten Regeln ab. Ein Gesprächsleiter führt den Vorsitz. Er erteilt den Rednern das Wort, achtet darauf, dass die festgelegte Redezeit eingehalten wird, greift bei Störungen ein und beendet die Debatte.

[2] Fernsehdebatte. *Foto.*

1. Erläutert den Begriff „Debatte".
2. Beschreibt den Unterschied zwischen einer Debatte und einer Diskussion.

Eine Debatte durchführen

Folgende Schritte helfen euch bei der Durchführung einer Debatte im Unterricht.

1. Schritt: Vorbereitung

- Ein strittiges Thema finden, das für alle interessant ist, bei dem möglichst viele mitreden können und das Zustimmung oder Ablehnung bewirkt.
- Moderator sowie Pro- und Contra-Redner auswählen.
- Den äußeren Rahmen organisieren: Podiumsplätze, Rednerpult, Stoppuhr, Stimmzettel usw. vorbereiten bzw. bereithalten.
- Redner informieren sich gezielt zum Thema, sprechen sich mit Kollegen derselben Partei ab (wer argumentiert wie?), notieren Stichworte und Argumente.

2. Schritt: Durchführung

- Moderator begrüßt, eröffnet die Debatte, erteilt das Wort abwechselnd an Redner der gegnerischen Parteien, stoppt Redezeit, beendet die Debatte und organisiert die Abstimmung.
- Redner achten beim Sprechen auf Haltung, Stimmführung, deutliche Aussprache, lebhafte, aber nicht übertriebene Gesten, halten Blickkontakt zu allen Anwesenden (Plenum) und steigern ihre Argumentation (von einfachen Aussagen bis hin zu speziellen Informationen über das Thema).

3. Schritt: Auswertung und Kritik

- Eventuell kurzer Gedankenaustausch Redner – Plenum unter Steuerung des Moderators.
- Abstimmung – Auswertung – Bekanntgabe des Ergebnisses.
- Diskussion des Ergebnisses eventuell mit Rückgriff auf einzelne Reden.
- Bewertung des Verfahrens: was war sinnvoll, was unangebracht, was könnte man besser machen?

[3] Debatte als Unterrichtsmethode. *Foto.*

3. Wählt ein Thema und führt eine Debatte durch. Die folgenden Vorschläge helfen euch bei der Auswahl.
Mögliche Teilnehmergruppen: Steuerzahler – Jugendliche – Produzenten/Unternehmer – Politiker – Techniker/Ingenieure – Verbraucher – Arbeitnehmer

Warum muss so viel Geld für den weiteren Ausbau der Spitzentechnologie ausgegeben werden?

Brauchen wir die Robottechnik?

Müsste das Internet besser überwacht oder gar eingeschränkt werden?

Sollte der Straßenbau noch stärker gefördert werden (u. a. wegen Just-in-time-Lieferung)?

Outsourcing – eine sinnvolle Maßnahme für jeden Betrieb?

Sollte das Wahlalter grundsätzlich auf 16 Jahre festgesetzt werden?

Soziale Netzwerke – nützlich oder schädlich?

Politik und Medien

Wie zuverlässig sind die Informationen?

Die Medien liefern uns Informationen zu allem, was in der Welt passiert. Insbesondere helfen sie uns, wirtschaftliche, politische und gesellschaftliche Zusammenhänge zu verstehen. Nur so können wir uns eine eigene Meinung bilden!

Klingt gut. Aber woher weiß ich, worüber sie uns nicht informieren? Wonach wählen sie aus, wie verkürzen sie die Tatsachen, wessen Meinung wird da eigentlich jeweils verbreitet?

Meinungsmacher

Wir Bürger erfahren zwar täglich die praktischen Auswirkungen von Politik, doch das eigentliche politische Geschehen erleben wir meist nur durch die Massenmedien. Die Medien bestimmen, welche Themen in welcher Form diskutiert werden. Im Idealfall ist die Berichterstattung ausbalanciert, denn es finden sich dort verschiedene Ansichten. Doch um sich hierbei eine eigene Meinung zu bilden, müsste man alles Greifbare zum jeweiligen Thema genau studieren. Aber wer macht das schon?

1. Findet Beispiele für „praktische Auswirkungen von Politik".

Politiker und Medien

Politiker pflegen eine Nähe zu den Medien. Seit einiger Zeit werden im Fernsehen Wahldebatten zuschauerwirksam ausgefochten. Dabei kommt es weniger auf das an, was gesagt wird, als vielmehr auf die Art und Weise, wie die politischen Gegner miteinander umgehen. Es kann sogar wahlentscheidend sein, ob die Politiker als herzlich und sympathisch wahrgenommen werden oder nicht.

Nähe zu den Medien beginnt schon auf der lokalen Ebene. Es vergeht kaum ein Tag, an dem nicht z. B. die Bürgermeister wirkungsvolle Auftritte in den Lokalzeitungen haben. Und wenn die nächste Wahl ansteht, zählt oft der Bekanntheitsgrad mehr als die erbrachte Leistung.

2. Nennt Politikerinnen und Politiker. Berichtet, in welchen Zusammenhängen ihr sie in Erinnerung behalten habt.

Die Bedeutung digitaler Medien

Die digitalen Medien werden für die Politik immer wichtiger. Politikerinnen und Politiker benutzen Facebook, kommunizieren per SMS oder twittern.

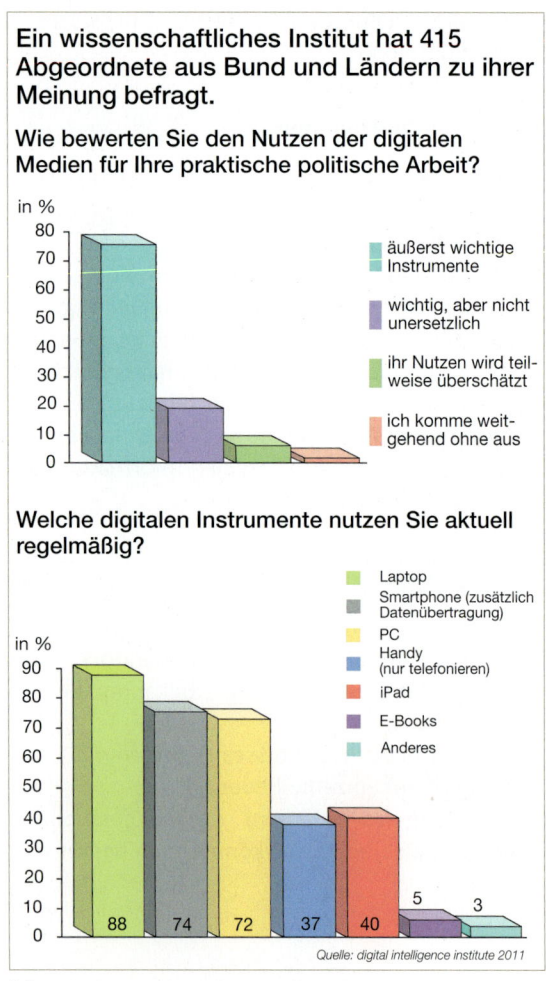

Ein wissenschaftliches Institut hat 415 Abgeordnete aus Bund und Ländern zu ihrer Meinung befragt.

Wie bewerten Sie den Nutzen der digitalen Medien für Ihre praktische politische Arbeit?

in %

- äußerst wichtige Instrumente
- wichtig, aber nicht unersetzlich
- ihr Nutzen wird teilweise überschätzt
- ich komme weitgehend ohne aus

Welche digitalen Instrumente nutzen Sie aktuell regelmäßig?

in %

- Laptop
- Smartphone (zusätzlich Datenübertragung)
- PC
- Handy (nur telefonieren)
- iPad
- E-Books
- Anderes

88 74 72 37 40 5 3

Quelle: digital intelligence institute 2011

[1] Politiker und Medien. *Infografik.*

3. Wertet die Diagramme [1] aus.

Einmischung erwünscht

Bundeskanzlerin Angela Merkel sagte in einem Interview, dass sie häufig die Online-Ausgaben von Zeitungen und Magazinen anschaut. Sie schätzt an der digitalen Welt, dass man sehr schnell auf Informationen zugreifen und sich z. B. über die Besonderheiten eines Landes für die nächste Dienstreise informieren kann.

Sie hält es ferner für wichtig, dass sich Bürger mit ihren Gedanken und Vorschlägen in die Politik einmischen über Parteien, Bürgerinitiativen oder per Online-Dialog, der ganz besonders geeignet sei, Bürgerbeteiligung zu ermöglichen.

Maulkorb für das Internet

So wie in Deutschland und anderen Ländern der westlichen Welt denken nicht alle Politiker. In einer ganzen Reihe von Staaten wird der Internetzugang für die Bürger eingeschränkt. Dafür sorgen Zugangsschranken wie fehlender Ausbau der Netze, Filter für Inhalte, aber auch Datenschutzverletzungen oder Ermittlungen gegen Nutzer. Die größten Einschränkungen gibt es zurzeit im Iran, in China, in der Türkei, in Syrien und in Saudi-Arabien.

4. Nennt mögliche Gründe für Einschränkungen der Meinungsfreiheit.

Der „Arabische Frühling"

In vielen arabischen Ländern gingen im Frühjahr 2011 Hunderttausende auf die Straße, um gegen ihre autoritären Regierungen zu protestieren.

Die Online-Netzwerke wie Facebook oder Twitter halfen den Menschen, sich zu den Demonstrationen zu verabreden.

Staatliche Zensur unterdrückt in diesen Ländern alle Berichte über Missstände und Probleme. Doch über die sozialen Netzwerke erfuhren die Bürger, dass auch andere unzufrieden und empört waren. So kam unter der Mithilfe von Facebook und anderen sozialen Netzwerken eine riesige Protestbewegung in Gang.

5. Tragt zusammen, was ihr über die politischen Veränderungen in der arabischen Welt wisst. Bewertet dabei die Rolle der digitalen Medien.

> **Wählt einen der folgenden Arbeitsaufträge aus:**
>
> ▪ Notiert in euer Heft (oder auf einem Plakat) alle hier angesprochenen Problemfelder in Tabellenform. Schreibt zu jedem Problemfeld ein kurzes Beispiel.
>
> ▪ Verfasst einen Text, den ihr bei einem Online-Dialog der Kanzlerin (oder einem Lokalpolitiker eures Ortes) übermitteln möchtet.

Was ihr noch tun könnt…
- aktuelle Berichte über die Entwicklung in der arabischen Welt sammeln und vorstellen.
- euch über Abhöraffären informieren.

[2] Tahrir-Platz in Kairo am 10. Februar 2011. *Foto.*

Soziale Netzwerke und Kommunikation

Wie verändern sie unseren Alltag?

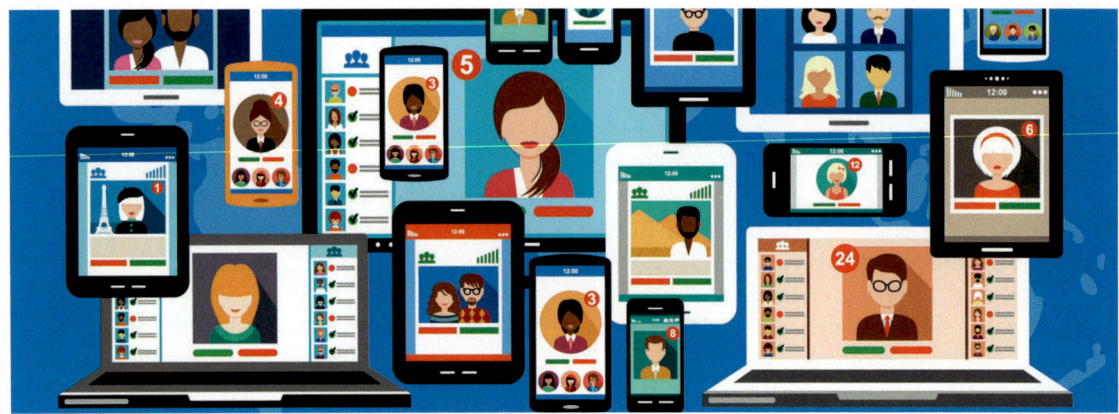

[1] „Freunde". *Illustration.*

1. Beschreibt und kommentiert die Illustration [1].

Kommunikation

Webanwendungen wie Facebook, Twitter oder Whats App gehören zu unserem täglichen Leben. Kommunikation bedeutete früher, dass man persönlich miteinander sprach, Briefe schrieb oder telefonierte. Schon erste Formen des Internets sorgten für einfachere und schnellere Möglichkeiten, seine Gedanken sowie allerlei Erfahrungen auszutauschen.

Die Gründung von Facebook im Jahr 2004 brachte geradezu revolutionäre Veränderungen mit sich. Seitdem ist eine Reihe von Netzwerken entstanden. Die sind zwar öffentlich, aber nur für diejenigen, die als Mitglied dazu gehören – jedoch Mitglied werden kann im Grunde jeder.

Wer nicht mitmacht, ist schnell isoliert. Denn nur hier erfährt man, was gerade läuft oder was geplant ist. Besonders wichtig sind deshalb Netzwerke für Schüler und Studenten. Hier werden eigene Plattformen aufgebaut, Verabredungen getroffen oder LAN-Partys organisiert.

Mittlerweile hat Whats App die übrigen Netzwerke in den Hintergrund gedrängt, da man mit dem Smartphone das Internet immer bei sich trägt.

2. Erklärt, was man unter den „sozialen Netzwerken" versteht.

3. Vergleicht eure Freunde im „wirklichen" Leben mit denen aus einem sozialen Netzwerk.

Flashmob

Oma Kammhuber staunt nicht schlecht, als immer mehr junge Leute auf dem Platz erscheinen, sich eng zusammen stellen und plötzlich, wie auf Kommando, ein Weihnachtslied singen. Dabei haben wir doch Juli! Nach der dritten Strophe bricht der Gesang ab und die Jugendlichen laufen schweigend in alle Richtungen davon. Ratlos sehen die Passanten einander an und gehen kopfschüttelnd weiter.

Über soziale Netzwerke sind im Nu Hunderte von „Freunden" unter Angabe von Ort, Zeit und Art der Aktion zum Mitmachen aufgefordert. Doch nicht immer sind es sinnlose Späße. Ebenso wird auf Missstände hingewiesen oder zu politischen Aktionen aufgerufen mit zum Teil revolutionärem Hintergrund.

[2] „Wasserschlacht" am 24.7.2011 in Samara (Russland). *Foto.*

4. Bewertet eine spontane Aktion wie [2]; Spaß oder Störung, Sachbeschädigung, Haftungsfragen?

[3] Cyber-Mobbing. *Foto.*

5. Erläutert die in [3] gezeigte Situation.

War doch nur Spaß!

Can ist Opfer von Cyber-Mobbing geworden. Oft passiert so etwas aus einer Laune heraus und ist nach einiger Zeit vergessen. Doch das Internet vergisst nichts. Außerdem hat es eine große Reichweite: Jeder aus der Community kann die Gemeinheiten lesen und vielleicht auch noch mit peinlichen Fotos ergänzen. Alles bleibt anonym.
Mindestens jede/-r sechste Schüler/-in wurde schon einmal übers Internet gemobbt. Viele gaben in einer Studie zu, es selbst damit versucht zu haben, aus Frust, aus Langeweile, zum Spaß. „Tatorte" sind fast immer soziale Netzwerke wie Facebook.
Einen wirksamen Schutz gibt es nicht. Doch man sollte als Opfer unbedingt darüber sprechen, sich Eltern oder Lehrern anvertrauen, die sich vielleicht mit der Internetplattform auskennen. Mobber können den Betreibern gemeldet werden, sodass die Seiten gesperrt oder gelöscht werden. Auf jeden Fall soll man Beweise sichern, also Screenshots anfertigen und abspeichern. Je nach Schweregrad wird man sogar bei der Polizei Anzeige erstatten wegen Verletzung der Persönlichkeitsrechte.

6. Sprecht das Thema „Cyber-Mobbing" in der Klasse an und berichtet über Fälle, von denen ihr gehört habt.

Soziale Netzwerke und Wirtschaftsleben

Sowohl Unternehmen als auch Jobsuchende nutzen die sozialen Netzwerke, um sich zu präsentieren und nützliche Kontakte zu knüpfen. Unternehmen wollen ihre Bekanntheit steigern und sich als interessante Arbeitgeber darstellen. Wer sich beruflich verändern möchte, kann mit entsprechenden Unternehmen z. B. Fachfragen erörtern oder in eigenen Blogbeiträgen sein Fachwissen zeigen. Hier gilt unbedingte Ehrlichkeit ohne Übertreibungen.

> Alles lief perfekt mit den Verhandlungen um einen neuen Job. Dann stocherte der Personalchef im Netz und stieß auf ein paar „Jugendsünden". Ich hatte einmal zu Freunden über meine Praktikumsstelle gemeckert und den Chef einen Idioten genannt. Und das kam gar nicht gut an.

[4] Sarah. *Foto.*

7. Notiert Stichwörter für ein Gespräch zwischen einem Personalchef und Sarah [4].
8. Fasst zusammen, wie nützlich Netzwerke für das Berufsleben sein können.

Die Welt im Netz

Ob Informationen aus sozialen Netzwerken oder anderen Anwendungen – die Datenfülle, die über jeden von uns irgendwo im Netz steckt, wird immer umfassender.
Datenschutz wird zwar groß geschrieben und es werden sichere Übertragungswege angeboten, doch ständig liest oder hört man von Sicherheitslücken und Schäden. Trotz allem wächst die Netzgemeinde unaufhaltsam weiter.

9. Nennt Beispiele für „Spuren", die eine Familie im Laufe der Zeit im Netz hinterlässt (z. B. Bestellungen, Beschwerden...).

Wählt einen der folgenden Arbeitsaufträge aus:

◪ Notiert Argumente, die für oder gegen soziale Netzwerke sprechen.

◪ Erörtert in der Gruppe, was man gegen Cyber-Mobbing machen kann. Notiert die Vorschläge und gestaltet ein Poster für die Klassenwand.

Politik aktiv

Auf dieser Seite findet ihr Anregungen, was ihr zum Thema „Innovationen in Wirtschaft und Kommunikation" noch tun, ausprobieren, erproben und entwickeln könnt.
Denkt auch daran, euer Portfolio zu führen:

- schöne Ergebnisse in Text und Bild sammeln,
- Lernerfahrungen zum Thema „Innovationen in Wirtschaft und Kommunikation" notieren.

1. Über Innovationen informieren

▶ Eine Betriebsbesichtigung organisieren.

▶ Neue Ausbildungsberufe kennen (Berufsinformationszentrum bei der Bundesagentur für Arbeit, Industrie- und Handelskammer, Handwerkskammer).

▶ Über Veränderungen in der Berufswelt Bescheid wissen (Vergleiche früher – heute, Expertengespräch, Berufsinformationszentrum).

2. Medienprojekte vorbereiten und durchführen

Von der (Internet-)Recherche zur Präsentation

▶ **Vorüberlegungen:** Für welches Fach bzw. welches Thema soll recherchiert werden? – Welche Kompetenzen sollen erworben werden? – Welches Grundwissen wird vorausgesetzt? – Welcher Zeitrahmen steht zur Verfügung? – Welche technischen und räumlichen Möglichkeiten sind vorhanden?

▶ **Präsentationsvorschläge:** Flyer – Videoprojekt – Fotostrecke – Webseite – Reportage mit Hörszenen – Powerpoint-Präsentation

▶ **Themenvorschläge** für kleine Medienprojekte: Neue Technik im XY-Betrieb – Sportmöglichkeiten an unserem Schul-/Wohnort – Unsere Stadt (allgemein) – XY – Ein Ort mit Geschichte – Musikszene XY-Stadt – Achtung Mobbing! – Unsere Schule ist Klasse – Wir sind multikulturell – Woher kommt unser Trinkwasser (Wasserversorgung unserer Gemeinde)?

3. Medienprodukte analysieren, vergleichen und beurteilen

▶ **Verschiedene Zeitungen vom selben Tag vergleichen.**
Feststellen, um welche Art von Zeitung es sich handelt (Tageszeitung, Boulevardzeitung, Regionalzeitung oder großes Verbreitungsgebiet). Auswertung in Tabellenform unter z. B. folgender Fragestellung: Welches Thema steht als „Aufmacher" auf Seite 1? – Wie wird dasselbe Thema in unterschiedlichen Zeitungen behandelt?

▶ **Talkshows analysieren und vergleichen.**
Privatsender oder öffentlich-rechtlicher Rundfunk; gibt es Unterschiede? – ein Gast oder größere Runde – Zusammensetzung der Gäste (Politiker, Schauspieler, Pop-Star, Schriftsteller...).

Das kann ich!

[1] Begriffe und ihre Bedeutung

Wirtschafts-cluster	Maßnahmen zum Abbau von Verschwendung und strenge Ausrichtung auf das Produktionsziel
Struktur-wandel	Zusammenarbeit von Unternehmen und zugehörigen unterstützenden Einrichtungen in einem Wirtschaftsraum
lean production	grundsätzliche Veränderungen und Anpassungen an neue Gegebenheiten
Outsourcing	punktgenaue Versorgung mit benötigten Gütern
soziale Netzwerke	Konzentration auf das Kerngeschäft durch Auslagerung eher nebensächlicher Leistungen
Just-in-time-Lieferung	Internetplattformen für den Zusammenschluss von Menschen mit gleichen Interessen

[2] Top Communitys

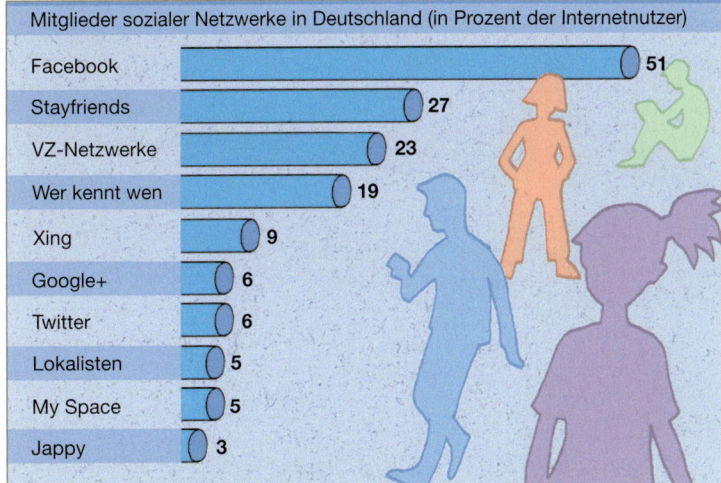

Mitglieder sozialer Netzwerke in Deutschland (in Prozent der Internetnutzer)

Facebook	51
Stayfriends	27
VZ-Netzwerke	23
Wer kennt wen	19
Xing	9
Google+	6
Twitter	6
Lokalisten	5
My Space	5
Jappy	3

[3] ...

Sachkompetenz

1. Ordnet die Begriffe in [1] den Erklärungen richtig zu.
2. Nennt und beschreibt drei Beispiele für die Robottechnik.
3. Erklärt den Begriff „selbststeuernde Produktionssysteme".
4. Beschreibt die Vorteile von Wirtschaftsclustern.
5. Erläutert eine Transportkette von einem asiatischen Containerhafen bis zu einer Einzelwarenlieferung nach Hause.
6. Zeigt an einem Beispiel den betrieblichen Strukturwandel.
7. Beschreibt und erläutert das Foto [3]. Denkt euch auch eine Bildüberschrift aus.

Methodenkompetenz

8. Skizziert den Ablauf einer Debatte.
9. Wertet die Grafik [2] aus.

Urteilskompetenz

10. Bewertet die Auswirkungen von Just-in-time-Lieferung.
11. Beurteilt die Arbeitsbedingungen in einem Call-Center.
12. Beschreibt mögliche staatliche Eingriffe in den Medienbereich und beurteilt diese Maßnahmen.

Handlungskompetenz

13. Schlagt geeignete Maßnahmen zur Verhinderung von Cyber-Mobbing vor.
14. Überprüft euer eigenes Profil in einem sozialen Netzwerk kritisch. Ihr könnt auch das Profil einer/eines Freundin/Freundes überprüfen.

USA und UdSSR – zwei Großmächte

Die Kubakrise

Ein sowjetisches U-Boot nähert sich der Karibikinsel Kuba vor der US-amerikanischen Küste. Es hat Waffen und Munition an Bord. Auf Kuba sollen sowjetische Atomraketen aufgestellt werden. US-amerikanische Militärkräfte wollen das U-Boot an der Weiterfahrt hindern. Eine Konfrontation der beiden Weltmächte scheint unausweichlich.

1. Beschreibt die Situation auf dem Bild.
2. Tragt zusammen, was ihr über das Verhältnis der beiden Großmächte USA und UdSSR in der Vergangenheit bereits wisst.

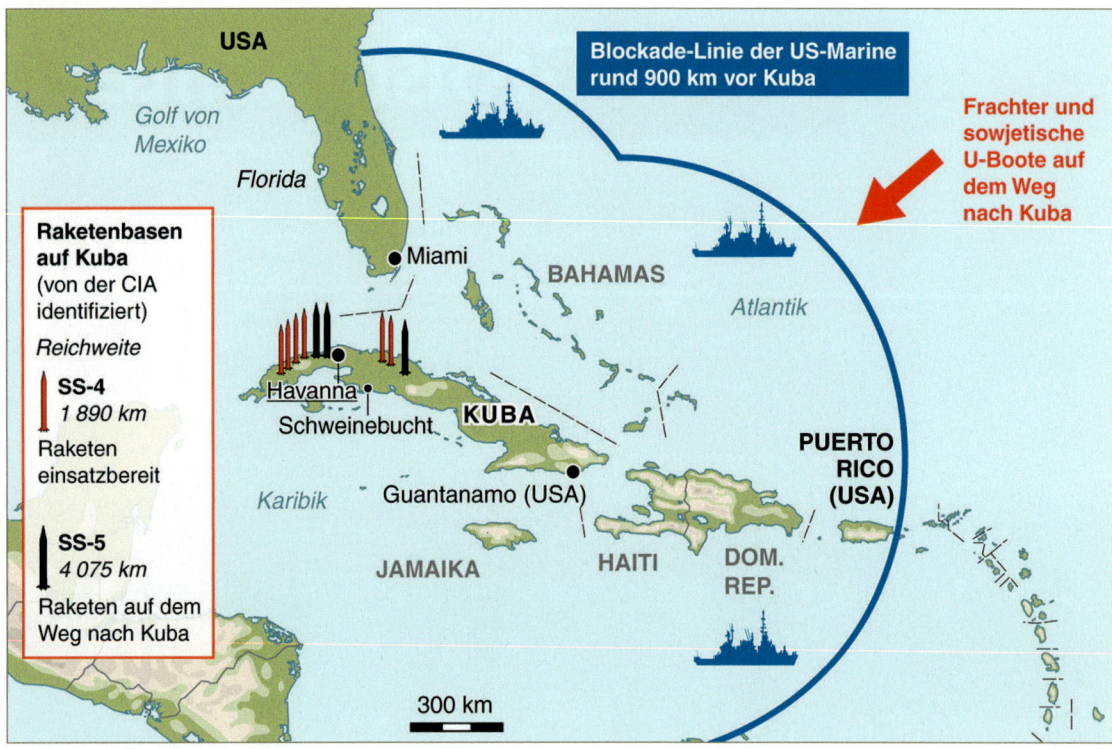

USA

Golf von
Mexiko

Florida

**Blockade-Linie der US-Marine
rund 900 km vor Kuba**

**Frachter und
sowjetische
U-Boote auf
dem Weg
nach Kuba**

**Raketenbasen
auf Kuba**
(von der CIA
identifiziert)

Reichweite

SS-4
1 890 km
Raketen
einsatzbereit

SS-5
4 075 km
Raketen auf dem
Weg nach Kuba

Miami

BAHAMAS

Atlantik

Havanna
Schweinebucht

KUBA

Karibik

Guantanamo (USA)

**PUERTO
RICO
(USA)**

JAMAIKA

HAITI

**DOM.
REP.**

300 km

[1] Die Seeblockade der USA gegen Kuba. *Karte.*

1. Beschreibt und erklärt Karte [1].

Ein Dritter Weltkrieg droht

Ende der 1950er Jahre hatte es auf der Karibikinsel Kuba eine Revolution gegeben. Unter ihrem Anführer Fidel Castro hatte eine Rebellengruppe, unterstützt von Teilen der Bevölkerung, den Diktator Batista gestürzt.

Die USA betrachteten den Umsturz mit großer Skepsis. US-amerikanische Unternehmen verdienten auf Kuba viel Geld und befürchteten, ihren Besitz dort nach der Revolution zu verlieren. Die US-Regierung lehnte daher eine Annäherung an die Aufständischen ab und bekämpfte sie sogar.

Fidel Castro suchte daraufhin die Nähe zur Sowjetunion, von der die neue kubanische Regierung sofort Hilfe jeder Art erhielt. Seit langem fühlte die Sowjetunion sich von Atomwaffen bedroht, die die USA in der Türkei stationiert hatte. Ein Stützpunkt in der Karibik in der Nähe der USA würde die UdSSR stärken.

Die Sowjetunion lieferte dem neuen Partner in der Karibik nun auch wirkungsvolle Waffen.

Schließlich begann man mit dem Bau von Abschussrampen für Atomraketen. Im Herbst 1962 entdeckten amerikanische Aufklärungsflugzeuge diese Veränderungen auf der vor den USA gelegenen Insel. Die Regierung musste handeln. Als schließlich sowjetische Schiffe gesichtet wurden, die mit Atomraketen in Richtung Kuba unterwegs waren, galt höchste Alarmbereitschaft.

Zwei Gruppen von Beratern drängen Präsident Kennedy zu handeln: Die „Falken" forderten einen direkten militärischen Luftangriff gegen die sowjetischen Waffensysteme auf Kuba. Die „Tauben" befürworteten ein vorsichtigeres Vorgehen und eine Seeblockade Kubas, um den Gegner so zu einem Einlenken zu bewegen. Kennedy entschied sich für die Seeblockade.

2. Nennt Gründe, warum die Sowjetunion sofort bereit war, der neuen Regierung in Kuba zu helfen.

3. Erklärt, warum die USA auf die Entdeckung der Schiffe reagieren mussten.

4. Notiert Ideen, wie der Konflikt entschärft werden könnte.

[2] Reichweiten sowjetischer Raketen auf Kuba und von US-Raketen in der Türkei.

5. Nennt Staaten und Städte,
 – die die auf Kuba stationierten sowjetischen Atomraketen hätten erreichen können,
 – die die in der Türkei stationieren US-amerikanischen Atomraketen erreichen konnten.

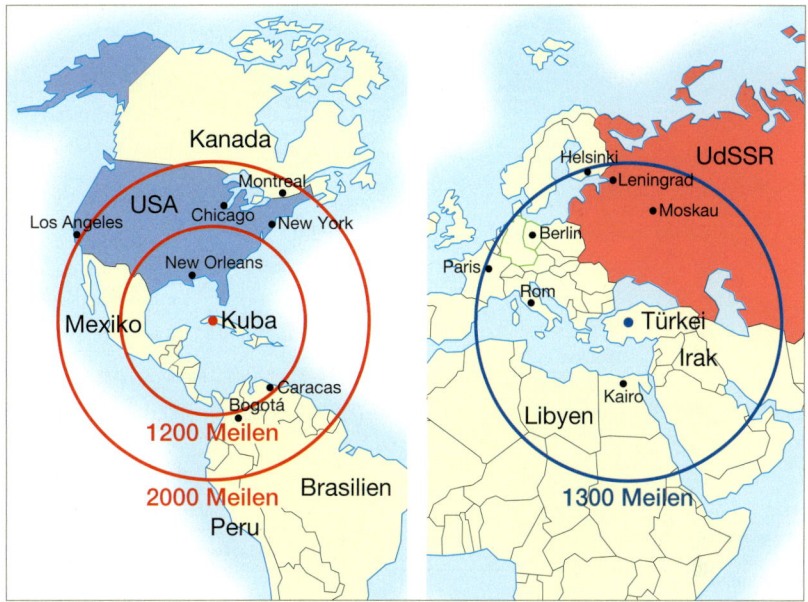

Die Lösung des Konflikts

Sowohl der amerikanische Präsident Kennedy als auch der sowjetische Regierungschef Chruschtschow fürchteten eine Eskalation des Konfliktes und sahen die Gefahr eines Atomkrieges.

In letzter Minute einigten sich Kennedy und Chruschtschow: Die Sowjetunion verpflichtete sich, weitere Waffenlieferungen nach Kuba zu stoppen und bereits aufgestellte Raketen abzutransportieren. Im Gegenzug erklärten die USA sich bereit, ihre in der Türkei aufgestellten Atomraketen abzubauen.

[3] Karikatur aus der „Daily Mail". London 1962. Die Bildunterschrift lautet: „Einverstanden, Herr Präsident, wir wollen verhandeln. (links: der sowjetische Staatschef Chruschtschow, rechts: Präsident Kennedy).

Für die Zukunft trafen die USA und die UdSSR eine Vereinbarung: Im Falle einer Konfrontation sollte sofort ein direkter Kontakt hergestellt werden. Eine Eskalation (Zuspitzung), die zu einem Schlagabtausch mit Atomwaffen führen könnte, sollte so vermieden werden. Zu diesem Zweck wurde der „heiße Draht" zwischen dem „Weißen Haus" (Regierungssitz in den USA) und dem Kreml (Regierungssitz in der Sowjetunion) eingerichtet: eine direkte Fernschreibverbindung zwischen beiden Regierungschefs.

6. Erläutert mithilfe der Materialien dieser Seite die Karikatur [3].

Wählt einen der folgenden Arbeitsaufträge aus:

⬛ Zeichnet die Karten [2] als Plakat für euer Klassenzimmer.

⬛ Während der Kubakrise streiten „Falken" und „Tauben" miteinander, wie auf die Waffenlieferungen der Sowjetunion nach Kuba regiert werden soll. Entwerft ein Streitgespräch und tragt es in der Klasse vor.

Orientierung

Abkürzungen Europa:
A. = Albanien
B. = Belgien
Bu. = Bulgarien
D. = Bundesrepublik Deutschland
Gr. = Griechenland
Ju. = Jugoslawien
Nl. = Niederlande
Pl. = Polen
Ru. = Rumänien
Cs. = Tschecho-slowakei
U. = Ungarn

- NATO
- Pazifikpakt (ANZUS)
- Organisation Amerikanischer Staaten (OAS)
- Warschauer Pakt
- Einfluss der Sowjetunion auf kommunistische Staaten außerhalb des Warschauer Paktes
- Organisation für die Afrikanische Einheit (OAU/OUA)
- Arabische Liga

3000 km

Abkürzungen Afrika:
Db. = Dschibuti
T. = Togo
Z.A.R. = Zentralafrikanische Republik

Abkürzungen Asien:
Br. = Brunei
Is. = Israel
Kb. = Kambodscha
S. = Singapur

[1] Militärbündnisse der Weltmächte USA und UdSSR 1949–1989.

1. Vergleicht die Karte [1] mit einer politischen Karte im Atlas und fertigt eine Tabelle an:

Verbündete (heutige Ländernamen)	
der USA (NATO)	der UdSSR (Warschauer Pakt)
...	...

Zwei Großmächte beherrschen die Welt

Mit dem wirtschaftlichen Aufstieg zur größten Industrienation der Erde gegen Ende des 19. Jahrhunderts und dem Eintritt in den Ersten Weltkrieg im April 1917 wurden die USA zur wichtigsten Großmacht weltweit.

Zu Beginn des Ersten Weltkrieges war das landwirtschaftlich geprägte und industriell rückständige Russland weltpolitisch eher unbedeutend. Im November 1917 jedoch richtete die Welt ihre Augen auf Russland. Die kommunistische Partei der „Bolschewiki" riss unter ihrem Anführer Lenin mitten im Krieg in der „Oktoberrevolution" die Macht an sich und schuf eine neue Gesellschafts- und Wirtschaftsordnung: den Sozialismus. Privatbesitz wurde praktisch abgeschafft und die Wirtschaft sollte vom Staat organisiert werden.

Großbritannien, Frankreich, Deutschland und die USA verfolgten diese Veränderung mit Ablehnung. Was wäre, wenn eine solche Gesellschaftsordnung auch außerhalb Russlands Realität werden würde?

Während des Zweiten Weltkrieges kämpften Großbritannien, die USA und die Sowjetunion gemeinsam gegen das nationalsozialistische Deutschland. Doch schon gegen Ende des Krieges brachen alte Gegensätze wieder auf. Die Sowjetunion dehnte ihren Machtbereich in den von ihr beherrschten Gebieten aus. Die westlichen Staaten bemühten sich, dem entgegenzuwirken und ihrerseits ihren Einflussbereich abzusichern. Der „Kalte Krieg" begann. Über Jahrzehnte bedrohten sich die atomar bewaffneten Großmächte USA und UdSSR gegenseitig. Mit den Großmächten standen sich die Militärbündnisse NATO und Warschauer Pakt gegenüber. Nicht zuletzt aus Angst vor einem Atomschlag kam es trotz vieler Krisen zu keinem offenen Krieg zwischen beiden Seiten.

2. Ordnet folgende Begriffe in die Zeitleiste ein: Aufstieg der USA zur Weltmacht, – Aufstieg der UdSSR zur Weltmacht, – „Kalter Krieg", – Ende des „Kalten Krieges".

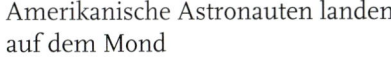

▶ USA und UdSSR – zwei Weltmächte

Was macht eine Weltmacht aus?
Welche Bedeutung hat der Begriff „Kalter Krieg?"
Welche weltpolitische Bedeutung hatten die beiden Großmächte USA und UdSSR?
Was sind „Stellvertreterkriege"?
Wie leben Menschen unter den Regierungen verschiedener Großmächte?
Was ist aus den Weltmächten USA und UdSSR heute geworden?
Mit diesen und ähnlichen Fragen beschäftigt sich das folgende Kapitel.

Wichtige Kompetenzen in diesem Kapitel

Sachkompetenz
▶ den Aufstieg der USA zur Weltmacht erklären
▶ die Entwicklung Russlands zur Großmacht beschreiben
▶ die Koexistenz der beiden Großmächte USA und UdSSR während der Zeit des „Kalten Krieges" erklären

Methodenkompetenz
▶ politische Reden analysieren

Urteilskompetenz
▶ gegensätzliche politische Systeme hinsichtlich der Folgen für die unter ihnen lebenden Menschen beurteilen

Handlungskompetenz
▶ politische Systeme, die sich in sozialer, wirtschaftlicher und gesellschaftlicher Hinsicht unterscheiden, aus der Sicht von Betroffenen in Alltagssituationen beschreiben

Russland vor der Revolution

Was veränderte sich in Russland während des Ersten Weltkrieges?

[1] Russische Bauern. *Foto, um 1900.*

1. Beschreibt das Foto [1]. Was erfahrt ihr über das Leben der russischen Bauern?

2. Betrachtet die Abbildungen [1], [2] und [3]. Vermutet, inwiefern ein Zusammenhang bestehen könnte.

Das Zarenreich Russland

Vor dem Ersten Weltkrieg wurde Russland von einem Zaren (= Kaiser) regiert, der das Land fast unumschränkt beherrschte. Über 80 % der Bevölkerung waren Bauern. Bis 1861 waren die meisten von ihnen Leibeigene der Adligen. Sie konnten verkauft werden und waren der willkürlichen Bestrafung durch die Adligen ausgesetzt.

1861 wurde die Leibeigenschaft abgeschafft. Aber das half den Bauern kaum. Sie erhielten nur wenig Land, das sie auch noch abzahlen mussten.

Einige der Bauern zogen in Städte, um dort als Industriearbeiter ihre Familien und sich zu ernähren. Auch hier waren ihre Lebensbedingungen schlecht.

Im Januar 1905 wandten sich Tausende von Arbeitern mit einer Bittschrift an den Zaren, in der sie ihn um Hilfe baten. Trotz der schwierigen Lebensumstände galt der Zar vielen Russen als gütiger Mensch, den sie auch „Väterchen Zar" nannten. Aber der Zar ließ seine Soldaten auf die Massen schießen. Es wurden etwa 1 000 Menschen getötet. Dieser Tag wurde „Petersburger Blutsonntag" genannt. Viele Menschen verloren ihr Vertrauen in den Zaren.

3. Nennt Gründe, warum man Russland unter der Zarenherrschaft als rückständig bezeichnen könnte.

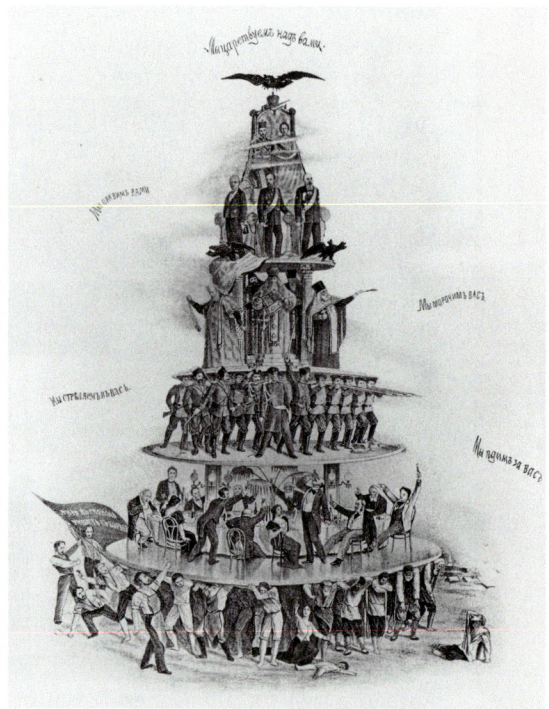

[2] „Wir arbeiten für Euch, wir ernähren Euch". *Russisches Flugblatt, 1900.*

4. Beschreibt und erklärt das Flugblatt [2].

Kriegsniederlagen und Märzrevolution

Der Erste Weltkrieg stürzte Russland in eine wirtschaftliche und gesellschaftliche Krise: Die industrielle und landwirtschaftliche Produktion brach zusammen.

Die russischen Soldaten waren unzureichend mit Waffen und Munition versorgt. Russland verlor einige Schlachten, und das deutsche Heer drang weit nach Osten vor.

Im Winter 1916/17 konnten die Städte nicht mehr ausreichend mit Lebensmitteln versorgt werden. Tausende von Menschen protestierten auf den Straßen von St. Petersburg für mehr Lohn, Brot und Frieden. Schließlich forderten sie eine neue Regierung.

Als Zar Nikolaus II. daraufhin den Soldaten befahl, auf die Demonstranten zu schießen, weigerten sie sich, den Befehl auszuführen. Das Volk stürmte die Waffenarsenale, das Staatsgefängnis sowie das Gebäude der verhassten Geheimpolizei. Am 2. Mai 1917 dankte der Zar ab. Damit war die Zarenherrschaft in Russland abgeschafft.

[3] Arbeiter demonstrieren im Januar 1905 für bessere Lebensbedingungen. *Foto, 1905.*

Doppelherrschaft von Duma und Sowjet

Nach der Abdankung des Zaren entstand eine Doppelherrschaft in Russland:

Die Duma* in St. Peterburg bildete eine provisorische Regierung unter Ministerpräsident Kerenski. In der Regierung saßen vor allem Adlige und Vertreter des wohlhabenden Bürgertums.

Ebenfalls in St. Petersburg bildete der Anführer der Bolschewiki* Wladimir Iljitsch Lenin einen Sowjet* (Sowjet = Rat) aus Arbeitern und Bauern, der wie die Duma die Herrschaft beanspruchte.

5. Vergleicht die Texte [4] und [6]. Zeigt besonders die Gegensätze in den Programmen auf.

> [4] **Programm der Provisorischen Regierung**
> – Es soll eine parlamentarische Demokratie eingeführt werden.
> – Die kapitalistische Wirtschaftsform soll beibehalten werden.
> – Soziale Reformen sind vorgesehen.
> – Rede-, Presse- und Versammlungsfreiheit werden garantiert.
> – Den Arbeitern wird ein Recht auf Streik zugestanden.
> – Der Krieg wird fortgesetzt.

> **Duma** Das russische Parlament.
> **Bolschewiki** Revolutionäre politische Partei, die Privatbesitz abschaffen und die gesamte industrielle und agrarische Produktion staatlich organisieren wollte.
> **Sowjet** Rat, bestehend aus Volksvertretern.

[5] Zar Nikolaus II überreicht seine Abdankung. *Mai, Foto, 1917.*

> [6] **Programm der Bolschewiki**
> – Das Sowjetmodell (Arbeiter- und Soldatenräte) ersetzt die parlamentarische Demokratie.
> – „Diktatur des Proletariats" = Die Partei der Bolschewiki trifft allein die politischen Entscheidungen.
> – Großgrundbesitzer und Fabrikbesitzer werden enteignet.
> – Die Güterproduktion soll nach einer staatlich gelenkten Planwirtschaft organisiert werden.
> – Der Krieg wird sofort beendet.

Wählt einen der folgenden Arbeitsaufträge aus:

◼ Skizziert ein Schema nach dem Flugblatt [2] auf ein großes Blatt und beschriftet es mit folgenden Begriffen:
Adel, Zar, hohe Geistlichkeit, Militär, reiches Bürgertum, Bauern und Arbeiter.

◼ Entwerft ein Streitgespräch zwischen einem Mitglied der Provisorischen Regierung und einem Bolschewiki, der im Sowjet sitzt.
Tragt das Streitgespräch in der Klasse vor.

„Alle Macht den Sowjets"

Wie erlangten die Bolschewiki die Macht?

[1] 25. Oktober 1917. Lenin ruft die Sowjetmacht aus. *Gemälde von Wladimir Serow, 1947.*

[2] Sturm auf das Winterpalais in Petrograd (Petersburg) am 26. Oktober 1917. *Gemälde von Surikow, 1917.*

1. Beschreibt die Bilder [1] und [2] und schildert eure Eindrücke.
- Stellt einen möglichen Zusammenhang zwischen [1] und [2] dar.
- Nennt Personengruppen, die an den Ereignissen beteiligt waren.
- Lest die Bildunterschriften und vermutet, was sich am 25. und 26. Oktober in Petrograd (Petersburg) ereignet haben könnte.

Die russische Oktoberrevolution 1917

Im April 1917 forderte Lenin, der Anführer der Bolschewiki, die sofortige Beendigung des Krieges. Die gewählte Provisorische Regierung sollte abgesetzt werden und die Sowjets (= Räte) sollten unter dem Motto „Alle Macht den Sowjets" die alleinige Herrschaft übernehmen.

Die Bolschewiki versuchten in mehreren Aufständen, die Macht zu erlangen. Die Aufstände wurden jedoch von der Regierung niedergeschlagen.

In der Nacht vom 24. auf den 25. Oktober gelang es den Bolschewiki, die Macht in Petrograd (Petersburg) an sich zu reißen. Sie besetzten Straßen, Kreuzungen und Plätze sowie wichtige Gebäude wie die Hauptpost und die Bahnhöfe. So gewannen sie schnell die militärische Gewalt in der Hauptstadt Russlands.

Lediglich bei der Einnahme des Regierungssitzes stießen sie auf geringen Widerstand, der aber schon nach kurzer Zeit aufgegeben wurde. Die Mitglieder der Provisorischen Regierung, die nicht rechtzeitig fliehen konnten, wurden verhaftet. Die Bevölkerung wurde vom Militärputsch* der Bolschewiki überrascht.

> ⁂
> **Militärputsch** Übernahme der politischen Macht durch Teile des Militärs.

[3] **Ein Augenzeuge erinnert sich an die Verhaftung der Provisorischen Regierung:**

Es war kein Sturmangriff in dem Sinn notwendig, denn es gab keinen Widerstand ... so konnten die Truppen der Roten Garde (Kämpfer der Bolschewiki) in das Winterpalais eindringen und die Provisorische Regierung festnehmen. ... niemand begriff, wer die Bolschewiki wirklich waren und was sie weiter tun würden.

Zit. n. Elisabeth Heresch (Hg.), Blutiger Schnee, Graz (Styria) 1987, S. 171.

2. Vergleicht die Informationen aus dem Text [3] mit Abbildung [2].

Methode — Eine politische Rede analysieren

Politiker äußern sich in Reden, Aufsätzen oder Interviews zu unterschiedlichen Themen. Das Ziel einer politischen Rede bzw. Textes ist weniger, den Zuhörer über einen Sachverhalt zu informieren als vielmehr, ihn von einem politischen Standpunkt zu überzeugen.

Die folgenden Schritte sollen euch helfen, politische Reden zu analysieren und besser zu verstehen.

1. Schritt: Grundaussagen verstehen

- Welche Wörter sind unbekannt? (Wörterbuch)
- Was sind die Schlüsselwörter?
- Wo sind Sinnabschnitte zu erkennen? (Zu den Sinnabschnitten passende Überschriften finden.)
- Was sind die Hauptaussagen der Rede?

2. Schritt: Die politische Rede in ihrem Kontext (Zusammenhang) verstehen.

- Wer ist der Redner?
- Wann wurde die Rede gehalten?
- Zu welchem Anlass wurde die Rede gehalten?
- Welchen politischen Standpunkt vertritt der Redner?
- Welcher politischen Partei gehört er an?
- Was wissen wir über die Ziele und Absichten dieser politischen Partei?

3. Schritt: Die Absicht des Redners erschließen

- Bei welchen Aussagen handelt es sich eher um (unbewiesene) Behauptungen als um (bewiesene) Tatsachen?
- Was ist dem Redner wichtig bzw. unwichtig?
- Was ist die Hauptthese (= Hauptaussage) der der Rede?
- Wovon will der Redner die Zuhörer überzeugen?

4. Schritt: Beurteilung

- Ist der politische Standpunkt des Redners in sich logisch und nachvollziehbar?
- Entsprechen die Absicht und der politische Standpunkt des Redners unserer politischen Vorstellung von Demokratie und Rechtsstaat?

1. Analysiert und bewertet die folgenden Äußerungen Lenins in seiner Rede.

[4] Über die Machtergreifung des Proletariats

Nur Schufte und Idioten können sich einbilden, dass das Proletariat* erst die Majorität** haben muss in Wahlen ... und erst dann versuchen kann, die Macht an sich zu reißen ... Wir dagegen behaupten, dass das Proletariat erst die Bourgeoisie (das Bürgertum) stürzen und die Macht an sich reißen muss und dann diese Macht, das heißt die Diktatur des Proletariats als Instrument seiner Klasse, so gebrauchen muss, dass es die Sympathie der Majorität der Werktätigen für sich gewinnt.

[5] Über die Vereinbarkeit von Demokratie und Diktatur

(Gesellschaftliche) Klassen werden von Parteien geführt und Parteien wiederum von einzelnen Individuen, Führer genannt. Das ist das ABC. Der Wille einer Klasse wird manchmal von einem Diktator ausgeführt ... Die sowjetsozialistische Demokratie ist durchaus nicht unvereinbar mit individueller Macht und der Diktatur ... Was Not tut, ist ... die Anerkennung der diktatorischen Machtbefugnisse eines einzigen Mannes. Alle Phrasen über gleiche Rechte sind Unsinn.

beide Quellen zitiert n. Geschichte in Quellen V, S. 85 f.

> **Proletariat** Bezeichnung für die besitzlose Masse der Arbeiter.
> **Majorität** Mehrheit

Aus Russland wird die Sowjetunion

Wie wurde die Sowjetunion eine Weltmacht?

[1] „Jeden Tag ein Schritt näher zum Kommunismus". Sowjetisches Propagandaplakat, *Plakat um 1927.*

1. Beschreibt [1] und vermutet, zu welchem Zweck das Plakat angefertigt wurde.

Der Aufbau des Sozialismus

Nach dem Putsch der Bolschewiki übernahm der „Rat der Volkskommissare" unter der Führung Lenins die Regierungsgewalt. Großgrundbesitzer wurden enteignet, das Land an die Bauern verteilt. In den Industriebetrieben sollten die Arbeiter den Produktionsprozess beaufsichtigen und Entscheidungen fällen.

Kurz darauf kam es in Russland zu einem Bürgerkrieg. Die vom Ausland unterstützten Gegner der Bolschewiki, die „Weiße Armee", kämpften gegen die „Rote Armee" der Bolschewiki. Der Krieg endete 1921/22 mit einem Sieg der „Roten". Etwa sechs Millionen Menschen hatten ihr Leben dabei verloren. Die Umgestaltung der Gesellschaft wurde fortgesetzt: Politische Parteien außer den Bolschewiki wurden ebenso abgeschafft wie die Pressefreiheit.

Die Gründung der Sowjetunion

Auch in Weißrussland, der Ukraine und Transkaukasien hatte es kommunistische Revolutionen gegeben. 1922 schloss Russland sich mit diesen Nationen zur „Union der Sozialistischen Sowjetrepubliken" (UdSSR), auch „Sowjetunion" genannt, zusammen.

Zuvor privat bewirtschaftete Landwirtschaftsbetriebe wurden gezwungen, sich zu Kolchosen* umzuwandeln. Die Industrie wurde unter den Schlagworten „Maschinisierung, Motorisierung, Elektrifizierung" massiv vom Staat in ihrer Entwicklung vorangetrieben.

> **Kolchose** Landwirtschaftlicher Großbetrieb, der von seinen Mitgliedern gemeinsam betrieben wird. Außer einem kleinen Privatanteil an Land und Vieh sind Grund, Vieh und Wirtschaftsgeräte gemeinsames Eigentum.

	1913	1928	1932	1940	Planziel 1932
Elektroenergie (Mrd. kWh)	2,0	5,0	13,5	48,3	22,0
Stahl (Mio. Tonnen)	4,3	4,3	–	–	18,3
Erdöl (Mio. Tonnen)	10,3	11,6	21,4	31,1	22,0
Kohle (Mio. Tonnen)	29,2	35,5	64,4	166,0	75,0
Traktoren (in tausend Stück)	–	1,3	48,9	–	53,0
Kraftfahrzeuge (in tausend Stück)	–	0,8	23,9	–	100,0
Getreide (Mio. Tonnen)	–	73,3	69,9	–	105,8
Vieh (Pferde, Rinder, Schweine in Mio. Stück)		114,2	70,9		153,7
Produktionsmittel (Index 1913)	100	128	450	1554	
Konsumgüter (Index 1913)	100	102	196	497	

[2] Die sowjetische Produktion – tatsächliche Produktion und Planziel 1932.

2. Erklärt anhand der Texte, wie der Sozialismus aufgebaut werden sollte.

3. Stellt mithilfe von [2] die Fortschritte bei der Industrialisierung Russlands dar. Berücksichtigt auch das Planziel 1932.

[3] Die Entwicklung der UdSSR. *Collage.*

4. Nennt Bereiche, in denen die UdSSR sich stark entwickelte.

„Säuberungen" und Zwangsarbeit unter Stalin

Die Umgestaltung von Wirtschaft und Gesellschaft forderte von den Menschen große Opfer. Wer sich widersetzte, indem er beispielsweise der Schaffung einer Kolchose nicht zustimmte, musste damit rechnen, nach Sibirien in ein Arbeitslager verschleppt zu werden.

Lenins Nachfolger Josef Stalin ließ jeden, der auch nur im Verdacht stand, seiner Politik kritisch gegenüber zu stehen, zu Zwangsarbeit verurteilen oder hinrichten. Diese „Säuberungen" kosteten nach vorsichtigen Schätzungen mehr als 10 Millionen Menschen das Leben.

Weltmacht Sowjetunion

Dennoch entwickelte sich die Sowjetunion während des Zweiten Weltkrieges und in den Jahren darauf zu einer Weltmacht, die ihren Einflussbereich weit ausdehnte.

Der Einflussbereich der UdSSR reichte bis weit nach Westeuropa (vgl. Karte [1], S. 156). Zeitweise standen die UdSSR und das seit 1949 kommunistische China sich nahe. In vielen Staaten nahm die UdSSR Einfluss auf die jeweiligen kommunistischen Strömungen und Bewegungen.

[4] **Gegen Ende des Zweiten Weltkrieges in Europa im April 1945 erklärte Stalin:**
„Dieser Krieg ist nicht wie in der Vergangenheit; wer immer ein Gebiet besetzt, der legt ihm auch sein eigenes gesellschaftliches System auf. Jeder führt sein eigenes System ein, so weit seine Armee vordringen kann."

Zit. n. Milovan Djilas, Gespräche mit Stalin, Frankfurt a. M. (Fischer) 1962, S. 146

5. Erklärt Stalins Äußerung [4] mit eigenen Worten.

Wählt einen der folgenden Arbeitsaufträge aus:

◼ In allen kommunistisch geführten Ländern nahm die UdSSR durch militärische oder finanzielle Unterstützung oder auch durch militärischen Druck Einfluss. Listet mithilfe der Karte [1] auf S. 156 und einer Weltkarte diese Länder auf und entwerft eine Landkarte: „Einflussbereich der Sowjetunion".

◼ Schreibt eine Stellungnahme zu der Behauptung, in der UdSSR habe seit der Revolution 1917 eine starke fortschrittliche Entwicklung stattgefunden.

Die Entwicklung der USA

Wie wurde aus den USA eine Weltmacht?

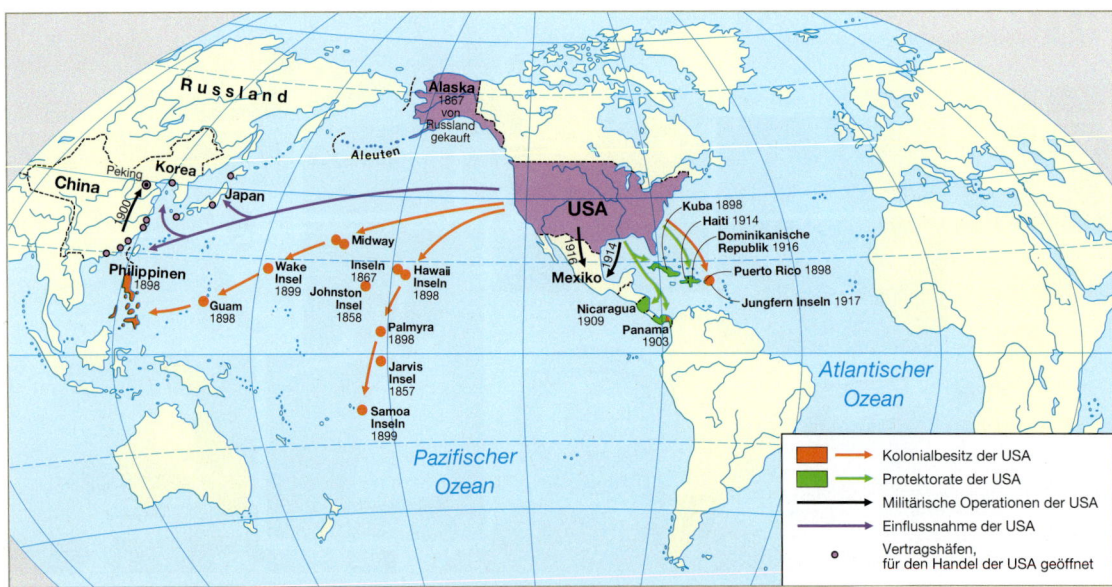

[1] Einflussbereich der USA bis 1917. Die Kolonien betrachteten die USA als ihren Besitz, die Protektorate waren politisch und wirtschaftlich von den USA abhängig. Über die Vertragshäfen nahmen die USA massiven Einfluss auf die Politik und die Wirtschaft des Landes.

1. Erstellt mithilfe von [1] eine Tabelle:

Einflussbereich der USA bis 1917	
Kolonialbesitz und Protektorate	seit
Hawaii Inseln	1898
...	...
Einflussnahme	
...	
Militärische Operationen	
...	
Vertragshäfen	
...	

2. Nehmt Stellung: Inwieweit könnte man die USA bis 1917 bereits als „Weltmacht" bezeichnen?

Vom Agrarland zur Weltindustriemacht

Der Amerikanische Bürgerkrieg (1861–1865) endete mit dem Sieg des industriell bereits fortgeschrittenen Nordens über den agrarisch (= landwirtschaftlich) geprägten und industriell rückständigen Süden.

Die industrielle Entwicklung vor allem des Nordens setzte sich fort. Rohstoffvorkommen und der zügige Ausbau eines Verkehrsnetzes, bestehend aus Wasserstraßen und der Eisenbahn, waren wichtige Bedingungen dieses Prozesses. Außerdem spielte der ständige Strom leistungswilliger Einwanderer vor allem aus Europa eine Rolle. Eine Vielzahl neuer Ideen, Erfindungen und Produkte wurde entwickelt (z. B. Telefon, Schreibmaschine sowie die Glühbirne). Die Wirtschaft nahm in all ihren Bereichen einen beachtlichen Aufschwung.

Der „amerikanische Traum"

Wichtig für die Entwicklung der Wirtschaft in den USA war auch der Glaube vieler gebürtiger US-Bürger und Einwanderer an den „amerikanischen Traum": Jeder, der tüchtig und entschlossen ist, aus seinem Leben etwas zu machen, hat auch die Chance dazu. So konnte in der Vorstellung vieler US-Amerikaner „aus einem Tellerwäscher ein Millionär" werden. Auch wenn solch ein Aufstieg den wenigsten gelang, so zeugt die Vorstellung doch von einem stark ausgeprägten Unternehmergeist.

Gegen Ende des 19. Jahrhunderts waren die USA das wirtschaftlich stärkste Land der Welt.

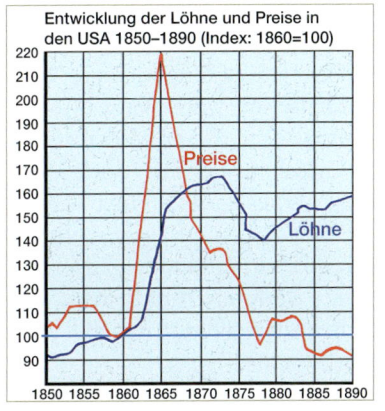

[2] Entwicklung der Löhne und Preise in den USA 1850–1890. (Index: 1860=100)

3. Erklärt, was die dargestellten Entwicklungen für das Leben der Menschen bedeutete.

[3] Die USA im Ersten Weltkrieg. Links: ein deutscher Soldat, rechts: ein US-amerikanischer Soldat. „Hun" war eine abwertende Bezeichnung der Deutschen. *Plakat, 1918.*

4. Beschreibt das Plakat [3]. Wie sehen die USA sich selbst?

5. Zählt die Gründe für die wirtschaftliche Entwicklung der USA auf.

Die USA im Ersten Weltkrieg

Vor dem Ersten Weltkrieg dehnten die USA ihren Machtbereich in Mittelamerika und im Pazifik bis nach Asien aus (Karte [1]). Zu Beginn des Ersten Weltkrieges waren die Vereinigten Staaten von Amerika noch fest entschlossen, sich aus dem europäischen Konflikt herauszuhalten. Allerdings unterstützten sie die Alliierten Großbritannien und Frankreich wirtschaftlich und lieferten über den Seeweg Kriegsmaterial.

Als Deutschland erneut den unbeschränkten U-Boot-Krieg auch gegen zivile Schiffe begann, traten die USA im April 1917 in den Krieg ein. Etwa 1,8 Millionen US-amerikanische Soldaten kämpften auf der Seite der Alliierten.

[4] **Am 2. April 1917 sagte der amerikanische Präsident Woodrow Wilson:**

„Die Welt muss sicher gemacht werden für die Demokratie ... Wir sind ... einer der Vorkämpfer für die Rechte der Menschen ... und wir werden kämpfen für die Demokratie, für das Recht jener, die der Autokratie (= diktatorische Alleinherrschaft) unterworfen sind, für ein Mitspracherecht bei ihrer Regierung, ... für eine allgemeine Herrschaft des Rechts durch ein Konzept der freien Völker, das allen Nationen Frieden und Sicherheit bringen und die Welt ... frei machen wird."

Zit. n.: Erich Angermann, Der Aufstieg der Vereinigten Staaten von Amerika. 1914–1957. Stuttgart, Klett o. J., S. 6 ff.

6. Nennt Gründe, warum die USA nach Meinung Wilsons in den Ersten Weltkrieg ziehen.

Nach dem Sieg über Deutschland und seine Verbündeten zogen sich die USA aus Europa zurück.

Wählt einen der folgenden Arbeitsaufträge aus:

■ Schreibt einen Brief eines US-amerikanischen Soldaten, der mit dem Schiff nach Europa fährt, um gegen Deutschland und seine Verbündeten zu kämpfen.

■ Nicht alle US-Amerikaner waren der Meinung, dass die USA in den Ersten Weltkrieg eingreifen sollten. Notiert Pro- und Contraargumente. Spielt ein Streitgespräch in der Klasse vor: Ein US-Bürger befürwortet die Teilnahme der USA am Krieg, ein anderer lehnt sie ab.

Weltmacht USA

Wie überwanden die USA die Wirtschaftskrise?

[1] Straßenszene in Chicago, Illinois, USA. *Foto, um 1920.*

„The American Way of Life"

Während der 1920er Jahre gab es in den USA einen Wirtschaftsboom. Die industrielle Produktion verdoppelte sich nahezu. Eine führende Rolle spielte die Autoindustrie. Ford führte das Fließbandsystem bei der Autoproduktion ein. Hierdurch sank der Preis für ein Auto stark. Ein normaler Angestellter oder Arbeiter konnte sich, wenn er eine Zeitlang sparte, ein eigenes Auto kaufen. – Das war in ganz Europa zu dieser Zeit vollkommen undenkbar.

Auch Kühlschränke, Radios, Staubsauger, Telefone, Waschmaschinen oder andere elektrische Geräte wurden von Privathaushalten gekauft. Der gesteigerte Konsum der Menschen beschleunigte wiederum den Wirtschaftskreislauf.

Gefahrene Autos:
1920:   8 131 520
1925: 17 439 700

Jahr	Kühlschränke	Radios
1920/21	5 000	k.A.
1922/23	18 000	600 000
1924/25	75 000	3 500 000
1928/29	890 000	7 678 000

[2] Verkaufte Kühlschränke und Radios in den USA 1920–1929.

Quelle: B. Hütter u. a. (Hg.), Geschichtsbuch 4, Neue Ausgabe, Cornelsen, Berlin 1996, S. 23

1. Erklärt anhand von [1] und [2], wie sich die Wirtschaft in den USA in den 1920er Jahren entwickelte.

Weltwirtschaftskrise und „New Deal"

Ende der 1920er Jahre gab es eine schwere Wirtschaftskrise. Die Menschen waren zum großen Teil mit den Waren versorgt, deren Verkauf zum Aufblühen der Wirtschaft geführt hatte. Der Markt war gesättigt, und es kam zu einer Absatzkrise: Die Betriebe fanden keine Käufer mehr für ihre Produkte. Die Produktion wurde gedrosselt, Millionen Menschen verloren ihre Arbeit, was die Kaufkraft noch weiter senkte und die Wirtschaft zusätzlich schwächte.

[3] Arbeitslose in San Francisco. *Foto, 1933.*

Als 1933 Franklin D. Roosevelt Präsident der USA wurde, war die Zahl der Arbeitslosen auf 15 Millionen gestiegen. Das war ein Drittel aller Berufstätigen. Mit einem Wirtschaftsprogramm –„New Deal" genannt – versuchte der neu gewählte Präsident, der Wirtschaftskrise entgegenzuwirken:
- Subventionen (finanzielle Hilfen) in der Landwirtschaft,
- Arbeitsbeschaffungsprogramme wie Straßen- und Brückenbau zur Bekämpfung der Arbeitslosigkeit,
- Förderung des öffentlichen Wohnungsbaus.

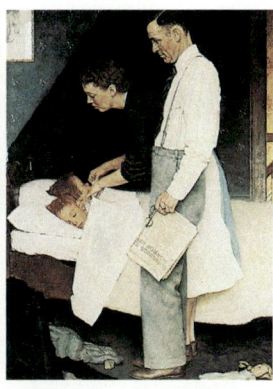

(A) „Redefreiheit"   (B) „Religionsfreiheit"   (C) „Freiheit von Not"   (D) „Freiheit von Angst"

[4] Norman Rockwell, „Die vier Freiheiten". *Plakate, 1943.*

Die USA und der Zweite Weltkrieg

Zu einem weiteren wirtschaftlichen Aufschwung kam es in den USA mit dem Beginn des Zweiten Weltkrieges. Zwar hielten die Amerikaner sich zunächst wieder aus dem Konflikt heraus, lieferten jedoch von Beginn an Waffen und Munition an die Alliierten. Hierdurch wurde die Wirtschaft stark angekurbelt.

Erst nach dem Angriff der mit Deutschland verbündeten Japaner auf den US-Marinestützpunkt Pearl Harbor im Pazifik beteiligten sich die USA aktiv an Kampfhandlungen gegen Deutschland und Japan.

Die vier Plakate [4] wurden während des Krieges an vielen Stellen in den USA öffentlich aufgehängt, um die Bevölkerung für den Krieg zu mobilisieren, d.h. sich freiwillig zum Kriegsdienst zu melden oder dem Staat Geld für den Krieg zu leihen (Kriegsanleihen).

Die Plakate symbolisierten für viele Amerikaner, für was sie kämpften.

2. Erklärt, was die vier Freiheiten bedeuten und warum sie die Amerikaner für den Krieg mobilisieren konnten.

Die Führungsrolle der USA

Der mit äußerster Härte geführte Krieg mit Japan endete mit dem Abwurf zweier Atombomben auf die Städte Hiroshima und Nagasaki. Schwere Zerstörungen und viele Tausend Tote zwangen Japan zur Kapitulation. Jetzt kontrollierten die USA den pazifischen Raum.

Mit dem „Europäischen Wiederaufbauprogramm" (= „Marshallplan", benannt nach dem damaligen Außenminister George C. Marshall), das aus Sachlieferungen und Krediten bestand, schufen die USA einen gemeinsamen Wirtschaftsraum mit vielen europäischen Staaten und versuchten, der Ausbreitung des Kommunismus in Europa entgegenzuwirken.

[5] Marshallplan. *Plakat, 1946.*

Wählt einen der folgenden Arbeitsaufträge aus:

◾ Schreibt auf, was der Mann auf dem Foto [3] denken und fühlen könnte, wenn er an den vergangenen Wirtschaftsboom und seine jetzige Situation denkt.

◾ Entwerft ein Schema, das den Zusammenhang zwischen Absatzkrise, Arbeitslosigkeit, Senkung der Kaufkraft und Wirtschaftskrise zeigt.

Wahlseite   Arbeit in der Kolchose

1. Informiert euch anhand der Materialien über die Arbeit in einer Kolchose.
2. Präsentiert eure Ergebnisse in geeigneter Form vor der Klasse.

[1] Abstimmung über die Errichtung einer Kolchose. *Foto, 1929.*

Kollektivierung* der Landwirtschaft

Unter der Herrschaft Stalins wurde die private Landwirtschaft weitgehend abgeschafft. Äcker, Wiesen, landwirtschaftliche Geräte und Vieh sollten nicht einer Privatperson gehören, sondern der Allgemeinheit, also dem Staat. Es wurden landwirtschaftliche Großbetriebe geschaffen, die man „Kolchosen" nannte.

[2] **Das könnte eine Bäuerin, die um 1929 in einer Kolchose arbeitete, erzählt haben:**
„Vor mehr als einem Jahr ist hier eine Kolchose entstanden. Aus der Stadt kamen Leute von der Kommunistischen Partei und erklärten uns, was eine Kolchose ist: Es sollte keine reichen Bauern und arme hungernde Landarbeiter mehr geben. Alles sollte allen gehören. Zu Beginn dachten wir, dass das ja eigentlich gut ist und gerecht. Zuerst waren die Leute von der Partei auch freundlich. Aber wenn jemand zu viel nachfragte oder anderer Meinung war als sie, wurden sie unfreundlich. Außerdem waren sie bewaffnet und das zeigten sie auch ganz deutlich.

Kurz bevor es zur Abstimmung darüber kam, ob hier eine Kolchose errichtet werden soll, war immer wieder von Sibirien die Rede. Alle hatten Angst. Eines war klar, auch wenn es nicht direkt gesagt wurde: Wer gegen die Kolchose stimmt, kommt nach Sibirien. Dann kam die Abstimmung. Alle waren für die Kolchose. Jedenfalls haben alle dafür gestimmt. Jetzt arbeiten wir für die Gemeinschaft. Das heißt, fast alles, was in der Kolchose produziert wird, wird abtransportiert. Jeder von uns hat nur ein ganz kleines Stück Land, auf dem er für sich etwas anbauen kann. Richtig glücklich ist hier keiner."

> **Kollektivierung** Privater Besitz wird in Allgemeinbesitz (= Staatsbesitz) umgewandelt.

Tipp für die Erarbeitung
Eine Tabelle erstellen:

Darauf haben die Menschen gehofft:	So sah die Wirklichkeit aus:

Tipps für die Präsentation
– Das Foto vergrößern und die Klasse die Gesichter der Menschen genau beschreiben lassen.
– Das Leben in der Kolchose aus der Sicht einer Bäuerin oder eines Bauern erzählen lassen.

Wahlseite — Am Fließband bei Ford

1. Informiert euch anhand der Materialien über die Arbeit am Fließband bei Ford.
2. Präsentiert eure Ergebnisse in geeigneter Form vor der Klasse.

[1] Arbeiter bei Ford am Fließband.
Foto, 1928.

1913 revolutionierte der amerikanische Automobilhersteller Henry Ford den Fahrzeugbau. Sein „T-Modell" wurde von nun an vollständig am Fließband gebaut. Alle Produktionsschritte wurden hintereinander von Arbeitern verrichtet, die immer wieder dieselben Handgriffe wiederholten.
In den 1920er Jahren gab es in den USA einen gewaltigen wirtschaftlichen Aufschwung. Die Produktion verdoppelte sich in diesem Zeitraum. Eine führende Rolle spielte die Automobilindustrie.

[2] **Das könnte ein Arbeiter bei Ford um 1928 erzählt haben:**

„Ich arbeite jetzt seit über zehn Jahren bei Ford. Die Sozialisten schimpfen über die sozialen Unterschiede. Sie sagen: Die Fabrikbesitzer sind sehr reich, und im Vergleich zu denen verdient unsereins wenig. Der Arbeitstag wird durch das Fließband bestimmt. Der Arbeitsprozess wird ständig rationalisiert: Die Arbeitskraft des Menschen wird so effektiv ausgenutzt, wie es nur geht. Alles wird auf die Minute geplant. Auch die Pausen sind plangenau bis auf die Minute festgeschrieben.
Mein Onkel arbeitet auch bei Ford. Der ist gelernter Tischler und sieht das ähnlich. Manchmal vergleicht er seine Arbeit früher als Handwerker mit der Fließbandarbeit hier. Früher, sagt er, hat er allein an einem Tag einen Tisch und zwei Stühle hergestellt. Und am Abend konnte er sein Tagewerk ansehen, sagt mein Onkel, und war stolz auf seine Arbeit. Am Fließband machen wir immer nur dieselben zwei oder drei Handgriffe und das war's. Und das Ergebnis der Arbeit sieht man nie als Ganzes. Das mag alles auch so sein. Ich sehe das aber von einem anderen Standpunkt: Man kann sagen, was man will, aber schlecht geht es uns Arbeitern hier nicht. Wir leben in Amerika! Und hier kann jeder sein Glück machen. Wir sind frei und ich will hier arbeiten! Und dass es den amerikanischen Arbeitern schlecht geht, kann man wirklich nicht sagen. Mein Lohn ist jedenfalls von Jahr zu Jahr gestiegen. Ich kann meine Familie gut ernähren. Und wir können uns Dinge leisten, von denen meine Eltern nur geträumt haben, falls sie sie überhaupt kannten: Radio, Staubsauger, Waschmaschine – das sind Sachen, die gehören heute in jeden amerikanischen Haushalt. Einige meiner Kollegen besitzen sogar ein eigenes Automobil. Wenn ich noch etwas spare, kann ich mir vielleicht auch bald eins leisten. Was will man mehr?"

Tipps für die Erarbeitung
Erstellt eine Tabelle: Fließbandarbeit bei Ford

Vorteile:	Nachteile:

Tipp für die Präsentation
Tragt die Ergebnisse als Streitgespräch zwischen einem Gegner und einem Befürworter der Fließbandarbeit vor.

Wahlseite   Der Vietnamkrieg

1. Informiert euch anhand der Materialien über den Vietnamkrieg.
2. Präsentiert eure Ergebnisse in geeigneter Form vor der Klasse.

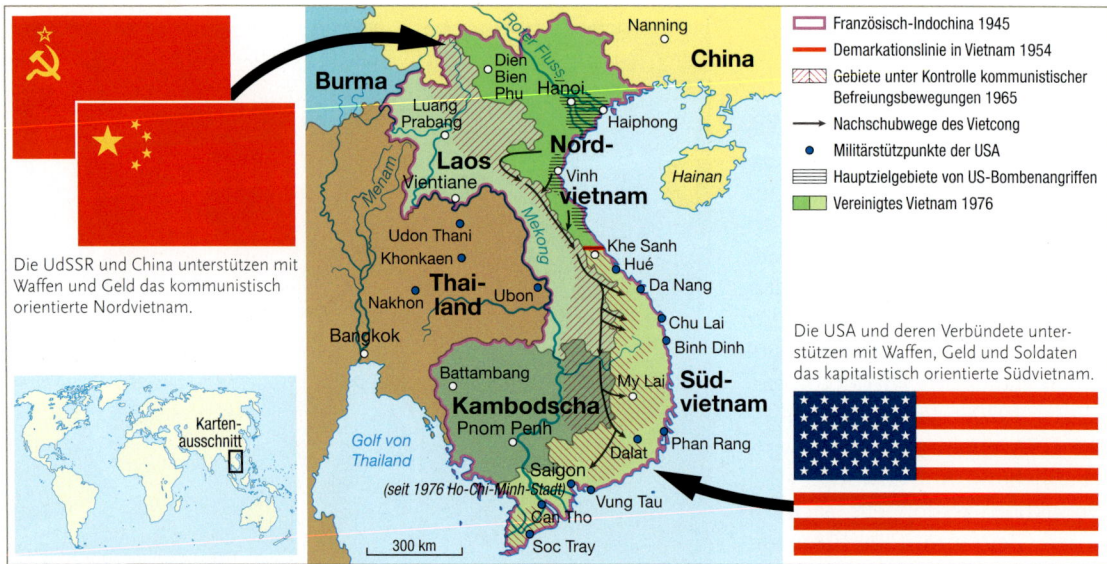

Die UdSSR und China unterstützen mit Waffen und Geld das kommunistisch orientierte Nordvietnam.

Die USA und deren Verbündete unterstützen mit Waffen, Geld und Soldaten das kapitalistisch orientierte Südvietnam.

Legende:
- Französisch-Indochina 1945
- Demarkationslinie in Vietnam 1954
- Gebiete unter Kontrolle kommunistischer Befreiungsbewegungen 1965
- Nachschubwege des Vietcong
- Militärstützpunkte der USA
- Hauptzielgebiete von US-Bombenangriffen
- Vereinigtes Vietnam 1976

[1] Seit 1954 war Vietnam geteilt. Im Norden herrschte ein kommunistisch orientiertes System, im Süden ein westlich-kapitalistisch orientiertes System.

Der Vietnamkrieg – ein Stellvertreterkrieg

In den Militärbündnissen NATO und Warschauer Pakt standen sich Staaten feindlich gegenüber, die konventionell (= „normale" Waffen) und atomar hoch gerüstet waren. Das „Gleichgewicht des Schreckens" verhinderte eine direkte militärische Auseinandersetzung, weil beide Seiten einen Atomkrieg fürchteten.

In anderen Teilen der Welt gab es Kriege, in denen die beiden Militärbündnisse sich indirekt in Stellvertreterkriegen bekämpften.

In Vietnam hatte es nach dem Zweiten Weltkrieg einen Krieg zwischen der Kolonialmacht Frankreich und einer kommunistischen Unabhängigkeitsbewegung gegeben. Nach der Niederlage der Franzosen wurde Vietnam in ein westlich orientiertes Südvietnam und ein kommunistisches Nordvietnam geteilt.

Sofort begannen die nordvietnamesischen Kommunisten, Südvietnam mit einer Guerillataktik

(kleine überraschende Angriffe und sofortige Rückzüge bei Vermeidung einer offenen Konfrontation) anzugreifen.

Die USA befürchteten, dass auch Südvietnam bald kommunistisch werden könnte. Daher unterstützten sie die Südvietnamesen finanziell und durch Militärberater. Seit 1961 schickten die USA offiziell US-Truppen nach Vietnam. Doch die Nordvietnamesen leisteten erbittert Widerstand. Dabei wurden sie von den kommunistisch regierten Staaten UdSSR und China finanziell und mit Waffen unterstützt.

1973 gaben die USA ihren Kampf gegen die Nordvietnamesen auf. 1975 kapitulierte Südvietnam und ganz Vietnam wurde kommunistisch.

Insgesamt starben während des Vietnamkrieges etwa 1,3 Millionen vietnamesische Soldaten und ca. vier Millionen vietnamesische Zivilisten. Über 63 000 Soldaten starben auf Seiten der USA und deren Verbündeten.

Tipps für die Erarbeitung
- Karte und Grafik in [1] beschreiben.
- Text mithilfe der Grafik erschließen.

Tipps für die Präsentation
- Karte vergrößern und Unterstützung von USA für Südvietnam sowie Unterstützung von China und UdSSR für Nordvietnam zeigen. Dabei alle Staaten auch auf einer Weltkarte zeigen.

Wahlseite Wettrüsten

1. Informiert euch anhand der Materialien über das Thema „Wettrüsten".
2. Präsentiert eure Ergebnisse in geeigneter Form vor der Klasse.

[1] Die japanische Stadt Hiroshima nach dem Abwurf einer Atombombe im August 1945. *Foto.*

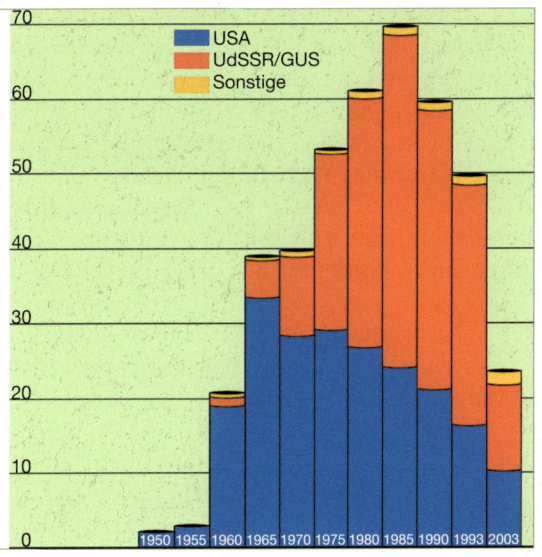

[2] Nukleare (atomare) Sprengköpfe im Besitz der beiden Weltmächte USA und UdSSR/Russland sowie anderer Staaten in 1000.

Das Zeitalter der Atombombe beginnt

1 Am 6. August 1945 warfen die USA eine **Atom-**
2 **bombe** auf die japanische Stadt **Hiroshima**; drei
3 Tage später wurde eine weitere Atombombe über
4 **Nagasaki** gezündet. Damit zwangen die USA Ja-
5 pan zur **Kapitulation** und beendeten den Zweiten
6 Weltkrieg.
7 Allein in Hiroshima starben unmittelbar nach
8 dem Abwurf über 80 000 Menschen, mehr als
9 100 000 wurden verletzt. An den Spätfolgen star-
10 ben weitere 200 000 Menschen. Viele Kinder ka-
11 men infolge der **atomaren Verseuchung** schwer
12 behindert zur Welt.

Ost und West rüsten auf

1 Bis 1949 waren die USA die alleinige **Weltmacht**,
2 die über **Atomwaffen** verfügte. Doch dann hatte
3 die UdSSR ebenfalls solche Waffen entwickelt.
4 Ein **Wettrüsten** begann. Neben „konventionellen"
5 (nicht atomaren) Waffen produzierten vor allem
6 die beiden Weltmächte immer mehr Atomwaffen
7 und bedrohten einander.
8 Der Besitz atomarer Waffen verhinderte über
9 Jahrzehnte eine direkte kriegerische Auseinan-
10 dersetzung der Weltmächte USA und UdSSR
11 während der Zeit des **„Kalten Krieges"**.
12 Beide Seiten fürchteten einen Atomkrieg und
13 dessen Folgen. Niemand würde aus einer sol-
14 chen Auseinandersetzung als Sieger hervorge-
15 hen. Die Gebiete beider Kriegsgegner würden
16 zerstört und auf Jahrzehnte atomar verseucht.
17 Es bestand und besteht jedoch weiterhin die Ge-
18 fahr, dass Atomwaffen eines Tages zum Einsatz
19 kommen und unvorstellbaren Schaden anrich-
20 ten.
21 Man spricht daher auch vom **„Gleichgewicht des**
22 **Schreckens"**.
23 Seit den 1970er Jahren entspannte sich das Ver-
24 hältnis der beiden Weltmächte zueinander.

Tipps für die Erarbeitung:
Ihr könnt beim Lesen die Schritte des Textknackers anwenden. Was habt ihr über Atomwaffen erfahren?
–

Tipps für die Präsentation
– Die Folgen einer Atombombenzündung erklären.
– Den Begriff „Gleichgewicht des Schreckens" erörtern.

Die Weltmächte USA und Russland heute

Wieviel Macht haben die Weltmächte noch?

[1] Die Gemeinschaft Unabhängiger Staaten (GUS) als Nachfolger der UdSSR.

Im Kartenbild:
- Europäisches Nordmeer
- Nordpolarmeer
- Anadyr
- Pazifischer Ozean
- Franz-Josef-Land
- Swernaja Semlja
- Murmansk
- Nowaja Semlja
- Kamtschatka
- Estland, Lettland, Litauen
- zu Russ.
- St. Petersburg
- **R u s s l a n d**
- **(R u s s i s c h e   F ö d e r a t i o n)**
- Ochotsk
- Jakutsk
- Sachalin
- Kurilen
- Weiß-russland
- Kiew
- Moskau
- Jekaterinburg
- Jenissei
- Amur
- Ukraine
- M.
- Don
- Wolga
- Ural
- Omsk
- Krasnojarsk
- Irkutsk
- Baikalsee
- Wladi-wostok
- Georgien
- Armenien
- Aral-see
- Astana
- **Kasachstan**
- Balchasch-see
- Baikonur
- Schwarzes Meer
- Kaspisches M.
- Irtysch
- Aserbai-dschan
- Turk-menistan
- Usbe-kistan
- Almaty
- Aschchabad
- Taschkent
- **Kirgisistan**
- **Tadschikistan**
- 1000 km

Das Gebiet der ehemaligen Sowjetunion ist in Flächenfarben dargestellt.
Litauen aus der Sowjetunion ausgetretene Republiken
— Grenze der Gemeinschaft Unabhängiger Staaten (GUS) 2014
Ukraine aus der GUS ausgetretene Staaten
— Staatsgrenzen 2014
🔥 Konfliktherd   M. = Moldawien

1. Zählt die Länder auf, die zur Gemeinschaft Unabhängiger Staaten (GUS) gehören.
2. Nennt Länder, in denen es Konflikte gegeben hat.
3. Vergleicht [1] mit Karte [1] auf Seite 156. Nennt Länder, die nicht mehr zum Einflussbereich Russlands gehören.

Russland heute

Gegen Ende des Zweiten Weltkrieges und in der Zeit danach hatte die Sowjetunion ihren Einflussbereich in Europa ausgedehnt. Wirtschaftlich und militärisch versuchte sie, den Westen zu überholen, was jedoch nicht gelang.

Der Lebensstandard in der Sowjetunion blieb weit hinter dem der westlichen Industrieländer zurück. Das Wettrüsten zwischen NATO und Warschauer Pakt verschlang einen großen Teil der Wirtschaftskraft, sodass die Versorgung der Menschen sich noch einmal verschlechterte.

Reformversuche im wirtschaftlichen Bereich ab Mitte der 1980er Jahre scheiterten.

1991 wurde die UdSSR aufgelöst. Russland und die Gemeinschaft Unabhängiger Staaten (GUS) gelten als ihre Nachfolger.

Einige Staaten wie Georgien, Aserbaidschan oder Armenien wurden selbstständige Staaten und verblieben nicht in der GUS. Andere Staaten wie Tschetschenien oder Dagestan versuchten ebenfalls, unabhängig zu werden, wurden aber militärisch von Russland gezwungen, in der GUS zu bleiben. Auf den Versuch der Ukraine im Jahr 2014, sich dem Westen zu nähern, antwortete Russland mit der Annexion* der zur Ukraine gehörenden Halbinsel Krim.

4. Vergleicht [2] und [4]. Zieht Schlüsse über die Wirtschaftskraft und den Lebensstandard der Menschen in Russland und in den USA.

[2] „Steckbrief" Russland (2011)

Bevölkerung:	ca. 142 Millionen
Bruttoinlandsprodukt:	1 857 Milliarden US-Dollar
Bruttonationaleinkommen pro Kopf:	10 400 US-Dollar
Export:	561 Milliarden US-Dollar
Import:	395 Milliarden US-Dollar

Annexion Gewaltsame und widerrechtliche Aneignung fremden Gebietes.

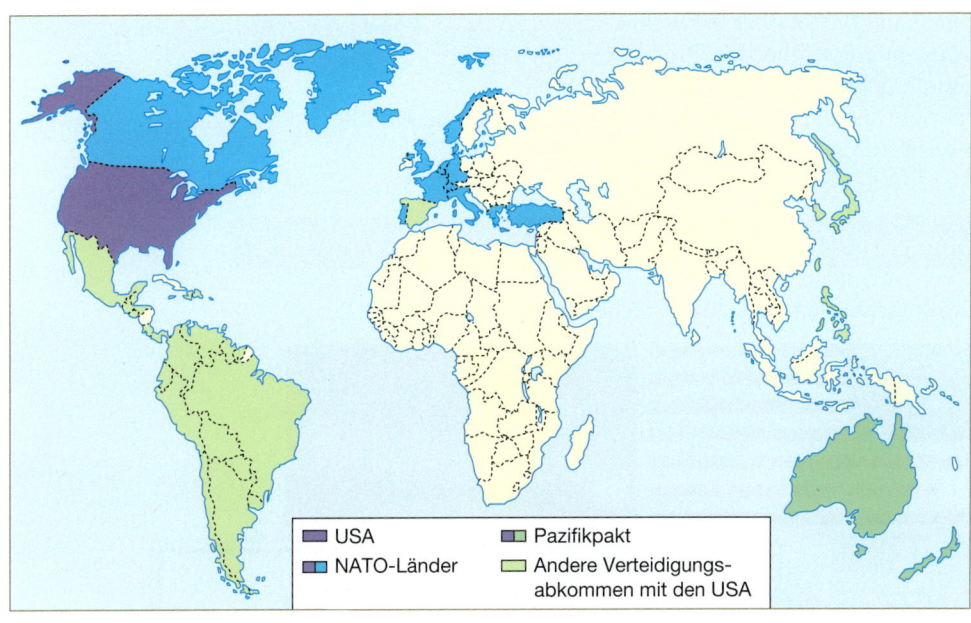

[3] Amerikanische Bündnissysteme.

USA
NATO-Länder
Pazifikpakt
Andere Verteidigungsabkommen mit den USA

5. Nennt Kontinente und Länder, die mit den USA militärisch verbündet sind.

Die USA heute

Auch die USA bemühten sich, mit dem Ende des Zweiten Weltkrieges ihren Einflussbereich vor allem in Westeuropa auszudehnen.

Zur Zeit des Kalten Krieges bekämpften die USA kommunistische Bewegungen in unterschiedlichen Ländern wie in Korea oder Vietnam. Die Niederlage in Vietnam gilt als Trauma der Weltmacht USA, der es nicht gelang, die kommunistische Bewegung des Vietcong in dem vergleichsweise kleinen Land niederzuringen.

Seit der Auflösung der UdSSR und des Warschauer Paktes gelten die USA unbestritten als bedeutendste Weltmacht.

Eine weitere Erschütterung des Selbstvertrauens der USA war der Anschlag islamistischer Terroristen auf das World Trade Center in New York am 11. September 2001 mit etwa 3 000 Toten.

Die USA präsentieren sich häufig als Verteidiger von Demokratie und Menschenrechten und entsenden Truppen in Krisengebiete. Oft sind hierbei eigene wirtschaftliche und politische Interessen im Spiel. Der Einsatz US-amerikanischer Soldaten erweist sich jedoch oft als nur bedingt erfolgreich.

[4] **„Steckbrief" USA (2011)**

Bevölkerung:	ca. 312 Millionen
Bruttoinlandsprodukt:	15 094 Milliarden US-Dollar
Bruttonationaleinkommen pro Kopf:	48 450 US-Dollar
Export:	1 481 Milliarden US-Dollar
Import:	2 207 Milliarden US-Dollar

Wählt einen der folgenden Arbeitsaufträge aus:

▪ Zeichnet Säulendiagramme zu [2] und [4], anhand derer man Russland und die USA vergleichen kann.

▪ Erstellt eine Tabelle mit Stichworten oder kurzen Sätzen:
Die Weltmächte heute

Russland (Nachfolger der UdSSR)	USA

Was ihr noch tun könnt…

- Im Internet recherchieren unter den Suchbegriffen „USA in Somalia", „USA in Afghanistan", „USA im Irak".
- Die weitere Entwicklung in der Ukraine im Internet und anderen Medien verfolgen.

Geschichte aktiv

In diesem Kapitel habt ihr viel über die Weltmächte USA und UdSSR erfahren.
Denkt auch daran, euer Portfolio zu führen:

– schöne Ergebnisse in Text und Bild sammeln,
– Lernerfahrungen zum Thema „Weltmächte USA und UdSSR" notieren.
Hier einige Anregungen, was ihr noch tun könnt:

1. Symbole erforschen

Symbole der Großmächte USA und UdSSR recherchieren und erklären.

Diese Fragen können euch helfen:
▶ Welche Bedeutung haben die Sterne und Streifen auf der Flagge der USA?
▶ Welche Bedeutung haben Hammer, Sichel bzw. der Stern auf der Flagge der UdSSR?
▶ Was symbolisiert die Freiheitsstatue [3] bzw. die Statue aus der UdSSR [4]?
▶ Wer sagt zum Betrachter „I want you"?
▶ Wer ist auf Bild [5] zu sehen?
Sucht nach weiteren Symbolen der beiden Großmächte und erklärt sie.

2. Filme ansehen

▶ Doktor Schiwago" (1965) erzählt eine Liebesgeschichte vor dem Hintergrund
  der Russischen Revolution und des folgenden Bürgerkrieges.
▶ „Reds" (1981) schildert die Russische Revolution aus der Sicht des amerikanischen
  Autors John Reed, der die Ereignisse der Oktoberrevolution selbst erlebt hat.
▶ „Thirteen Days" (2000) erzählt die Geschichte der Kubakrise aus Sicht der Ameri-
  kaner.

Das kann ich!

[1] **Wichtige Begriffe im Kapitel**

Kubakrise Oktoberrevolution Sowjetunion Wettrüsten
Bolschewiki Sozialismus Zarenreich
„The American Way of Life"
Weltwirtschaftskrise Stellvertreterkrieg

[2] **Der letzte Generalsekretär der Kommunistischen Partei der Sowjetunion Michail Gorbatschow äußerte sich 1987 zur Oktoberrevolution:**

„Die Oktoberrevolution war in der Tat eine Sternstunde der Menschheit ... Bei der Oktoberrevolution handelte es sich um eine Revolution des Volkes und für das Volk, für den Menschen, für seine Befreiung und Entwicklung.

Das Jahr 1917 hat gezeigt, dass die Wahl zwischen Sozialismus und Kapitalismus die soziale Alternative unserer Epoche ist und dass es im 20. Jahrhundert kein Vorwärts gibt, wenn man nicht ... dem Sozialismus entgegengeht. ...

Die Oktoberrevolution war ein machtvolles Aufbegehren von Millionen Menschen ..."

Zit. n. Neue Zeit 45, Verlag der Zeitung Trud, Moskau 1987. S. 2 ff.

[3] Karikatur von Horst Haizinger.

Sachkompetenz

1. Erklärt die wichtigen Begriffe aus [1].
2. Beschreibt die Entwicklung Russlands bzw. der Sowjetunion (UdSSR) mithilfe folgender Stichwort:
   - Zarenreich
   - Oktoberrevolution
   - Aufbau des Sozialismus
   - „Säuberungen"
   - Auflösung der UdSSR.
3. Nennt „Die vier Freiheiten", die das Selbstverständnis vieler US-Amerikaner widerspiegeln, und erklärt sie kurz.

Urteilskompetenz

4. Beschreibt und beurteilt die Vorstellung des „American Way of Life".
5. Beurteilt eine Rüstungspolitik, die nach dem Prinzip „Gleichgewicht des Schreckens" handelt.
6. Beurteilt/bewertet die Politik der Regierungschefs der USA (Kennedy) und der UdSSR (Chruschtschow) während der Kubakrise.

Methodenkompetenz

7. Analysiert den Text [2] mithilfe der Methodenschritte von Seite 161.
8. Erklärt die Karikatur [3].

Handlungskompetenz

9. Führt eine Diskussion in der Klasse zum Thema: Ist es sinnvoll, wenn die USA als „Verteidiger von Demokratie und Menschenrechten" Soldaten in Krisengebiete entsenden?

Deutschland nach 1945

Die Berliner Mauer

Berlin, 15. August 1961: Der 19-jährige Ostberliner Volkspolizist Conrad Schumann
hält Wache an der Sektorengrenze zwischen Ost- und Westberlin. Seit zwei Tagen wird
in Berlin eine Mauer gebaut, um Fluchtversuche in den Westen zu verhindern.
Schumanns Aufgabe ist es, DDR-Bürger davon abhalten, die letzte Möglichkeit zur
Flucht zu nutzen. Doch er springt über den Stacheldraht und läuft in den westlichen
Teil der Stadt.

1. Vermutet, welche Gründe Conrad Schumann für seine Flucht gehabt haben könnte.

2. Erzählt, was ihr über die Berliner Mauer und die Teilung Deutschlands wisst.

[1] In Berlin wird eine Mauer gebaut, die die Stadt in eine Osthälfte und eine Westhälfte teilt. *Foto, 1961.*

[3] West-Berliner winken ihren Verwandten im Ostteil der Stadt hinter der Mauer zu. *Foto, 1961.*

[2] Der 18-jährige Peter Fechner wird bei einem Fluchtversuch von Kugeln getroffen. Erst 45 Minuten später wird er von DDR-Grenzsoldaten fortgetragen. Zu diesem Zeitpunkt ist er bereits verblutet. *Foto, 1962.*

1. Beschreibt die Bilder [1] bis [4].
  – Was erfahrt ihr über die Berliner Mauer?
  – Was bedeutete die Mauer für die Menschen in beiden Teilen der Stadt?

Eine Mauer teilt Berlin

Am Morgen des 13. August 1961 wurden viele Berliner überrascht. Die Regierung der DDR hatte befohlen, in der vorausgegangenen Nacht mit dem Bau einer Mauer zu beginnen. Die Mauer sollte verhindern, dass Menschen aus dem Ostteil der Stadt in den Westteil gelangen konnten. Familien wurden getrennt, Freunde konnten sich nicht mehr besuchen.

Schon seit längerer Zeit hatte die DDR-Regierung damit begonnen, die Grenze zur Bundesrepublik auszubauen. Mit dem Bau der Mauer war die Grenze fast vollständig abgeriegelt.

Lange Zeit hatten die DDR-Grenzsoldaten den Befehl, auf Flüchtende, auch auf Frauen und Kinder, zu schießen. Ein Fluchtversuch wurde mit Gefängnis bestraft. Dennoch versuchten Menschen immer wieder, die Grenze zu überwinden. Bis zum Fall der Mauer 1989 starben etwa 800 Menschen bei dem Versuch, die deutsch-deutsche Grenze zu überwinden. Allein an der Berliner Mauer waren es mindestens 136.

[4] Grenzanlage zwischen den beiden deutschen Staaten.
Schemazeichnung.

2. Ordnet die Begriffe den Zahlen in der Abbildung zu:

A = Grenzschranke,
B = Gitterzaun,
C = Betonmauer,
D = Dorf an der Grenze auf dem Gebiet der DDR,
E = freies Gelände ohne Bäume und Büsche, auf dem man Flüchtlinge gut sehen konnte,
F = geharkter Weg, auf dem Fußspuren sofort sichtbar waren,
G = Erdbunker,
H = Weg aus Betonplatten für Pkw und Lkw,
I = Beobachtungstürme.

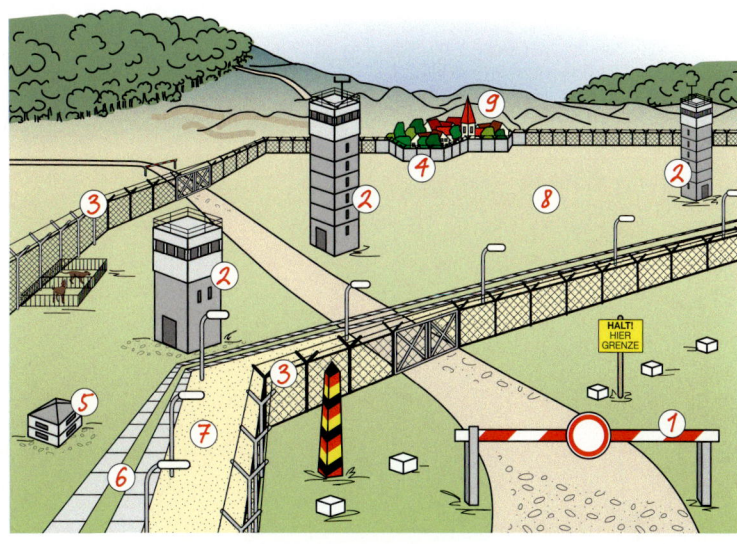

[5] **In einem Schulbuch der DDR aus dem Jahr 1988 heißt es:**

„Im Sommer 1961 verstärkten die Imperialisten der BRD den Kampf gegen die DDR. (...) Entschlossen handelte unser Staat. Am frühen Morgen des 13. August 1961 standen tausende Genossen der Kampftruppen aus den Betrieben entlang der Staatsgrenze zu Westberlin auf Wacht. Die Genossen der Deutschen Volkspolizei sorgten auf den Straßen und Bahnhöfen für Ruhe und Ordnung.

Einheiten der Nationalen Volksarmee und der Sowjetarmee standen mit ihrer Kampftechnik bereit, um jeden Angriff der Feinde abzuwehren. Auf diese Front entschlossener und kampfbereiter Männer wagten die Imperialisten keinen ernsthaften Angriff. (...) Den Agenten aus Westberlin und aus der BRD war der freie Zugang in unsere Republik versperrt.

Mit der Sicherung der Grenzen zu Westberlin und zur BRD kam unser Staat weiteren Angriffen der Imperialisten zuvor. Die Imperialisten der BRD hatten schon Pläne ausgearbeitet, wie sie unsere Republik erobern wollten. Diese Ziele konnten sie nun nicht mehr verwirklichen. Der Frieden wurde gerettet."

„Staatsbürgerkunde", Klasse 8, Volkseigener Verlag Berlin, 1986.

[6] **Der damalige sowjetische Regierungschef Nikita Chruschtschow begründet seine Unterstützung für den Bau der Berliner Mauer:**

„Was sollte ich denn tun? Mehr als 30 000 Menschen, und zwar mit die besten und tüchtigsten Menschen aus der DDR, verließen im Monat Juni das Land. Man kann sich unbeschwert ausrechnen, wann die ostdeutsche Wirtschaft zusammengebrochen wäre, wenn wir nicht alsbald etwas gegen die Massenflucht getan hätten. ... Also blieb nur die Mauer übrig."

Zit. n. Hans Kroll, Lebenserinnerungen eines Botschafters, Köln, Berlin (Kiepenheuer & Witsch) 1967, S. 512

3. Vergleicht die Texte [5] und [6].
– Erläutert den wirklichen Grund für den Bau der Mauer mithilfe der Äußerung Chruschtschows.
– Nennt Gründe, warum die DDR den Bau der Mauer im Schulbuch [5] so ganz anders erklärte.

Wählt einen der folgenden Arbeitsaufträge aus:

▣ Entwerft eine Skizze nach [4].

▣ Schreibt einen Tagebucheintrag einer Person, die trotz aller Gefahren und Folgen einen Fluchtversuch aus der DDR plant.

Orientierung

[1] Deutschland nach dem Zweiten Weltkrieg. *Karte.*

1. Erläutert die Karte [1].
- Wo lag das Staatsgebiet des Deutschen Reiches 1937?
- Wo sind die Grenzen der heutigen Bundesrepublik zu erkennen?

Deutschland nach 1945
Die Geschichte Deutschlands nach 1945 lässt sich in drei Phasen einteilen:

Besatzungszeit
Von 1945 bis 1949 war Deutschland von den vier Siegermächten des Zweiten Weltkrieges Großbritannien, USA, UdSSR und Frankreich besetzt. Die vier Siegermächte verwalteten jeweils eine Besatzungszone. Auch Berlin war in vier Sektoren geteilt. Deutschland als eigenständiger Staat existierte in dieser Zeit nicht.

Koexistenz zweier deutscher Staaten
1949 wurden zwei deutsche Staaten gegründet: In den von Großbritannien, den USA und Frankreich verwalteten Westzonen entstand die Bundesrepublik Deutschland. In der von der UdSSR verwalteten Ostzone entstand die DDR. Die Bürger beider deutscher Staaten hatten unterschied-liche Pässe. Die Bundesrepublik Deutschland gehörte dem westlichen Verteidigungsbündnis „NATO" (= North Atlantic Treaty Organisation) an. Die DDR trat dem östlichen Verteidigungsbündnis „Warschauer Pakt" bei. Im Kriegsfall hätten deutsche Soldaten aus der Bundesrepublik und deutsche Soldaten aus der DDR aufeinander schießen müssen.

Diese beiden deutschen Staaten existierten bis 1989/90 nebeneinander.

Wiedervereinigung
Nach dem Fall der Berliner Mauer im November 1989 gab es in der DDR zum ersten Mal freie demokratische Wahlen. Am 3. Oktober 1990 wurde das Staatsgebiet der DDR dem der Bundesrepublik angeschlossen. Seitdem gibt es wieder einen deutschen Staat auf den Gebieten der alten Bundesrepublik und der ehemaligen DDR.

2. Zeigt die Entwicklung Deutschlands nach 1945 anhand der Karte [1] auf.

1939–1945
Zweiter Weltkrieg:
etwa 60 Millionen
Menschen verlieren
ihr Leben.

1945/46
Flucht und Vertreibung: etwa 12 Millionen Menschen flüchten gegen Ende des Zweiten Weltkriegs aus ihrer Heimat oder werden vertrieben.

1945–1949
Besatzungszeit: Deutschland wird von den vier Siegermächten Großbritannien, USA, UdSSR und Frankreich verwaltet.

1949
Gründung der Bundesrepublik Deutschland und der DDR

1953
Volksaufstand
in der DDR

1955/56
Wiederbewaffnung beider deutscher Staaten. Eingliederung der Bundesrepublik Deutschland in die „NATO" und der DDR in den „Warschauer Pakt.

1961
Bau der Berliner Mauer:
Die Regierung der DDR
hindert ihre Bürger
daran, in den Westen zu
gehen.

1969–1975

Die „Ostverträge" und die die Verhandlungen der KSZE verbessern das Verhältnis zwischen beiden deutschen Staaten.

1989/90
Nach dem
Wachsen der
Protestbewe-
gung in der

DDR fällt die Berliner Mauer und mit ihr die Grenze zwischen den beiden deutschen Staaten. Schließlich kommt es zur Wiedervereinigung.

Deutschland nach 1945

Wie veränderte sich Deutschland nach dem Zweiten Weltkrieg?
Warum entstanden zwei deutsche Staaten?
Wie war das Verhältnis der beiden deutschen Staaten zueinander?
Wie kam es zu einem Volksaufstand in der DDR?
Warum sperrte die DDR ihre Bürger ein?
Wie kam es zum Fall der Mauer?
Mit diesen und ähnlichen Fragen beschäftigt sich das folgende Kapitel.

Wichtige Kompetenzen in diesem Kapitel

Sachkompetenz
▸ das Alltagsleben der Menschen in der Nachkriegszeit beschreiben
▸ Gründe für Flucht und Vertreibung nennen
▸ die Ziele der Siegermächte bezüglich der Zukunft Deutschlands nach dem Krieg erläutern
▸ die Gründung beider deutscher Staaten erläutern
▸ die unterschiedlichen wirtschaftlichen, gesellschaftlichen und politischen Systeme der Bundesrepublik Deutschland und der DDR erklären
▸ den Fall der Berliner Mauer und die Wiedervereinigung beider deutscher Staaten erläutern
▸ das Wahlsystem der Bundesrepublik Deutschland erklären

Methodenkompetenz
▸ Spielfilme analysieren

Urteilskompetenz
▸ die Auswirkungen der unterschiedlichen Systeme in der Bundesrepublik und der DDR auf das Leben der Menschen beurteilen
▸ die „neue Ostpolitik" unter Willy Brandt beurteilen

Handlungskompetenz
▸ einen Standpunkt zur „Westintegration" und Wiederbewaffnung einnehmen und argumentativ vertreten

Ein besiegtes und besetztes Land

Was soll mit Deutschland geschehen?

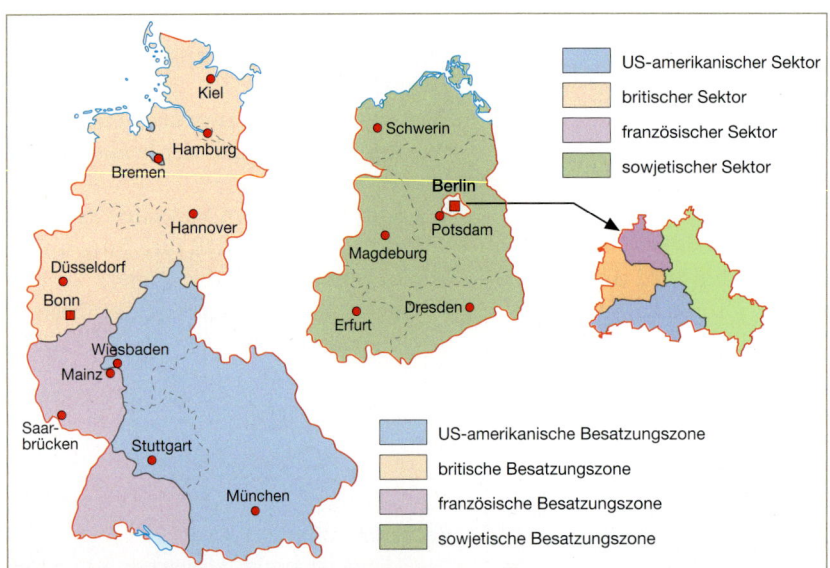

[1] Deutschland ist besetzt.

US-amerikanischer Sektor
britischer Sektor
französischer Sektor
sowjetischer Sektor

US-amerikanische Besatzungszone
britische Besatzungszone
französische Besatzungszone
sowjetische Besatzungszone

[2] Die Konferenz von Potsdam 1945: Die „Großen Drei" von links: der britische Premierminister Churchill, der amerikanische Präsident Truman und der sowjetische Staatschef Stalin. *Foto.*

Die Konferenz von Potsdam

Nach der bedingungslosen Kapitulation am 8. Mai 1945 war der Krieg für Deutschland beendet. Wie würden die Sieger mit den Besiegten umgehen?

Schon vor der Kapitulation hatten die Alliierten begonnen, in den besetzten Gebieten die Ordnung wieder herzustellen. Die Macht wurde von den örtlichen Militärkommandanten ausgeübt. Während der Konferenz von Potsdam vom 17. Juli bis zum 2. August 1945 berieten die „Gro-

ßen Drei" – die Staatschefs von Großbritannien, der USA und der UdSSR – über die politische Zukunft Deutschlands.

Im Wesentlichen wurde beschlossen:
– Bestätigung der Aufteilung Deutschlands in vier Besatzungszonen, die von den vier Siegermächten verwaltet werden sollten. (Frankreich war in den Kreis der Siegermächte aufgenommen worden.)
– Aufteilung Berlins in vier Sektoren (= Bezirke) und gemeinsame Verwaltung der Hauptstadt.
– Oberste Regierungsgewalt ist der Alliierte Kontrollrat.
– Völlige Abrüstung und Entmilitarisierung.
– Bestrafung der Kriegsverbrecher.
– Kriegsentschädigung: Jede Besatzungsmacht konnte sich in ihrer Besatzungszone entschädigen lassen und beispielsweise Fabriken demontieren und im eigenen Land wieder aufbauen.
– Unterstellung der deutschen Gebiete östlich der Oder-Neiße-Linie unter polnische bzw. des Nordteils Ostpreußens unter russische Verwaltung. Die polnische und deutsche Bevölkerung in den betreffenden Gebieten sollte „umgesiedelt" werden.

1. Erläutert die Karte [1] mithilfe des Textes.
2. Beschreibt das Foto [2]. Welchen Eindruck über das Verhältnis der drei Regierungschefs vermittelt das Bild?

[3] Die Nürnberger Prozesse.
In den ersten Reihen sind die
Verteidiger zu sehen, dahinter
die Hauptangeklagten.
Foto, 1946.

Die Nürnberger Prozesse

Im November 1945 begannen die Nürnberger Prozesse. 22 führende Nationalsozialisten und Generale der Wehrmacht wurden vor einem Militärgerichtshof der vier Siegermächte angeklagt.

Hitler und andere führende Nationalsozialisten wie Goebbels (Propagandaminister) oder Himmler (Reichsführer-SS, Innenminister) hatten sich gegen Kriegsende ihrer Verantwortung durch Selbstmord entzogen.

Hauptanklagepunkte waren:
- *Kriegsverbrechen:* Mord und Misshandlungen an Kriegsgefangenen und Zivilisten, Tötung von Geiseln
- *Verbrechen gegen die Menschlichkeit:* Verfolgung, Versklavung und Ausrottung von Menschen aus rassistischen Motiven
- *Verbrechen gegen den Frieden:* Vorbereitung und Durchführung eines Angriffskrieges.

Alle Angeklagten beriefen sich darauf, nur auf Befehl gehandelt zu haben bzw. von den Verbrechen nichts gewusst zu haben.

Der Prozess endete mit zwölf Todesurteilen, sieben z.T. langen Freiheitsstrafen und drei Freisprüchen.

Entnazifizierung

Die Siegermächte begannen 1946 in ihren jeweiligen Besatzungszonen in einem Entnazifizierungsverfahren, ehemalige Nationalsozialisten zu identifizieren und gegebenenfalls aus wichtigen Ämtern zu entfernen bzw. zu bestrafen. Dabei wurde unterschieden, ob jemand wegen begangener Kriegsverbrechen als „Hauptbelasteter" galt, durch Mittäterschaft schwer oder weniger schwer belastet war, ein Mitläufer war oder als entlastet zu gelten hatte.

Nach wenigen Jahren endete die Entnazifizierung. Nur ein Bruchteil der Täter wurde überhaupt vor Gericht gestellt.

Viele Angeklagte, die wegen schwerer Verbrechen vor Gericht standen, kamen mit geringen Strafen davon oder wurden freigesprochen.

Sowohl in der Bundesrepublik als auch in der DDR wurden wichtige Positionen in den Bereichen Militär, Wirtschaft oder Justiz oftmals von Personen besetzt, die während der Zeit des Nationalsozialismus Schuld auf sich geladen hatten. Andererseits gab es immer wieder Gerichtsverfahren gegen Kriegsverbrecher.

3. Erklärt, welche Ziele die Alliierten mit der Entnazifizierung verfolgten.

Wählt einen der folgenden Arbeitsaufträge aus:

◾ Vergleicht die Karte [1] mit einer politischen Karte der Bundesrepublik Deutschland im Atlas. Erstellt eine Tabelle:

Besatzungszone	Bundesländer heute

◾ Schreibt eine Reportage eines Journalisten, der die Eröffnung der Nürnberger Prozesse [3] verfolgt.

Die Nachkriegszeit

Wie lebten die Menschen nach der Kapitulation?

[1] Gemüseanbau in der zerstörten Stadt Berlin. *Foto, 1946.*

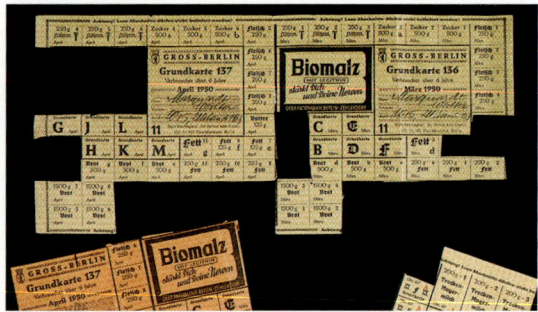

[2] Lebensmittelknappheit nach dem Krieg. *Foto, 1949.*

[3] Trümmerfrauen bei der Arbeit. *Foto, 1946.*

1. Beschreibt die Fotos [1], [2], [3] und [5]. Berichtet, was ihr über das Leben in der Nachkriegszeit erfahrt.

Leben in Not

Viele deutsche Städte waren ausgebombt, die Versorgung mit Lebensmitteln und anderen Gütern zusammengebrochen. Auf den Straßen sah man Flüchtlinge und Kriegsinvaliden (Verletzte). Mehr als 100 000 Kinder, die ihre Eltern verloren hatten, irrten hungernd durch das Land.

Die Menschen vor dem Hungertod zu bewahren, wurde ein drängendes Problem. Zur Zeit der größten Not standen beispielsweise in Essen für einen Erwachsen, der etwa 3 000 Kalorien pro Tag benötigt, weniger als 750 Kalorien pro Tag zur Verfügung. Tausende fuhren in überfüllten Zügen aufs Land, um dort wertvolle Gegenstände wie kostbares Porzellangeschirr oder Silberbesteck gegen dringend benötigte Lebensmittel einzutauschen. Der eiskalte Winter 1946/47 brachte die Menschen noch einmal in Bedrängnis. Die in viel zu geringen Mengen vorhandene Kohle wurde für die Industrie gebraucht. Viele Menschen sahen sich gezwungen, von unbewachten Transporten Kohlen zu stehlen.

„Trümmerfrauen"

In den zerbombten Städten mangelte es an Wohnraum. Die Menschen begannen damit, das Chaos zu beseitigen, um neuen Wohnraum zu schaffen. Viele Männer waren im Krieg gestorben, befanden sich in Kriegsgefangenschaft oder wurden vermisst. Daher spielten Frauen vor allem in den ersten Monaten und Jahren nach dem Ende des Krieges eine wichtige Rolle.

Mit einfachen Werkzeugen befreiten sie noch verwertbare Steine von Mörtel und Zementresten. Die Steine konnten dann wieder zum Häuserbau verwendet werden. Die „Trümmerfrauen" wurden zum Symbol des beginnenden Wiederaufbaus.

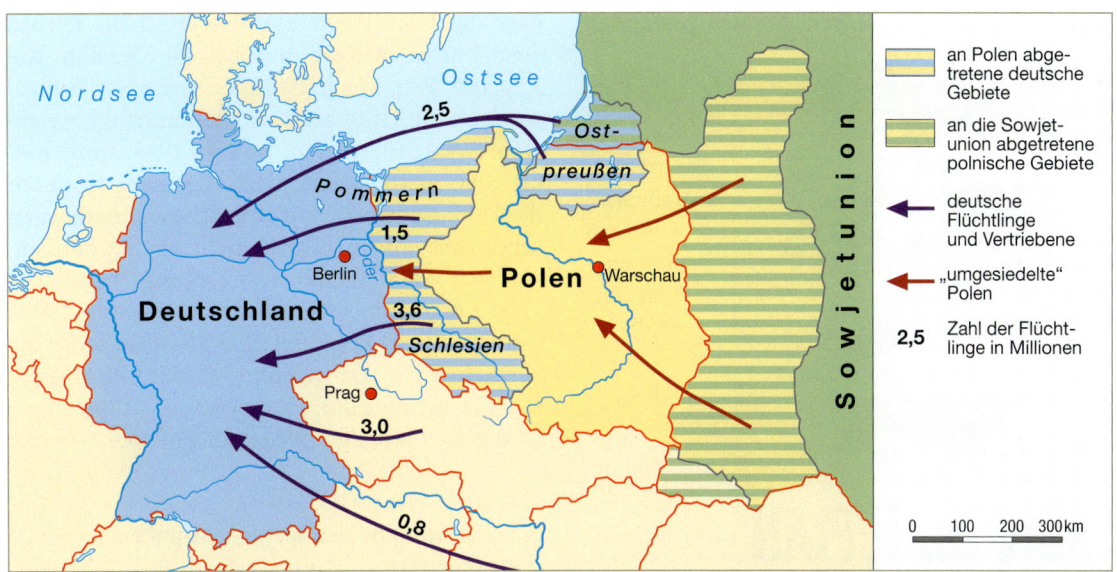

Nordsee
Ostsee

2,5

Ost-
preußen

Pommern

1,5

Berlin
Oder

Deutschland

Polen   Warschau

3,6

Schlesien

Prag

3,0

0,8

Sowjetunion

Legende:
- an Polen abgetretene deutsche Gebiete
- an die Sowjetunion abgetretene polnische Gebiete
- deutsche Flüchtlinge und Vertriebene
- „umgesiedelte" Polen
- 2,5 Zahl der Flüchtlinge in Millionen

0   100   200   300 km

[4] Gebietsveränderungen nach dem Zweiten Weltkrieg sowie Flucht und Vertreibung.

2. Beschreibt und erklärt die Karte [4] mithilfe der Legende.

Flucht und Vertreibung

Seit dem Herbst 1944 waren Millionen von Menschen aus Angst vor der heranrückenden russischen Armee in Richtung Westen geflohen. Auf die Flüchtlingstrecks und -schiffe wurde geschossen. Es starben mehr als zwei Millionen Menschen.

Nach den Beschlüssen von Potsdam (S. 182) wurden die deutschen Ostgebiete unter polnische und russische Verwaltung gestellt. Etwa drei Millionen Polen wurden nach dem Krieg aus ihrer Heimat in ehemals deutsche Gebiete zwangsweise umgesiedelt. Insgesamt etwa zwölf Millionen Deutsche waren infolge des Krieges auf der Flucht oder wurden vertrieben.

Eigentlich sollten die „Umsiedlungen", wie es im Protokoll der Potsdamer Konferenz hieß, gewaltfrei und „ordnungsgemäß" erfolgen. Das war aber nicht der Fall. Meistens hatten die Menschen nur wenige Minuten Zeit, ihre Häuser zu verlassen und das Nötigste zusammenzupacken. Im Westen angekommen, betrachtete man die Flüchtlinge und Vertriebenen oft zunächst als Eindringlinge, von deren Schicksal man nicht viel wusste und die nun in der ohnehin schweren Versorgungslage auch noch miternährt und untergebracht werden mussten.

[5] Deutsche Flüchtlinge nach der Ankunft. *Foto, Januar 1945.*

Wählt einen der folgenden Arbeitsaufträge aus:

◾ Zeichnet die Karte [4] groß auf eine Plakatwand für das Klassenzimmer.

◾ Schreibt einen Tagebucheintrag eines Kindes, das mit seiner Mutter, zwei weiteren jüngeren Geschwistern und der schon alten und gebrechlichen Großmutter mit einem Planwagen aus dem Osten nach Westen flieht. Vom Vater, der Soldat ist, hat die Familie seit Monaten nichts gehört. Geht auf alltägliche Probleme, Hoffnungen und Ängste ein.

Der Ost-West-Konflikt

Warum wurden zwei deutsche Staaten gegründet?

[1] Werbeplakat für den Marshallplan. (offiziell: European Recovery Program, ERP). *1950er Jahre.*

dass die USA ihren Einflussbereich in Europa ausdehnten. Andere europäische Staaten wie England, Frankreich, Griechenland oder Portugal nahmen die Hilfe an. Das taten auch die westlichen Besatzungszonen. Im Juni 1948 wurde hier die alte, wertlos gewordene Reichsmark durch die D-Mark ersetzt. Für das alte Geld hatte man schon seit langem nichts mehr kaufen können, weil der Staat die Preise festgelegt hatte. Die Kaufleute waren nicht bereit, ihre Waren gegen wertloses Geld einzutauschen. Stattdessen hatte der Schwarzmarkt geblüht. Mit Einführung der D-Mark wurde die Preisbindung aufgehoben. Nun gab es fast alles wieder zu kaufen.

1. Erörtert Plakat [1].
2. Erklärt mithilfe des Textes, was auf dem Foto [2] zu sehen ist.

[2] Plötzlich waren die Schaufenster in den Westzonen wieder voll. *Foto 1948.*

Marshallplan und Währungsreform

Die meisten Staaten in Europa waren nach dem Krieg wirtschaftlich am Boden. In den USA war der „Marshallplan" entwickelt worden (benannt nach dem damaligen Außenminister George C. Marshall): Gelder flossen nach Europa, damit dort Nahrungsmittel, Rohstoffe und Maschinen aus den USA gekauft wurden. Die Wirtschaft in den europäischen Ländern sollte so wieder in Gang kommen, die US-amerikanische Wirtschaft vom Export profitieren.

Die UdSSR und die mit ihr befreundeten Staaten lehnten den Marshallplan ab, weil sie fürchteten,

Die Berlinkrise

Als Reaktion auf den Marshallplan und die Währungsreform führte die Sowjetunion in der Ostzone ebenfalls eine neue Währung ein: die „Mark", auch „Ostmark" genannt. Die neue Währung sollte in ganz Berlin gelten, das von den vier Siegermächten gemeinsam verwaltet wurde. Daraufhin führten die westlichen Siegermächte in ihren Sektoren die D-Mark ein.

Aus diesem Konflikt entstand die Berlinkrise:
– Die westlichen Siegermächte befürchteten, dass die Sowjetunion ihren Machtbereich auf ganz Berlin ausdehnen wollte.
– Die Sowjetunion betrachtete die Westsektoren Berlins als „Vorposten" der westlichen Siegermächte mitten in ihrem Machtbereich.
– Um ihren Machtanspruch zu unterstreichen, sperrte die Sowjetunion ab Ende Juni 1948 alle Zugangswege von den Westzonen nach Berlin ab.
– Dies führte unmittelbar zu einer Versorgungskrise. Es mangelte an Lebensmitteln, Medikamenten und Kohle.
– Die USA und Großbritannien begannen zügig mit dem Aufbau einer Luftbrücke. Berlin wurde mithilfe von Flugzeugen, von den Berlinern „Rosinenbomber" genannt, mit allen notwendigen Gütern versorgt.

Die Luftbrücke brachte eine weitere Annäherung zwischen den Westzonen und den westlichen Siegermächten mit sich.

[3] Die Luftbrücke nach Berlin. Ein amerikanisches Versorgungsflugzeug, auch „Rosinenbomber" genannt, im Landeanflug. *Foto, 1948.*

3. Notiert Stichworte und tragt ein Gespräch vor, das zwei oder drei der Personen auf dem Foto [3] geführt haben könnten.

Die Gründung von zwei deutschen Staaten

In allen Besatzungszonen wurden 1945/46 neue Länder gegründet. Im Westen wurden daraus später die Bundesländer. Im Juli 1948 beauftragten die Besatzungsmächte in den Westzonen die Ministerpräsidenten der Länder, eine Verfassung für einen neuen deutschen Staat auszuarbeiten.
Nach der Konfrontation zwischen den westlichen Siegermächten und der Sowjetunion wurde immer deutlicher, dass es kaum möglich sein würde, einen neuen einheitlichen deutschen Staat zu schaffen, in dem alle vier Besatzungszonen vereinigt wären.
Am 23. Mai 1949 trat in den Westzonen das „Grundgesetz" in Kraft. Damit war ein neuer Staat, die Bundesrepublik Deutschland, gegründet.
Wenige Monate später, am 7. Oktober 1949, wurde die Verfassung der DDR, der „Deutschen Demokratischen Republik" verkündet.
Nun existierten zwei deutsche Staaten.

4. Bringt die folgenden Begriffe in die richtige Reihenfolge: – Gründung der DDR, – Marshallplan, – Währungsreform, – Berlinblockade, – Gründung der Bundesrepublik Deutschland.

Wählt einen der folgenden Arbeitsaufträge aus:

■ Zeichnet mithilfe der Karte [1] von Seite 182 eine Skizze: Aus den vier Besatzungszonen werden zwei deutsche Staaten.

■ Viele Berliner haben während der Berlinkrise Dankesbriefe an die Piloten der „Rosinenbomber", die sie selbstverständlich nicht persönlich kannten, geschrieben. Verfasst einen solchen Brief.

Was ihr noch tun könnt...

■ eine Fassung des „Grundgesetzes für die Bundesrepublik Deutschland" aus der Zeit vor der Wiedervereinigung 1989/90 besorgen und die „Präambel" (Einleitung) lesen und erklären.

Zwei deutsche Staaten

Wie unterschieden sich die Bundesrepublik Deutschland und die DDR?

[1] Einmillionster VW-Käfer läuft in Wolfsburg vom Band. *Foto, 1955.*

[2] Der Kühlschrank ist voll. *Werbeplakat um 1960.*

1. Vermutet mithilfe von [1] und [2], wie sich die Bundesrepublik Deutschland wirtschaftlich weiter entwickelte.

Die Bundesrepublik Deutschland

Mit dem Inkrafttreten des Grundgesetzes entstand in den drei Westzonen ein demokratischer und sozialer Rechtsstaat. Wichtige Bestimmungen des Grundgesetzes waren:

– Die Grund- und Menschenrechte sind unaufhebbar.

– Es finden allgemeine, unmittelbare und geheimen Wahlen statt.
– Die Macht wird über das demokratisch gewählte Parlament ausgeübt. Hier werden fast alle wichtigen Entscheidungen getroffen.
– Es herrscht Gewaltenteilung: Regierung, Parlament und Justiz (Rechtssprechung) sind getrennte Institutionen.
– Eigentum bleibt gewährleistet.
– Parteien, die sich gegen die demokratische Verfassung richten, sind verboten.

Das Wirtschaftssystem war auf eine soziale Marktwirtschaft ausgerichtet: Jeder hatte das Recht, im Rahmen der gesetzlichen Ordnung Geschäfte zu machen und Geld zu verdienen. Gleichzeitig verpflichtete sich der Staat beispielsweise mithilfe eines Sozialversicherungssystems, alle Bürger sozial abzusichern und Bedürftige zu unterstützen.

2. Erklärt die Vorteile der „Sozialen Markwirtschaft".

Das „Wirtschaftswunder"

Mithilfe der Kredite des Marshallplanes kam die Wirtschaft in der Bundesrepublik zügig in Schwung. Der Lebensstandard stieg schnell an; Häuser und Fabriken wurden gebaut. Neue Maschinen wurden gekauft, Firmen gegründet: Die Menschen verdienten Geld, das sie für die wieder produzierten und angebotenen Waren ausgaben. Dies kurbelte wiederum die Produktion erneut an. Mitte der 1950er Jahre mangelte es sogar an Arbeitskräften, sodass „Gastarbeiter" zunächst aus Spanien, Portugal, Jugoslawien und Italien, später auch aus der Türkei angeworben wurden.

Der schnelle und starke wirtschaftliche Aufschwung überraschte viele Menschen, die soeben noch das Kriegsende und ihr Land in Trümmern gesehen hatten. Daher sprach man auch vom „Wirtschaftswunder".

Die meisten Menschen in der Bundesrepublik Deutschland identifizierten sich mit ihrem Land. Es gab jedoch auch Menschen in der Bundesrepublik, die ein Leben in der DDR vorzogen und übersiedelten.

3. Erörtert den Begriff „Wirtschaftswunder".

[3] Plakat mit Aufforderung zum Eintritt in die LPG, *1958, Lithografie.*

[4] In der Wirklichkeit musste eine Familie oft zehn Jahre lang auf das Auto warten. *Werbeschild für einen Trabant, um 1960.*

Die DDR

Auch die Verfassung der DDR garantierte „allgemeine, unmittelbare und geheime Wahlen", Rede-, Presse-, Versammlungs- und Religionsfreiheit, Wahrung des Postgeheimnisses und den Schutz des Eigentums. Die Wirklichkeit sah jedoch anders aus:

– Die tatsächliche Macht ging nach dem Prinzip des „demokratischen Sozialismus" von der SED (= Sozialistische Einheitspartei Deutschlands) aus. Alle politischen Entscheidungen wurden hier getroffen.
– Bei Wahlen wurden zwar Kabinen aufgestellt, durften aber nicht benutzt werden.
– Wahlergebnisse wurden gefälscht.
– Jede Art von Kritik an der DDR oder der SED wurde strafrechtlich verfolgt.
– Die Staatssicherheit („Stasi") bespitzelte die Bürger mit kriminellen Methoden.
– Nach dem Bau der Berliner Mauer durften die DDR-Bürger ihr Land Richtung Westen nicht mehr verlassen.

Kollektivierung in der Wirtschaft

Wesentlich für die wirtschaftliche Entwicklung in der DDR war die Übernahme des Sozialismus nach russischem Vorbild in das politische, gesellschaftliche und wirtschaftliche Leben. Anstelle einer „Marktwirtschaft" sollte eine staatlich gelenkte und sozial gerechte „Planwirtschaft" ohne Ausbeutung entstehen.

Unter dem Motto „Junkerland in Bauernhand" (Junker = Großgrundbesitzer) wurden bereits kurz nach Kriegsende Großgrundbesitzer entschädigungslos enteignet. Die neuen staatseigenen Agrarbetriebe nannte man „LPGs", „Landwirtschaftliche Produktionsgenossenschaften". Ähnlich verlief die Entwicklung bei Banken, Industrie- und Handelsunternehmen. Auch sie wurden verstaatlicht und zu „VEBs", „Volkseigenen Betrieben" umgewandelt.

Die Entwicklung der Wirtschaft in der DDR ging im Vergleich zur Bundesrepublik nur langsam voran. Dies lag auch daran, dass die Sowjetunion als Kriegsentschädigung Maschinen demontierte, die im eigenen Land verwendet werden sollten, und einen Teil der produzierten Güter beschlagnahmte.

4. Erklärt das Plakat in [3].
5. Listet die Abkürzungen dieser Seite auf und schreibt die Auflösungen daneben.

Wegen der herrschenden Unfreiheit und der wirtschaftlichen Rückständigkeit im Vergleich zur Bundesrepublik standen viele DDR-Bürger ihrem Staat kritisch gegenüber. Nicht wenige Menschen glaubten aber auch an den Aufbau einer gerechten sozialistischen Gesellschaft in der DDR und nahmen diese Umstände in Kauf.

Wählt einen der folgenden Arbeitsaufträge aus:

▣ Stellt in einer Tabelle das Wirtschaftssystem, die wirtschaftliche und die politische Entwicklung der BRD und der DDR gegenüber.

▣ Schreibt ein Streitgespräch zweier befreundeter DDR-Bürger: Einer kritisiert den Staat und seine Regierung, der andere will sich am Aufbau eines gerechten sozialistischen Staates beteiligen und verteidigt die DDR.

Die Wiederbewaffnung

Welche Folgen hatte die „Westintegration" der Bundesrepublik?

[1] Demonstration gegen die Wiederbewaffnung in München. *Foto, um 1954.*

[2] Werbeplakat für die in die NATO integrierte Bundeswehr. *Um 1956.*

1. Beschreibt und erläutert die Abbildungen [1], [2] und [5]. Wie argumentieren die Befürworter und Gegner der Wiederbewaffnung?

❋
> **Integration** Eingliederung in ein größeres Ganzes, hier: „Westintegration" = Eingliederung der Bundesrepublik Deutschland in die NATO.

Bundesrepublik und DDR

Zwei deutsche Staaten existierten nun nebeneinander. Beide Staaten beanspruchten für sich, alle Deutschen zu vertreten und selbst demokratisch und friedliebend zu sein, während das jeweilige „andere Deutschland" sich in Abhängigkeit von den bisherigen Besatzern befinde. Beide Staaten forderten die deutsche Einheit – allerdings nach dem Vorbild des jeweils eigenen politischen, gesellschaftlichen und wirtschaftlichen Systems. Die Wahrscheinlichkeit, dass es in absehbarer Zeit eine Vereinigung beider deutscher Staaten geben könnte, wurde immer kleiner.

Die Bundesrepublik – Westintegration und Wiederbewaffnung

Zehn Jahre nach dem Ende des Zweiten Weltkrieges entstand in der Bundesrepublik ein Streit: Sollte das Land sich mit Erlaubnis der westlichen Siegermächte wieder bewaffnen und der NATO beitreten? Die Bundesrepublik würde sich damit weiter den westlichen Siegermächten nähern, ihre „Westintegration" vorantreiben. Diese Frage führte zu heftigen Diskussionen und Demonstrationen.

2. Lest [3] und [6]. Erläutert, wie für bzw. gegen die Wiederbewaffnung argumentiert wird.

> [3] **Die Befürworter der Wiederbewaffnung der Bundesrepublik verfolgten etwa folgende Argumentation:**
> - Ziel bleibt die Wiedervereinigung beider deutscher Staaten in Frieden und Freiheit.
> - Die drei Westmächte verpflichten sich gemeinsam mit der Bundesrepublik eine Wiedervereinigung herbeizuführen, wenn die Bundesrepublik sich wieder bewaffnet und der NATO beitritt.
> - Diese Wiedervereinigung soll auf friedlichem Wege erreicht werden.
> - Die Bundesrepublik Deutschland kann dieses Ziel nicht allein, sondern nur mit Hilfe der Westmächte erreichen.
> - Nur die Wiederbewaffnung und die Westintegration der Bundesrepublik ermöglichen eine Wiedervereinigung beider deutscher Staaten auf demokratischer Grundlage.

[4] Die Militärbündnisse NATO und Warschauer Pakt. Europäische Staaten.

[6] **Die Gegner vertraten im Januar 1955 im „Deutschen Manifest" folgenden Standpunkt:**

Die Aufstellung deutscher Streitkräfte in der Bundesrepublik (...) muss die Chancen der Wiedervereinigung für unabsehbare Zeit auslöschen und die Spannung zwischen Ost und West verstärken. Diese Maßnahme würde die Gewissensnot großer Teile unseres Volkes unerträglich steigern. Das furchtbare Schicksal, dass sich Geschwister einer Familie in verschiedenen Armeen mit der Waffe in der Hand gegenüberstehen, würde Wirklichkeit werden. (...) Unermesslich wäre die Verantwortung derer, die die große Gefahr nicht sehen, dass ... die Tür zu Viermächteverhandlungen über die Wiederherstellung der Einheit Deutschlands in Freiheit zugeschlagen wird.

Zit. n.: Christoph Kleßmann, Die doppelte Staatsgründung. Deutsche Geschichte 1945–1955. Göttingen, 1982, S. 484–85.

1955 trat die Bundesrepublik der NATO bei und begann mit dem Aufbau der Bundeswehr. Im darauf folgenden Jahr entstand in der DDR die „Nationale Volksarmee" (NVA). Die DDR schloss sich dem „Warschauer Pakt" an.

[5] Plakat der SPD gegen die Wiederbewaffnung. (Ausschnitt) *Um 1955.*

Wählt einen der folgenden Arbeitsaufträge aus:

▪ Erstellt eine Gegenüberstellung von Pro- und Contra-Argumenten zur Wiederbewaffnung. Ergänzt mit eigenen Argumenten.

▪ Nehmt selbst einen begründeten Standpunkt bezüglich der Wiederbewaffnung der Bundesrepublik ein und tragt ihn vor.

Protestbewegung und eine neue Ostpolitik

Was veränderte sich seit den 1960er Jahren?

[1] Demonstration in Berlin (West). *Foto, 1968.*

1. Beschreibt das Foto [1] und vermutet, gegen was der Protest der Demonstranten sich wendet.

Innenpolitische Veränderungen: Die „Außerparlamentarische Opposition"

In der Bundesrepublik Deutschland kam es – wie in fast allen europäischen Staaten und den USA – gegen Ende der 1960er Jahre zu Massenprotesten. Die Proteste wurden vor allem von jungen Menschen getragen. Sie richteten sich zunächst gegen die Beteiligung der USA am Vietnamkrieg (vgl. S. 170) und die von der Regierung beschlossenen „Notstandsgesetze", die unter bestimmten Bedingungen die Grundrechte eine Zeit lang außer Kraft setzen konnten.

Außerdem herrschte große Unzufriedenheit darüber, dass die Deutschen sich nicht ausreichend mit ihrer nationalsozialistischen Vergangenheit auseinandersetzten. Viele wichtige Positionen in Wirtschaft, Wissenschaft, Justiz und Politik waren von ehemaligen Nationalsozialisten besetzt. Die Demonstranten sahen hierin eine Gefährdung der Demokratie.

Vor allem Studenten protestierten gegen das „Establishment" (die bürgerliche Gesellschaft bzw. die Oberschicht der wirtschaftlich, politisch und gesellschaftlich einflussreichen Personen) und deren Traditionen.

Sie forderten tiefgreifende Veränderungen in verschiedenen Bereichen:
- Abschaffung sozialer Ungleichheit;
- Gleichberechtigung der Frau oder mehr direkte politische Einflussnahme;
- Die parlamentarische Demokratie selbst geriet in die Kritik. In den Augen vieler junger Menschen ermöglichte sie keine dringend notwendigen Veränderungen, sondern verhinderte jeden Fortschritt.
- Mehr direkte Einflussnahme auf die Politik: Viele Menschen wollten mehr als nur alle vier Jahre zur Wahl gehen. Die Protestbewegung nannte sich selbst daher auch „APO" – „Außerparlamentarische Opposition".

Der sozialdemokratische Bundeskanzler Willy Brandt versprach bei seiner Regierungserklärung 1969: „Wir wollen mehr Demokratie wagen."

2. Zählt auf: Wogegen protestierten die Anhänger der „APO"?

Außenpolitik: Wandel durch Annäherung

Infolge der Teilung Deutschlands verfestigte sich ein frostiges Verhältnis zwischen der Bundesrepublik auf der einen Seite und der DDR, Polen und der UdSSR auf der anderen Seite. Die Bundesrepublik erkannte die DDR als Staat nicht an und akzeptierte die Gebietsverluste nicht, die sich aus dem Zweiten Weltkrieg ergeben hatten.

[2] Bundeskanzler Willy Brandt vor dem Mahnmal für die Opfer des Aufstands im Warschauer Getto. Deutsche Truppen hatten 1943 einen Aufstand der dort unter unmenschlichen Bedingungen lebenden Juden blutig niedergeschlagen. *Foto, 7. 12. 1970.*

[3] KSZE-Gipfeltreffen in Helsinki. *Foto, 1975*

Nach Verhandlungen in den Jahren 1969 bis 1972 wurden Verträge mit der DDR, Polen und der UdSSR abgeschlossen, in denen die Anerkennung der bestehenden Grenzen, die gegenseitige Anerkennung sowie die Erhaltung des Friedens vereinbart wurden. Ein weiterer Schritt der Annäherung zwischen Ost und West war die „Konferenz für Sicherheit und Zusammenarbeit in Europa" (KSZE). An den Verhandlungen nahmen alle Staaten Europas und die Supermächte USA und UdSSR teil.

Was veränderte sich für die Menschen in der DDR?

Das Abschlussdokument der KSZE (1975) gewährleistete die Akzeptanz der Gleichberechtigung aller beteiligten Staaten. Diese Akzeptanz war an die Achtung der Menschenrechte gebunden. Seit 1969 näherten sich die USA der UdSSR und China an. Die im selben Jahr in der Bundesrepublik an die Macht gekommene Regierung von SPD und FDP unter Bundeskanzler Willy Brandt leitete eine „neue Ostpolitik" ein.

[4] **Im Abschlussdokument der KSZE (1975) wurden u. a. folgende Regelungen vereinbart:**
– Keine Androhung oder Anwendung von Gewalt.
– Unverletzlichkeit der bestehenden Grenzen.
– Friedliche Regelung von Streitfällen.
– Nichteinmischung in innere Angelegenheiten.
– Achtung der Menschenrechte.
– Gleichberechtigung und Selbstbestimmungsrecht der Völker.

Bürgerrechtsbewegungen in der DDR gewannen hierdurch einen gewissen Schutz. Es gab noch immer Verhaftungen, wenn DDR-Bürger den eigenen Staat kritisierten. Doch konnten sich nun westliche Staaten, insbesondere die Bundesrepublik, mit Hinweis auf das unterzeichnete Abschlussdokument der KSZE für diese Menschen einsetzen. Außerdem wurde die Reisefreiheit zwischen beiden deutschen Staaten verbessert.

3. Erläutert die Folgen der KSZE-Regelungen [4] für das Verhältnis zwischen den beiden deutschen Staaten.

Wählt einen der folgenden Arbeitsaufträge aus:

☑ Schreibt eine Reportage zu [1]: „Tausende von Studenten in Berlin auf der Straße".

☑ Der Kniefall Willy Brandts [2] gilt als Geste der Demut gegenüber den Opfern des Nationalsozialismus, aber auch als Symbol seiner „neuen Ostpolitik". Brandt wurde deswegen viel kritisiert. Nehmt Stellung zu Brandts Geste in einer selbst verfassten Rede.

Wahlseite — Volksaufstand in der DDR

1. Informiert euch auf dieser Seite über den Volksaufstand in der DDR.
2. Präsentiert eure Ergebnisse in der Klasse.

[1] Ostberliner Arbeiter demonstrieren vor dem Brandenburger Tor. *Foto, 17. Juni 1953.*

[2] Demonstranten werfen Steine auf sowjetische Panzer in Ost-Berlin. *Foto, 17. Juni 1953.*

Der 17. Juni 1953

An diesem Tag legten im gesamten Gebiet der DDR viele Menschen ihre Arbeit nieder und protestierten gegen die Politik der Regierung. Streiks und Demonstrationen gegen die Regierung waren in der DDR verboten. Was war geschehen?
Bereits einen Tag zuvor hatte es in Ost-Berlin Streiks gegeben, weil die Regierung die „Arbeitsnorm" erhöht hatte. Das bedeutete: Die Menschen sollten für dasselbe Geld mehr arbeiten.

In der DDR war der Lebensstandard erheblich schlechter als in der Bundesrepublik. Viele Menschen waren unzufrieden. Die Erhöhung der „Arbeitsnorm" löste einen Protest aus.
Die Forderungen der Demonstranten und Streikenden waren von Ort zu Ort verschieden. Zunächst verlangten sie eine Rücknahme der Erhöhung der Arbeitsnorm. Doch dann richtete sich der Protest gegen die Regierung selbst.
Die Demonstranten forderten u. a.:
– Rücktritt der Regierung,
– Zulassung sämtlicher großer Parteien Westdeutschlands,
– freie, geheime und direkte Wahlen,
– Freilassung aller politischer Gefangenen,
– sofortige Abschaffung der Zonengrenze,
– sofortige Auflösung der Volkspolizei,
– keine Bestrafung der Streikenden.

Die Sowjetunion greift ein

Die Regierung der DDR bekam die Situation nicht in den Griff, obwohl etwa 8 000 Volkspolizisten gegen die Demonstranten vorgingen.
Schließlich kam ihr die Sowjetunion zuhilfe. Russische Panzer rollten durch die Straßen der Städte. 20 000 bewaffnete Soldaten der Roten Armee schlugen den Aufstand mit Gewalt nieder.
Über die Opfer des Aufstandes gibt es keine genauen Zahlenangaben. Man geht davon aus, dass etwa 40 Menschen von DDR-Volkspolizisten und sowjetischen Soldaten erschossen wurden oder an den Folgen von Schussverletzungen starben. 19 Aufständische wurden von sowjetischen Standgerichten im Schnellverfahren zum Tode verurteilt und sofort hingerichtet.
Von der DDR-Justiz wurden später über 1 500 Menschen vor Gericht gestellt.
Der 17. Juni war in der Bundesrepublik Deutschland bis 1990 Gedenktag für die Opfer des Aufstandes und wurde „Tag der deutschen Einheit" genannt.

Tipp für die Erarbeitung
– Die Inhalte unter den Begriffen „Beginn des Aufstandes", „Forderungen", „Niederschlagung" und „Opfer" zusammenfassen.

Tipps für die Präsentation
– Die Bilder [1] und [2] mit dem Kopierer vergrößern.
– Die wichtigsten Forderungen der Aufständischen auf ein Plakat schreiben.

Wahlseite Die „Stasi"

1. Informiert euch auf dieser Seite über die „Stasi".
2. Präsentiert eure Ergebnisse in der Klasse.

[1] Teilnehmer einer Demonstration fordern die Auflösung der „Stasi". *Foto, 1990.*

[2] Akten im Stasi-Archiv. *Foto, 1990.*

[3] Die Stasi sammelte Tausende von Geruchsproben. Mithilfe von „Geruchskonserven" sollten Hunde die Spur von Menschen verfolgen. *Foto, 2009.*

[4] **Horst Fichter berichtet über ein Verhör der Stasi:**

„Da brüllte der Stasi-Typ mich an: ‚Sie Verbrecher. Sie Schwein. Sie Mörder.' Ich erwiderte: ‚Ich weiß jetzt, dass nicht ich, sondern Sie, Ihr System, Verbrechen begehen. Nicht ich, sondern Sie sind ein Verbrecher.' Nach diesen Worten warf er den Aschenbecher nach mir. Dann sprang er auf und haute mir seine Faust ... ins Gesicht."

Zit. n. Geo Epoche, Die DDR, S. 107.

Die „Staatssicherheit"

Das „Ministerium für Staatssicherheit" (MfS) auch „Stasi" genannt, bespitzelte die Bürger der DDR und auch andere Staatsbürger, wenn diese die DDR bereisten.

Jede Art von Opposition oder Unzufriedenheit mit der DDR oder deren Regierung sollte festgehalten und gegebenenfalls gegen die Menschen verwendet werden. Im Jahr des Mauerbaus 1961 verfügte die Stasi über 100 000 Spitzel.

Unter den Bürgern der DDR herrschte oft gegenseitiges Misstrauen. Die Menschen wussten nicht, wem sie vertrauen konnten und wer vielleicht ein Stasi-Spitzel war.

Die Mitarbeiter des MfS legten Akten an, in denen sie alle gesammelten Informationen über die observierten Menschen festhielten. Verdächtige wurden am Telefon abgehört, Briefe gelesen, Kontakte zu anderen Menschen notiert, Wohnungen und Arbeitsplätze mit Abhörwanzen ausgestattet.

Außerdem hatte die Stasi die Möglichkeit, Verdächtige vorzuladen oder zu verhaften und unter folterähnlichen Bedingungen zu verhören, ohne dass die Betroffenen sich dagegen wehren oder einen Rechtsanwalt einschalten konnten.

Tipp für die Erarbeitung
Die Aktivitäten mithilfe der Bilder und Bildunterschriften festhalten.

Tipp für die Präsentation
Die Arbeit der Stasi unter den Stichworten „Beobachtung", „Verhaftung", „Verhören" und „Folter" schildern.

1. Sammelt Informationen über Kindheit und Jugend in der Bundesrepublik.
2. Präsentiert eure Ergebnisse in der Klasse.

[1] **Andreas Sedlmair, geboren 1964, erzählt:**

„Morgens war man in der Schule, dann kamen die Hausaufgaben dran. Danach konnten wir machen, was wir wollten. Einige meiner Freunde waren im **Fußball- oder Sportverein**. Ein wichtiges Ereignis bei den katholischen Schülern war die **Erstkommunion**. Wir waren da in der dritten Klasse. Ich erinnere mich, dass es viele Geschenke gab.

Als wir 14 oder 15 Jahre alt waren, haben fast alle einen **Tanzkurs** gemacht. Der endete mit einem Abschlussball. Die Jungs kamen im Anzug, die Mädchen im Kleid.

Sonst haben wir viel englischsprachige Musik gehört, weniger deutsche. Das war nicht „in". Bis dann die „Neue Deutsche Welle" kam. Da haben wir auch deutsche Musik gehört. Es gab viele Partys, und manchmal sind wir auch zu **Konzerten** unserer Lieblingsbands gefahren.

Jeden Sommer bin ich mit meinen Eltern nach Oberbayern gefahren. Als Kind fand ich das gut, aber mit 14 oder 15 Jahren wurde es langweilig. Dann bin ich mit einer Jugendgruppe ins **Zeltlager** gefahren. Das wurde von der Kirche organisiert.

Dann kam die Zeit, in der meine Freunde und ich oft mit unseren **Mofas** unterwegs waren. Im Sommer sind wir zum Beispiel zum Baggersee gefahren. Der wäre mit dem Fahrrad zu weit weg gewesen.

Mit 18 Jahren, da war ich schon im zweiten Ausbildungsjahr, bin ich zum ersten Mal mit einem Freund **allein ins Ausland geflogen**. Wir waren auf Mallorca."

Im Gespräch mit dem Autor

[2] Abschlussball des Tanzkurses. *Foto, 1979.*

[3] Mit dem Mofa unterwegs. *Foto, 1979.*

[4] Mit Freunden auf Mallorca. *Foto, 1982.*

Tipp für die Erarbeitung
Den Textknacker nutzen.

Tipp für die Präsentation
Die wichtigsten Ereignisse unter den fett gedruckten Schlüsselwörtern vortragen.

Aufgewachsen in der DDR

1. Sammelt Informationen über Kindheit und Jugend in der DDR.
2. Präsentiert eure Ergebnisse in der Klasse.

[1] **Kerstin Gallwitz, geboren 1971, erzählt:**

„Ein großer Teil unserer Freizeit war von der Schule oder vom Staat organisiert. Ab der ersten Klasse war jeder Schüler **Jungpionier**. Von der vierten Klasse an zählte man dann zu den **Thälmannpionieren** (benannt nach einem Kommunistenführer, der von den Nazis ermordet wurde). In der achten Klasse wurden wir in die **FDJ**, in die **„Freie Deutsche Jugend"** aufgenommen.

Ein wichtiges Ereignis für jeden Jugendlichen mit 14 Jahren war die **Jugendweihe**. „Jugendweihe" bedeutete, dass man in die Welt der Erwachsenen aufgenommen wurde und mehr Verantwortung übernahm. Es war sehr feierlich und wir bekamen viele Geschenke.

Mit 14 oder 15 Jahren haben wir auch fast alle einen Tanzkurs gemacht. Samstags gingen wir immer in die **Disco**. Da wurden auch Lieder von DDR-Bands gespielt. Ich erinnere mich, dass wir lieber „Westmusik" gehört haben. **Konzerte** von Gruppen aus dem Westen waren aber eher selten. Und wenn es welche gab, war es kaum möglich, an Karten heranzukommen.

Ich war jedes Jahr mit meinen Eltern im **Urlaub**, meist an der Ostsee oder im Gebirge, aber eben immer in der DDR. Wir haben auf unser Auto 10 Jahre warten müssen. Als ich 16 Jahre alt war, sind wir mit unserem „Trabbi", so nannte man das Auto, das die meisten DDR-Bürger besaßen, nach Ungarn gefahren. Das war mein erster Urlaub im Ausland."

Im Gespräch mit dem Autor

[2] FDJ-Aufmarsch. *Foto, 1985.*

[3] Jugendweihe. *Foto, 1979.*

[4] Jugendliche in einer Diskothek in Ost-Berlin. *Foto, 1971.*

Tipp für die Erarbeitung
Den Textknacker nutzen. Zwischen „Privatem" und „vom Staat Organisiertem" unterscheiden.

Tipp für die Präsentation
Die wichtigsten Ereignisse unter den fett gedruckten Schlüsselwörtern vortragen.

Terror in der Bundesrepublik Deutschland

Was war die „Rote Armee Fraktion"?

[1] Im Herbst 1977 entführten RAF-Terroristen den Arbeitgeberpräsidenten Hanns Martin Schleyer, um inhaftierte RAF-Mitglieder freizupressen. Er wurde mehrere Wochen gefangengehalten und dann ermordet. *Foto, 1977.*

[2] 1989 wurde der Chef der Deutschen Bank Alfred Herrhausen in seinem Auto in die Luft gesprengt. Es starben auch der Fahrer und ein weiterer Mitarbeiter. *Foto, 1989.*

1. Beschreibt die Fotos [1] und [2] und lest die Bildunterschriften. Was erfahrt ihr über die „Rote Armee Fraktion"?

Die „Rote Armee Fraktion"

Aus der Protestbewegung der späten 1960er und 1970er Jahre entstand eine gewaltbereite Splittergruppe, die „Rote Armee Fraktion" (RAF), die auch vor Gewalt gegen Menschen nicht zurückschreckte. Über 20 Jahre versetzten Terroristen die Bevölkerung der Bundesrepublik immer wieder in Angst und Schrecken.

Mit der Kritik an Politik und Gesellschaft der Bundesrepublik versuchten die Mitglieder der RAF, Gewalt und Terror gegen den Staat und gegen Menschen zu rechtfertigen. Mit Bombenanschlägen auf Kaufhäuser oder militärische Einrichtungen und Banküberfällen begann die RAF Anfang der 1970er Jahre ihren Kampf gegen den Staat.

Nachdem einige führende Mitglieder zu Gefängnisstrafen verurteilt worden waren, versuchten andere, die Gefangenen durch Entführungen und Geiselnahmen freizupressen.

Bis 1977 kamen bei Schießereien mit der Polizei, Entführungen oder Attentaten 47 Menschen ums Leben, davon 17 Terroristen der RAF.

Noch bis in die 1990er Jahre wurden Politiker und Vertreter der Wirtschaft durch gezielte Anschläge ermordet.

Viele Mitglieder der Roten Armee Fraktion wurden gefangen und zu Gefängnisstrafen verurteilt. Einige tauchten in der DDR unter und wurden nach dem Fall der Mauer 1989 enttarnt und vor Gericht gestellt.

1998 löste die Rote Armee Fraktion sich selbst auf.

[3] **Die frühere Journalistin und Mitbegründerin der „Roten Armee Fraktion" Ulrike Meinhof äußerte auf einem Tonband:**

„Wir sagen natürlich, die Bullen (Polizisten) sind Schweine, wir sagen, der Typ in Uniform ist ein Schwein, das ist kein Mensch, und so haben wir uns mit ihm auseinanderzusetzen. Das heißt, wir haben nicht mit ihm zu reden, und es ist falsch, überhaupt mit diesen Leuten zu reden, und natürlich kann geschossen werden."

Zit. n. Butz Peters, RAF, Terrorismus in Deutschland. Stuttgart (DVA) 1991, S. 82

2. Nehmt Stellung zu der Haltung der „Roten Armee Fraktion" Menschenleben gegenüber.

Was ihr noch tun könnt...

■ Euch im Internet über die Rote Armee Fraktion informieren oder eure Eltern oder Großeltern befragen.

WEBCODE: MZ643776-198

[3] Bernd Eichinger (Regisseur) bei der Kinopremiere des Films. *Foto, 2008.*

[4] Filmszenenausschnitt.

[5] Filmszenenausschnitt.

Der Spielfilm „Der Baader-Meinhof-Komplex" aus dem Jahr 2008 zeigt die Geschichte der terroristischen „Roten-Armee-Fraktion".

Spielfilme erzählen Geschichten von Menschen. Diese Geschichten spielen vor einem historischen Hintergrund. Als Zuschauer verfolgen wir also die Geschichte einer oder mehrerer Personen, und gleichzeitig wird uns etwas über die Zeit vermittelt, in der diese Geschichte spielt.

Die folgenden Arbeitsschritte helfen euch, Spielfilme als Anschauungsmaterial zu nutzen.

1. Schritt: Informationen zum Film sammeln

- Wie lautet der Titel des Films?
- Wer ist der Regisseur?
- Aus welchem Jahr stammt der Film?
- Was ist das Thema des Films?

2. Schritt: Das eigene Vorwissen abfragen

- In welcher Zeit spielt der Film?
- Was wissen wir über den dargestellten Inhalt/ das Thema?
- Welche Erwartungen haben wir an den Film?

3. Schritt: Den Film ansehen und mit dem Vorwissen vergleichen

- Was ist die Handlung/der Inhalt des Films?
- Ist der Film realistisch/unrealistisch?
- Was kann man nachprüfen, wenn etwas unrealistisch erscheint?
- Ist der Film ernst, spannend, witzig, ...?
- Aus der Sicht welcher Person wird erzählt?
- Wer sind „die Guten"?
- Wer sind „die Bösen"?
- Was von unserem Vorwissen wurde umgesetzt?
- Was ist neu oder überraschend?

4. Schritt: Den Film beurteilen

- Passt die „Machart" (ernst, witzig, spannend) zum Thema?
- Was ist eher unglaubwürdig oder falsch?
- Entspricht der Film den Erwartungen?
- Haben wir durch den Film neue Erkenntnisse gewonnen?
- Was ist anschaulich geworden?

Der Fall der Mauer

Wie kam es zum Fall der Berliner Mauer?

[1] „Montagsdemonstration" in Leipzig am 9. Oktober 1989. *Foto.*

[2] Demonstration in Ostberlin. *Foto, November 1989.*

1. Beschreibt [1] bis [3]. Vermutet, in welchem Zusammenhang die Abbildungen zueinander stehen.

2. Tragt zusammen, was ihr über die dargestellten Ereignisse wisst.

Die Protestbewegung in der DDR wächst

Unzufriedenheit mit den wirtschaftlichen und politischen Verhältnissen prägten das Leben vieler DDR-Bürger. Besonders das Verbot, andere Länder bereisen zu können, empfanden viele als unerträglich.

Anfangs noch kleine Oppositionsgruppen trafen sich in Kirchen und diskutierten kritisch die gesellschaftliche und politische Situation ihres Landes. Während einer Demonstration in Leipzig am 17. Januars 1988 anlässlich des Jahrestages der Ermordung Rosa Luxemburgs und Karl Liebknechts trugen Teilnehmer ein selbst gemachtes Transparent mit dem Luxemburg-Zitat „Freiheit ist immer auch die Freiheit des Andersdenkenden". Mehr als hundert Demonstranten wurden verhaftet.

Das Jahr 1989 brachte entscheidende Veränderungen:

– Im März demonstrierten in Leipzig etwa 600 DDR-Bürger für die Genehmigung ihrer Ausreiseanträge in die Bundesrepublik.

– Nach Wahlen im Mai wurden Wahlfälschungen bekannt. Die Menschen fühlten sich betrogen.

– Ab Juli besetzten Hunderte DDR-Bürger die Ständige Vertretung der Bundesrepublik in Ostberlin sowie deren Botschaften in Prag, Warschau und Budapest und verlangten ihre Ausreisegenehmigungen. Wegen der bevorstehenden Feierlichkeiten zum 40. Jahrestag der DDR-Gründung gab die DDR-Regierung nach und erlaubte die Ausreise in die Bundesrepublik.

– Die Grenze zwischen Ungarn, wo DDR-Bürger Urlaub machen konnten, und Österreich wurde im September geöffnet. Tausende DDR-Bürger flohen in den Westen.

– Während der Feierlichkeiten zum 40. Jahrestag der DDR-Gründung am 7.10.1989 mahnte der Staatschef der Sowjetunion, Michail Gorbatschow, zu Reformen und sagte sinngemäß: „Wer zu spät kommt, den bestraft das Leben."

– Zwei Tage später, am 9.10., demonstrierten 100 000 Menschen in Leipzig für Reformen. SED-Parteichef Honecker trat zurück.

– Am 23. und 30. Oktober versammelten sich jeweils etwa 300 000 Demonstranten in Leipzig und riefen: „Wir sind das Volk".

– In Ostberlin gingen am 4. November rund eine Million Menschen auf die Straße und protestierten für Freiheit und Demokratie.

Daraufhin trat die Regierung zurück.

3. Schildert mit eigenen Worten, wie sich die Protestbewegung in der DDR entwickelte.

[3] Grenzöffnung am Checkpoint Charlie in Berlin. *Foto, 1989.*

Der Fall der Berliner Mauer

Unter dem Druck der Demonstrationen wurde eine neue Regierung gebildet, die sich zu Reformen bereit erklärte. Bei einer Pressekonferenz am 9. November 1989 verkündete ein SED-Funktionär vor etwa 100 Journalisten, dass alle DDR-Bürger in den Westen reisen können. Auf die Frage eines Journalisten, wann dies in Kraft trete, war der Funktionär offensichtlich nicht vorbereitet. Er blätterte unbeholfen in seinen Unterlagen und antwortete: „Das tritt nach meiner Erkenntnis … ist das sofort, unverzüglich …" Alles wurde live auch im DDR-Fernsehen übertragen.

Schon wenige Minuten später trafen die ersten DDR-Bürger am Grenzübergang ein und verlangten, nach West-Berlin gelassen zu werden. Immer mehr Menschen drangen zum Grenzübergang. Der Druck auf die Grenzsoldaten wuchs. Eigentlich war es ihre Aufgabe, die Grenze zu verteidigen, notfalls mit Schusswaffengebrauch. Doch niemand war auf die Situation vorbereitet. Auf sich allein gestellt, öffneten sie ohne Befehl „von oben" gegen 23.30 Uhr die Grenze und ließen die Leute passieren. Die Berliner Mauer war gewaltfrei gefallen, Tausende gingen in den Westteil Berlins oder fuhren mit dem „Trabbi" in den Westen.

4. Beurteilt das Verhalten der Grenzsoldaten beim Fall der Mauer.

5. Die Protestbewegung und der Fall der Mauer werden auch als „friedliche Revolution" bezeichnet. Erörtert diesen Begriff.

Wählt einen der folgenden Arbeitsaufträge aus:

◼ Listet die wichtigsten Ereignisse auf:

Schritte zum Fall der Mauer und zur Wiedervereinigung

Datum/ Zeit	Ereignis	Zahl der beteiligten Personen
17. 1. 1988	Demonstration in Leipzig: Demonstranten tragen…	ca. 100 Festnahmen
…		

◼ Schreibt eine Reportage zum Fall der Mauer.

Was ihr noch tun könnt …

- Eltern, Großeltern oder andere Menschen nach ihren Erinnerungen an den Fall der Berliner befragen.
- Dokumentarfilme über den Fall der Mauer ansehen.

Die Wiedervereinigung

Wie wurde aus zwei deutschen Staaten ein Staat?

[1] Demonstration in Leipzig für die Einführung der D-Mark, der damaligen Währung der Bundesrepublik Deutschland, auf dem Gebiet der DDR. *Foto, 1990.*

[2] 3. Oktober 1990. Die Menschen in Berlin feiern die Wiedervereinigung der beiden deutschen Staaten an der Berliner Mauer vor dem Brandenburger Tor.

1. Erörtert, was die Demonstranten in [1] mit ihrem Plakat ausdrücken wollten und was die Forderung für das Weiterbestehen der DDR bedeutete.

2. Beschreibt [2] und vermutet, was die Menschen im Ausland über die Wiedervereinigung gedacht haben könnten.

Ein wiedervereinigtes Deutschland?

In beiden Teilen Deutschlands stellte sich die Frage, wie es weitergehen würde:

– Sollte die DDR nach weiteren Reformen bestehen bleiben, nachdem die wichtigste Forderung, nämlich die Reisefreiheit, erreicht worden war?

– Konnten beide deutsche Staaten „gleichberechtigt" zu einem Staat verschmelzen?

– Sollte die wirtschaftlich schwache DDR sich der starken Bundesrepublik anschließen und ihre Existenz aufgeben?

Viele DDR-Bürger wollten auch am materiellen Wohlstand der Bundesrepublik Deutschland teilhaben. Bei den ersten freien Wahlen in der DDR im März 1990 gewann die „Allianz für Deutschland", ein Zusammenschluss von Parteien, die einen Anschluss der DDR an die Bundesrepublik befürwortete. Am 1. Juli wurde zwischen den beiden deutschen Staaten ein Vertrag geschlossen: In wirtschaftlichen und sozialen Angelegenheiten sollte es eine Zusammenarbeit geben, in der DDR sollte die D-Mark eingeführt werden.

Die Wiedervereinigung und das Ausland

[3] „March of the fourth Reich" (Marsch des Vierten Reiches. Hitler nannte das nationalsozialistische Deutschland auch „Drittes Reich"). *Karikatur aus dem britischen „Daily Star", 1990.*

3. Beschreibt und erklärt die Karikatur [3].

Bedenken gegen ein wiedervereinigtes Deutschland

Im Ausland, beispielsweise in Frankreich, Großbritannien oder Polen, wurde die Wiedervereinigung der beiden deutschen Staaten zum Teil sehr skeptisch gesehen:

– Wie stark könnte solch ein deutscher Staat in wirtschaftlicher und militärischer Hinsicht werden?
– Würde ein wiedervereinigtes Deutschland die Grenzen zu Polen anerkennen?
– Bisher hatte die DDR zum Militärbündnis Warschauer Pakt gehört. Wozu sollte das Staatsgebiet in Zukunft militärisch gehören?

In Gesprächen zwischen Vertretern Deutschlands und der Sowjetunion wurde vereinbart:
Ein wiedervereintes Deutschland bleibt Mitglied der NATO und verringert die Zahl seiner Soldaten von 500 000 auf 370 000.

Der „Zwei-plus-Vier"-Vertrag

Die Siegermächte des Zweiten Weltkrieges beanspruchten, auf Veränderungen Einfluss zu nehmen. Die „zwei" deutschen Staaten mussten mit den „vier" Siegermächten verhandeln.

[4] **Die wichtigsten Ergebnisse wurden im „Zwei-plus-Vier"-Vertrag vom 12. September 1990 festgehalten:**

– Das vereinte Deutschland umfasst die Bundesrepublik, die DDR und Berlin.
– Deutschland erkennt die bestehenden Grenzen endgültig an und erhebt keine weiteren Gebietsansprüche.
– Deutschland bekennt sich zum Frieden und verzichtet auf chemische, biologische und atomare Waffen.
– Deutschland erhält seine volle Souveränität.

Am 3. Oktober wurde der Anschluss der DDR an die Bundesrepublik offiziell vollzogen. Dieses Datum wird bis heute als „Tag der Deutschen Einheit" gefeiert.

4. Zählt Einwände auf, die im Ausland gegen ein wiedervereinigtes Deutschland vorgebracht wurden.
5. Erklärt, warum alle Beteiligten mit den Ergebnissen des „Zwei-plus-Vier"-Vertrages einverstanden sein konnten.

[5] Die Bundesrepublik Deutschland nach der Wiedervereinigung.

Wählt einen der folgenden Arbeitsaufträge aus:

■ Fertigt eine Karte an wie [5] und kennzeichnet die „alten Länder" (der Bundesrepublik bis 1989) und die „neuen Länder" (auf dem Gebiet der ehemaligen DDR).

■ Entwerft ein Streitgespräch zwischen einem Franzosen und einem Engländer:
– Der Franzose ist gegen eine Wiedervereinigung, weil er befürchtet, ein wiedervereintes Deutschland könnte wirtschaftlich und militärisch zu stark werden.
– Der Engländer ist überzeugt, dass die Deutschen ein Recht auf Wiedervereinigung haben und ein wiedervereinigtes Deutschland friedliebend sein wird.

Bundestagswahl 1990

Wie funktioniert unser Wahlsystem?

[1] Bundeskanzler Helmut Kohl (CDU) im Wahlkampf. *Foto, 1990.*

[2] Der Kanzlerkandidat der SPD, Oskar Lafontaine, bei einer Wahlkampfrede. *Foto, 1990.*

Die Grundsätze für Wahlen in Deutschland

Art. 28 GG: „In den Ländern, Kreisen und Gemeinden muss das Volk eine Vertretung haben, die aus allgemeinen, unmittelbaren, freien, gleichen und geheimen Wahlen hervorgegangen ist."

Art. 38 GG: „Die Abgeordneten des Deutschen Bundestages werden in allgemeiner, unmittelbarer, freier, gleicher und geheimer Wahl gewählt."

allgemein

Das bedeutet:
Alle Bürger sind wahlberechtigt. Sie müssen aber Voraussetzungen erfüllen (z.B. Mindestalter).
Aus sozialen, politischen oder wirtschaftlichen Gründen darf niemand von der Wahl ausgeschlossen werden.

unmittelbar

Das bedeutet:
Die Anzahl der Wählerstimmen bestimmt direkt die Zahl der Abgeordnetensitze.

frei

Das bedeutet:
Es darf keinerlei Zwang oder unzulässige Beeinflussung auf die Wähler geben.
Niemand darf wegen seiner Entscheidung Nachteile erfahren.

gleich

Das bedeutet:
Alle Wähler haben gleich viele Stimmen.
Alle Stimmen haben das gleiche Gewicht.

geheim

Das bedeutet:
Die Entscheidung des Wählers darf nicht feststellbar sein.

[3] Die Wahlgrundsätze. *Schaubild.*

1. Beschreibt die Bilder [1] und [2]. Klärt, welchen Parteien die beiden Kandidaten angehören und nennt weitere Parteien, die sich bei Bundestagswahlen bewerben.

Die erste gemeinsame Wahl zum Bundestag

Am 2. Dezember 1990 fand zum ersten Mal eine Bundestagswahl für ganz Deutschland statt. Nur zwei Monate nach der Wiedervereinigung waren rund 46,5 Millionen wahlberechtigte Westdeutsche, 2,5 Millionen Berliner und rund 11 Millionen Wahlberechtigte aus den neuen Bundesländern aufgerufen, den Bundestag zu wählen. Im Deutschen Bundestag sitzen rund 600 Abgeordnete aus verschiedenen Parteien. Sie beraten und beschließen Gesetze, entscheiden über die Einnahmen und Ausgaben des Staates und wählen den/die Bundeskanzler/-in. Die Sitzungen des Bundestages finden im Reichstagsgebäude in der Bundeshauptstadt Berlin statt.

2. Fasst in Stichworten zusammen: Wahlberechtigte, Anzahl der Abgeordneten, Aufgaben und Sitz des Bundestages.

Wahlgrundsätze und Wahlvorgang

In der DDR hatten die Wähler nur die Möglichkeit gehabt, einer Einheitsliste von Parteien und Massenorganisationen zuzustimmen. Eine Auswahl zwischen Parteien war unmöglich.

Nach der Wiedervereinigung konnten auch die Wähler/innen aus den neuen Bundesländern zwischen verschiedenen Parteien und Kandidaten auswählen. Gewählt wurde nach den im Grundgesetz seit 1949 festgelegten Wahlgrundsätzen.

Wer das 18. Lebensjahr vollendet hat, ist wahlberechtigt und erhält eine schriftliche Wahlbenachrichtigung. Am Sonntag, dem 2. Dezember 1990 hatten alle wahlberechtigten Bürger/innen von 8 bis 18 Uhr die Möglichkeit zur Stimmabgabe in ihrem Wahllokal. Oft werden Schulen oder Gaststätten als Wahllokale eingerichtet. Nach der Ausgabe der Stimmzettel kann die Stimmabgabe in einer sichtgeschützten Wahlkabine vorgenommen werden. Bei der Bundestagswahl kann man eine Stimme für eine Person und eine Stimme für eine Partei abgeben (Erst- und Zweitstimme). Die Stimmzettel werden in eine Wahlurne eingeworfen und nach Schließung der Wahllokale vom Wahlvorstand ausgezählt.

3. Beschreibt die Wahlgrundsätze mit eigenen Worten.

4. Formuliert zu den einzelnen Bildern [4] eine Überschrift.

Mehrheitswahl

Die Bundesrepublik Deutschland ist in Wahlkreise eingeteilt (1990 waren es 328). Gewählt ist derjenige Kandidat, der die meisten Stimmen bekommt. Beispiel: Kandidat/in A bekommt 45 Prozent, Kandidat/in B 35 Prozent, Kandidat/in C 10 Prozent, der Rest der Stimmen verteilt sich auf verschiedene Personen. Gewählt ist Kandidat/in A, alle anderen Stimmen werden nicht berücksichtigt. Dieses Wahlverfahren wird „Mehrheitswahl" genannt.

5. Diskutiert, ob das Mehrheitswahlrecht gerecht oder ungerecht ist. Beachtet: Welche Parteien haben bei diesem Wahlrecht wenig Chancen?

Verhältniswahl

Die gleiche Anzahl von Abgeordnetensitze wie mit den Erststimmen wird mit den Zweitstimmen ermittelt. Jede Partei erhält entsprechend ihrem Anteil an Zweitstimmen Abgeordnetensitze, wobei die bereits mit der Erststimme errungenen Sitze (Mandate) abgezogen werden. Welche einzelnen Abgeordneten in den Bundestag einziehen, richtet sich nach der Reihenfolge auf einer von der Partei vor der Wahl festgelegten Liste. Dieses Wahlverfahren wird „Verhältniswahl" genannt.

Werden in einem Bundesland mit der Erststimme mehr Kandidaten gewählt, als einer Partei nach den Zweitstimmen zustehen, bleiben diese überschüssigen Mandate bestehen. Man spricht dann von Überhangmandaten.

Eine Partei muss mindestens 5 Prozent aller Zweitstimmen bekommen, um Abgeordnete in den Bundestag entsenden zu können oder in mindestens drei Wahlkreisen Direktmandate über die Erststimmen gewinnen. Bei der Bundestagswahl 1990 bildeten die alten und die neuen Bundesländer jeweils ein Wahlgebiet. Um in den Bundestag einzuziehen, genügte es, in einem der beiden Gebiete die Fünf-Prozent-Hürde zu überspringen.

6. Nennt Vor- und Nachteile des Verhältniswahlrechts.

7. Erklärt, welchen Sinn die Fünf-Prozent-Klausel haben könnte.

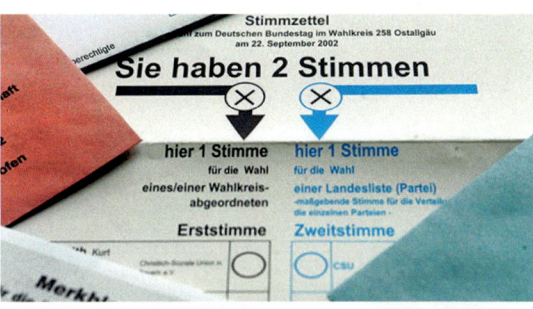

[4] Bilderfolge zur Wahl. *Fotos, 1983–2005.*

> **Wählt einen der folgenden Arbeitsaufträge aus:**
>
> ◼ Beschreibt den Wahlvorgang mithilfe der Bilderfolgen rechts mit eigenen Worten.
>
> ◼ Schreibt einen Zeitungskommentar zum Sinn der Fünf-Prozent-Klausel.

Wahlergebnis und Regierungsbildung

Wer soll regieren?

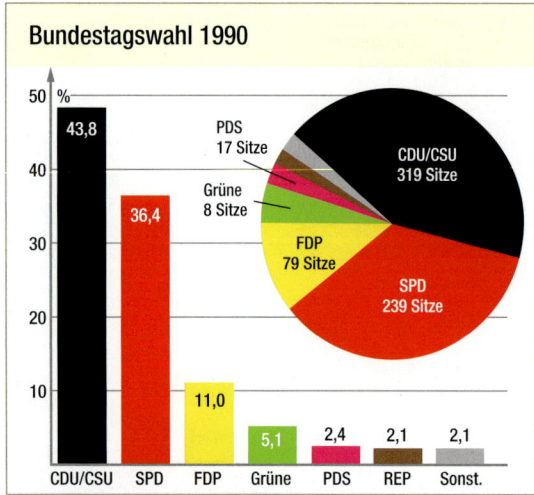

[1] Ergebnis der Bundestagswahl 1990 in Prozent und Sitzverteilung im Bundestag. *Schaubild.*

[2] Bundeskanzler Kohl (CDU) rechts und Außenminister Genscher (FDP). *Foto, 1991.*

Das Wahlergebnis

Bei der Bundestagswahl 1990 erreichte die CDU/CSU die Mehrheit der Stimmen und Abgeordnetensitze. Ihr Spitzenkandidat, Bundeskanzler Helmut Kohl, hatte im Wahlkampf versprochen, die neuen Bundesländer Mecklenburg-Vorpommern, Sachsen, Sachsen-Anhalt, Brandenburg und Thüringen in „blühende Landschaften" zu verwandeln. Die PDS (Partei des Demokratischen Sozialismus) hatte nur im ostdeutschen Wahlgebiet die Fünf-Prozent-Hürde übersprungen, was jedoch bei dieser Wahl genügte, um in den Bundestag einzuziehen.

1. Wertet das Ergebnis der Bundestagswahl 1990 [1] genauer aus: Wer hat die meisten Stimmen bekommen, wie ist die weitere Reihenfolge? Wieviele Abgeordnete waren insgesamt im Bundestag vertreten?

Die Regierungsbildung

Eine Regierung besteht aus dem/der Bundeskanzler/in und den Ministern/innen. Wenn eine Regierung etwas durchsetzen will – z. B. Gesetze –, braucht sie eine stabile Mehrheit im Bundestag, also mindestens 50 Prozent der Stimmen. Man spricht von einer „absoluten Mehrheit".
Nach dem Wahlergebnis von 1990 besaß keine Partei im Bundestag die absolute Mehrheit. Deshalb schloss die CDU/CSU als stärkste Partei mit der FDP eine Koalition, ein Regierungsbündnis. In einem Koalitionsvertrag wurden die gemeinsamen Ziele für die nächsten vier Jahre festgelegt. Der Bundestag wählte den bereits seit 1982 amtierenden Helmut Kohl (CDU) erneut zum Bundeskanzler. Hans-Dietrich Genscher (FDP) wurde sein Stellvertreter und Außenminister. Die übrigen Parteien des Bundestages, die nicht zur Regierung gehörten, bildeten die Opposition.

2. Klärt, welche anderen Koalitionen möglich gewesen wären, um eine Regierung zu bilden.

Wählt einen der folgenden Arbeitsaufträge aus:

▣ Stellt die Sitzverteilung im Bundestag 1990 als Säulendiagramm dar und schreibt dazu eine kurze Erläuterung.

▣ Legt ein kleines Lexikon mit der Erklärung folgender Begriffe an: Erststimme, Zweitstimme, Mehrheitswahl, Verhältniswahl, Fünf-Prozent-Klausel, absolute Mehrheit, Regierung, Koalition, Opposition.

Was ihr noch tun könnt...

▪ Erkundigt euch nach der Zusammensetzung der heutigen Regierung und ihren Aufgaben.

Wahlen und Regierungen in der BRD

Wer regierte in Deutschland seit 1949?

Rückblick: Wer regierte die Bundesrepublik Deutschland?

Die Bundesrepublik Deutschland existiert seit dem Jahr 1949. Vorübergehende Hauptstadt war Bonn. Im gleichen Jahr wurde die Deutsche Demokratische Republik (DDR) gegründet. Am 3. Oktober 1990 wurde in der Hauptstadt Berlin die Wiedervereinigung der beiden deutschen Staaten vollzogen. 1991 entschied sich der Bundestag für eine Verlegung des Parlamentes und der Regierung in die Hauptstadt Berlin.

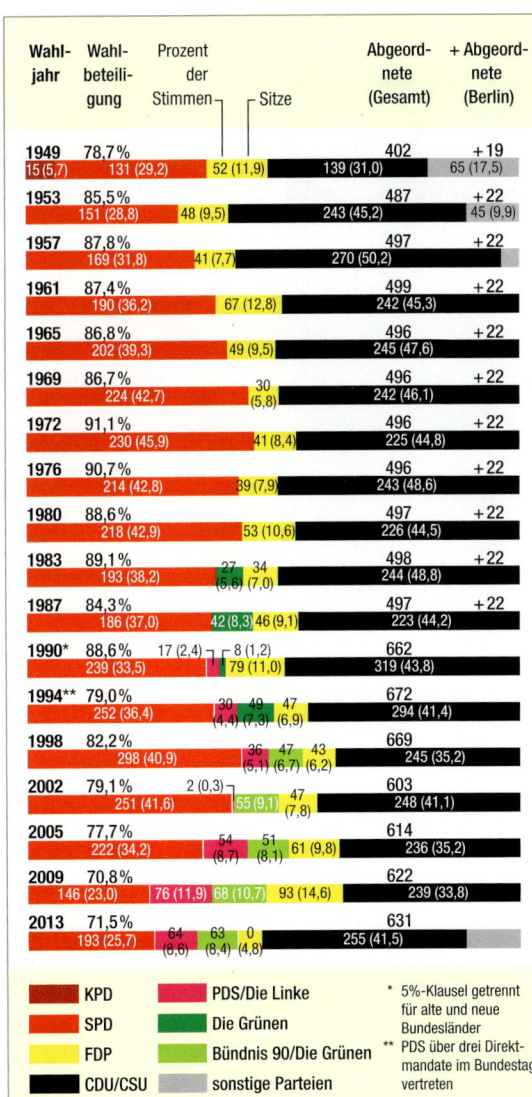

Wahl-jahr	Wahl-beteili-gung	Prozent der Stimmen / Sitze	Abgeordnete (Gesamt)	+ Abgeordnete (Berlin)
1949	78,7%	15 (5,7) · 131 (29,2) · 52 (11,9) · 139 (31,0) · 65 (17,5)	402	+ 19
1953	85,5%	151 (28,8) · 48 (9,5) · 243 (45,2) · 45 (9,9)	487	+ 22
1957	87,8%	169 (31,8) · 41 (7,7) · 270 (50,2)	497	+ 22
1961	87,4%	190 (36,2) · 67 (12,8) · 242 (45,3)	499	+ 22
1965	86,8%	202 (39,3) · 49 (9,5) · 245 (47,6)	496	+ 22
1969	86,7%	224 (42,7) · 30 (5,8) · 242 (46,1)	496	+ 22
1972	91,1%	230 (45,9) · 41 (8,4) · 225 (44,8)	496	+ 22
1976	90,7%	214 (42,8) · 39 (7,9) · 243 (48,6)	496	+ 22
1980	88,6%	218 (42,9) · 53 (10,6) · 226 (44,5)	497	+ 22
1983	89,1%	193 (38,2) · 27 (5,6) · 34 (7,0) · 244 (48,8)	498	+ 22
1987	84,3%	186 (37,0) · 42 (8,3) · 46 (9,1) · 223 (44,2)	497	+ 22
1990*	88,6%	239 (33,5) · 17 (2,4) · 8 (1,2) · 79 (11,0) · 319 (43,8)	662	
1994**	79,0%	252 (36,4) · 30 (4,4) · 49 (7,3) · 47 (6,9) · 294 (41,4)	672	
1998	82,2%	298 (40,9) · 36 (5,1) · 47 (6,7) · 43 (6,2) · 245 (35,2)	669	
2002	79,1%	251 (41,6) · 2 (0,3) · 55 (9,1) · 47 (7,8) · 248 (41,1)	603	
2005	77,7%	222 (34,2) · 54 (8,7) · 51 (8,1) · 61 (9,8) · 236 (35,2)	614	
2009	70,8%	146 (23,0) · 76 (11,9) · 68 (10,7) · 93 (14,6) · 239 (33,8)	622	
2013	71,5%	193 (25,7) · 64 (8,6) · 63 (8,4) · 0 (4,8) · 255 (41,5)	631	

Legende:
- KPD
- SPD
- FDP
- CDU/CSU
- PDS/Die Linke
- Die Grünen
- Bündnis 90/Die Grünen
- sonstige Parteien

* 5%-Klausel getrennt für alte und neue Bundesländer
** PDS über drei Direktmandate im Bundestag vertreten

[3] Die Zusammensetzungen des Deutschen Bundestages 1949 bis heute.

Konrad Adenauer
1949–1963
(CDU)

Ludwig Erhard
1963–1966
(CDU)

Kurt Georg Kiesinger
1966–1969
(CDU)

Willy Brandt
1969–1974
(SPD)

Helmut Schmidt
1974–1982
(SPD)

Helmut Kohl
1982–1998
(CDU)

Gerhard Schröder
1998–2005
(SPD)

Angela Merkel
seit 2005
(CDU)

[4] Die Kanzler der Bundesrepublik Deutschland von 1949 bis heute.

1. Untersucht die Schaubilder [1] und [3] genauer:
   – Welche beiden Parteien haben immer die meisten Stimmen erhalten?
   – Stellt in einer Tabelle die Bundeskanzler der CDU/CSU und der SPD gegenüber (Namen, Regierungszeit).

Was ihr noch tun könnt…

■ Beschäftigt euch mit einem/r Kanzler/in genauer und haltet dazu ein Kurzreferat in der Klasse.

Geschichte aktiv

Auf dieser Seite findet ihr Anregungen, euch weiter mit der Geschichte Deutschlands nach 1945 zu beschäftigen.
Denkt auch daran, euer Portfolio zu führen:

    – schöne Ergebnisse in Text und Bild sammeln,
    – Lernerfahrungen zum Thema „Deutschland nach 1945" notieren.
    Hier einige Ideen, was ihr noch tun könnt:

1. Eine Ausstellung für eure Klasse oder die Schule vorbereiten

„Deutschland nach 1945: Geldscheine, Münzgeld, Briefmarken und Orden aus zwei deutschen Staaten"

▶ Sucht im Internet.
▶ Fragt eure Eltern und Großeltern oder Bekannte. Vielleicht könnt ihr sogar „Originale" ausstellen.

Achtet auf Symbole. Schreibt kurze Texte zu den Exponaten (Ausstellungsstücken):

▶ Welche Symbole findet ihr auf dem Geld, den Briefmarken oder den Orden der Bundesrepublik oder der DDR oder beider deutscher Staaten?
▶ Was bedeuten sie?/Für was stehen sie?
▶ Welche Personen sind abgebildet?

2. Spielfilme zur Geschichte Deutschlands nach 1945 ansehen

▶ „Sonnenallee" – erzählt humorvoll vom Leben der Jugendlichen in der DDR.
▶ „Der Tunnel" – zeigt, wie Menschen versuchten, aus der DDR zu flüchten.
▶ „Das Wunder von Bern" – schildert die Geschichte von Deutschlands unerwartetem Sieg bei der Fußball-Weltmeisterschaft 1954.

Das kann ich!

[1] Wichtige Ereignisse

[2] Wichtige Begriffe im Kapitel

Wiedervereinigung   Besatzungszeit   Gründung der DDR
Gründung der Bundesrepublik Deutschland
Bau der Berliner Mauer   Volksaufstand in der DDR
Westintegration und Wiederbewaffnung

[3] Umrisskarte

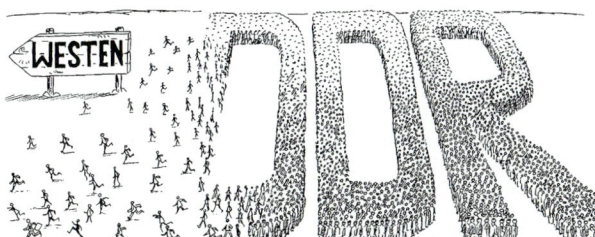

[4] Karikatur aus der taz. September, *1989*.

Sachkompetenz

1. Betrachtet die Abbildungen in [1]
   a) Findet hierfür kurze Bildunter-schriften.
   b) Erläutert die Ereignisse und die Hintergründe.
   c) Nennt die Jahre, denen die Abbildungen zugeordnet werden können.
2. Schreibt die Begriffe in [2] in der richtigen zeitlichen Reihenfolge auf.
3. Entwerft mithilfe von [3] drei Skizzen und beschriftet sie:
   – Deutschland 1945–1949
   – Deutschland 1949–1989/90
   – Deutschland heute.
4. Erörtert die Karikatur [4].
5. Nennt jeweils mindestens drei Staaten der NATO und des damaligen Warschauer Paktes.
6. Erklärt den Unterschied zwischen Erststimme und Zweit-stimme bei den Wahlen in der Bundesrepublik Deutschland.

Methodenkompetenz

7. Nennt und erläutert die vier Schritte zur Analyse von Spiel-filmen.

Urteilskompetenz

8. Vergleicht Wirtschaft, Gesell-schaft und Politik der Bundesre-publik Deutschland und der DDR: Wie wirkte sich die jeweilige Entwicklung auf das Leben der Menschen aus?
9. Willy Brandt wurde wegen seiner „neuen Ostpolitik" oft kritisiert und angegriffen. Erklärt, was mit dieser Politik erreicht werden sollte.

Handlungskomptenz

10. Versetzt euch in die Situation eines DDR-Bürgers, der sein Land nicht verlassen durfte, weil die Regierung dies nicht erlaub-te. Beurteilt diese Situation.

Die Europäische Union

Euregionen

Der Prozess der europäischen Einigung hat mit der wirtschaftlichen Zusammenarbeit in den 1950er Jahren begonnen. Bis heute wuchs Europa zu einem vielfältigen, miteinander verbundenen Wirtschaftsraum zusammen. Das Bild zeigt den ersten grenzüberschreitenden Gewerbepark AVANTIS in der Euregio Maas-Rhein. Er liegt in den Gemeinden Heerlen in den Niederlanden und Aachen in Deutschland.

1. Beschreibt das Bild.
2. Was wisst ihr schon über die Euregion Maas-Rhein? Über welche Euroregionen möchtet ihr mehr erfahren? Tragt eure Fragen zusammen.

Avantis

Stadt Aachen
Gemeente Heerlen

> Wir wohnen in Belgien in einem kleinen Ort direkt hinter der Grenze und fahren täglich mit dem Bus zur Schule in Aachen (D). Bei uns in der Euregio Maas-Rhein gibt es einige Buslinien, die über die Grenze fahren.

> Als wir damals gebaut hatten, waren die Grundstücke hier in den Niederlanden viel günstiger. Und es ist überhaupt kein Problem, weiterhin zu meinem alten Arbeitsplatz in Deutschland zu fahren. Von der Grenze merkt man da nichts mehr!

1. Beschreibt was es bedeutet, in verschiedenen Ländern zu wohnen und zu arbeiten; welche Voraussetzungen müssten dafür erfüllt sein?

Über den Tellerrand sehen

Euregionen bedeutet die Zusammenarbeit zwischen Städten, Regionen, Behörden und anderen Einrichtungen beiderseits der Landesgrenzen. Es geht dabei um die grenzübergreifende Zusammenarbeit in wirtschaftlicher, kultureller und sozialer Hinsicht. Hierzu werden gemeinsame Vorgehensweisen und Entwicklungsprogramme ausgearbeitet. Konkret werden Projekte erstellt, die von der EU im Rahmen des „Europäischen Fonds für Regionale Entwicklung" (EFRE) auch finanziell gefördert werden. Die älteste Europaregion ist die 1958 gegründete EUREGIO mit Sitz in Gronau.

Zurzeit stehen Projekte zu den Themen Klimaschutz und Energie, Wirtschaft und Arbeit, Mobilität und Verkehr sowie Bevölkerungsentwicklung im Vordergrund.

2. Wertet die Karte [1] aus. Listet auf, welche Regionen zur Euregio Maas-Rhein gehören, wie viele Menschen dort wohnen und wohin sie pendeln, um zu arbeiten.

Karte (Legende):

Niederlande — 826 690 — Roermond — 748 000 — Maaseik — Maas — Heinsberg — Rhein — Hasselt — Geleen — 1 288 000 — Maastricht — Düren — Deutsch-land — Tongeren — Aachen — Belgien — 's Gravenvoeren — Waremme — Liège (Lüttich) — Eupen — Euskirchen — Maas — Verviers — Monschau — Huy — 963 000 — Malmedy — 77 000 — St. Vith — Luxemburg

20 km

Teilregionen der Euregio Maas-Rhein:
- Provinz Limburg
- Provinz Liège (Lüttich)
- Deutschsprachige Gemeinschaft
- Provinz Süd-Limburg
- Region Aachen

748 000 — Anzahl der Einwohner in den Teilregionen
→ Richtungen der Pendlerströme
- - - - Staatsgrenzen
—— Grenzen der Teilregionen

[1] Karte

Projekte in der Euregio Maas-Rhein

3. Lest die Aussagen und erstellt eine Liste von Namen und Zielen
aller hier vorgestellten Projekte.

Unsere Schule nimmt am Euregio-
Schüler-Literaturpreis teil. Die Schüler
bilden selbst die Jury. Sie diskutieren
über Bücher von deutsch-, niederlän-
disch- und französischsprachigen
Autoren und wählen schließlich den
Preisträger. Neben dem Hauptpreis
für Autoren gibt es auch noch zwei
Übersetzerpreise.

Unser Projekt EURES
informiert und berät
Arbeitnehmer und Arbeit-
geber in den Grenzregio-
nen. Vor allem aber
vermitteln wir Stellen.

Aus unserer Gesellschaft
„Busverkehr Rheinland
GmbH" wurde 2002 die
„Regionalverkehrsorganisation
Maas-Rhein GmbH" mit
grenzüberschreitenden Linien
und gemeinsamen Fahrplänen.

Mit dem Projekt
EMRIC+ ist die
Zusammenarbeit
zwischen Rettungs-
diensten, Feuer-
wehren, Kranken-
häusern und
Gesundheitsäm-
tern gemeint.

Ob Leichtathletik, Wasser-
sport oder Fußball, sportli-
che Begegnungen haben
hier im Grenzland längst
Tradition. Gefördert wird
der Sport u.a. von der
Europäischen Akademie
des Sports in Velen (NL).

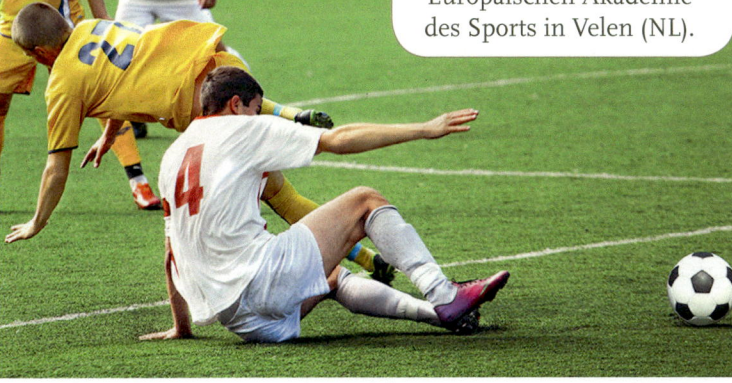

EUREGIO-TV ist ein
Projekt im Grenzgebiet
Maas-Rhein, wo rund
fünf Millionen Menschen
leben. Sieben regionale
Fernsehsender planen
ein gemeinsames
Programm, das seit
September 2012 ausge-
strahlt wird.

Orientierung

[1] Die Europäische Union mit ihren 28 Mitgliedstaaten, *2014*.

Das moderne Europa

Wenn man vom „modernen Europa" spricht, meint man im Allgemeinen die Europäische Union (EU). Seit sich sechs Gründerstaaten in den 1950er Jahren auf den Weg zu einem gemeinsamen Europa machten, ist die Gemeinschaft auf mittlerweile 28 Staaten angewachsen. Aber immer noch stehen einige abseits. Manche Länder zögern, weil sie um ihre Selbstständigkeit bangen. Andere möchten der Union zwar beitreten, erfüllen jedoch die Beitrittsbedingungen noch nicht.

1. Versucht, mithilfe der Flaggen und der geografischen Lage die derzeitigen Mitgliedsstaaten der EU zu bestimmen (Karte 1).
2. Listet anschließend die übrigen Staaten Europas auf.
3. Beschreibt und deutet die Karikatur (Abb. 2).
4. Wählt aus der Zeittafel (siehe S. 215) drei euch bekannte Ereignisse aus und notiert dazu Stichworte.

Wählt einen der folgenden Arbeitsaufträge aus:

☑ Erfindet zu möglichst vielen Personen aus Abbildung 2 Sprech- und Denkblasen.

☑ Notiert Argumente für oder gegen einen Beitritt zur Europäischen Union (z. B. ein Schweizer diskutiert mit einem Ukrainer).

[2] „Hier entsteht das Haus Europa." Karikatur, *2000*.

5. Jh. v. Chr. – 5. Jh. n. Chr.
Das Imperium Romanum umfasst u. a. Nordwest- und Südeuropa.

8. Jh.
Das Frankenreich unter Karl dem Großen schließt weite Teile Europas ein.

13. Jh.
Hanse: grenzüberschreitender Zusammenschluss von Handelsstädten in Nordeuropa

1648
Nach dem Dreißigjährigen Krieg wird in Münster die Landkarte Europas neu geordnet.

1815
Nach den Napoleonischen Kriegen regeln die Fürsten auf dem Wiener Kongress die Grundsätze der europäischen Politik.

1834
Deutscher Zollverein: Unter Führung Preußens schaffen 18 deutsche Staaten die Binnenzölle ab.

1951
Europäische Gemeinschaft für Kohle und Stahl (EGKS)

1957
Europäische Wirtschaftsgemeinschaft (EWG)

1992
Zwölf Mitgliedstaaten bilden die Europäische Union (EU).

2002
Einführung des Euro

2013
Die EU ist auf 28 Mitglieder angewachsen.

[3] Zeittafel für Europa.

Wie sieht der Alltag in den europäischen Grenzregionen aus?
Wie kam es zum vereinten Europa?
Wie wird Europa regiert?
Was bringt der Binnenmarkt den Europäern?
Was ist ein Raumordnungsmodell?
Wie gleicht man wirtschaftliche Unterschiede aus?
Welche Vor- oder Nachteile hat der Euro?
Was haben Jugendliche von der EU?
Wie muss die Ernährung gesichert werden?
Wie tritt Europa als Weltmacht in Erscheinung?
Mit diesen und ähnlichen Fragen beschäftigt sich das folgende Kapitel.

Wichtige Kompetenzen in diesem Kapitel

Sachkompetenz
► Das politische System der EU beschreiben
► Die Bedeutung der Wahlen zum Europäischen Parlament kennen
► Chancen und Herausforderungen der EU an ausgewählten Beispielen erläutern
► Die Entwicklung Europas zu einem zunehmend einheitlichen und vielfältig verflochtenen Wirtschaftsraum beschreiben
► Die Mitgliedstaaten der EU benennen

Methodenkompetenz
► Mit Argumenten Diskussionsbeiträge liefern und so zu begründeten Urteilen kommen
► Mit Raumordnungsmodellen umgehen können

Urteilskompetenz
► An Beispielen die verschiedenen wirtschaftlichen, politischen und gesellschaftlichen Interessen der Mitgliedsstaaten der EU beurteilen
► Chancen und Risiken gemeinschaftlichen Handelns bewerten

Handlungskompetenz
► Andere sachkundig über neu erworbenes Wissen informieren
► Problemfelder der EU z. B. in einer Podiumsdiskussion erörtern

Europa wächst zusammen

1. Klärt in eurer Klasse:
   – Was wissen wir über europäische Staaten (z. B. Nachbarn, Hauptstädte …)?
   – Welche Aufgaben sollten in Europa gemeinsam angegangen werden?
2. Bringt die Meinungen [2] in eine zeitliche Reihenfolge und schreibt je ein passendes Schlagwort dazu.

Sehnsucht nach Einigung

Nach den schrecklichen Erfahrungen der beiden Weltkriege haben vor allem Jugendliche immer wieder für Frieden und Verständigung demonstriert. Zahlreiche Politiker unterstützten sie dabei. Auch schon in früheren Jahrhunderten war der Wunsch geäußert worden, aus den vielen Einzelstaaten ein vereintes Europa zu schaffen. Dieser Traum ist nicht zuletzt wegen der zahlreichen Kriege und Konflikte zwischen den Völkern Europas entstanden.

[1] Demonstrieren für Europa. Am 7. August 1950 trafen sich 300 junge Menschen aus acht Ländern an der deutsch-französischen Grenze. Sie rissen Grenzpfähle heraus und forderten eine europäische Regierung. *Foto*.

„Wenn Europa einmal einträchtig sein gemeinsames Erbe verwalten würde, dann könnten seine drei- oder vierhundert Millionen Einwohner ein Glück, einen Wohlstand und einen Ruhm ohne Grenzen genießen. … Wir müssen eine Art Vereinigte Staaten von Europa schaffen. … Europa muss sich vereinigen, oder es wird untergehen."

Winston Churchill, britischer Premierminister, am 19. September 1946 in Zürich

„Der Tag wird kommen, da die Kugeln und Bomben durch Stimmzettel, durch das allgemeine Wahlrecht zu einem europäischen Parlament abgelöst werden."

Victor Hugo, französischer Dichter, 1849

„Dr. Wirth … schloss dann mit einem dreimaligen Lebehoch eines vereinten, freien, republikanischen Europas."

Aus einem Bericht über das Hambacher Fest von 1832

„Das kann doch so nicht ewig weitergehen. Schon zum zweiten Mal in meinem Leben stehe ich mit meiner Familie vor dem Nichts. Warum können denn die Politiker unserer Nachbarländer nicht endlich mal so eine Art Vertrag schließen, der wenigstens für die nächste Zeit Frieden garantiert!"

Anna W., 43 J., Hausfrau aus Dortmund im Juni 1945

„Uns ist nicht bange, dass die wirkende Zeit nicht ein geeintes Europa bringen wird mit einem wiedervereinigten Deutschland in seiner Mitte."

Thomas Mann, deutscher Schriftsteller, am 8. Juni 1953 vor Studenten in Hamburg

[2] Meinungen zu Europa.

Erste Schritte

Den Anfang machten Belgien, die Bundesrepublik Deutschland, Frankreich, Italien, Luxemburg und die Niederlande. Sie unterschrieben am 18. April 1951 den Vertrag über die Gründung der „Europäischen Gemeinschaft für Kohle und Stahl" (EGKS), die „Montanunion".

Das Europa der Sechs

Nach diesem ersten Schritt unterzeichneten dann am 25. März 1957 die Mitgliedsländer der EGKS in Rom einen weiteren Vertrag. Ziele waren u.a. eine gemeinsame Regelung der Landwirtschaft und die Abschaffung von Zöllen. So entstand die „Europäische Wirtschaftsgemeinschaft" (EWG). 1968 war die Europäische Zollunion vollendet: Alle Binnenzölle fielen weg, es gab nur noch einen gemeinsamen Außenzoll.

EWG und Euratom werden zur EG

Außer der Wirtschaftsgemeinschaft bestand seit 1957 ein Abkommen der sechs Staaten im Hinblick auf die friedliche Nutzung der Atomenergie, die „Euratom". Zehn Jahre später einigte man sich auf einen Zusammenschluss der beiden Bereiche und wählte künftig die Bezeichnung EG (Europäische Gemeinschaft).

Eine besondere Beziehung

Deutschland und Frankreich waren als Nachbarn Kriegsgegner gewesen und galten lange als „Erbfeinde". 1963 schlossen sie einen Freundschaftsvertrag. Diese Freundschaft wird vertieft durch regelmäßige Treffen der Staatsoberhäupter und durch Zusammenarbeit auf vielen Gebieten wie z. B. dem Jugendaustausch.

[3] Bundeskanzler Konrad Adenauer (vorne links) und Staatspräsident Charles de Gaulle nach der Unterzeichnung des Freundschaftsvertrags. *Foto 1963.*

[4] **Der französische Außenminister Robert Schuman sagte am 9. Mai 1950:**

Die Vereinigung der europäischen Nationen erfordert, dass der jahrhundertealte Gegensatz zwischen Frankreich und Deutschland aufgelöst wird. ... Die französische Regierung schlägt vor, die Gesamtheit der französisch-deutschen Kohle- und Stahlproduktion unter eine gemeinsame oberste Aufsichtsbehörde ... zu stellen, in einer Organisation, die den anderen europäischen Ländern zum Beitritt offensteht. ...

Walter Lipgen, 45 Jahre Ringen um die europäische Verfassung. Europa Union Verlag, Bonn 1986, S. 293 f.

Das kennt man ja schon, die wollen nur an unsere Bodenschätze.

Ich sehe das anders: Wenn die Schwerindustrie gemeinsam kontrolliert wird, kann keiner mehr unbegrenzt Waffen bauen und aufrüsten. Du müsstest doch auch die Nase voll haben vom Krieg ...

3. Fasst die Stationen auf dem Weg zur europäischen Einigung zusammen.
4. Begründet die „besondere Beziehung" zwischen Frankreich und Deutschland.

Wählt einen der folgenden Arbeitsaufträge aus:

☑ Zeichnet die Stationen auf dem Weg der europäischen Einigung als Meilensteine oder Treppenstufen auf ein Poster für die Klassenwand.

☑ Notiert ein Gespräch zwischen einem Deutschen und einem Franzosen zur EU heute; nehmt dabei Bezug auf die Äußerungen aus Abbildung [5].

So funktioniert die EU

Wie wird die EU regiert?

Vorschläge

Entscheidungen

Die **Europäische Kommission** in Brüssel ist der Motor der Europäischen Union. Ihr gehören Fachvertreter aus den einzelnen Ländern an. Nur sie hat das Recht, neue Verordnungen und Richtlinien, also die Gesetze der EU, auf den Weg zu bringen. Gleichzeitig sorgt sie für die Ausführung bestehender Verordnungen.

Die Grundzüge der Gemeinschaftspolitik werden von den Außen- oder Fachministern bestimmt. Sie bilden den **Ministerrat**. Letztlich entscheiden sie über die Annahme von EU-Gesetzen. Die Staats- und Regierungschefs fällen im **Europäischen Rat** grundsätzliche Entscheidungen.

Anfragen, Kontrolle

Mitwirkung bei der Gesetzgebung

Anhörung

Kommt es über Verträge, Verordnungen und Richtlinien zu Streitfällen, entscheidet der Europäische Gerichtshof in Luxemburg.

Das **Europäische Parlament** in Straßburg besteht aus vom Volk gewählten Vertretern aller EU-Mitgliedstaaten. Zusammen mit dem Europäischen Rat hat das Parlament Gesetzgebungsfunktionen und kann über den Haushalt der EU mitentscheiden.

Eine Verfassung für Europa?

Das Europäische Parlament in Straßburg

Der Vertrag von Lissabon

Im Jahre 2007 schlossen die europäischen Staats- und Regierungschefs den Vertrag von Lissabon. Er trat am 1.12.2009 in Kraft. Er fasst alle seit den frühen 1950er Jahren geschlossenen Einzelregelungen zusammen, ändert einzelne Punkte und passt sie an heutige Gegebenheiten an. So erhielt z.B. das Europäische Parlament mehr Rechte, die Beitrittskriterien wurden verschärft, eine enge Zusammenarbeit einzelner Mitglieder ermöglicht und ein eventueller Austritt aus der Union geregelt.

1. Begründet die Notwendigkeit fester Regeln für die Europäische Union.

[1] Das Europäische Parlament in Straßburg. *Foto.*

2. Verfolgt die weitere Entwicklung in den Medien: Wer hat bereits mit welchem Ergebnis über die Verfassung abgestimmt?

Klassenfahrt nach Europa

Martina befragt bei der Klassenfahrt nach Straßburg die Europaabgeordnete ihres Heimatortes und notiert:
Das direkt gewählte Europäische Parlament vertritt die Interessen der Bürger. Weil die EU mehr und mehr darüber entscheidet, was für uns in Europa Recht und Gesetz ist, hat das Europaparlament fast schon eine ebenso große Bedeutung für uns wie das nationale Parlament.

Sind denn die Mitgliedstaaten bereit, einen Teil ihrer Macht abzugeben?
Deutschland zum Beispiel und die Benelux-Staaten wären ohne Weiteres dazu bereit. Aber Frankreich, Großbritannien und andere denken nicht daran, den eigenen Parlamenten Rechte wegzunehmen und sie einem Europaparlament zu übertragen.
Wie sieht das mit Parteien und Wahlen aus?
Die großen Parteien haben Ähnlichkeit mit den gewohnten von zu Hause. Alle fünf Jahre wird gewählt. Kandidaten werden in Listen aufgestellt und nach dem Verhältniswahlsystem gewählt. Die Plätze werden also nach Stimmenanteilen vergeben. Wer einem nationalen Parlament angehört, darf nicht für Europa kandidieren.
Wer macht eigentlich die Regierungsarbeit?
Die Europäische Kommission in Brüssel führt die Gesetze aus. Sie stellt auch den Haushaltsplan auf und verteilt nach unserer Entscheidung hier im Parlament die Gelder. Alle fünf Jahre benennen die Regierungen der EU-Staaten die Kommissare als ihre Vertreter.
Und wer passt auf, dass alles richtig läuft?
Da gibt es ja noch den Europäischen Gerichtshof in Luxemburg. Als „letzte Instanz" wahrt und gestaltet er das Europarecht. Es steht übrigens über dem nationalen Recht der Mitgliedstaaten. Klagen kann jeder, auch Privatpersonen, die einen Verstoß feststellen.

3. Spielt das Interview, gliedert es durch häufigere Zwischenfragen weiter auf.

Wählt einen der folgenden Arbeitsaufträge aus:

▣ Zeichnet das Schaubild [1] in euer Heft oder als Plakat für die Klassenwand.

▣ Notiert Fragen, die ihr einem Europa-Abgeordneten stellen würdet.

▣ Schreibt ein Mini-Referat über die Organisation der Europäischen Union.

Was ihr noch tun könnt:
■ Beschafft euch Informationen über die Europawahl unter www.europarl.de

Europa der 28

Die Erweiterung der Europäischen Union

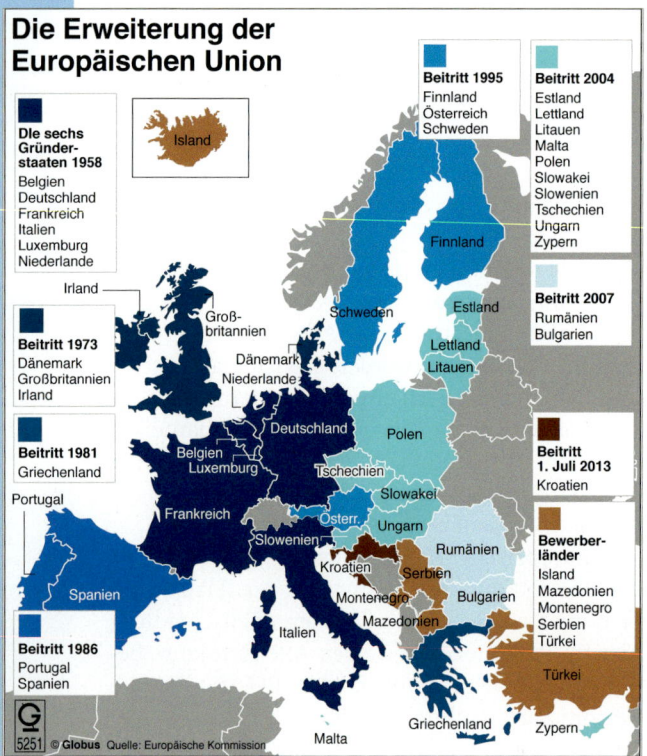

[1] Die Erweiterung der Europäischen Union.

EU-Beitrittskandidaten müssen die demokratische und rechtsstaatliche Ordnung garantieren können. Sie müssen die Menschenrechte wahren und Minderheiten schützen. Ihre Marktwirtschaft muss funktionieren und sie dürfen keine Angst vor dem Wettbewerb haben. Natürlich müssen sie auch alle Verpflichtungen übernehmen, die eine Mitgliedschaft so bringen könnte.

[2] Beitrittsvoraussetzungen für Neulinge. *Foto.*

1. Notiert alle EU-Mitglieder in der zeitlichen Reihenfolge ihres Beitritts in euer Heft; hebt die Gründerstaaten farblich hervor.

2. Erläutert die Aussagen aus Abbildung 2 mit eigenen Worten und passenden Beispielen.

Der Binnenmarkt

In Maastricht (NL) unterzeichnete die Staatengemeinschaft 1991 die Verträge über eine „Europäische Union" (EU). Die Zusammenarbeit wurde dadurch über die bestehenden „vier Freiheiten" hinaus auf neue Bereiche ausgedehnt: Es wurden eine gemeinsame Währungs-, Außen- und Sicherheitspolitik beschlossen. Die Regelungen des europäischen Binnenmarktes traten 1993 in Kraft.

3. Erläutert die Bedeutung einer gemeinsamen Währungs-, Außen- und Sicherheitspolitik für die einzelnen Staaten.

[3] Die „vier Freiheiten" des Binnenmarktes.

[4] **Im Klassengespräch der 10 a werden zum Thema „Freizügigkeit in der EU" folgende Beispiele genannt:**

Pedros (17): „Mein Vater überweist jeden Monat Geld auf sein Konto in Thessaloniki, weil er später dort ein Geschäft gründen möchte."

Lisa (16): „Unsere Großeltern haben sich in Südspanien niedergelassen, weil sie da mit ihrer Rente mehr machen können als hier. Ich möchte nach der Schule dort ein halbes Jahr arbeiten."

Uwe (16): „Meine Mutter ist Versicherungsvertreterin. Neulich hat sie einem Transportunternehmer aus Edinburgh eine Lebensversicherung vermittelt."

Carlotta (15): „Ein Onkel von mir handelt mit Obst und Gemüse in großen Mengen. Die Sachen kommen aus ganz Europa, Spargel aus Griechenland, Erdbeeren aus Spanien, Tomaten aus den Niederlanden usw."

Interview der Autorin.

Raum-Modelle verstehen

Um komplizierte Sachverhalte verständlich dar-zustellen, benutzt man Modelle. Raum-Modelle werden für die Beschreibung und Abgrenzung von Räumen verwandt. So gibt es z. B. Modelle zum Aufbau der Städte (Stadtmodelle) in den verschiedenen Räumen der Erde. Modelle verallgemeinern Zustände und Veränderungen.

1. Schritt: Grundinformationen

- Was ist das Thema des Modells?
- Welchen Zustand und welche Prozesse versucht es zu verdeutlichen?
- Zu welchem Zeitpunkt (und evtl. durch wen) wurde das Modell erstellt?

2. Schritt: Beschreibung

- Welche Bereiche sind besonders gekennzeichnet bzw. hervorgehoben?
- Welche Farben/Formen wurden hierfür gewählt?
- Welche Hilfen bietet hierzu die Legende?

3. Schritt: Auswertung

- Über genau welches Gebiet erstreckt sich ein hervorgehobener Bereich?
- Gibt es mehrere hervorgehobene Bereiche?
- Welche Besonderheiten/Inhalte enthält dieser Bereich?
- Welche Gebiete grenzen an den Bereich?
- Was verraten die Symbole (Legende!) über die Grenzbereiche?
- Wie verhält sich der Bereich zu seiner Umgebung (gibt es Verbindungen, in welche Richtung)?
- Welche Gesamtaussage macht das Modell?

4. Schritt: Kritik

- Ist die Darstellung eindeutig?
- Sind Zusatzinformationen (z.B. andere Karten zum Vergleich) oder besondere Fachkenntnisse notwendig?

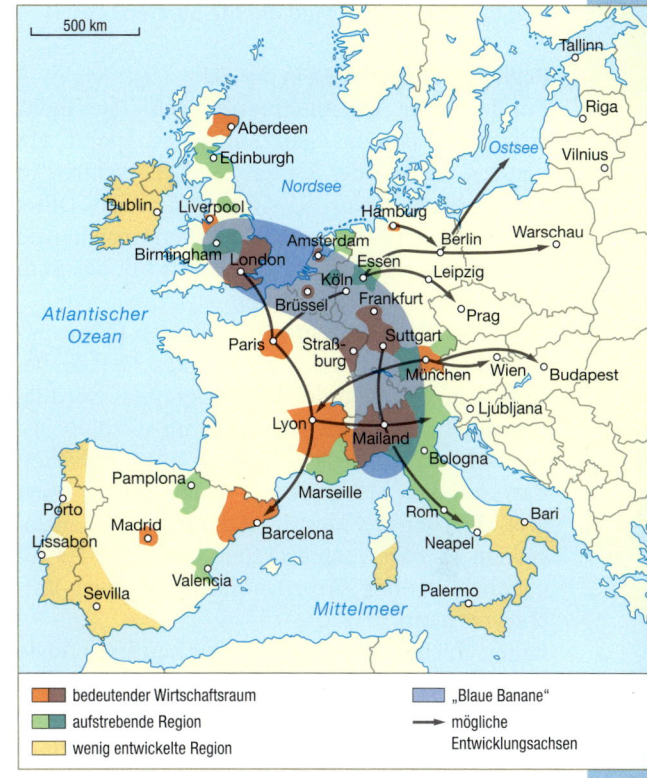

Legende:
- bedeutender Wirtschaftsraum
- aufstrebende Region
- wenig entwickelte Region
- „Blaue Banane"
- mögliche Entwicklungsachsen

[1] Raum-Modell zu Europa. *Stand um 1990.*

Maren und Jens notieren folgende Ergebnisse:

1. Das Modell zeigt die wirtschaftlich starken und schwachen Räume in Europa und vermutliche Entwicklungen in der Zukunft. Es wurde um 1990 entwickelt.
2. Eine zusammenhängende blaue Fläche in der Form einer Banane ist zu erkennen. In der Legende wird dieser Raum als „Blaue Banane" bezeichnet…
3. Die „Blaue Banane" soll modellhaft ein Gebiet mit andauerndem Wirtschaftswachstum verdeutlichen. Ferner weisen Pfeile auf Gebiete mit „Entwicklungschancen" hin. Diese verlaufen vor allem in östlicher Richtung auf größere Städte hin…
4. Das Modell ist sehr grob. Einzelne Regionen bzw. Staaten werden nur sehr schematisch erfasst …

1. Wertet das Raum-Modell [1] mithilfe der Schritte aus.

Ungleiche Partner

Wie unterschiedlich sind die EU-Staaten?

Regionale Disparitäten in der EU

Ein deutscher Arbeitnehmer hat acht Tage mehr Urlaub im Jahr als sein Kollege in Irland. Ob Steuern, Löhne oder Renten, die Unterschiede in den 28 Ländern der EU sind beträchtlich. Diese Ungleichheit (= Disparität) zwischen reichen und ärmeren Staaten in der EU hat sich mit der Süd-Ost-Erweiterung noch vertieft.

Auch innerhalb der einzelnen Staaten gibt es erhebliche Unterschiede. Ein starkes Gefälle besteht z.B. zwischen der Industrieregion Norditalien und dem armen Süden mit Sizilien. In Deutschland sind die Abstände etwa zwischen Bayern und Mecklenburg-Vorpommern noch groß. Ein Beispiel hierfür ist die Jugendarbeitslosigkeit: In Bayern sind aktuell etwa 3 % der Jugendlichen ohne Arbeit, in Mecklenburg-Vorpommern um 10 %.

Unterschiede gibt es auch bei der Kaufkraft. Viele Dienstleistungen wie z.B. ein Haarschnitt oder auch Wohnungsmieten sind in den ost- und südosteuropäischen Beitrittsländern zwar günstiger als in der übrigen EU. Aber die Einkommen sind in diesen Staaten auch entsprechend geringer.

1. Wertet die Karte [1] aus.
2. Wandelt die Informationen aus der Karte [1] um in eine Tabelle (Heft).

Regionen nach Höhe der Förderung:
■ hoch   ■ mittel

A = Österreich   NL = Niederlande
B = Belgien   SK = Slowakei
CZ = Tschechien   SLO = Slowenien
L = Luxemburg

[1] Durch die Europäische Union geförderte Regionen in den Jahren 2007–2013.

Die „Blaue Banane"

Die Wirtschaftskraft der europäischen Staaten ist ungleich verteilt. Für die Bevölkerung der EU bedeutet das auch einen erheblichen Mangel an Chancengleichheit.

Ein schon länger bestehendes Raum-Modell für Europa, die „Blaue Banane", verdeutlicht eine auffallende Konzentration wirtschaftlich starker Gebiete. Diese Zone zieht sich, gebogen in Form einer Banane, in Nord-Süd-Richtung. Sie erstreckt sich etwa vom Süden Großbritanniens bis nach Norditalien. In diesem Bereich liegen eine Reihe wichtiger europäischer Metropolen und vor allem wachstumsstarke Industriegebiete.

Solch ein „aktiver" Raum reizt zu Neuansiedlungen von Hightech-Betrieben und zieht Arbeitskräfte aus benachbarten, eher „passiven" und abseits gelegenen (peripheren) Räumen ab.

Der EU-Regionalfonds

Für die weitere Entwicklung Europas ist es wichtig, den Abstand zwischen reichen und ärmeren Regionen auszugleichen. Jedes EU-Mitglied zahlt einen Beitrag, der sich nach der Leistungsfähigkeit seiner Volkswirtschaft richtet. Die Mittel aus dem EU-Regionalfonds (auch als Strukturfonds bezeichnet) sollen gezielt zur Förderung wirtschaftlich schwacher Regionen ausgegeben werden.

Regionalpolitik anhand eines Raum-Modells

Die Verteilung von wirtschaftlichen Zentren und Peripherien, von Aktiv- und Passivräumen in Europa lässt sich jedoch wegen der Vielfalt der Regionen nur schwer in Karten darstellen.

Deshalb haben Wissenschaftler und Forschungsinstitute versucht, Modelle zu entwickeln, die den gegenwärtigen Zustand übersichtlich darstellen können. Eine derartige übersichtliche Bestandsaufnahme ist die Voraussetzung für eine Regionalpolitik in der EU. Deren Ziel muss es sein, die Entwicklungsunterschiede zwischen den einzelnen Regionen in der EU möglichst auszugleichen.

3. Fasst kurz zusammen, was unter dem Raum-Modell der „Blauen Banane" verstanden wird.

Legende:
- ⊏⊐ „Blaue Banane" bis 1990
- ▨ „Blaue Banane" nach 1990
- ⊏⊐ altes Kerngebiet
- ⊏⊐ neues Kerngebiet
- ◯ „Hightech-Region"
- ▥ „Sunbelt"
- ▨ Region mit Entwicklungsperspektiven nach 1990
- ▨ wenig entwickelte Region
- → mögliche Entwicklungsachsen

[2] Raum-Modell zum wirtschaftlichen Kernraum Europas. *Stand 2015.*

Anpassungen des Raum-Modells

Nach dem Verschwinden des „Eisernen Vorhangs" und dem Beitritt einer Reihe von osteuropäischen Staaten zur EU änderte sich auch die wirtschaftliche Situation. Die „aktive" Zone zeigt nun eine Tendenz zur Ausdehnung in West-Ost-Richtung.

In den letzten Jahrzehnten entwickelte sich von Valencia in Spanien bis Oberitalien entlang der Mittelmeerküste ein weiterer „Aktivraum", der durch Form und Einfärbung auch als „Goldene Banane" bezeichnet wird. Dieser Raum ist hauptsächlich durch die Tourismusindustrie geprägt.

Die Randbereiche der Europäischen Union sind weiterhin wenig entwickelt. So erhalten insbesondere die südlichen Regionen wie Griechenland, Portugal oder Süditalien entsprechend bedeutende Gelder aus dem Regionalfonds.

4. Wertet das Raum-Modell [2] mithilfe der Methode von Seite 221 aus.
5. Vergleicht das Raum-Modell [2] mit dem Raum-Modell [1] auf Seite 221.

Wählt einen der folgenden Arbeitsaufträge aus:

▣ Zeichnet eine der Karten in euer Heft oder vergrößert als Poster für die Klassenwand.

▣ Vergleicht die Karte [1] mit dem Raum-Modell [2]..

▣ Erläutert den Begriff „Raum-Modell" und zeigt an einem Beispiel, wie ein solches Modell für die Planung in einer Region genutzt werden könnte.

1. Informiert euch auf dieser Seite über die gemeinsame Währung
in der EU.

2. Präsentiert eure Ergebnisse in geeigneter Form in der Klasse.

Das neue Geld

1 Am 1. Januar 2002 hat **der Euro** bei uns in
2 Deutschland die D-Mark im Geldbeutel abgelöst.
3 In der Bevölkerung wurde er mit einiger Zurück-
4 haltung aufgenommen.
5 Zwölf EU-Länder gingen damals an den Start.
6 Mittlerweile ist der Euro **offizielle Währung in 19**
7 von 28 **Mitgliedstaaten**. Einige treten nicht bei,
8 weil sie um ihre Eigenständigkeit fürchten, ande-
9 re erfüllen die strengen Bedingungen noch nicht.
10 Die Idee einer einheitlichen Währung wurde seit
11 1970 diskutiert. Seit 1988 arbeitete man ernsthaft
12 an der Schaffung der Europäischen Wirtschafts-
13 und Währungsunion. Die letzte Stufe dieser Ent-
14 wicklung war die Gründung der **Europäischen**
15 **Zentralbank** (EZB) am 1. Januar 1999.

Neue Geldscheine = neue Finanzpolitik?

1 In den Mitgliedsländern der EU sind Preise, Löh-
2 ne und Gehälter oder die Steuern sehr unter-
3 schiedlich. Damit eine **gemeinsame Währung**
4 trotzdem funktioniert, wurden vor dem Start **Be-**
5 **dingungen** festgelegt. So müssen die Teilnehmer
6 u. a. **Preise und Zinsen stabil** und die **Verschul-**
7 **dung gering** halten. Leider kommt es häufiger zu
8 Verstößen gegen diese Regeln – auch in Deutsch-
9 land.
10 Die Finanzminister aller Euroländer treffen sich
11 regelmäßig, um über Maßnahmen zu beraten,
12 die den Euro stabil halten sollen. Trotzdem gibt
13 es immer wieder Probleme.
14 Die EU hat weltweite wirtschaftliche Kontakte
15 und ist stark vom Weltmarkt und seinen Preisen
16 abhängig. Im Welthandel gilt der Euro längst als
17 „neuer Dollar". Und nahezu jeder begrüßt es,
18 dass bei Reisen **in EU-Ländern** der lästige **Geld-**
19 **umtausch weggefallen** ist.

[1] Die Eurozone.

Tipps für die Erarbeitung:
Ihr könnt beim Lesen die Schritte des
Textknackers anwenden.
Was habt ihr über den Euro erfahren?

Tipps für die Präsentation
Ihr könnt im Internet nach Euro-Münzen recherchieren, die Abbildungen der nationalen Rücksei-
ten kopieren und auf die Karte der Euro-Länder
kleben.

Agrarpolitik in der EU

1. Informiert euch auf dieser Seite über die Agrarpolitik der EU.
2. Präsentiert eure Ergebnisse in geeigneter Form in der Klasse.

Dauerthema Landwirtschaft

Nach dem Zweiten Weltkrieg war es sehr wichtig, die Ernährung sicherzustellen. Daher erhielt die Landwirtschaft hohe Hilfsgelder (Subventionen). Der Grundgedanke war dabei, für die Landwirte verlässliche Bedingungen zu schaffen. Wettereinflüsse führen zu Rekordernten oder Knappheit. Die EU garantierte den Bauern für diese Fälle ein bestimmtes Preisniveau. Auf die Dauer jedoch führte das zu immer höheren Überproduktionen und man sprach bald von Butterbergen und Wein- oder Milchseen.

Mit den Jahren veränderten sich auch die Voraussetzungen. So waren z. B. durch den Beitritt osteuropäischer Staaten neue Regelungen nötig, weil viele dieser Länder eine stark landwirtschaftliche Ausrichtung haben. Der passende Begriff heißt nun „Entkoppelung". Dabei werden die Gelder nicht mehr nach Produktionsmengen gezahlt, sondern danach, wie genau sich die Landwirte an die Tier-, Natur-, Umwelt- und Verbraucherschutzbestimmungen der EU halten. Ständig wird darüber diskutiert, wo noch und wie stark zu kürzen oder zu streichen ist. Das wiederum treibt die Bauern zu wütendem Protest auf die Straße.

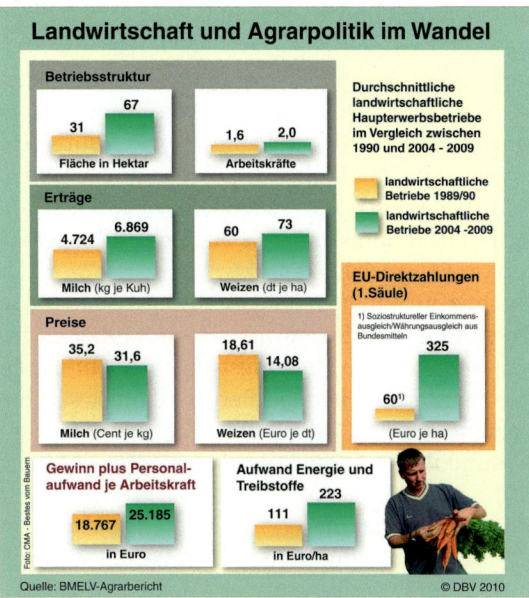

[2] Deutsche Agrarpolitik in der EU.

Verbraucherschutz im Binnenmarkt

Eine wichtige Aufgabe der EU ist es, einheitliche Vorschriften über die Kennzeichnung von Lebensmitteln zu erlassen.

[3] **Die EU-Kennzeichnung kommt:**
Endlich hat der EU-Ministerrat den Weg freigemacht für eine europaweit einheitliche Kennzeichnung von Lebensmitteln. Einige Jahre haben Hersteller allerdings noch Zeit, die Vorschriften umzusetzen ...
Von 2016 an müssen demnach europaweit auf allen Lebensmittel-Verpackungen sieben Angaben stehen: der Energiegehalt, die Menge an Fett, gesättigten Fettsäuren, Kohlehydraten, Zucker, Eiweiß und Salz ...

Süddeutsche.de, 24. September 2011, von Daniela Kuhr (3.7.2012).

[1] Bauernprotest in Berlin im Mai 2009. *Foto.*

Tipp für die Erarbeitung
Begriffe wie „Subvention" und „Entkoppelung" klären.

Tipp für die Präsentation
Demo-Plakate herstellen: Forderungen an die EU von den Bauern/von Verbraucherschützern.

Wahlseite   Wir in Europa

1. Informiert euch auf dieser Seite über Austauschprogramme in der EU.
2. Präsentiert eure Ergebnisse in geeigneter Form in der Klasse.

Leben, lernen und arbeiten in Europa

Begriffe wie Freizügigkeit, Niederlassungsfreiheit oder Aufenthaltsrecht sind schon ganz selbstverständlich geworden. Ohne lange Genehmigungen einzuholen, kann jeder EU-Bürger in einem anderen Mitgliedsland leben und arbeiten. Seit 2004 schützt ihn auch die Europäische Krankenversicherungskarte, die alle Behandlungskosten im EU-Ausland abdeckt.

Wichtig für junge Leute ist die gegenseitige Anerkennung von Schul- und Hochschulabschlüssen bzw. Berufsausbildungsgängen. Nicht nur in privaten Firmen können Berufsanfänger starten, sondern auch im Öffentlichen Dienst wie z. B. im Gesundheits- und Bildungswesen.

Bildungsprogramme

COMENIUS richtet sich an Schüler aller Schulformen und Stufen von der Vorschule bis zum Abitur. Im Mittelpunkt stehen Schulpartnerschaften und Sprachprojekte.

LEONARDO gibt Azubis, jungen Berufstätigen und Studenten die Chance, Auslandserfahrungen zu sammeln. Zwischen drei Wochen und zwölf Monaten kann man im Ausland ein Praktikum oder einen Teil der Ausbildung absolvieren.

[2] **Martin B. hat Ende der 1980er Jahre am europäischen Berufsbildungsprojekt des Handwerks teilgenommen:**
Damals haben jeweils rund 30 deutsche, französische und irische Handwerksgesellen für dreieinhalb Jahre an einer gemeinsamen Fortbildung teilgenommen. Wir haben reihum in den einzelnen Ländern mehrwöchige Lehrgänge und Betriebspraktika gemacht. Am Schluss gab es dann den Europäischen Berufsbildungspass. Mit dem „Austauschchef" Pierre aus Dijon treffe ich mich heute noch mindestens einmal im Jahr ...

Interview mit der Autorin 2002.

Partnerschaften

Unsere Schulpartnerschaft ist eine tolle Sache. Bei uns gibt es sogar einen Lehreraustausch. Gerade hat uns eine der tschechischen Lehrerinnen 14 Tage unterrichtet. Im Mai geht unser Sportlehrer dann an die Partnerschule nach Prag.

[3] Schüleraustausch. *Foto.*

[4] **Sprachprobleme? Interview mit der Schulleiterin der Franziskus-Schule Bornheim:**
Frage: Wie verständigen sich Ihre Schüler und Schülerinnen, wenn sie zu Gast in Prag sind?
Die Kinder lernen vor dem Austausch einige Grundzüge der tschechischen Sprache. In den Gastfamilien spricht in der Regel wenigstens ein Elternteil Deutsch oder Englisch. Die tschechischen Schülerinnen und Schüler lernen in der Schule entweder Deutsch oder Englisch.
Frage: Das kommt doch sicher auch dem Englischunterricht zugute.
Unbedingt, die Teilnehmer am Austausch erfahren Englisch als Weltsprache und sind im Unterricht hoch motiviert.

Interview der Autorin Mai 2012

Tipps für die Erarbeitung
- Vorteile, Chancen für junge EU-Bürger ausarbeiten
- Begriffe wie „Comenius" und „Leonardo" erläutern

Tipps für die Präsentation
- Kurzreferate über eine Klassenfahrt/eine Schulpartnerschaft halten

Weltmacht Europa

1. Informiert euch auf dieser Seite über Europa als Weltmacht.
2. Präsentiert eure Ergebnisse in geeigneter Form in der Klasse.

Aus Europa in die Welt

Das Interesse an Waren aus Europa hat sich in den letzten Jahren stark verändert. Massenprodukte sind längst nicht mehr gefragt. Auch Erzeugnisse der feinmechanischen und optischen Industrie oder z. B. Spielwaren und Textilien, sind auf dem Weltmarkt nicht mehr konkurrenzfähig. Europas Stärke liegt heute in der Spezialisierung. Gefragt sind z. B. maßgeschneiderte Produktionsanlagen mit gleichzeitiger Mitarbeiterschulung durch Spezialisten. Einen guten Namen hat auch die Luxusgüterindustrie mit hochwertigen Fahrzeugen, Uhren, Modeartikeln oder Kosmetikprodukten.

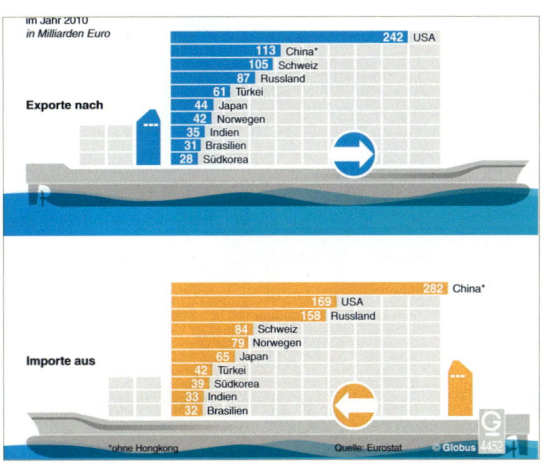

[2] Exportschlager: Luxusautos. *Foto.*

im Jahr 2010
in Milliarden Euro

Exporte nach

242	USA
113	China*
105	Schweiz
87	Russland
61	Türkei
44	Japan
42	Norwegen
35	Indien
31	Brasilien
28	Südkorea

Importe aus

282	China*
169	USA
158	Russland
84	Schweiz
79	Norwegen
65	Japan
42	Türkei
39	Südkorea
33	Indien
32	Brasilien

*ohne Hongkong   Quelle: Eurostat   © Globus 4452

[1] Außenhandel der EU *2010.*

Außenwahrnehmung

Die Wirtschaftsmacht der EU ist gewaltig. Doch die politische Bedeutung nach außen hin bleibt unbefriedigend. Internationale Beziehungen und Abkommen sind immer noch von den Interessen der Einzelstaaten geprägt. Die gemeinsame europäische Außen- und Sicherheitspolitik kann das Auftreten der Nationalstaaten bisher allenfalls ergänzen.

[3] Asiatische Touristen auf Europareise. *Foto.*

Europas Faszination

Europas Baukunst oder Malerei werden überall in der Welt bewundert. Man liest Goethe, Shakespeare oder Cervantes und lernt alte Sprachen wie Latein oder Griechisch. Selbst in Asiens Konzertsälen spielt man die Musik europäischer Komponisten. Schwärme von Touristen aus allen Erdteilen durcheilen antike Stätten, Burgen, Schlösser oder die Museen unseres Kontinents.

Tipps für die Erarbeitung
– Bilder beschreiben und Diagramme auswerten
– bedeutende Produkte aus Europa nennen

Tipps für die Präsentation
– „Made in Europe": eine Collage aus bedeutenden Produkten/oder europäischen Erfindungen gestalten

Politik aktiv

Auf dieser Seite findet ihr Anregungen, was ihr zum Thema „Die Europäische Union"
noch tun, ausprobieren, erproben und entwickeln könnt.
Denkt auch daran, euer Portfolio zu führen:

- schöne Ergebnisse in Text und Bild sammeln,
- Lernerfahrungen zum Thema „Die Europäische Union" notieren.

1. Spielen

Ein Würfelspiel entwerfen
▶ Als Spielfeld wird eine Europakarte zugrunde gelegt; dafür genügt eine Umrissskizze auf
hellem Tonpapier mit eingezeichneten Städten, großen Flüssen und hohen Gebirgen.
▶ Route mit Stationen einzeichnen, Start und Ziel sowie Ereignisfelder festlegen.
▶ Aktionskarten entwerfen, z. B.: Straßburg: Du kannst einem Touristen das
Europäische Parlament zeigen und erklären: 3 Felder vorrücken; Paris: Du
brauchst Zeit für eine Besichtigung, 3-mal aussetzen; London: Du kannst zwei
Sehenswürdigkeiten aufzählen: 2 Felder vorrücken; Alpenpass: Du schaffst
den Aufstieg nur mühsam, 2 Felder zurück ...

Ein Europaquiz veranstalten
▶ Hierzu Fragen mit je vier Auswahlantworten
ausdenken.

Puzzeln
▶ Puzzle Europa-Collage (Hersteller: Educa, Spanien).

2. Gestalten

▶ Große EU-Bildcollage für die Klassenwand (Tapete) zusammenstellen.
▶ Eine Galerie aus Einzelpostern zu möglichst vielen EU-Mit-
gliedsländern erstellen (Bilder, Tabellen, kurze Texte).

3. Lesen

▶ Informationen zur politischen Bildung, Heft 279: Europäische Union
(und weitere Schriften der Bundeszentrale für politische Bildung)
▶ Wolfgang Böhm/Otmar Lahodynsky, EU for you! So funktioniert die
Europäische Union. (G&G Verlag, Wien 2006)
▶ Werner Weidenfeld, Europa leicht gemacht. Antworten für junge Europäer.
(Carl Hanser Verlag, München 2008)

4. Filme ansehen

▶ TV-Reihen wie „Wunderschön!", „Terra X", „Insider" oder „Fernweh" erhältlich
als DVD im Buchhandel oder abrufbar bei den Sendeanstalten.
▶ Nina Koshofer/Judith Völker, Wir Europäer. Universum Film GmbH 2009 (2 DVDs)

Das kann ich!

[1] Begriffe und ihre Bedeutung

EU	Ausgleichszahlungen reicher an ärmere (strukturschwache) EU-Mitglieder
Comenius	Hilfsgelder (vor allem für die Landwirtschaft)
Subventionen	Europäische Union
Adenauer	EU-Staaten, die den Euro als Zahlungsmittel eingeführt haben
Eurozone	Programm für Schulpartnerschaften und Sprachprojekte
Strukturfonds	Erster deutscher Bundeskanzler; engagierte sich für die deutsch-franz. Freundschaft

[2] Umrisskarte Europa

[3] Wer darf die Kerze auspusten? Karikatur von Kostas Koufogiorgos.

Sachkompetenz

1. Ordnet den Begriffen aus Übersicht [1] die jeweils passende Erklärung zu.
2. Bestimmt in der Umrisskarte [2] die Lage Deutschlands und zählt im Uhrzeigersinn alle angrenzenden EU-Mitgliedsländer auf (man könnte mit Dänemark beginnen).
3. Nennt 3 europäische Staaten, die nicht zur EU gehören.
4. Seit wann gibt es den Euro? Welche Währung galt davor in der Bundesrepublik Deutschland?
5. Beschreibt die Zusammenarbeit in den Grenzregionen.
6. Notiert einige Stationen der europäischen Einigung.

Methodenkompetenz

7. Notiert in Stichworten den Umgang mit einem Raummodell.
8. Beschreibt und deutet die Karikatur [3].

Urteilskompetenz

9. Beurteilt die Vor- und Nachteile einer Mitgliedschaft in der EU.
10. Bewertet die Ausgleichszahlungen von reichen an ärmere EU-Mitglieder.
11. Beurteilt die Bedingungen zur Aufnahme neuer Mitglieder in die EU.

Handlungskompetenz

12. Entwickelt für eure Partnerstadt/Partnerschule einen Rundgang zu interessanten Punkten in eurem Ort und der Umgebung.

Globalisierung

Made in China

China ist seit 2013 die größte Handelsnation der Erde. Die Volkswirtschaft
wächst zurzeit wie keine andere. Nirgendwo auf der Welt wird so viel Rohstahl
produziert und verbraucht wie dort. Deutschland ist der wichtigste Wirtschafts-
partner Chinas in Europa. Und umgekehrt treiben die Deutschen mit keinem
anderen Land Asiens so viel Handel wie mit China.

1. Beschreibt die Collage.

2. Sammelt Begriffe, die euch zu „Made in China" einfallen, und schreibt sie auf.

3. Vermutet, warum auch deutsche Firmen ihre Produktion nach China verlagerten
oder in der Zukunft noch dorthin verlagern werden.

Schauplatz Made in China

[1] Eine Lieferung aus China. *Foto, 2014.*

1. Vermutet, was sich im Karton vom Foto [1] befinden könnte.

Deutschland importiert von China

Deutschland und China haben wichtige Handelsbeziehungen miteinander. Beide Länder gehören zur Weltspitze im Außenhandel. Das heißt, dass beide Länder sowohl viele Waren in die Welt verkaufen (exportieren) als auch vom Weltmarkt einführen (importieren).

Datenverarbeitungsgeräte, elektrische und optische Erzeugnisse, die von China in Deutschland importiert wurden, hatten 2011 einen Gesamtwert von 27,5 Milliarden Euro (35,6 % der chinesischen Importe in Deutschland). An zweiter Stelle befand sich Bekleidung (8 Mrd. Euro oder 10,4 % der Importe).

[2] Etikett eines Kleidungsstückes. *Foto, 2014.*

2. Stellt fest, welche Produkte in euren Haushalten aus China stammen.

[3] Ein VW-Montagewerk in China. *Foto, 2014.*

Deutschland exportiert nach China

Kraftwagen und Kraftwagenteile machten im Jahr 2011 rund 29 Prozent (bezogen auf den Warenwert) der Exporte von Deutschland nach China aus. Auf Platz zwei der deutschen Exporte nach China standen Maschinen (mehr als 25 %). Der Wert der Ausfuhren von Deutschland nach China betrug 66,6 Milliarden Euro.

3. Stellt die im Text genannten Importe und Exporte zwischen Deutschland und China in einer grafischen Skizze dar.

Gemeinschaftsunternehmen in China

China erlaubt es ausländischen Geschäftspartnern (Investoren) in wichtigen Wirtschaftszweigen wie der Automobilindustrie, nur in Gemeinschaftsunternehmen (sog. „Joint Ventures") tätig zu werden. In diesen Gemeinschaftsunternehmen sind Chinesen und Ausländer zusammen tätig. Einer der deutschen Automobilkonzerne, die schon früh in China aktiv wurden, war VW. Bereits 1988 wurde das Gemeinschaftsunternehmen Shanghai Volkswagen Automative Co. gegründet. Drei Jahre später folgte die Gründung von FAW-Volkswagen Automative.

China ist absehbar der größte Pkw-Markt der Welt und schon heute die mit Abstand wichtigste Verkaufsregion für VW. Jeder dritte VW wird gegenwärtig in China verkauft. Doch auch der VW-Konzern in Deutschland hat Grund zur Freude. Denn die beiden Gemeinschaftsunternehmen mit den chinesischen Partnern bringen jährlich mehrere Milliarden Euro Gewinn.

[4] Straßenszene in Beijing. *Foto, 2014.*

[5] Ein Stahlskelett-Hochhaus im Bau. *Foto, 2014.*

Chinas Wirtschaft läuft auf „Hochtouren"

China ist ein riesiges Absatzgebiet für Waren aller Art – eben auch für Autos. Allein in der Hauptstadt Beijing sind zwischen 2009 und 2014 zwei Millionen neue Autos für den Straßenverkehr zugelassen worden. Inzwischen gibt es in China 31 Städte mit mehr als einer Million Fahrzeugen. Dass man in einer halben Stunde zu den Stoßzeiten kaum 500 Meter weit vorankommt, ist in Beijing und den anderen chinesischen Großstädten fast schon normal.

Neben der unbefriedigenden Schrittgeschwindigkeit stellen die Auto-Abgase ein großes Umweltproblem dar. In Shanghai, Beijing und Guangzhou gibt es schon seit vielen Jahren Regelungen, denen zufolge an bestimmten Tagen nur Autos mit geraden oder ungeraden Kennzahlen auf dem Nummernschild fahren dürfen. Zusätzlich wurde die Zahl der jährlichen Neuzulassungen begrenzt.

Chinas Stahlhunger

Chinas ist ein großer Verbraucher und Erzeuger zugleich. So wird beispielsweise Chinas „Stahlhunger" auch in den kommenden Jahren ungebrochen sein. Die chinesische Industrie wird bis 2025 mit 1,1 Milliarden Tonnen annähernd so viel Stahl benötigen wie der Rest der Welt zusammen. Allerdings ist China inzwischen auch der größte Stahlproduzent der Welt. In Deutschland wurden von den Chinesen schon vor Jahrzehnten komplette Stahlwerke abgebaut (vgl. S. 103) und in China wieder errichtet.

Stahl ist weltweit ein gefragter Rohstoff. Hieraus entstehen z. B. Schiffe, Container, Autos (Stahlblech), aber auch die Skelette von Hochhäusern.

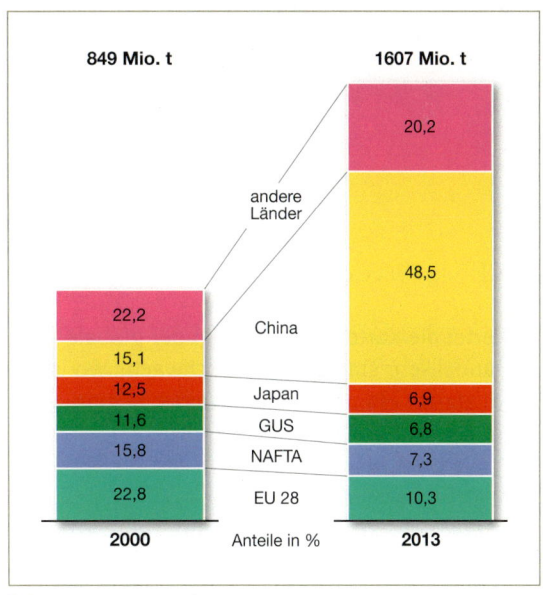

[6] Rohstahlproduktion.

4. „China ist ein riesiges Absatzgebiet für Waren aller Art". Erläutert diese Aussage.
5. Berichtet über China als Verbraucher („Stahlhunger") und Erzeuger von Stahl (Rang bei der Weltproduktion).

Wählt einen der folgenden Arbeitsaufträge aus:

◪ Stellt eine Auflistung zusammen, wofür Stahl benötigt wird.

◪ Findet Argumente für die Frage: Gemeinschaftsunternehmen mit China – Vorteil oder Nachteil für deutsche Arbeitnehmer?

Orientierung

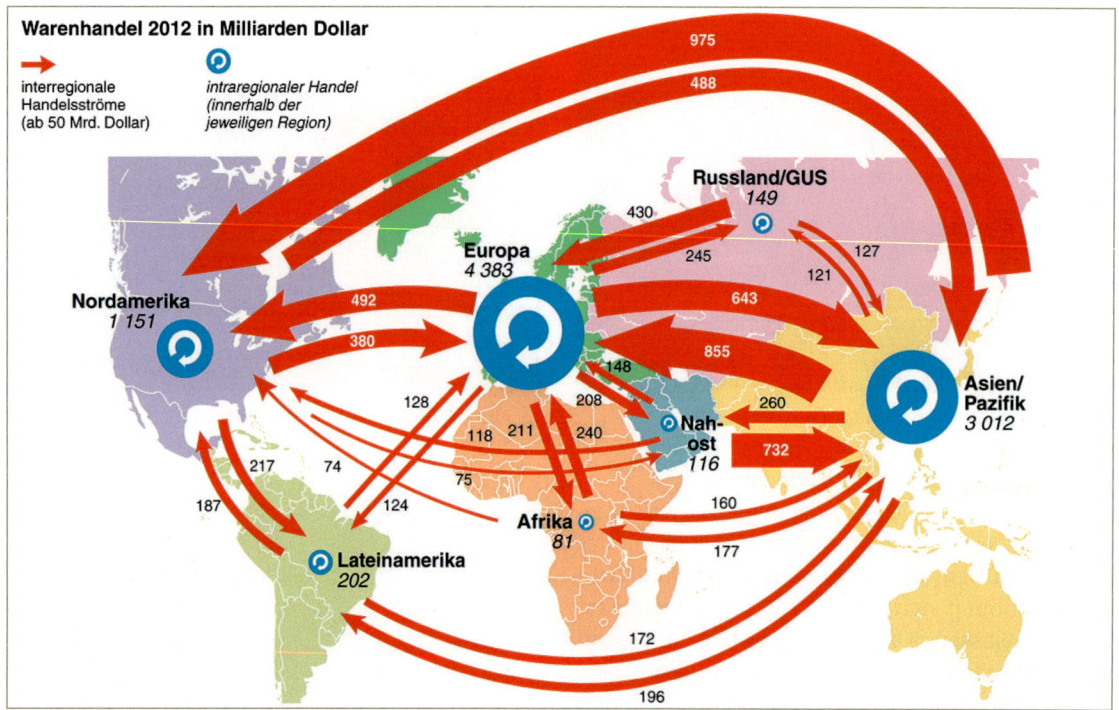

Warenhandel 2012 in Milliarden Dollar

→ interregionale Handelsströme (ab 50 Mrd. Dollar)

↻ intraregionaler Handel (innerhalb der jeweiligen Region)

Russland/GUS 149

Europa 4 383

Nordamerika 1 151

Asien/Pazifik 3 012

Nah-ost 116

Afrika 81

Lateinamerika 202

975 · 488 · 430 · 245 · 127 · 121 · 492 · 643 · 380 · 855 · 148 · 208 · 128 · 260 · 118 · 211 · 240 · 732 · 217 · 74 · 75 · 187 · 124 · 160 · 177 · 172 · 196

[1] Globale Handelsströme.

1. Wertet die Karte [1] aus: Wo ist der globale Handel sehr stark, wo ist er schwach? Wo ist ein starker Handel innerhalb einer Region, wo ein schwacher?

Was ist Globalisierung?

Unter dem Begriff „Globalisierung" wird eine zunehmende internationale Verflechtung in vielen gesellschaftlichen Bereichen (Wirtschaft, Politik, Kultur, Umwelt, Kommunikation) verstanden.

Dass verschiedene Länder miteinander in Kontakt standen und auch handelten, ist nicht neu. Neu jedoch sind das wachsende Ausmaß und die zunehmende Geschwindigkeit, die erst durch das Entstehen des weltweiten Internets sowie der Weiterentwicklung der Satellitentechnik möglich wurden.

Soziale Netzwerke sind weltweit aktiv. Menschen aller Erdteile treten miteinander in Kontakt. Sport verbindet international, Reisende sind zwischen den Kontinenten unterwegs. Künstler und Wissenschaftler pflegen personelle Beziehungen – das alles sind Merkmale der Globalisierung.

Eingebunden in den Prozess der Globalisierung sind Regierungen, nicht an Regierungen gebundene Organsistionen und wirtschaftliche Unter-

nehmen (Konzerne). Wenn solche Unternehmen über die ganze Erde verteilte Standorte und Einheiten aufweisen, werden sie auch als „Global Player" bezeichnet.

Insbesondere die drahtlose Internet- und Telefontechnologie machen auch entlegene Räume der Erde erreichbar.

2. Erläutert den Begriff „Globalisierung" mit eigenen Worten.

3. Stellt fest, wo ihr im Alltag mit der „Globalisierung" in Berührung kommt.

[2] Teil der weltweiten Informationstechnologie.

Ausfuhren im Jahr 2013
in Milliarden Dollar

China	2 210 Mrd. $
USA	1 579
Deutschland	1 453
Japan	715
Niederlande	664
Frankreich	580
Südkorea	560
Großbritannien	541
Hongkong*	536
Russland	523
Italien	518
Belgien	469
Kanada	458

Singapur*	410
Mexiko	380
Saudi-Arabien**	376
Verein. Arab. Emirate**	365
Spanien	316
Indien	312
Taiwan	305
Australien	253
Brasilien	242
Schweiz	229
Thailand	229
Malaysia	228

Quelle: WTO   *einschl. Transitwaren   **geschätzt   © Globus 6366

[3] Die größten Exporteure der Welt 2013.

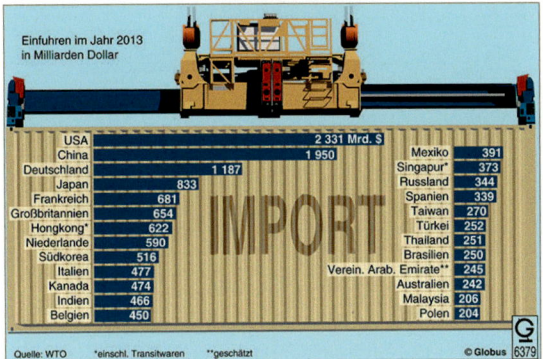

Einfuhren im Jahr 2013
in Milliarden Dollar

USA	2 331 Mrd. $
China	1 950
Deutschland	1 187
Japan	833
Frankreich	681
Großbritannien	654
Hongkong*	622
Niederlande	590
Südkorea	516
Italien	477
Kanada	474
Indien	466
Belgien	450

Mexiko	391
Singapur*	373
Russland	344
Spanien	339
Taiwan	270
Türkei	252
Thailand	251
Brasilien	250
Verein. Arab. Emirate**	245
Australien	242
Malaysia	206
Polen	204

Quelle: WTO   *einschl. Transitwaren   **geschätzt   © Globus 6379

[4] Die größten Importeure der Welt 2013.

Der Welthandel

Im Laufe der letzten Jahrzehnte ist der Welthandel erheblich gewachsen. Immer mehr Menschen auf der Erde bedeuten auch: immer mehr Verbrauch. Hinzu kommt, dass in Ländern wie China und Indien Millionen Menschen mehr einen höheren Lebensstandard erreichen. Das bedeutet eine erhebliche Zunahme beim Konsum. Doch nicht nur Waren (Produkte, Güter) werden gehandelt, sondern es werden weltweit auch Dienstleistungen verkauft. So gibt es in Indien tausende Arbeitsplätze in der Branche der Computer-Dienstleistungen. Dort werden insbesondere für den Englisch sprachigen Teil der Erde (z. B. Call-Center), aber auch für Deutschland zahlreiche Dienstleistungsaufträge bearbeitet.

4. Vergleicht [3] und [4] miteinander. Welche Länder sind die größten Exporteure, welche die größten Importeure?
5. Führt eine Pro-und-Contra-Diskussion durch: Ist die Globalisierung für Deutschland eher ein Vorteil oder ist sie eher ein Nachteil?

▶ Globalisierung

Was ist Globalisierung? Wie verändert sich unser Alltag durch Globalisierung? Welche Antriebskräfte wirkten? Wer profitiert von der Globalisierung? Welche Vor- und Nachteile hat die Globalisierung? Wie funktioniert die internationale Arbeitsteilung? Wie analysiere ich Wirtschaftsräume hinsichtlich der Globalisierung?
Mit diesen und ähnlichen Fragen beschäftigt sich das folgende Kapitel.

Wichtige Kompetenzen in diesem Kapitel

Sachkompetenz
▶ Antriebskräfte der Globalsierung benennen
▶ globale Handelsströme erläutern
▶ Strukturen und Funktionen von Global Cities erklären
▶ weltweite Arbeitsteilung einer Produktionskette von einem Global Player darstellen
▶ Veränderung des Ferntourismus und die damit verbundenen Auswirkungen in den Entwicklungsländern beschreiben

Methodenkompetenz
▶ Raumanalyse durchführen

Urteilskompetenz
▶ positive und negative Auswirkungen der Globalisierung erörtern
▶ Auswirkungen der Globalisierung in China und Indien bewerten

Handlungskompetenz
▶ Nachteile der Globalisierung erkennen und das eigene Handeln überdenken
▶ andere über die Folgen der Globalisierung informieren

Was ist eine Raumanalyse?

Vielfältige Faktoren aus den Bereichen Natur (z. B. das Klima, die Oberflächengestalt = z. B. Berge und Täler) und Gesellschaft (z. B. die Bevölkerung, die Wirtschaft) prägen einen Raum (Geofaktoren). Bei einer Raumanalyse werden diese Faktoren und ihre wechselseitigen Wirkungen untersucht. Ziel einer Raumanalyse ist es, die verschiedenen Geofaktoren zueinander in Beziehung zu setzen und so die charakteristische Ausprägung eines Raumes zu erkennen.

Fünf Schritte einer Raumanalyse

1. Schritt: Wahl eines Untersuchungsraumes

- Welcher Raum soll untersucht werden?
- Welche Informationsquellen gibt es dafür?
- Welches Kartenmaterial lässt sich beschaffen?

2. Schritt: Skizzierung eines Arbeitsplans

- Welche Einzelheiten sind für meine Raumanalyse interessant?
- Welche Zeit steht zur Verfügung?
- Welche Einzelheiten können wegen Zeitmangels nicht bearbeitet werden?

3. Schritt: Analyse der Raumfaktoren

- Wieviele Informationen werden für ein brauchbares Ergebnis benötigt?
- Welche Raumfaktoren gehören thematisch eng zusammen?

4. Schritt: Zusammenführung der Ergebnisse zu den einzelnen Raumfaktoren

- Sinnvolle Reihenfolge und Kombination der Einzelergebnisse zusammenstellen.
- Aus den Einzelheiten ein nachvollziehbares Gesamtbild erzeugen.

5. Schritt: Prüfung der Raumanalyse

- Können die untersuchten Raumfaktoren Hinweise für Erklärungen geben?
- Gibt es offene Fragen oder Unklarheiten?

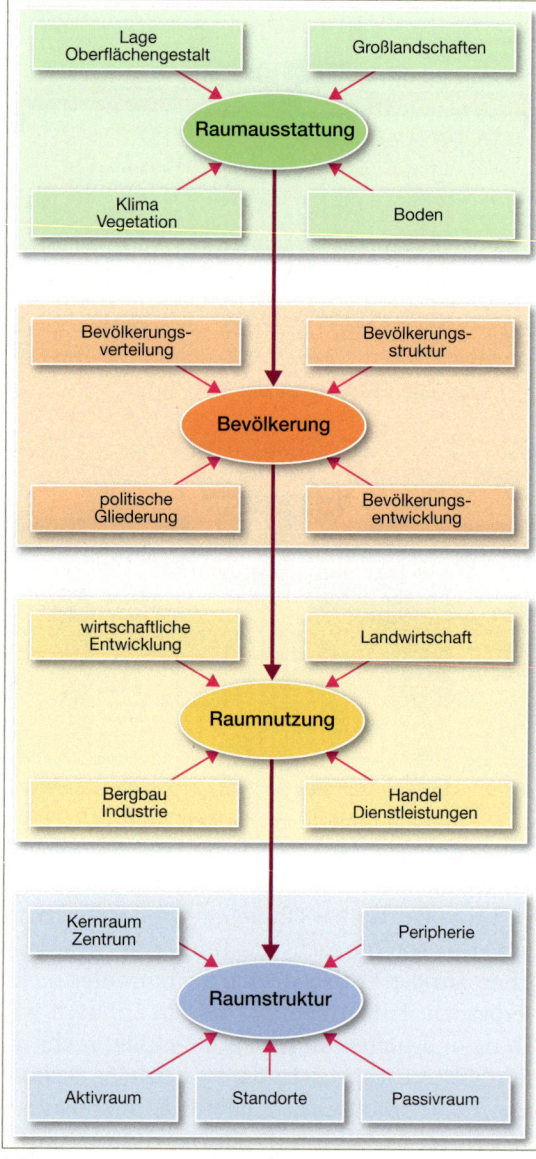

[1] Die Einzelheiten (Details) einer Raumanalyse.

Einzelne Schritte einer Raumanalyse

Eine Raumanalyse kann sehr aufwändig und umfangreich sein – je nachdem, welche und wie viele Untersuchungspunkte sie umfasst. Alle Geofaktoren einzubeziehen, wäre nahezu unmöglich und würde Wochen oder Monate dauern.
Zur Verdeutlichung der Idee einer Raumanalyse wurden auf den Seiten 237 bis 239 drei kleinere Beispiele für den Untersuchungsraum Indien ausgewählt. Hierbei werden ansatzweise betrachtet: die Raumausstattung, die Bevölkerung und die Raumnutzung.

Raumanalyse – Indien: Raumausstattung

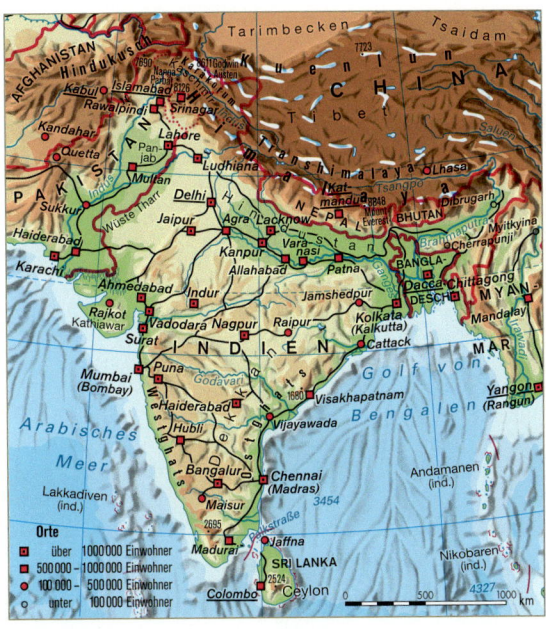

[1] Physische Karte von Indien.

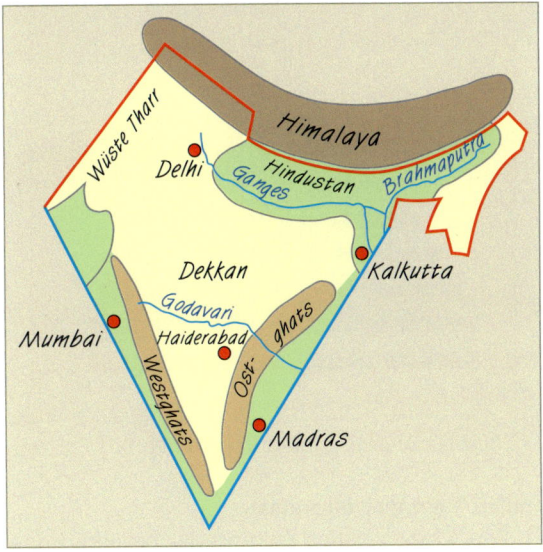

[2] Topographische Merkskizze von Indien.

1. Nennt die Nachbarstaaten Indiens [1].
2. Beschreibt die Oberflächengestalt Indiens [1].
3. Erläutert die topographische Merkskizze [2] und benennt die indischen Großlandschaften.
4. Wertet die Karten [3] und [4] aus: Vergleicht die Niederschlagsverhältnisse im Sommer und im Winter.
5. Ordnet das Thema dieser Seite in das Schema [1] auf der Seite 236 ein.

Geographische Lage Indiens

Indien befindet sich auf der Nordhalbkugel der Erde. Das Land liegt etwa im Bereich zwischen 68 bis 97 Grad östlicher Länge sowie 8 und 37 Grad nördlicher Breite. Indien grenzt an den Indischen Ozean.

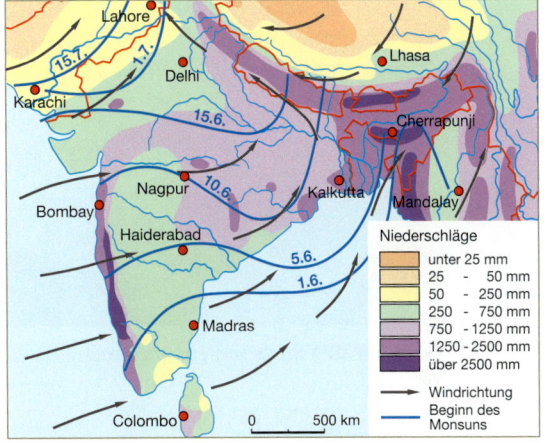

[3] Sommermonsun in Indien.

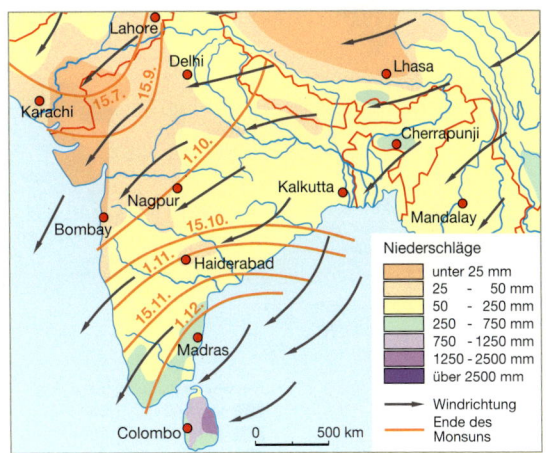

[4] Wintermonsun in Indien.

Teilräume und Vielfalt Indiens

Indiens Fläche entspricht in etwa einem Drittel der Fläche Europas. Infolgedessen weist das Land eine große Vielfalt auf. So gibt es zahlreiche Klimazonen und eine vielfältige Vegetation.

Eine klimatische Besonderheit Indiens stellt der Monsun dar: eine großräumige Luftzirkulation im Bereich der Tropen und Subtropen. Im Sommer transportiert der Monsun normalerweise viel Niederschlag nach Indien. Im Winter weht der Monsun in umgekehrter Richtung und bringt dem Land üblicherweise Trockenheit.

Raumanalyse – Indien: Bevölkerung

[1] Delhi – zweitgrößte Stadt Indiens (mit mehr als elf Millionen Einwohnern). *Foto, 2012.*

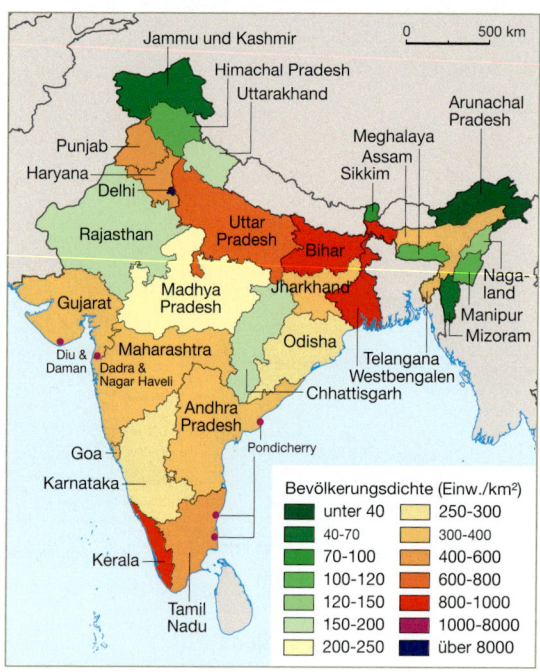

Bevölkerungsdichte (Einw./km²)

unter 40	250-300
40-70	300-400
70-100	400-600
100-120	600-800
120-150	800-1000
150-200	1000-8000
200-250	über 8000

[2] Bevölkerungsdichte indischer Bundesstaaten und Unionsterritorien.

1. Wertet die Karte [2] aus.
2. Vermutet, warum die Einwohnerdichte Indiens regional so unterschiedlich sein könnte.
3. Beschreibt die Bevölkerungsstruktur Indiens [3] mithilfe der Methodendoppelseite 96/97.
4. Ordnet das Thema dieser Seite in das Schema [1] auf der Seite 236 ein.

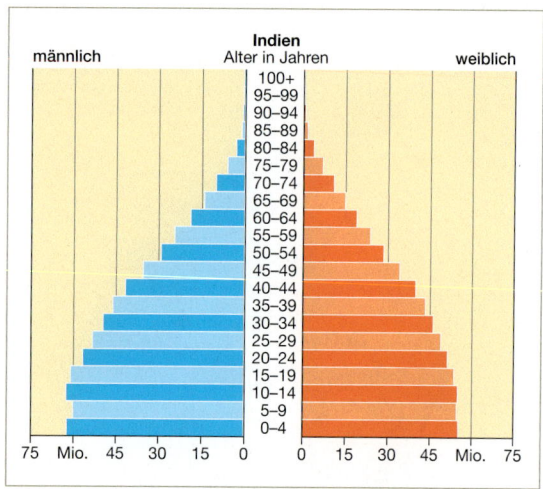

[3] Bevölkerungsdiagramm Indiens (2013).

Indien – ein Vielvölkerstaat

Indien wird in naher Zukunft das bevölkerungsreichste Land der Erde sein und ist ein so genannter „Vielvölkerstaat" Die Vielfalt Indiens bezüglich der Bevölkerung ist mit der Vielfalt in Europa vergleichbar.

Indien ist in 29 Bundesstaaten und sieben Unionsterritorien untergliedert. Diese Gebietseinheiten sind unterschiedlich dicht besiedelt. Am dichtesten besiedelt ist das Unionsterritorium Delhi mit mehr als 11 000 Einwohnern pro Quadratkilometer. Die geringste indische Einwohnerdichte pro Quadratkilometer liegt unterhalb von 20.

Raumanalyse – Indien: Raumnutzung

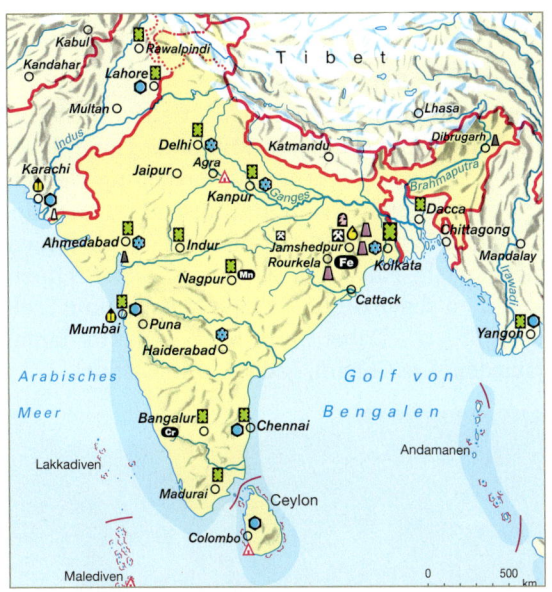

[1] Indiens Wirtschaft.

[3] Software-Zentren Indiens.

1. Erläutert die Bedeutung der Computerdienstleistungen in der indischen Wirtschaft.
2. Wertet die Karten [1] und [3] aus.
3. Ordnet das Thema dieser Seite in das Schema [1] auf der Seite 236 ein.

Indiens Wirtschaft boomt

Indien gehört zu den so genannten „BRICS-Staaten" (zusammen mit Brasilien, Russland, China und Südafrika) und gilt als eine neue Wirtschaftsmacht. Wie kaum ein anderes Land der Erde hat Indien von der Globalisierung profitiert. Ungewöhnlich hoch ist der Anteil der Dienstleistungen an der gesamtwirtschaftlichen Produktion Indiens. Mehr als die Hälfte des Bruttoinlandsproduktes wurde 2004 bereits durch Dienstleistungen erbracht.

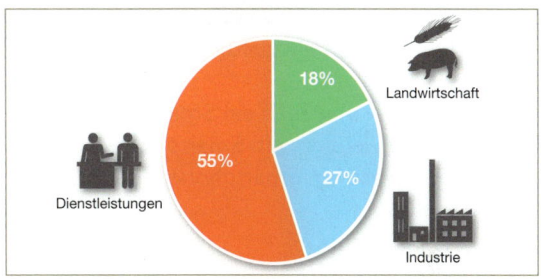

[4] Anteile der drei Wirtschaftssektoren Indiens.

Bei Dienstleistungen im Bereich der Informationstechnologie sowie Forschungs- und Entwicklungsarbeiten erreichte Indien eine besonders bedeutende Marktposition. 2005 wurde Indien zum weltweit führenden Exporteur von Software und IT-Service.

Indiens Landwirtschaft

Obwohl Indien im Bereich Software und IT-Service inzwischen zu den führenden Ländern der Erde gehört, arbeiten noch fast 60 Prozent der Inder in der Landwirtschaft (zum Vergleich Deutschland: 1,5 %). Die ländliche Bevölkerung gehört zu den ärmsten Menschen des Landes. Vom indischen Wirtschaftsaufschwung profitiert hauptsächlich die Stadtbevölkerung. In den Städten wohnen viele hochqualifizierte Fachkräfte, die sich einen gehobenen Lebensstandard leisten können.

[2] Software-Unternehmen in Bangalur. *Foto, 2012.*

Das Smartphone – ein globales Produkt!

Wer ist an der Entstehung eines Smartphones beteiligt?

[1] Das Smartphone – ein globales Produkt. *Foto.*

1. Stellt fest, wer von euch ein Smartphone besitzt oder wer gern ein Smartphone besäße.
2. Listet auf, wozu ein Smartphone technisch in der Lage ist.

Schatztruhe Smartphone

Ein Smartphone besteht aus vielen Bauteilen (Gehäuse, Akku, Display, Mikrofon, Leiterplatte, Mikrochip usw.). Zu deren Herstellung werden rund 60 Stoffe benötigt: Kunststoffe, Metalle, Glas und Keramik. Unter den Metallen befinden sich Kobalt, Palladium, Gold und Silber. Hinzu kommen sogenannte „seltene Metalle" und „seltene Erden". Dabei handelt es sich um Tantal (aus dem Erz Coltan), Indium und Gallium.

[3] Rohstoff-Abbau (Coltan) in Afrika. *Foto.*

3. Erklärt die Bezeichnung „Schatztruhe" in Zusammenhang mit einem Smartphone.

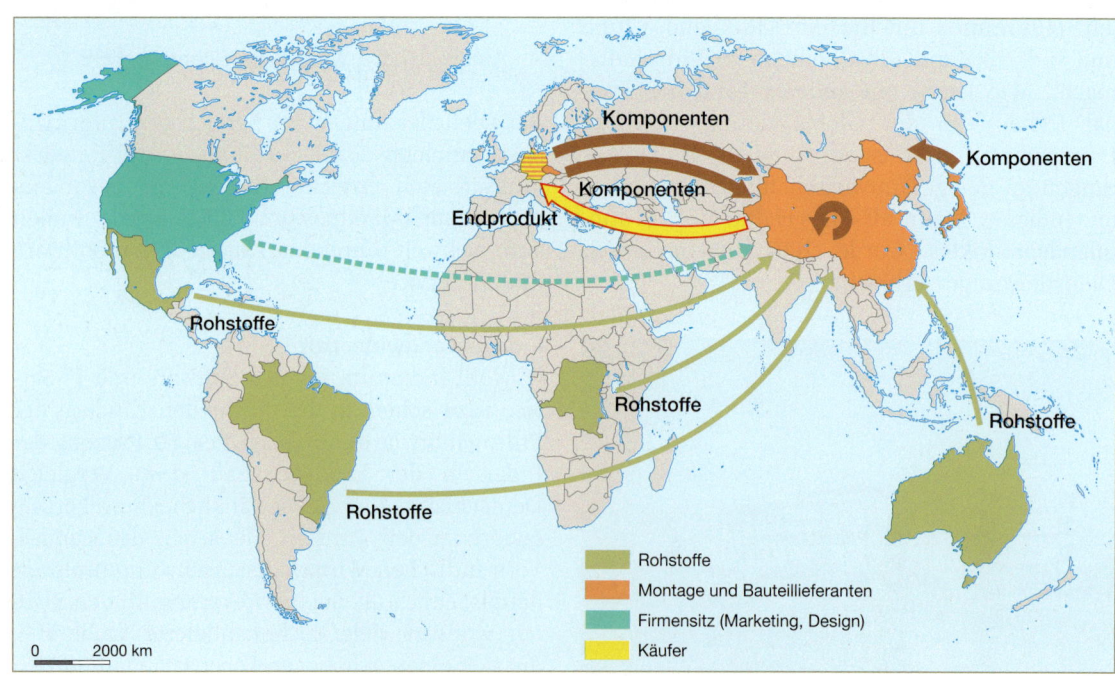

[2] Beispiel für eine weltweite Produktionskette eines Smartphones – aus deutscher Sicht.

Von den Bauteilen zur Montage

Smartphone-Bauteile werden an vielen Orten auf der Erde hergestellt. Sie werden in einem Montagewerk zusammengesetzt (montiert), sodass daraus das Endprodukt entsteht.

Neben den äußerlich sichtbaren Bauteilen wie dem Gehäuse (Hardware) enthalten Smartphones auch viele kleinste Bauteile der Hochtechnologie (Hightech-Komponenten). Außerdem müssen Smartphones vor ihrer Auslieferung noch programmiert werden (Software). Hightech-Komponenten werden auch in Deutschland hergestellt.

[4] Hightech-Komponenten aus Deutschland. *Foto.*

Die meisten Smartphones werden gegenwärtig (2014) in Asien montiert. Der weltweit größte Hersteller von Smartphones ist Foxconn, ein taiwanesisches Unternehmen mit rund 1,2 Millionen Beschäftigten.

Foxconn produziert für Unternehmen wie Hewlett-Packard, Dell, Apple, Nintendo, Microsoft und Sony.

[5] Smartphone-Montage. *Foto.*

[6] Smartphone-Marketing aus den USA. *Foto.*

Von der Montage zu den Kunden

Die Konzerne, unter deren Markennamen die Smartphones verkauft werden, konzentrieren sich meist nur auf die Produktentwicklung und das Marketing (Werbung und Verkauf).

Allein in Deutschland wurden 2013 rund 30 Millionen Geräte verkauft. Für die Zukunft wird mit weiterer Absatzsteigerung gerechnet.

Da der Smartphone-Markt hohe Unternehmensgewinne verspricht, ist er stark umkämpft. Jährlich geben Kunden in Deutschland mehr als zehn Milliarden Euro dafür aus. Viele Anbieter versuchen, für ihre Produkte schnellstmöglich Kunden zu gewinnen. Denn neue Geräte sind immer schon wieder in Planung.

4. Informiert euch über die aktuellen Preise für Smartphones und berichtet darüber.
5. Erläutert, warum es sich bei einem Smartphone um ein globales Produkt handelt.

Wählt einen der folgenden Arbeitsaufträge aus:

▣ Beschreibt das Aussehen und die Funktionen eines Smartphones wie beim „Teekesselchen-Spiel": Mein Teekesselchen (Smartphone) ist blau, man kann damit telefonieren ...

▣ Legt ein kleines Begriffslexikon an und erläutert darin kurz die folgenden Begriffe: Smartphone, Hardware, Software, Hightech-Komponenten, Marketing.

▣ Erklärt euren Großeltern die Funktionsweise sowie die Vorteile eines Smartphones und erläutert, worauf man achten muss, um Probleme zu vermeiden.

Das Smartphone – ein belastetes Produkt?

[1] Coltan – ein begehrtes Produkt. *Foto.*

1. Beschreibt das Foto [1] und vergleicht es mit dem Foto [3] auf der Seite 240.

Smartphone-Rohstoffe und deren Gewinnung

Kobalt, Palladium, Gold und Silber – das sind Metalle, die in einem Smartphone stecken. Zwar sind deren Mengen nur gering, aber infolge der hohen Produktionszahlen kommen doch jährlich große Bedarfsmengen zusammen.

[2] Goldabbau. *Foto.*

2. Beschreibt das Foto [2].

Gold für die Smartphone-Produktion

Die größten Goldminen der Erde befinden sich in China, Australien und den USA. Um Golderz zu gewinnen, ist ein hoher technischer Aufwand erforderlich. Eine Tonne Golderz enthält nur wenige Gramm Gold. Daher müssen für den Goldabbau große Gesteinsmengen gebrochen, zerkleinert und ausgewaschen werden.

[3] Ihr Lebensraum ist bedroht. *Foto.*

Blutige Smartphones – der schmutzige Handel mit Coltan

Coltan ist ein Erz, das vor allem in Zentralafrika vorkommt und aus dem das Metall Tantal gewonnen wird. Es wird zur Herstellung chirurgischer Instrumente, aber auch für Laptops und vor allem für die Smartphone-Produktion benötigt.

Ähnlich einem „Goldrausch" versetzt Coltan die Demokratische Republik Kongo in einen Ausnahmezustand. Zahlreiche Menschen geben ihre Tätigkeiten in der Landwirtschaft auf und suchen ihr „Glück" beim Coltan-Abbau. Auch Kinder werden zuweilen von ihren Eltern in die Minen geschickt und bleiben so dem Unterricht fern.

Ein lang anhaltender Bürgerkrieg führte auch zu einem Einsatz von Waffen, um gewaltsam in den Besitz des begehrten Rohstoffes zu gelangen. Ein geregelter Abbau unter staatlicher Aufsicht ist so nicht möglich. Leidtragende sind die Bevölkerung und die Umwelt.

Coltan und Gorillas

Coltan wird insbesondere in den letzten Rückzugsgebieten der Gorillas abgebaut. Die Minenarbeiten zerstören nicht nur rücksichtslos den Lebensraum der Tiere, sondern es werden Gorillas auch für die Fleischversorgung der Arbeiter gewildert.

3. Fasst in euren Worten die Problematik des Rohstoffabbaus für die Smartphone-Produktion zusammen.

4. Erläutert den Zusammenhang zwischen der Smartphone-Produktion und der drohenden Ausrottung der Gorillas.

[4] Fließband-Montage. *Foto.*

[6] Elektronik-Schrott. *Foto.*

Smartphone-Produktion – Arbeitsplatz und Arbeitsdruck

Ein großer Teil der Smartphones und anderer elektronischer Geräte wird in Asien produziert. Das bedeutet für hunderttausende Beschäftigte einerseits ein Einkommen, das sie durch ihre Arbeit am Fließband erzielen. Andererseits geraten Unternehmen wie der taiwanesische Konzern Foxconn immer wieder in die Schlagzeilen, weil die Arbeitsbedingungen beanstandet werden und weil es persönliche Probleme bis hin zu Gewaltausbrüchen gibt.

[5] **Foxconn: Der Druck und die Selbstmorde**

... In den Morgenstunden des 19. April dieses Jahres machten Arbeiter einer Foxconn-Fabrik im westchinesischen Chongqing eine tragische Entdeckung. Ein junger Mann hatte sich von einem Gebäude im Wohnblock D06 in den Tod gestürzt. Der Tragödie war ein Streit zwischen dem Opfer und drei seiner Arbeitskollegen vorausgegangen. Der junge Mann hatte Schwierigkeiten, der Frequenz von Arbeitsschritten am Fließband zu folgen. Immer wieder musste der Fertigungsprozess von Notebooks des US-Herstellers Hewlett-Packard deshalb kurzzeitig unterbrochen werden. Das verärgerte die drei Schichtgenossen derart, dass sie ihn nach Dienstschluss zur Rede stellten und schließlich verprügelten. Sie waren sauer, weil sie auch nach Stückzahlen entlohnt werden. Wenn einer am Band strauchelt, verdienen alle weniger. ...

Quelle: n-tv, 15.9.2014

5. Berichtet über Vor- und Nachteile der asiatischen Smartphone-Produktion für die asiatischen Arbeitnehmer/-innen.

Smartphones und ihre ökologische Problematik

Da Smartphones viele z.T. giftige Rohstoffe enthalten, gehören sie nach ihrem Gebrauch zum Sondermüll. Es wäre jedoch unverantwortlich, sie einfach wegzuwerfen, denn die in ihnen enthaltenen Rohstoffe können weitgehend recycelt werden. So kehren diese Stoffe wieder in den Produktionskreislauf zurück, und der Verbrauch an neuen Rohstoffen für die Smartphone-Produktion wird stark vermindert.

Insgesamt bleibt auch bei der Smartphone-Produktion noch zu berücksichtigen, wie stark die Umwelt für ein einziges Gerät in Anspruch genommen wird. Dazu gehören die tausenden Tonnen golderzhaltiges Gestein ebenso wie die tausenden Liter Wasser, die zum Auswaschen des Goldes benötigt werden.

Neuerdings werden so genannte „Fairphones" produziert. Dabei sollen beispielsweise die Rohstoffe umweltschonend gewonnen werden. Auch die Arbeitsplätze sollen mit mehr Rücksicht auf die Beschäftigten gestaltet werden.

6. Erläutert die ökologischen Probleme bei der Smartphone-Produktion.

Wählt einen der folgenden Arbeitsaufträge aus:

▣ Entwerft ein Plakat, das zum Smartphone-Recycling (und Handy-Recycling) aufruft.

▣ Schildert als Arbeiter einer asiatischen Smartphone-Fabrik euren Arbeitsalltag.

▣ Schreibt einen Zeitungskommentar zu dem in [5] dargestellten Ereignis.

Wahlseite   Tempelhaar für den Export

1. Informiert euch auf dieser Seite über das Thema „Tempelhaar für den Export".
2. Präsentiert eure Ergebnisse in geeigneter Form in der Klasse.

[1] Haarverlängerungen (Extensions). *Foto.*

[2] Pilger in Tirumale Tirupati. *Foto.*

Haarverlängerungen

1 Perücken und Allongeperücken („allonge", fran-
2 zösisch: Verlängerung) sind schon seit mehreren
3 Jahrhunderten in Gebrauch. Heutige **Haarverlän-**
4 **gerungen** (sog. „extensions") sind als modische
5 Bereicherung hinzu gekommen.
6 Bei einer Haarverlängerung wird fremdes Haar
7 (Kunsthaar oder Echthaar) in das eigene Haar
8 eingearbeitet. Die Haarverlängerung kann durch
9 Kunststoff-Verbindungen, Metall-Verbindungen,
10 Clips, Klebestreifen oder durch Einflechten be-
11 festigt werden.
12 Die Haltbarkeit von Haarverlängerungen reicht
13 von wenigen Wochen bis hin zu mehreren Mona-
14 ten. Spätestens mit dem natürlichen Haarausfall
15 ist auch die Lebensdauer einer Haarverlängerung
16 erreicht.

Indisches Tempelhaar

1 Der größte Teil des Haares, der international ge-
2 handelt wird, stammt aus Indien. In indischen
3 **Tempeln** lassen sich Pilger aus religiösen Grün-
4 den ihr Haar abschneiden und opfern es.

Haarverlängerungen – auch ein globales Produkt

1 Indisches Haar ist wegen seiner besonderen Ei-
2 genschaften in Europa sehr gefragt. Im Laufe
3 eines Jahres opfern allein im südindischen Tem-
4 pel Tirumale Tirupati 20 Millionen **Pilger** rund
5 75 Tonnen Haare. Früher wurden sie zur Füllung
6 von Matratzen und Autositzen verwendet. Heute
7 sind sie ein heiß begehrtes Handelsprodukt für
8 Friseure.
9 Dem Vorbild von angesehenen Schauspielerin-
10 nen und Sängerinnen folgend wollen auch man-
11 che Frauen in Deutschland von Zeit zu Zeit ihr
12 Aussehen mithilfe von Haarverlängerungen ver-
13 ändern. Das indische Tempelhaar wird nach Ban-
14 galore und Chennai transportiert, wo man es
15 wäscht, sortiert und verpackt. Haarverlängerun-
16 gen für den deutschen Markt werden von Indien
17 mit Flugzeugen transportiert (Luftfracht). Die
18 Nachfrage ist groß, daher darf der **schnelle Trans-**
19 **port** auch mehr kosten und muss nicht per Schiff
20 erfolgen.

Tipps für die Erarbeitung
Ihr könnt beim Lesen die Schritte des
Textknackers anwenden. Was habt ihr über
Haarverlängerungen und indisches
Tempelhaar erfahren?

Tipp für die Präsentation
Ihr könnt euch bei Friseuren über Haaarverlänge-
rungen informieren und darüber vor der Klasse
berichten.

Shanghai – eine Global City

1. Informiert euch auf dieser Seite über die Global City Shanghai.
2. Präsentiert eure Ergebnisse in geeigneter Form in der Klasse.

[1] Shanghai – der Stadtteil Pudong und Shanghai Tower (rechts, in Bau). *Foto.*

Global Cities – Finanzzentren der Erde

Weltweit gibt es ein System von Großstädten die jeweils mehrere Millionen Einwohner haben. Sie sind insbesondere für das internationale Bankwesen von großer Bedeutung. In Europa steht an der ersten Stelle London. Diese Stadt ist schon lange Zeit ein Zentrum des Finanzwesens.

Neben die europäischen Global Cities traten zunächst bedeutende Städte in den USA – allen voran New York. Im Rahmen der Globalisierung finden wir solche Städte heute auch in Asien.

Shanghai – Global City in China

Shanghai ist eine der wichtigsten chinesischen Global Cities. Hier und in Shanghais Umland leben mehr als 23 Millionen Einwohner. Im Stadtteil Pudong steht das zweithöchste Gebäude der Welt (632 m), der Shanghai Tower. Richtfest des Hochhauses war 2014. In enger Nachbarschaft befindet sich das Shanghai World Financial Center (492 m), das zugleich zweithöchste Gebäude Chinas. Wolkenkratzer wie diese spiegeln die wirtschaftliche Bedeutung Shanghais.

[2] Der Containerhafen von Shanghai. *Foto.*

Shanghai – eine Weltstadt der Superlative

In Shanghai befindet sich der größte Containerhafen der Welt. 2012 wurden hier mehr als 32 Millionen Container umgeschlagen.

Shanghai hat zwei internationale Flughäfen. Allein 2010 wuchs das Passagieraufkommen um mehr als ein Viertel auf über 40 Millionen. Wer in Shanghai als Spezialist arbeitet, kann eine Menge Geld verdienen. Allerdings sind die Mieten und Lebenshaltungskosten hier auch sehr hoch. Für viele Chinesen bleiben solche Arbeitsplätze allenfalls Träume.

Tipps für die Erarbeitung
– Ihr könnt die Fotos von Shanghai beschreiben.
– Ihr könnt aus dem Text Stichwörter herausschreiben, die Shanghai als Global City kennzeichnen.

Tipps für die Präsentation
– Ihr könnt eine große Umrisskarte von China zeichnen und darauf Shanghai markieren.
– Ihr könnt auflisten, welche Eigenschaften Global Cities haben.

Wahlseite Tourismus auf Sri Lanka

1. Informiert euch auf dieser Seite zum Thema „Tourismus auf Sri Lanka".
2. Präsentiert eure Ergebnisse in geeigneter Form in der Klasse.

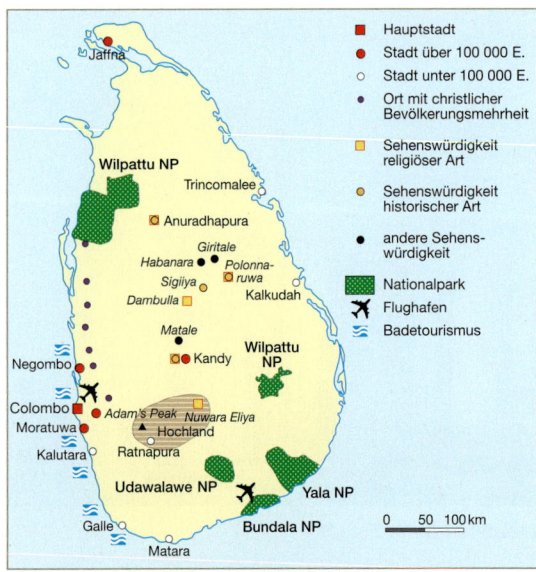

[1] Touristisches Potenzial Sri Lankas.

[2] Hotel Taj Exotica auf Sri Lanka. *Foto, 2012.*

Das touristische Potenzial Sri Lankas

Sri Lanka ist ungefähr so groß wie Bayern. Hieraus ergeben sich kurze Wege zwischen den verschiedenen Touristenattraktionen.

Die tropischen Strände im Indischen Ozean sind bei Wassersportlern wie bei Badegästen ganzjährig beliebt.

Darüber hinaus weist Sri Lanka eine große landschaftliche Vielfalt auf. Die Insel bietet auch manches für Naturliebhaber. So kann man von Booten aus Wale im Meer oder von Landfahrzeugen aus Elefanten im Nationalpark beobachten.

13 Prozent der Landfläche Sri Lankas stehen als Nationalparks oder Reservate unter Naturschutz. Auf Sri Lanka gibt es 14 Nationalparks – dort gibt es neben Elefanten, Leoparden, Lippenbären und Sambar-Hirsche.

Die Insel ist auch ein Anziehungspunkt für Vogelliebhaber. 233 Arten zählt man auf Sri Lanka. Im Winter wird die Zahl durch Zugvögel auf mehr als 480 erhöht.

Sri Lanka – beliebt bei Gästen aus Deutschland

2013 besuchten insgesamt 1,27 Millionen Menschen Sri Lanka (26,7% mehr als im Vorjahr). Rund 86000 Reisende kamen aus Deutschland (fast 20% mehr als im Vorjahr). Damit ist Deutschland nach Indien und Großbritannien der drittwichtigste Markt. Die durchschnittliche Aufenthaltsdauer der Touristen erhöhte sich im Vergleich zu 2013 von zehn auf elf Tage.

Arbeitsplätze und bauliche Maßnahmen

Die Zahl der Arbeitsplätze im Tourismus soll sich in nur sechs Jahren von 125000 (2010) auf 500000 (2016) vervierfachen. 2013 wurde im Südosten der Insel ein zweiter internationaler Flughafen eröffnet. Schnellstraßen wurden ausgebaut, um die Fahrzeiten zu den Badeorten an der West- und Südwestküste zu verkürzen. Vorangetrieben wird weiterhin der Ausbau der Hotelkapazitäten bzw. die Modernisierung vorhandener Anlagen auf der gesamten Insel.

Tipps für die Erarbeitung

– Ihr könnt in Stichwörtern die touristischen Potenziale Sri Lankas herausschreiben.
– Ihr könnt die Karte [1] auswerten.

Tipp für die Präsentation

Ihr könnt Fotos von Sri Lanka beschaffen (Reisebüro) und daraus eine Foto-Collage zum Thema „Tourismus auf Sri Lanka" zusammenstellen.

Wahlseite Nachhaltiger Tourismus

1. Informiert euch auf dieser Seite über den nachhaltigen Tourismus auf Sri Lanka.
2. Präsentiert eure Ergebnisse in geeigneter Form in der Klasse.

[1] Der „Löwenfels" auf Sri Lanka. *Foto, 2012.*

[2] Safari-Tour auf Sri Lanka. *Foto, 2012.*

Sanfter Tourismus statt Massentourismus

Beim „sanften Tourismus" geht es vor allem darum, die Natur so wenig wie möglich zu schädigen. Die Reisenden sollen die Natur nah, intensiv, ursprünglich erleben und sich der Kultur des Reiselandes anpassen. Als „nachhaltig" wird Tourismus dann bezeichnet, wenn die Folgen für die Umwelt, die Gesellschaft und die Wirtschaft berücksichtigt werden.

Massentourismus ist mit den Zielen der Nachhaltigkeit nicht vereinbar. Zwar bedeuten viele Touristen höhere Einnahmen, aber dadurch wird auch die Umwelt stark strapaziert. Viele entlegene Tourismusregionen müssen beispielsweise ihr Trinkwasser durch Meerwasserentsalzung gewinnen. Diese Trinkwasseraufbereitung verbraucht sehr viel Energie.

Hinzu kommt, dass die Gewinne, die im Massentourismus erreicht werden, nicht immer im Land selbst bleiben. Viele Mitarbeiter der Hotels „vor Ort" verdienen nur wenig Geld – und das nicht immer unter besten Arbeitsbedingungen.

Nachhaltiger Tourismus auf Sri Lanka

Fernreisen haben einen Anteil von nur 3,5 Prozent am Gesamtreisemarkt. Auf sie entfallen jedoch 20 Prozent der Treibhausgasemissionen des Tourismus. Von Deutschland nach Sri Lanka zu fliegen bedeutet immer auch eine hohe Umweltbelastung, die nicht vermieden werden kann.

Ein Tourist auf der Insel kann jedoch seinen Urlaub so gestalten, dass er den Nachhaltigkeitszielen zumindest nahekommt. Er wird dann beispielsweise versuchen, in kleineren Pensionen oder Hotels zu wohnen und mit der Landesbevölkerung in Kontakt zu kommen. Das Geld, das er ausgibt, bleibt sozusagen auf Sri Lanka.

Das Sri Lanka Tourism Promotion Bureau hat 350 Hotels zur Teilnahme am Projekt „Greening Sri Lanka Hotels" bewegen können. Dieses Projekt wird von einer Europäischen Kommission gefördert. Beabsichtigt wird, durch eine bessere Abfallwirtschaft, Verminderung des Wasser- und Energieverbrauchs die Umwelt zu schonen.

Tipps für die Erarbeitung

– Ihr könnt eine Definition zum Thema „sanfter Tourismus" erarbeiten.
– Ihr könnt Möglichkeiten für nachhaltigen Tourismus am Beispiel Sri Lankas beschreiben.

Tipp für die Präsentation

Ihr könnt Fotos von Sri Lanka beschaffen (z. B. in einem Reisebüro) und daraus eine Foto-Collage zum Thema „Sanfter Tourismus auf Sri Lanka" zusammenstellen.

Erdkunde aktiv

In diesem Kapitel habt ihr viel über das Thema Globalisierung erfahren.
Denkt auch daran, euer Portfolio zu führen:

– gelungene Ergebnisse in Text und Bild sammeln,
– Lernerfahrungen zum Thema „Globalisierung" notieren.
Hier einige Anregungen, was ihr noch tun könnt.

1. Erkundungen durchführen

▶ Erkundet zu Hause, in Fachgeschäften oder Warenhäusern Produkte,
notiert ihre Bezeichnung und das jeweilige Herkunftsland.
▶ Erkundet, welche Einzelteile zur Herstellung eines Produktes (z. B. Auto)
notwendig sind, und woher die Rohstoffe dafür kommen.

2. Eine Karte/Collage herstellen

▶ Gestaltet eine Weltkarte als Collage mit Bildern verschiedener Produkte
(z. B. Textilien, Lebensmittel, Autos).

3. Interviews oder Befragungen durchführen

▶ Einen Fragebogen zum Thema „Globalisierung" erstellen
(z. B. zum Wissen von Jugendlichen oder Erwachsenen zum Thema).
▶ Befragungen (Mitschüler, Familienmitglieder oder Passanten) durchführen,
auswerten und in der Klasse vorstellen.

4. Jugendbücher recherchieren, lesen, vorstellen

▶ Erstellt eine kleine Liste mit Jugendbüchern zur Globalisierung
(Internetrecherche).
▶ Lest eines dieser Bücher und erstellt dazu eine Buchkritik bzw.
eine Empfehlung für eure Mitschüler/-innen
(Beispiel: Gerd Schneider, Globalisierung, Arena Verlag, 2008).

5. Filme recherchieren, ansehen, vorstellen

▶ Spielfilme oder Dokumentarfilme (z. B. in Fernsehsendern) zur
Globalisierung recherchieren.
▶ Einen Film ansehen, eine kleine Filmkritik für eure Mitschüler/-innen
schreiben und Film in der Klasse vorführen
(Beispiel: Gnadenlos billig – der Handyboom und seine Folgen).

6. Reiseprospekt oder Flyer entwerfen

▶ Informationen zu einer Global City sammeln, Texte und Bilder zusammenstellen.

[1] Begriffe und ihre Bedeutung

Globalisierung	Firma, Großuntenehmen
made in China	Raum prägende Faktoren aus den Bereichen Natur (z. B. Oberfläche, Klima) und Gesellschaft
Konzern	internationale, weltweite Verflechtung in vielen Bereichen (z. B. Wirtschaft, Kommunikation, Kultur
Global Player	ein Unternehmen, das am internationalen Wettbewerb teilnimmt und in seiner Branche eine Vormachtstellung einnimmt
Global City	Städte mit großer Einwohnerzahl, internationalen Unternehmen und großen Organisationen
Geofaktoren	hergestellt in China

[2] Richtig oder falsch? Korrigiert die falschen Aussagen und schreibt danach alle Aussagen in eure Arbeitsmappen.

1. Deutschland und China gehören zur Weltspitze beim Außenhandel.
2. In China kaufen nur wenige Menschen ein Auto.
3. China produziert keinen Stahl, sondern importiert ihn.
4. „Globalisierung" ist ein Begriff, der ausdrückt, dass etwas „rund" läuft.
5. Ein Smartphone ist ein „globales Produkt", da mehrere Länder an der Produktionskette beteiligt sind.
6. Der ungeregelte Coltan-Abbau bedroht den Lebensraum der Gorillas.
7. In Asien gibt es keine Global Cities.

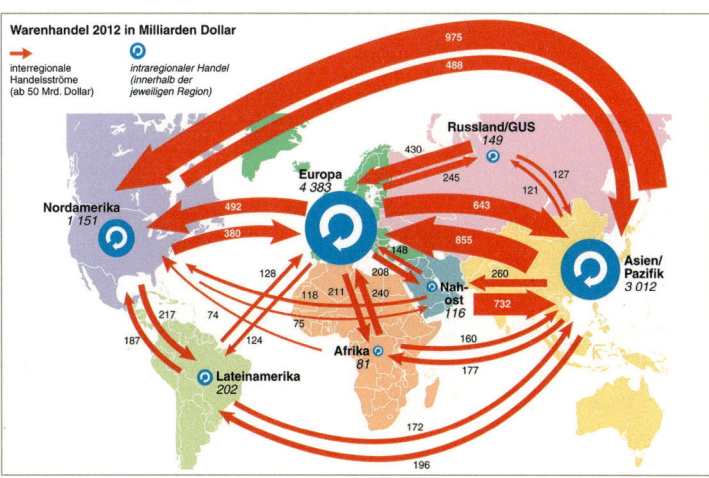

[3] Globale Handelsströme.

Sachkompetenz

1. Ordnet den Begriffen aus Übersicht [1] die jeweils passende Erklärung zu.
2. Beschreibt und erläutert die Abbildung [3].
3. Erklärt, warum China der wichtigste Industriestandort der Welt ist.
4. Schreibt zu einem der vier Wahlthemen: Tempelhaar für den Export, Shanghai – eine Global City, Touristen auf Sri Lanka, Nachhaltiger Tourismus eine kurze Zusammenfassung.
5. Erläutert, was ein Smartphone mit dem Thema „Globalisierung" zu tun hat.

Methodenkompetenz

6. Erklärt, was man unter einer „Raumanalyse" versteht und in welchen Schritten sie durchgeführt wird.

Urteilskompetenz

7. Nennt Chancen sowie Probleme, die durch die Globalisierung hervorgerufen werden, und kommt zu einer eigenen Beurteilung.

Handlungskompetenz

9. Entwerft ein Protestplakat gegen die nachteiligen Folgen der Globalisierung.

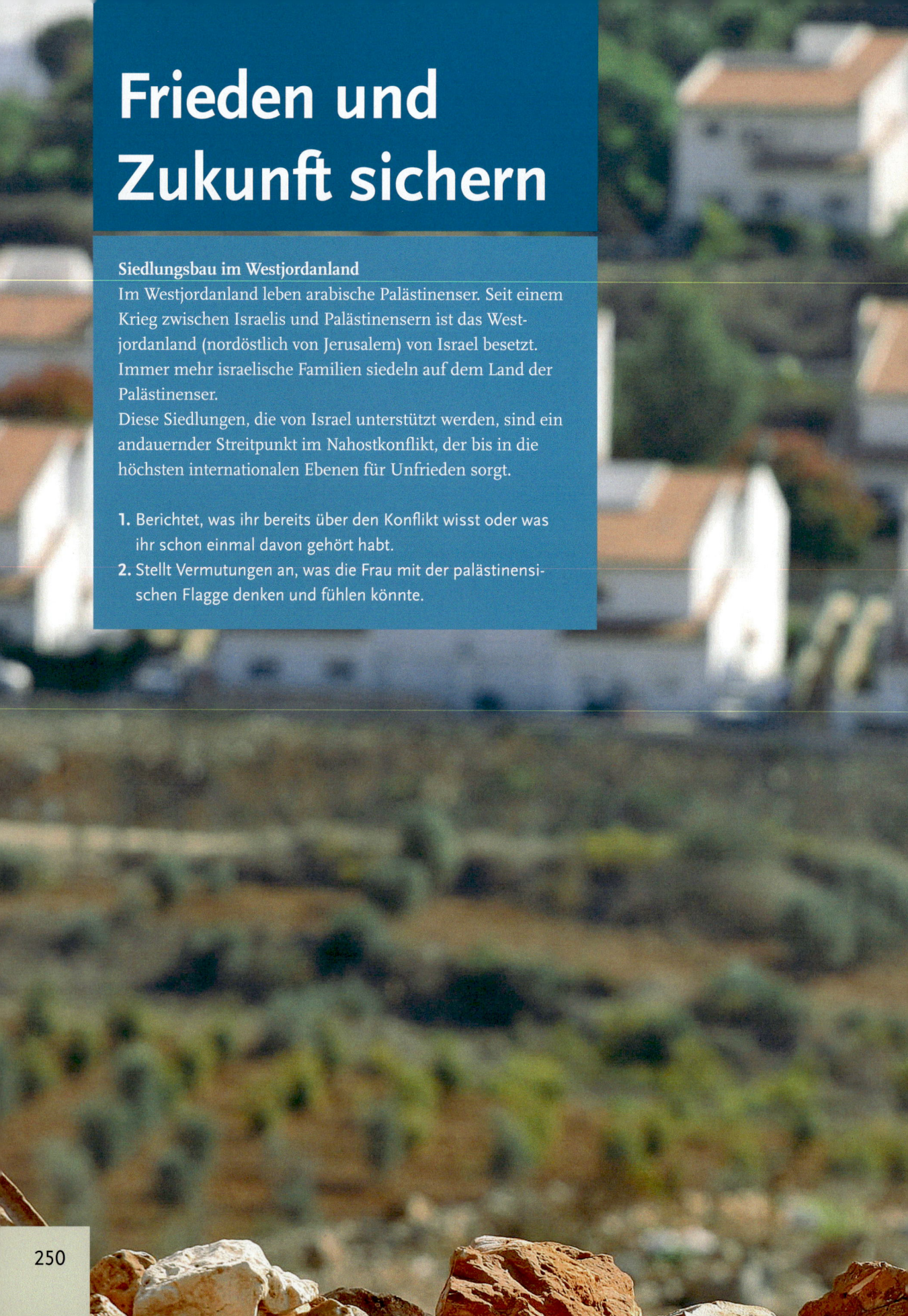

Frieden und Zukunft sichern

Siedlungsbau im Westjordanland

Im Westjordanland leben arabische Palästinenser. Seit einem Krieg zwischen Israelis und Palästinensern ist das Westjordanland (nordöstlich von Jerusalem) von Israel besetzt. Immer mehr israelische Familien siedeln auf dem Land der Palästinenser.

Diese Siedlungen, die von Israel unterstützt werden, sind ein andauernder Streitpunkt im Nahostkonflikt, der bis in die höchsten internationalen Ebenen für Unfrieden sorgt.

1. Berichtet, was ihr bereits über den Konflikt wisst oder was ihr schon einmal davon gehört habt.
2. Stellt Vermutungen an, was die Frau mit der palästinensischen Flagge denken und fühlen könnte.

Ein jüdischer Siedler erzählt:

Meine Familie ist 1950 ins Westjordanland gekommen. Seit dem wohnen und leben wir hier. Wir haben dafür gesorgt, dass Straßen und Wasserleitungen gebaut werden. Wir haben viel Geld und Arbeit investiert, damit die Region auch wirtschaftlich aufblüht.

Es gibt zwar viele, die anders denken, aber ich bin fest davon überzeugt: Dieses Land gehört uns! Es ist das Land, aus dem wir vor 2000 Jahren vertrieben wurden und das uns von Gott gegeben wurde. Die Palästinenser haben keinen eigenen Staat, also siedeln wir auch nicht auf ihrem Gebiet.

Ich bin bereit, mein Land gegen diese Terroristen zu verteidigen, die heimlich Bomben legen, bei denen unsere Mitmenschen umkommen. Aber nun können wir uns wehren. Wir waren 2000 Jahre lang Opfer und das ist jetzt vorbei.

1. Fasst die Argumente der beiden in einer Tabelle mit Stichwörtern zusammen.
2. Nehmt Stellung zu dem Konflikt der beiden Männer.

Ein Palästinenser erzählt:

Meine Familie lebt hier seit Generationen im Westjordanland. Unser Haupteinkommen erwirtschaften wir mit unseren Olivenbäumen. Für die jüdischen Siedlungen wurden schon sehr viele Bäume gefällt. Teilweise sind wir dafür entschädigt worden. Die neuen Straßen und Siedlungen versperren uns die Wege zu den verbliebenen Feldern. Aus Angst vor Anschlägen verweigern uns die Israelis die Nutzung der Straßen und die Durchfahrt durch die Siedlungen. Immer wieder müssen wir Checkpoints passieren, bei denen unsere Identität kontrolliert wird. So werden die 30 Minuten zur nächsten Uni, für meinen ältesten Sohn zu einer zwei Stunden Reise, bei der nicht immer sicher ist, ob er dort auch ankommt.

Neben den Straßen und den Siedlungen kontrollieren die Israelis auch die Wasserzuteilung. Palästinensische Wasserpumpen wurden zerstört oder enteignet. Dadurch ist für uns, aber auch für unsere Landwirtschaft nie ausreichend Wasser vorhanden. Die Israelis dürfen fünfmal so viel Wasser nutzen wie wir.

Ich werde den Staat Israel niemals anerkennen!

[1] Israel und seine Nachbarn. *2010.*

3. Beschreibt die Karte [1]: Was gehört zu Israel, wo sind israelische Siedlungen, welche Teile werden von den Palästinensern verwaltet?

Legende der Karte:

- von Israel besetztes Gebiet
- Israelische Siedlung
- Verbindungskorridor
- Bewässerungskanal
- Periodischer Fluss, Wadi
- Gebiet unter Kontrolle der Vereinten Nationen (UN)
- Gebiet mit palästinensischer Selbstverwaltung
- Grenze Israels
- Andere Staatsgrenze

Ein Staat für Juden als Zuflucht

70 n. Chr. wurden die Juden von den Römern aus Israel vertrieben. Sie siedelten anschließend auf der ganzen bekannten Welt und wurden diskriminiert.

Es entstand der Wunsch eines eigenen Staates, der später von den Briten unterstützt wurde (1917 Balfour-Erklärung).

Gründung des Staates Israel

Nach dem Holocaust und dem Krieg in Europa siedelten immer mehr Juden in Palästina. Es gab Spannungen zwischen den Briten, die Palästina verwalteten, den Juden und den arabischen Palästinensern.

1947 wurde das Problem vor die UNO gebracht und die Teilung Palästinas in einen arabischen und einen jüdischen Staat wurde beschlossen. Am 14. 5. 1948 wurde der jüdische Staat Israel gegründet.

Israel wächst

Die arabische Bevölkerung erkannte die Entscheidung der UNO nicht an und es begann ein Bürgerkrieg (1948–49), den Israel gewann. Auch zwei weitere Kriege entschied Israel für sich (1967 und 1969/79) und besetzte so den Gazastreifen, das Westjordanland und Teile Ägyptens. Letztere sind allerdings bereits an Ägypten zurückgegeben worden.

Gaza und Westjordanland für die Palästinenser

Nach vielen Konflikten und Kriegen zwischen Israel und den Palästinensern vereinbarten beide 1993 die Unabhängigkeit (Autonomie) des Gazastreifens und des Westjordanlandes. Diese Teile sollten von den Arabern verwaltet werden und Grundlage des noch nicht gegründeten Staates Palästina werden.

Dieser Friedensprozess wurde aber durch Terroranschläge von Palästinenserseite und dem weiteren Siedlungsbau von Israel unterbrochen.

2005 zogen sich die Israelis zwar aus dem Gazastreifen zurück und verließen ihre Siedlungen dort, im Westjordanland ist ein durchgehender Siedlungsstopp aber nicht in Sicht.

4. Fertigt mithilfe der Texte einen Zeitstrahl des Nahostkonfliktes an.

Wählt einen der folgenden Arbeitsaufträge aus:

- Skizziert mit Hilfe der Karte die Wasserversorgung in Israel

- Stellt in einem Kurzreferat die Probleme der Wasserversorgung in Israel der Klasse vor.

Was ihr noch tun könnt...

- Informiert euch über den aktuellen Stand des Konfliktes bzw. möglicher Friedengespräche.

Orientierung

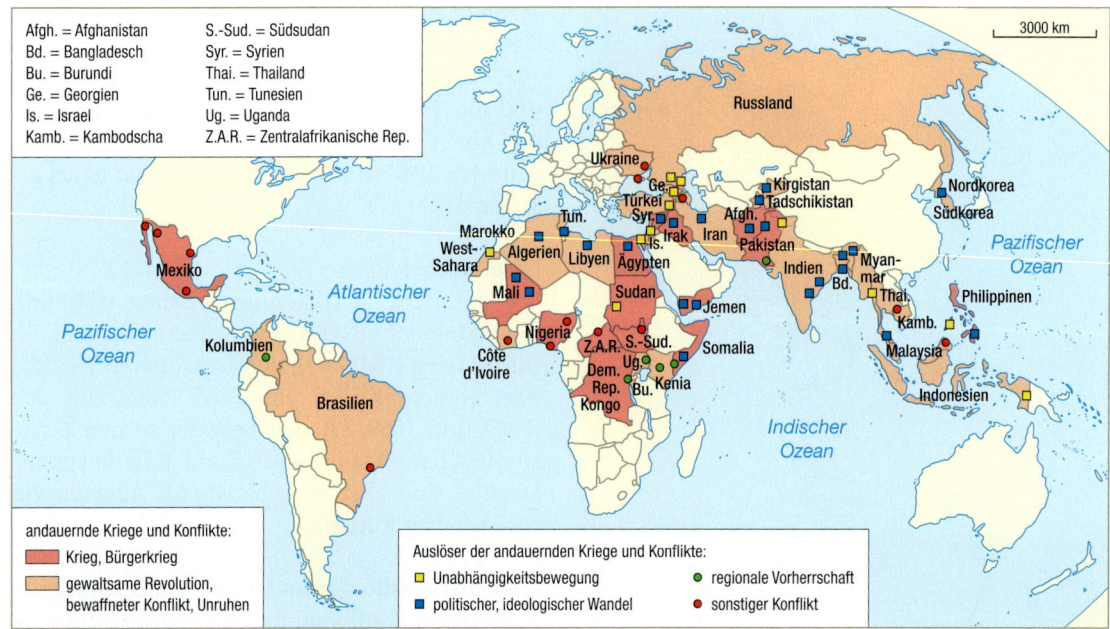

[1] Karte mit aktuellen Kriegen und Konflikten. 2015.

1. Benennt Länder, in denen bewaffnete Konflikte stattfinden [1].

[2] Kurden kämpfen in Syrien gegen Islamisten. *2014. Foto.*

[3] US Reaper-Drohne mit Hellfire-Raketen. *2009. Foto.*

2. Beschreibt die Fotos [2] und [3].

Gründe für Konflikte und Kriege

Kriege und Konflikte können sowohl zwischen Staaten als auch innerhalb eines Staates, etwa zwischen Volksgruppen, ausbrechen.

Bei Konflikten zwischen zwei Staaten gibt es häufig folgende Gründe:

– Streit um Grenzen und Gebiete
– Kampf um die Vormachtstellung in einem Teil der Erde
– Furcht vor einer Bedrohung durch den anderen
– Stellvertreterkriege (Kriege, die Staaten oder Konfliktparteien für andere führen, dabei aber durch z. B. Waffenlieferungen unterstützt werden)
– Durchsetzung wirtschaftlicher Interessen (z. B. Bodenschätze, Wasser...)
– Ablenkung von eigenen (Staats-)Problemen
– Falsche Beurteilung der Stärke und Absichten des anderen Staates
– Religiöse und ethnische Konflikte

3. Überlegt und nennt, welche dieser Gründe auch bei Konflikten innerhalb eines Staates eine Rolle spielen könnten.

1618–1648
Dreißigjähriger Krieg

1648
Westfälischer Frieden

1892
Deutsche Friedensgesellschaft wird
u. a. von Bertha von Suttner gegründet

1899
Haager Friedenskonferenz (Grundre-
geln der Kriegsführung wurden
festgelegt)

1914–1918
Erster Weltkrieg

1920–1946
Völkerbund (erste internationale
Organisation zur Sicherung des
Friedens)

1939–1945
Zweiter Weltkrieg

24. Juni 1945
Gründung der Vereinten Nationen
(Internationale Organisation für den
Weltfrieden)

[1] Friedensbemühungen ab 1648 bis 1945.
(Auswahl), Zeittafel.

▶ Frieden und Zukunft sichern

Wo gibt es welche Konflikte in der Welt?
Wie entstehen Konflikte?
Was sind die Auslöser für Kriege?
Wie kann man Konflikte lösen und Frieden sichern?
Wie kann die Weltgemeinschaft Weltfrieden schaffen?
Mit diesen und anderen Fragen beschäftigt ihr
euch in diesem Kapitel.

Wichtige Kompetenzen in diesem Kapitel

Sachkompetenz
▶ einen Konflikt um Förderung, Transport und
Nutzung von Rohöl und Erdgas erläutern
▶ Ursachen und Erscheinungsformen des globalen
Terrorismus erklären
▶ den organisatorischen Aufbau und die wichtigsten Normen und Funktionen der Vereinten
Nationen erklären
▶ aktuelle zwischenstaatliche Konflikte benennen
▶ Einflussmöglichkeiten der Vereinten Nationen
erläutern

Methodenkompetenz
▶ Konfliktanalyse durchführen
▶ Lösungsstrategien entwickeln

Urteilskompetenz
▶ Chancen und Grenzen der internationalen
Staatengemeinschaft zur Bekämpfung des
globalen Terrorismus beurteilen
▶ die Bedeutung der Vereinten Nationen für eine
friedliche und gerechte Welt bewerten

Handlungskompetenz
▶ über Konflikte und Konfliktpotenziale aufklären
▶ terroristische Tendenzen erkennen und argumentativ dagegen vorgehen

Konfliktanalyse

Ist Frieden möglich?

Um einen Konflikt richtig zu verstehen und um festzustellen, ob ein dauerhafter Frieden möglich ist, kann man eine Konfliktanalyse durchführen. Dafür eignen sich folgende Schritte und Leitfragen:

1. Schritt: **Erscheinung des Konfliktes beschreiben**

- Was ist wann, wo passiert?
- Wer sind die Beteiligten (direkt oder indirekt)?

(Die Informationen dazu findet ihr in Nachrichten: z. B. „110 Tote bei Bombenanschlag im Irak")

2. Schritt: **Konfliktursachen erkennen**

- Welche Ziele verfolgen die Parteien?
- Um welche Streitfragen geht es?
- Was war der Auslöser für den Konflikt?
- Wie war der bisherige Verlauf?
- Welche Ereignisse haben den Konflikt verschärft oder verbessert?

(Beschafft euch zu den Leitfragen Informationen in Zeitungen, Magazinen, bei Experten, in Fernsehdokumentationen, im Internet ...)

3. Schritt: **Lösungsansätze prüfen und bewerten**

- Welche Lösungsansätze sind denkbar?
- Welche Kompromisse sind nötig?
- Wie realistisch ist die Lösung für den dauerhaften Frieden?
- Wisst ihr genug, um eine Lösung zu finden?

Bei beendeten Konflikten:
- Wie wurde der Konflikt gelöst?

1. Wendet die Methode der Konfliktanalyse auf den Konflikt in Syrien (S. 257) an.

[1] Die zerstörte syrische Stadt Damaskus. *2012.*

[2] Verzweifelte Syrierin in der Stadt Aleppo. *2014.*

Der Konflikt in Syrien – ist Frieden in Syrien möglich?

> Wieder ein Giftgasangriff in Syrien?
> Bei einem Giftgasangriff in der syrischen Provinz Hama wurden wahrscheinlich wieder Chemiewaffen eingesetzt.

Ein Reporter berichtet

Es wird behauptet, dass in einer Stadt in der syrischen Provinz Hama Opfer mit Atemproblemen und Erstickungsanfällen behandelt wurden. Es soll auch einige Tote geben. Die Vermutung besteht, dass erneut Giftgas gegen die Bevölkerung eingesetzt wurde.

Die Konfliktparteien

Sowohl die Regierung des Präsidenten Assad als auch die Oppositionellen (politische Gegner) beschuldigen sich gegenseitig, chemische Kampfstoffe eingesetzt zu haben.
Die Situation in Syrien ist sehr schwierig.
In Syrien leben viele verschiedene Bevölkerungsgruppen und Religionen. 70 % der Bevölkerung sind sunnitische Muslime. Schiitische Muslime und Christen sind religiöse Minderheiten.
Die beiden Gruppen der Sunniten und Schiiten sind zwar Muslime, bekämpfen sich aber bis auf den Tod.
Einige radikale Sunniten wünschen sich einen sunnitischen Gottesstaat. Dieser würde aber gleichzeitig die religiösen Minderheiten im Land unterdrücken. Die Assad-Regierung hat zwar mit ihrer klaren Trennung von Staat und Religion die Minderheiten geschützt. Assad ist aber ein Diktator, der sich trotz Protesten im Amt hält.

Der arabische Frühling

Die Proteste gegen Assad begannen, als Anfang 2011 in vielen arabischen Ländern gegen die diktatorischen Regierungen protestiert wurde. Präsident Asaad kündigte zunächst Reformen an. Der von den Oppositionellen geforderte Rücktritt Assads blieb aber aus.

Demokratisierung ade

Inzwischen haben sich die Ziele verschoben. Waren am Anfang noch die Befreiung vom Diktator, die Hoffnung auf eine bessere wirtschaftliche Lage und die demokratische Teilhabe der Menschen das Ziel der Opposition, ist mittlerweile ein religiöser ethnischer* Konflikt in den Vordergrund getreten. Sunniten kämpfen gegen Schiiten und letztere werden von den verschiedenen Minderheiten in Syrien unterstützt. Ausländische Mächte (USA, Israel bzw. Russland und China) haben sich den Parteien an die Seite gestellt.
Zudem hat eine islamistische Terrororganisation (IS) die unklaren Machtverhältnisse ausgenutzt und einen islamischen Gottesstaat gegründet.
Der Konflikt dauert an und fordert weiterhin Menschenleben.
Bis zum April 2014 waren es 150 000 Menschen. 2,6 Millionen Menschen sind aus ihrem Land geflohen und über 9 Millionen sind innerhalb des Landes auf der Flucht.

ethnisch volkszugehörig, eine Gruppe mit einer gemeinsamen Identität.

Religiöse und ethnische Konflikte

Welchen Einfluss haben Religion und Volkszugehörigkeit auf den Frieden?

Ruanda – Völkermord an einer ethnischen Minderheit

Zwischen den beiden afrikanischen Stämmen Hutu und Tutsi gab es bereits vor der Kolonialzeit Spannungen. Die Kolonialmächte unterstützten zunächst die Tutsi und ermöglichten ihnen Schulbildung. Später nach der Entkolonialisierung erlangten die Hutus mehr Macht. Neid und Hass sorgten weiterhin für Konflikte zwischen den beiden Stämmen.

Am 6. April 1994 eskalierte die Situation, nachdem das Flugzeug des ruandischen Präsidenten abgeschossen wurde. Er gehörte zu den Hutus, die seinen Tod zum Anlass nahmen, um innerhalb von 100 Tagen 800 000 Tutsis zu ermorden. Wer wirklich für den Abschuss verantwortlich war, wurde nie geklärt.

Mitte Juli 1994 gelang es der Tutsi-Rebellenarmee, die Kontrolle zu übernehmen und den Genozid* zu beenden. Viele Hutus wurden in Nachbarländer vertrieben.

Seither ist es in Ruanda verboten, Stammeszeichen zutragen. Jugendliche beider Stämme leben heute konfliktfrei nebeneinander. Der Konflikt ist ihnen nur durch den Geschichtsunterricht in der Schule bekannt.

[1] Ein Junge aus Ruanda kurz nach dem Genozid. *Foto.*

1. Fasst die Gründe des Konfliktes zusammen.
2. Benennt den Auslöser des Genozids.
3. Erklärt wie der Konflikt beendet wurde.

2014 – Zwanzig Jahre nach dem Völkermord erinnerte Ruanda an die Opfer.

Flamme der Trauer, Flamme der Hoffnung

„Unser Land fiel in tiefe Gräben voll Dunkelheit", sagte Außenministerin Louise Mushikiwabo. „Zwanzig Jahre später haben wir uns erhoben und als Land vereint." In der Zeit nach dem Völkermord habe sich Ruanda alleingelassen gefühlt. Nun jedoch hätten sich „unsere Freunde aus der ganzen Welt versammelt, um der Wiedergeburt unserer Nation zu gedenken".

Präsident Paul Kagame und Uno-Generalsekretär Ban Ki Moon entzündeten gemeinsam eine „Flamme der Trauer", die nun hundert Tage brennen soll. Viele sehen in ihr vor allem eine „Flamme der Hoffnung".

[2] Schädel von Tutsis in der Ntarama Kirche. *Foto.*

4. Vermutet, was der Junge aus [1] denken könnte.
5. Entwerft einen Plan, wie ein dauerhafter Frieden in Ruanda entstehen kann.

Genozid Völkermord

Sudan und Südsudan

Der Sudan war lange der größte Flächenstaat in Afrika. Aber bereits bei der Erklärung der Unabhängigkeit 1956 erstrebten die Menschen im Süden einen eigenen Staat.

Im Süden leben in erster Linie Christen. Der Norden, angrenzend an Ägypten, ist islamisch-arabisch geprägt. Nach langen Jahren des religiös geprägten Bürgerkrieges wurde bereits 1969 dem Süden eine gewisse Autonomie eingeräumt.

2011 fand eine Volksabstimmung statt, bei der sich 99 % der Südsudanesen für einen unabhängigen Staat aussprachen. Am 9. Juli 2011 wurde die Unabhängigkeit erklärt und die Republik Südsudan gegründet.

Ohne einander geht es auch nicht

Durch die Trennung der beiden Staaten war die Möglichkeit des Friedens in der Region sehr nah. Denn beide Staaten benötigen sich gegenseitig. Im Südsudan liegen große Erdölvorkommen, die den jungen Staat reich machen könnten. Um diese Vorkommen aber nutzen bzw. verkaufen zu können, muss das Erdöl durch die Pipelines des Nordens an die Küste des Roten Meeres gebracht werden. Das eröffnet Möglichkeiten zur Kooperation, aber auch zu neuen Konflikten.

6. Erklärt, worin die große Chance für einen dauerhaften Frieden zwischen den beiden Ländern Sudan und Südsudan liegt. Nutzt dafür auch die Karte [3].

Bürgerkrieg, Chaos und Hungersnot im Südsudan

Südsudan wird seit Dezember 2013 von schweren Kämpfen beherrscht. Begonnen hatte der Konflikt mit einem Streit zwischen zwei Personen aus der Regierung. Der Staatschef Präsident Salva Kiir warf seinem Stellvertreter einen Putschversuch vor. Regierungstreue Gruppen und Rebellen kämpfen seitdem um die Macht. Mittlerweile sind rund 20 bewaffnete Gruppen in dem Konflikt involviert. Seit Beginn des Bürgerkrieges wurden bereits Zehntausende Menschen getötet und Hunderttausende vertrieben. Der Bürgerkrieg brachte das Land außerdem an den Rand einer Hungersnot. Verhandlungen über einen Waffenstillstand bringen nur vorübergehend Ergebnisse. Die Feuerpause wird immer wieder gebrochen, die Machtkämpfe dauern an, ein

Ende ist nicht abzusehen. Laut UNO-Angaben benötigen mehr als 300 000 Menschen dringend Nahrung und Medizin. (Stand: Mai 2015)

[3] Karte von Sudan und Südsudan.

Wählt einen der folgenden Arbeitsaufträge aus:

- Informiert euch mithilfe des Atlas über die beiden Länder und stellt eure Ergebnisse in einem Kurzreferat der Klasse vor.

- Plant ein Rollenspiel, bei denen ihr die Verhandlungen zwischen Sudan und Südsudan bezüglich des Rohölhandels nachspielt. Führt es eurer Klasse vor.

Was ihr noch tun könnt …

- Sucht im Internet, in Zeitungen oder im Fernsehen weitere ethnische Konflikte heraus (z. B. Stichwort: Albanien).
- Informiert euch über die aktuelle Lage im Südsudan.

Konflikte um Rohstoffe

Welche Rolle spielen Rohstoffe bei Konflikten auf der Welt?

[1] Karte vom Persischen Golf.

[2] Brennendes Ölfeld in Kuwait. *Foto, 1991.*

Erster Golfkrieg – vom Grenzstreit zur Ölkrise

1980–1988 gab es einen Grenzkrieg zwischen dem Irak und dem Iran (erster Golfkrieg). Er verlief sehr brutal. Beide Regime nutzten Giftgas und chemische Kampfstoffe auch gegen die Zivilbevölkerung.

Ab 1981 rückten der sogenannte „Tankerkrieg" und damit die Ölversorgung der westlichen Welt in das Bewusstsein der Öffentlichkeit. Der Irak hatte bereits sehr früh seine Förderanlagen verloren. Sein Hauptziel war nun, den Iran daran zu hindern, Erdöl zu exportieren. Im Verlauf des Krieges wurden mindestens 250 Tanker versenkt oder beschädigt. Als es immer schwieriger wurde, auch aus Nachbarregionen Öl zu exportieren, schalteten sich die USA ein und gaben u. a. Tankern aus Kuwait Geleitschutz.

1. Erklärt mithilfe der Karte, woher der Name „Golfkrieg" kommt.
2. Stellt Vermutungen an, warum sich die USA in den Konflikt eingeschaltet haben.

Zweiter Golfkrieg – Streit um Ölpreise

Der Irak hatte sich im ersten Golfkrieg hoch verschuldet. Um diese Schulden begleichen zu können, musste er sein Öl teurer verkaufen. Der Irak wollte eine Verringerung der Erdölfördermenge auf dem Weltmarkt, damit der Ölpreis steigt.

Allerdings beschuldigte der Irak sein Nachbarland Kuwait, mehr Öl zu verkaufen als vereinbart und so den Ölpreis nach unten zu drücken.

Der Streit um den Ölverkauf eskalierte so sehr, dass am 2. August 1990 der Irak Kuwait überfiel und besetzte. Anfang 1991 griffen die USA mit der UN in den zweiten Golfkrieg ein und befreiten Kuwait.

3. Erklärt mit eigenen Worten, was den Ölpreis beeinflusst.
4. Nennt die Gründe des Iraks für den Überfall auf Kuwait.

[3] Öl tritt aus einer defekten Pipeline aus.

5. Betrachtet das Bild und beschreibt, welche Probleme ihr erkennen könnt.

Nigeria – Ölreichtum nicht für die Armen

Aber nicht nur zwischen Staaten löst Öl große Konflikte aus. Innerhalb Nigerias streiten sich die Zentralregierung und militante Gruppen um die Erlöse aus dem Ölexport.

Nigeria ist der drittgrößte Exporteur von Erdöl auf dem afrikanischen Kontinent. Trotz der riesigen Vorkommen ist ein Großteil der Bevölkerung bitter arm. Die Einnahmen aus dem Ölhandel fließen fast ausschließlich in die Städte und zu korrupten Politikern. Investitionen für die Bauern oder in nachhaltige Industrien wurden versäumt.

Die Kämpfe und der Handel mit Öl, das illegal aus den Pipelines gezapft wird, sorgen zudem für starke Umweltschäden.

6. Erklärt, wie es sein kann, dass trotz des riesigen Erdölvorkommens viele Nigerianer sehr arm sind.

Handy-Rohstoffe finanzieren Krieg

Eine der rohstoffreichsten Regionen der Welt ist der Ost-Kongo an der Grenze zu Ruanda. Hier werden einige der etwa 30 verschiedenen Metalle abgebaut, die in jedem Smartphone verbaut werden. Die Gold-, Zinnerz-, Coltan- und Wolfram-Minen werden zum großen Teil von Rebellentruppen kontrolliert, die durch den Verkauf der Metalle ihre Waffen finanzieren.

Für den Abbau entführen die Banden regelmäßig Menschen aus der Region. Frauen müssen hart in den Minen arbeiten oder werden vergewaltigt bzw. zur Prostitution gezwungen.

Durch viele Zwischenhändler, die an dem Geschäft gut verdienen, gelangen die Rohstoffe nach China und werden dort in Smartphones verbaut.

7. Erklärt, warum die Rohstoffe aus dem Kongo auch „Blutmineralien" genannt werden.

8. Beurteilt die Art des Abbaus der Bodenschätze durch die Rebellengruppen.

Wählt einen der folgenden Arbeitsaufträge aus:

■ Skizziert auf einem Plakat Afrika und tragt wichtige Bodenschätze in diese Skizze ein.

■ Überlegt euch, was in Nigeria und im Kongo passieren müsste, damit die Zivilbevölkerung geschützt wäre. Haltet eure Ideen auf einem Plakat fest.

Was ihr noch tun könnt…
■ Informiert euch im Internet über Möglichkeiten, den Frauen im Kongo zu helfen (Stichwort: Fairphone).

Die Vereinten Nationen

Wie hilft die UNO* den Menschen auf der ganzen Welt?

Nicht nur Kriege bedrohen den Weltfrieden, sondern auch Elend, Armut und Hunger bringen Menschen an den Rand der Verzweiflung und treiben sie zur Gewalt. Um diesem Teufelskreis entgegen zu wirken, haben die Vereinten Nationen viele verschiedene Organisationen und Gremien ins Leben gerufen.

[1] Blauhelmsoldaten beobachten in Syrien einen Waffenstillstand, *Foto, 2012.*

[2] UN-Ärztin aus Thailand untersucht ein Kind im Sudan, *Foto, 2012.*

[3] Nach den Wahlen in Haiti schützen UN-Soldaten die Anhänger des unterlegenen Kandidaten. *Foto, 2010.*

[4] UNICEF-Versorgungszentrum in Kopenhagen bereitet Lieferung für Liberia vor. *Foto.*

1. Die UN hat verschiedene Aufgaben. Ordnet folgende Aufgaben den Bildern zu: humanitäre Einsätze, friedenserhaltende Maßnahmen, friedensstiftende Maßnahmen.

UNO:
deutsch: Vereinte Nationen (VN)
englisch: United Nations (UN)
häufig: United Nations Organization (UNO)

[5] „Non-Violence" von Carl Fredrik Reuterswärd vor dem UN-Hauptgebäude.

2. Beschreibt die Skulptur und erklärt, wie das Kunstwerk auf den Betrachter wirkt.

Gründung der UNO

Am 24. Juni 1945 unterzeichneten 51 Staaten die Charta der Vereinten Nationen und verpflichteten sich damit, die Androhung und Anwendung von Gewalt gegenüber anderen Staaten zu vermeiden.

Heute sind fast alle Länder der Welt in der UNO. Staaten wie der Vatikan oder die Palästinenser haben einen Beobachterstatus. Für viele Länder, vor allem für die Entwicklungsländer, ist die Vollversammlung eine Möglichkeit, auf ihre Probleme aufmerksam zu machen.

[6] **UN-Charta Artikel 1, von 1945**

Die Vereinten Nationen setzen sich folgende Ziele:

(1) den Weltfrieden und die internationale Sicherheit zu wahren (...) Bedrohungen des Friedens zu verhüten und zu beseitigen, Angriffshandlungen und andere Friedensbrüche zu unterdrücken und internationale Streitigkeiten oder Situationen, die zu einem Friedensbruch führen könnten, durch friedliche Mittel nach den Grundsätzen der Gerechtigkeit und des Völkerrechts zu bereinigen oder beizulegen;

(2) freundschaftliche, auf der Achtung vor dem Grundsatz der Gleichberechtigung und Selbstbestimmung der Völker beruhende Beziehungen zwischen den Nationen zu entwickeln und andere geeignete Maßnahmen zur Festigung des Weltfriedens zu treffen;

(3) eine internationale Zusammenarbeit herbeizuführen, um internationale Probleme wirtschaftlicher, sozialer, kultureller und humanitärer Art zu lösen und die Achtung vor den Menschenrechten (...) zu festigen.

3. Fasst mit dem Auszug aus der Charta [6] die Ziele der Vereinten Nationen in Stichworten zusammen.

Wählt einen der folgenden Arbeitsaufträge aus:

▣ Schreibt die Ziele der Vereinten Nationen auf ein Plakat.

▣ Stellt euch vor, in Mexiko gibt es ein riesiges Erdbeben; tausende Menschen sind betroffen. Beschreibt, wie die Vereinten Nationen Mexiko helfen könnten.

Was ihr noch tun könnt...
- Informiert euch über aktuelle Einsätze der Vereinten Nationen.
- Sammelt Ideen, wie ihr UNICEF oder andere Hilfsorganisationen unterstützen könntet.

Organe und Gremien der UNO

Wie arbeitet die UNO?

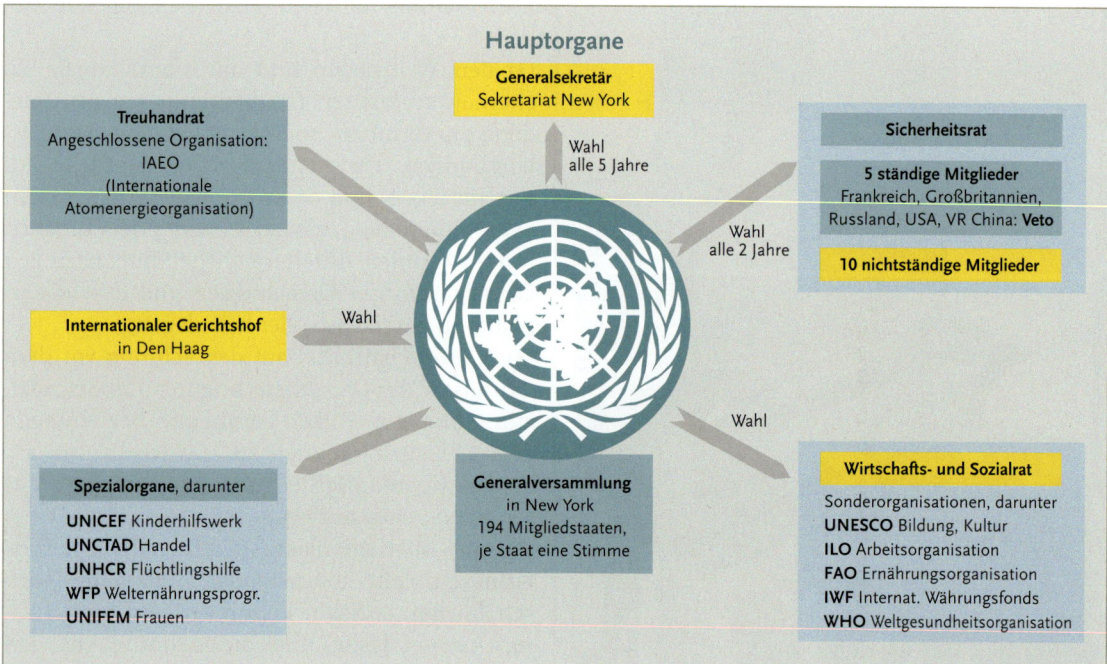

Hauptorgane

- **Generalsekretär**
  Sekretariat New York

- **Treuhandrat**
  Angeschlossene Organisation:
  IAEO
  (Internationale
  Atomenergieorganisation)

- **Internationaler Gerichtshof**
  in Den Haag

- **Spezialorgane**, darunter
  UNICEF Kinderhilfswerk
  UNCTAD Handel
  UNHCR Flüchtlingshilfe
  WFP Welternährungsprogr.
  UNIFEM Frauen

- **Generalversammlung**
  in New York
  194 Mitgliedstaaten,
  je Staat eine Stimme

Wahl alle 5 Jahre
Wahl alle 2 Jahre
Wahl
Wahl

- **Sicherheitsrat**
  5 ständige Mitglieder
  Frankreich, Großbritannien,
  Russland, USA, VR China: **Veto**
  10 nichtständige Mitglieder

- **Wirtschafts- und Sozialrat**
  Sonderorganisationen, darunter
  UNESCO Bildung, Kultur
  ILO Arbeitsorganisation
  FAO Ernährungsorganisation
  IWF Internat. Währungsfonds
  WHO Weltgesundheitsorganisation

[1] Organe und Gliederung der UNO. *Schaubild.*

1. Beschreibt das Schaubild und nennt wichtige Gremien und Organe.

Die Generalversammlung – Herz der Weltgemeinschaft

In der Generalversammlung treffen sich ein Mal im Jahr Abgesandte aller Mitgliedsstaaten. Es ist ein Forum für Politiker. Dort können unverbindliche Empfehlungen an Staaten gegeben werden. Staaten können um Hilfe bei anderen Staaten bitten oder Probleme der Weltgemeinschaft werden angesprochen. Zudem müssen verschiedene Wahlen abgehalten werden.

2. Listet mithilfe des Schaubildes [1] alle Wahlen auf, die die Generalversammlung auf ihrer jährlichen Sitzung durchführen muss.

[2] UN-Generalsekretär Ban-ki Moon. *Foto, 2013.*

UN-Sekretariat

Die Verwaltung (z. B. Organisation von Konferenzen) der UNO übernimmt das UN-Sekretariat. Der Vorsitzende, der UN-Generalsekretär, ist der wichtigste Repräsentant der UNO.

UN-Sicherheitsrat

Der UN-Sicherheitsrat ist das mächtigste Organ der UNO, denn nur er kann UN-Resolutionen, also Beschlüsse, fassen.

Er hat fünf ständige Mitglieder, darunter die USA und Russland. 10 weitere Mitglieder werden alle zwei Jahre von der Generalversammlung gewählt.

Die fünf ständigen Mitglieder haben ein Vetorecht bei der Behandlung von Themen und deren Beschlüssen. Entscheidungen müssen also von allen fünf Vetomächten akzeptiert werden.

3. Listet mithilfe des Schaubildes [1] die ständigen Mitglieder des Sicherheitsrates auf.

4. Vermutet, welche Chancen, aber auch Probleme durch das Vetorecht dieser fünf Staaten entstehen könnten.

UNHCR – Flüchtlingshilfswerk

Das Flüchtlingshilfswerk wurde 1950 ins Leben gerufen, um den Flüchtlingen aus dem zweiten Weltkrieg zu helfen. Da das Problem weiter besteht, kümmerten sich 2010 6 800 Menschen um Flüchtlinge und Vertriebene in 126 Ländern.

[3] UN-Flüchtlingshilfswerk im Einsatz. *Foto, 2014.*

UNICEF- Kinderhilfswerk

Das Kinderhilfswerk der Vereinten Nationen wurde 1946 gegründet. Zunächst kümmerte es sich um die Kinder in Europa, die nach dem zweiten Weltkrieg Nahrung und Medikamente benötigten. Heute kümmert sich die Organisation um Mütter und Kinder in 160 Staaten und unterstützt sie in den Bereichen Ernährung, Hygiene, Familienplanung und Bildung.

Blauhelmsoldaten

Ist ein Eingreifen nötig, schickt der Sicherheitsrat, je nach Situation, Truppen in die Regionen. Dabei hat die UNO keine eigenen Truppen. Die Soldaten, die an den blauen Helmen als UN-Soldaten zu erkennen sind, gehören zu den Streitkräften der Mitgliedsstaaten. Allerdings wird darauf geachtet, dass die Truppen nicht aus Staaten kommen, die an dem Konflikt beteiligt sind. Sie müssen neutral sein.

Die Soldaten können folgende Aufgaben haben:
– humanitäre Einsätze,
– friedenserhaltende Maßnahmen,
– friedensstiftende Maßnahmen.

Zudem werden sie oft zur Ausbildung der örtlichen Polizei oder zur Vorbereitung und Sicherung von Wahlen in die Mitgliedsstaaten gesendet. Sie dürfen Gewalt aber lediglich zur Selbstverteidigung anwenden.

5. Sammelt Ideen, wie die Einsätze der UN-Soldaten aussehen können. Nutzt dazu die Bilder auf Seite 262.

Andere UN-Organisationen

[4] Briefkasten der Hauptgeschäftsstelle der Unicef in Köln. *Foto, 2008.*

6. Sammelt Ideen, bei welchen Problemen die anderen Spezialorgane der UNO Menschen helfen können.

7. Benennt mögliche Grenzen der UN.

Wählt einen der folgenden Arbeitsaufträge aus:

☑ Zeichnet das Schaubild [1] auf ein Plakat.

☑ Beschreibt die Logos der beiden Hilfsorganisationen. Was ist dargestellt und was könnte es bedeuten? Tragt eure Ergebnisse als Kurzreferat der Klasse vor.

Extremismus und Terrorismus

Wie bedrohen sie den Frieden?

[1] Islamisten verteilen den Koran in Deutsch. *Foto, 2012.*

[2] Rechte Demonstranten. *Foto, 2000.*

1. Beschreibt, welche Gruppen auf den Bildern zu sehen sind.
2. Benennt Ziele der Gruppen auf den Bildern.
3. Diskutiert, was ihr bereits über diese Gruppen wisst und ob ihr bereits Kontakt zu diesen Gruppierungen hattet.

Gegen die Demokratie

Extremismus ist gleichbedeutend mit Radikalismus. Er bezeichnet die Gruppierungen, die sich am Rande (extrem) eines politischen Systems aufstellen. Meist wollen diese Gruppen die freiheitlich demokratische Grundordnung zerstören und ihre eigenen Ideologien als System durchsetzen.

[3] Linke Hausbesetzer. *Foto, 2012.*

Extremismus in Deutschland

Es gibt drei große extremistische Richtungen in Deutschland.

Linksextremistische Gruppen stellen sich gegen die kapitalistische Wirtschaftsordnung und die Demokratie. Sie möchten ein dem Kommunismus ähnliches (sozialistisches) System.

Rechtsextremistische Gruppierungen stellen sich gegen vieles, was anders ist. Sie sind gegen Ausländer, den Bau von Moscheen und halten deutsch sein für etwas Besonderes.

Islamisten beziehen sich in ihrer Ideologie auf den Islam. Sie wollen das islamische Recht, die Scharia, als Staatsordnung durchsetzten. Doch dieses Recht stammt aus dem Mittelalter und sieht z. B. Strafen wie Steinigung und Handabschlagen vor.

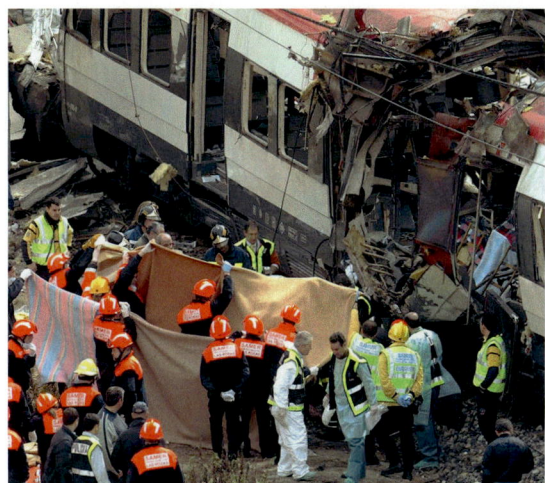

[4] Bei einem Bombenanschlag auf Züge in Madrid starben 2004 über 200 Menschen. *Foto.*

Terrorismus

Werden extremistische Gruppierungen gewalttätig, dann ist das Terrorismus. Als Ziele ihrer gewalttätigen Bombenanschläge, Entführungen oder Morde werden häufig Orte mit Symbolwert ausgewählt. Aber auch der öffentliche Personenverkehr wurde z. B. in London oder Madrid durch Terroristen attackiert. Die Anschläge sollen einschüchtern und das Gefühl vermitteln, dass es jeden treffen kann.

4. Definiert Terrorismus mit euren eigenen Worten.

Geschichte des Terrorismus

Terrorismus war bereits früher das Mittel einer ethnischen, politischen oder religiösen Minderheit, auf die Politik Druck auszuüben und einen politischen Wandel durch Gewalt zu erzwingen.
In Deutschland kämpfte die Rote Armee Fraktion (RAF) in den 1970ern gegen das System der Bundesrepublik. Die irische IRA* wollte eine Abspaltung von Großbritannien und die baskische Untergrund Organisation ETA* eine Abspaltung von Spanien.

> **IRA** Irish Republican Army; terroristische Organisation in Nordirland.
> **ETA** Euskadi Ta Askatasuna (Baskenland und Freiheit).

[5] 2002 rissen Selbstmordattentäter auf der Ferieninsel Bali 180 Menschen mit in den Tod. Sie sprengten Diskotheken in die Luft. *Foto.*

5. Sprecht über eure Gefühle beim Anblick der Bilder [4] und [5].

Globaler Terrorismus – Al-Qaida

Seit 2001 tritt der globale islamistische Terrorismus immer mehr in die Öffentlichkeit. Das globale Netzwerk der Terrororganisation al-Qaida, bis 2011 unter Osama Bin Laden, ist für verschiedene Anschläge auf der ganzen Welt verantwortlich. Dabei bezieht sich „global" nicht nur auf die weltweite Ausdehnung der Organisation, sondern auch auf die Herkunft der Mitglieder. Sie bestehen nicht mehr nur aus Menschen mit arabischen bzw. muslimischen Hintergrund. Nachwuchs kommt auch aus Europa und den USA. Es sind zum Teil Menschen, die zum Islam übergetreten sind (Konvertiten).

6. Erklärt den Begriff „Globaler Terrorismus".

> **Wählt einen der folgenden Arbeitsaufträge aus:**
>
> ◾ Sprecht darüber, was Terroristen erreichen wollen. Legt eine Liste an.
>
> ◾ Skizziert eine Weltkarte und zeichnet die hier benannten Terrorziele in die Karte mit Rot ein.

Wahlseite · 11. September 2001

1. Informiert euch auf dieser Seite über die Ereignisse vom 11. September 2001.
2. Präsentiert eure Ergebnisse in geeigneter Form.

[1] Anschlag auf das World Trade Center. *Foto, 2001.*

New York

1 Am **11. September 2001** flogen Anhänger des Ter-
2 roristennetzwerks al-Qaida zwei entführte Passa-
3 gierflugzeuge in das **World Trade Center in New**
4 **York**. Zu diesem Zeitpunkt arbeiteten Tausende
5 Menschen in den **zwei Türmen**. Kurze Zeit später
6 fielen die Türme in sich zusammen und begru-
7 ben nicht nur die Menschen in den Türmen un-
8 ter sich, sondern auch eine große Anzahl an Hel-
9 fern der Feuerwehr. Es gab über **3 000 Opfer**.

Washington

1 Zur gleichen Zeit wurde auch das **Pentagon**, das
2 US-amerikanische Verteidigungsministerium, in
3 Washington von einem entführten Flugzeug ge-
4 troffen. Ein viertes entführtes Flugzeug stürzte
5 ab, ohne eine weiteres Ziel zu beschädigen. Die
6 Passagiere aller Flugzeuge starben.

Ein Schock für die Welt

1 Neben den **vielen Opfern** sorgte die große Anzahl
2 an **Livebildern** für viel **Aufmerksamkeit**.
3 Schockierend war auch das hohe Maß an Organi-
4 sation. 19 Attentäter waren bereit, für ihre ideolo-
5 gischen Ziele zu sterben. Ihr Führer **Osama bin**
6 **Laden** hatte einige von ihnen zu Piloten ausbil-
7 den lassen, um annähernd gleichzeitig **vier Atten-**
8 **tate** ausführen lassen. Zum ersten Mal über-
9 haupt wurden **Ziele** direkt auf dem Gebiet der
10 **USA** getroffen.

Tipps für die Erarbeitung
Ihr könnt beim Lesen die Schritte des
Textknackers anwenden.
Beschreibt das Schockierende der
Anschläge.

Tipps für die Präsentation
Fragt Lehrer und andere Personen, was sie am
11. 9. 2001 empfanden und gebt ihre Gefühle in
eurer Präsentation wieder.

Wahlseite „Krieg gegen den Terror"

Unter diesem Schlagwort starteten nach dem 11. September 2001 verschiedene Aktionen gegen den internationalen islamistischen Terrorismus mit mehr oder weniger Erfolg.

1. Informiert euch mithilfe dieser Seite über den „Krieg gegen den Terror".
2. Präsentiert eure Ergebnisse in geeigneter Form.

Operation Enduring Freedom

Als Reaktion auf die Anschläge am 11. September 2001 verabschiedete die UN eine Resolution gegen den Terrorismus.

Die USA verhandelte mit den in Afghanistan regierenden Taliban über die Unterstützung von al-Qaida und die Auslieferung von Osama bin Laden. Bei beiden Punkten verweigerten die Taliban ihre Hilfe, sodass die USA und Großbritannien Afghanistan bombardierten.

Auch wenn die Operation als erfolgreich galt und die Taliban aus der Regierung entfernt wurden, blieb der al-Qaida Führer Osama bin Laden bis 2011 versteckt. Dann entdeckten die USA sein Versteck und töteten ihn.

Präventivkriege

Im September 2002 erklärte der damalige US-Präsident Bush, dass man ab sofort auch Krieg gegen Staaten führen könne, in denen Terroristen leicht an Massenvernichtungswaffen kommen könnten. Hierunter fiel nach Meinung der USA der Irak. Am 20. März 2003 begann der Irak-Krieg, nachdem vermeintliche Beweise für Massenvernichtungswaffen präsentiert wurden.

Guantanamo Bay und Abu Ghraib

Als direkte Folge des 11. Septembers wurde das „Ministerium für Innere Sicherheit" in den USA eingeführt. Diese zweitgrößte Behörde hatte die Aufgabe, Terroristen und Menschen, die dessen verdächtigt wurden, zu beobachten und teilweise ohne Gerichtsverhandlung zu verhaften.

Diese wurden dann in spezielle Gefängnisse gebracht, in denen auch gefoltert wurde.

Aus den bekanntesten wie Guantanamo und Abu Ghraib wurden Fotos dieser Folterungen herausgeschmuggelt und veröffentlicht. Diese Fotos zeigen die amerikanische Ungerechtigkeit und feuern so die Ideologien der Terroristen zusätzlich an.

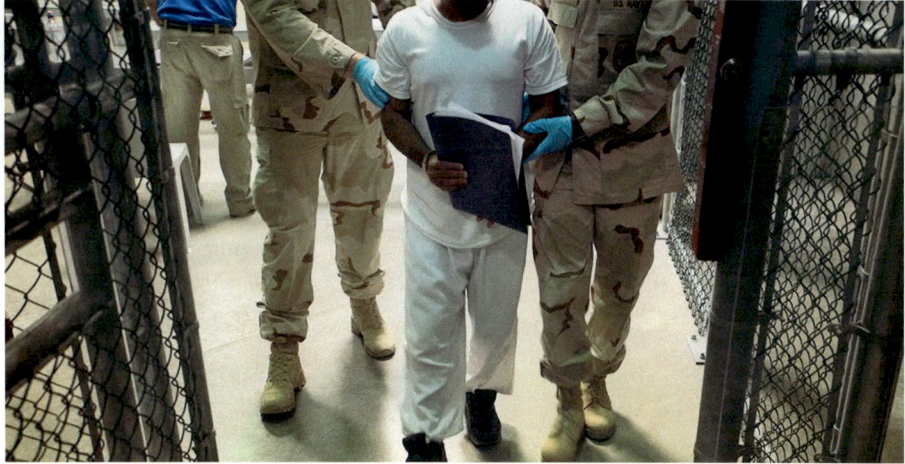

[1] Foto aus dem US-Gefängnis Guantanamo Bay. *Foto, 2010.*

Tipps für die Erarbeitung

– Fasst die verschiedenen Aktionen gegen den Terrorismus zusammen.
– Klärt, ob diese Aktionen als „Krieg" bezeichnet werden können.

Tipps für die Präsentation

– Wählt eine Aktion gegen den Terrorismus aus.
– Präsentiert eure Ergebnisse in einem Kurzreferat vor der Klasse.

Wahlseite Deutsche Gotteskrieger

1. Informiert euch auf dieser Seite über Daniel M. und seinen Weg in den Dschihad.
2. Präsentiert eure Ergebnisse in geeigneter Form.

Der Fall von Daniel M.

Daniel M. war ein ganz gewöhnlicher Junge aus Berlin. Seine Mutter war eine katholische Lehrerin, sein Vater ein evangelischer Industriekaufmann. Religion hatte in seinem Leben, bis er etwa 19 Jahre alt war, nie eine große Rolle gespielt.

Im Gegenteil – er ging gerne auf Partys und verhielt sich wie andere Jugendliche. 2012 machte er sein Abitur und studierte anschließend Elektrotechnik.

Er wird Islamist

Im Studium begann er sich mit dem Islam zu beschäftigen. Er las den Koran und wurde Muslim. Über eine islamistische Gruppierung an der Universität lernte er Abdul al Rasul kennen, der ihm von der Unterdrückung der Muslime in der Welt, etwa in Palästina und in Syrien erzählte.

Er zog sich immer mehr aus seinem früheren Leben zurück, redete nur noch wenig mit seinen Eltern und seinen alten Freunden. Er begann, lange weiße Kleidung und einen langen Bart zu tragen und verteilte den Koran in der Fußgängerzone.

Sein Weg in den Dschihad

Zum Wintersemester 2013/2014 brach er sein Studium ab und verkaufte seinen PC, sein Handy und alles, was sich zu Geld machen ließ. Er hinterließ seiner Mutter einen Abschiedsbrief und kaufte sich ein Ticket nach Kairo. Von dort aus hatte Abdul al Rasul einen Kontakt hergestellt, sodass er weiter nach Afghanistan reiste.

In einem Ausbildungslager der al-Qaida wurde er zum Kämpfer des Dschihad (heiliger Krieg) ausgebildet. Ab dort verläuft sich seine Spur. Ob er nach Syrien gegangen ist, um dort gegen Assad zu kämpfen oder ob er im Kader von al-Qaida Terroranschläge plant, ist nicht bekannt.

Nicht allein

Daniel M. ist keine Ausnahme. In Deutschland gibt es eine ganze Reihe junger Menschen, Männer wie Frauen, die ohne Migrationshintergrund sich dem Islam zuwenden. Ein sehr kleiner Teil radikalisiert sich und zieht in den Dschihad. Bis 2014 waren es ca. 200.

[2] Drei junge Gotteskrieger in einer Videobotschaft. *Foto, 2009.*

[1] Werbeplakat für den Koran. *Foto, 2013.*

Tipps für die Erarbeitung

– Listet die Stationen von Daniel auf.
– Beschreibt seinen Weg in den Dschihad.

Tipps für die Präsentation

Verfasst eine Broschüre gegen den radikalen Islamismus. Bietet Jugendlichen Argumente an, um aus solchen extremistischen Organisationen auszusteigen.

1. Informiert euch auf dieser Seite über die Ursachen von Radikalisierungen.
2. Präsentiert eure Ergebnisse in geeigneter Form.

[1] Ein Fachexperte erzählt. *Foto.*

Herr Schulz, Sie sind Experte für Terrorismus beim Verfassungsschutz.
In den letzten Jahren häufen sich die Fälle von jungen Deutschen, die in den Dschihad ziehen.
Ja das stimmt. Wir vom Verfassungsschutz beobachten das ebenfalls. In vielen Fällen versuchen wir diese Personen an einer Ausreise, etwa in Terrorausbildungscamps, zu hindern.
Wie machen Sie das?
Nun, neben einer intensiven Beobachtung nehmen wir entsprechenden Personen auch den Pass weg. Leider sind wir nicht immer erfolgreich damit.

Aber wie kommt es dazu, dass junge Menschen, die hier aufgewachsen sind, den starken Wunsch entwickeln, in ein Kriegsgebiet, etwa Syrien, o.ä. zu ziehen?
Neben einer Vielzahl von individuellen Lebensereignissen, kann man meist drei Faktoren erkennen.
Zunächst besteht häufig ein tiefer Unmut über Missstände, etwa Diskriminierung, Rassismus und Ungerechtigkeit. Auch die Wut über Konflikte in Palästina oder Afghanistan können dazu beitragen.
Das heißt, der Konflikt im Nahen Osten kann auch zur Radikalisierung Deutscher betragen?
Jein, hinzu kommt meist eine Identitätskrise, das Gefühl nirgendwo dazu zu gehören. Kommen diese Personen dann mit einer Ideologie in Berührung, die ihnen Halt und einfache Antworten gibt, ist dies ein möglicher weiterer Schritt in die Radikalität.
Wie könnte so eine Ideologie aussehen?
Nun da gibt es etwa den islamistischen Salafismus. Neben einem rein missionarischen Zweig, gibt es auch einen sehr militanten. Dieser meint, den Islam in den westlichen Ländern mit Gewalt verteidigen zu müssen.
Trifft man in einer solchen Gruppen auf Gleichgesinnte, greift der dritte Faktor: die Gruppendynamik.
Welche Wirkung hat dies dann auf die jungen Menschen?
Man kann sagen: die üblichen. In der Gruppe stacheln sich die Jugendlichen auf. Es werden Videos mit Gräueltaten etwa aus US-Gefängnissen angesehen und gemeinsam islamistische Texte gelesen.
Haben Sie Ideen, wie man junge Menschen von diesem Weg wieder abbringen kann?
...

Tipp für die Erarbeitung
Fasst die drei Faktoren für Radikalisierung zusammen.

Tipp für die Präsentation
Fasst das Interview z. B. zu einem Radiobeitrag zusammen.

Politik aktiv

Auf dieser Seite findet ihr Anregungen, was ihr zum Thema „Frieden und Zukunft sichern" noch tun, ausprobieren, erproben und entwickeln könnt.

Denkt auch daran, euer Portfolio zu führen:

- gelungene Ergebnisse in Text und Bild sammeln,
- Lernerfahrungen zum Thema „Frieden und Zukunft sichern" notieren.

1. Filme zum Thema

▶ **Hotel Ruanda** zeigt die wahre Geschichte eines Hotelmanagers, der während des Genozids in Ruanda 1200 Tutsis das Leben rettete.

▶ **Waltz with Bashir** ist ein animierter Dokumentarfilm über die Rolle israelischer Soldaten im ersten Libanonkrieg.

▶ **Lemon Tree** erzählt die Geschichte einer israelischen Witwe, die wegen ihres Zitronenhains den Kampf mit dem israelischen Militär vor Gericht aufnimmt.

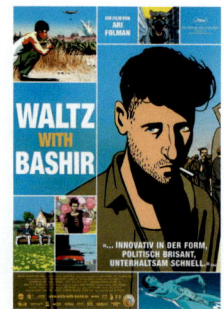

2. Ein Planspiel der Vereinten Nationen

▶ Wählt ein Thema aus, über das ihr im Planspiel sprechen möchtet. Zum Beispiel der Syrienkrieg.

▶ Überlegt euch, welche Nationen beteiligt sind.

▶ Ordnet euch in Gruppen diesen Nationen zu und überlegt euch eure Position in diesem Konflikt: Wen unterstützt ihr? Welche Gruppe ist für das Land, welches ihr vertretet, die richtige?

▶ Diskutiert über eure Möglichkeiten, den Konflikt beizulegen oder zumindest den Menschen in Syrien zu helfen.

▶ Stellt Anträge und bildet Gremien, in denen das Problem weiter bearbeitet werden kann.

3. Ein Fallbeispiel untersuchen – Anschlag auf „Charlie Hebdo"

Charlie Hebdo ist eine französische Satirezeitschrift. Sie hat einen kritischen, oft provozierenden Grundton und veröffentlicht politische Karikaturen. Die Mohammed-Karikaturen erschienen zu einem Zeitpunkt, als die Stimmung in muslimischen Ländern aufgeheizt war. In Folge dessen wurde am 7. Januar 2015 während der wöchentlichen Redaktionskonferenz ein islamistisch motivierter Terroranschlag auf die Mitarbeiter von *Charlie Hebdo* verübt. Zwölf Menschen wurden erschossen unter ihnen auch der Herausgeber und Zeichner Stéphane Charbonnier. Die ganze Welt war empört über diesen Anschlag.

Weltweit gingen Menschen spontan auf die Straße, viele trugen Plakate mit dem Satz *Je suis Charlie* („Ich bin Charlie") und bekundeten damit ihre Solidarität.

▶ Ihr könnt euch über diesen Fall weiter informieren.

▶ Erkundigt euch auch über weitere Solidaritätskundgebungen auf der Welt.

Das kann ich!

[1] Konfliktparteien

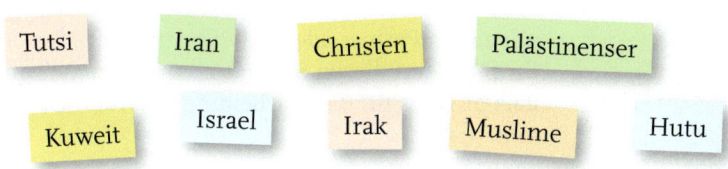

Tutsi Iran Christen Palästinenser

Kuweit Israel Irak Muslime Hutu

[2] Richtig oder falsch? – die Ziele der UN

Reichtum für die Welt
Weltfrieden
Internationale Sicherheit
Kostenlose Nutzung des ÖPNV
Selbstbestimmung der Völker
Freundschaftliche Beziehungen zwischen den Völkern
Große Unternehmen sollen mehr Geld verdienen
Internationale Probleme sollen gelöst werden

[3] Karikatur zum Syrien-Konflikt

Sachkompetenz

1. Benennt ein zentrales Streitthema im Nahost-Konflikt.
2. Beschreibt die Rolle des Erdöls in den beiden Golfkriegen. Denkt auch an die Motive Amerikas.
3. Ordnet in [1] die möglichen Konfliktparteien einander zu.
4. Sucht die Ziele der Vereinten Nationen aus dem Kasten [2] heraus.
5. Nennt zentrale Gremien und deren Aufgaben innerhalb der UN.
6. Überlegt, welche Ursachen und Erscheinungsformen des Terrorismus ihr kennengelernt habt.

Methodenkompetenz

7. Benennt Schritte und wichtige Leitfragen der Konfliktanalyse.

Urteilskompetenz

8. Erklärt, warum Erdöl und Erdgas in Zukunft ein erhöhtes Konfliktpotenzial zugesprochen wird.
9. Beschreibt die Karikatur [3] und beurteilt die Wirkung der Vereinten Nationen auf den Frieden in der Welt.

Handlungskompetenz

10. Stell dir vor, dein Freund will in den Dschihad ziehen. Schreibe ihm einen Brief und versuche ihn davon abzuhalten.

Gewusst wie – Methoden im Überblick

Die Wahlseiten

In jedem Kapitel findet ihr **Wahlseiten**. Sie sollen von euch selbstständig bearbeitet werden: allein, mit einem Partner oder in Gruppenarbeit.
Ihr findet auf diesen Seiten unten in dem gelben Balken Tipps für die Erarbeitung und für die Präsentation.

1. Schritt: Thema auswählen

■ Blättert die Seiten kurz durch und überlegt, welche Einzelseite euch am meisten interessiert. Wählt diese aus.

2. Schritt: Allein oder mit anderen arbeiten?

■ Entscheidet, ob ihr in Gruppen- oder Partnerarbeit zusammenarbeiten wollt oder euch lieber allein mit der Seite beschäftigt.

3. Schritt: Wichtigste Punkte herausarbeiten

■ Betrachtet die Bilder und lest die Texte. Lasst euch von den Arbeitsvorschlägen anregen.
■ Klärt offene Fragen, notiert die wichtigsten Inhaltspunkte.
■ Notiert einen „Merksatz" für die Klasse.
■ Entscheidet, wie ihr der Klasse die Bilder zeigen wollt (Hinweis auf die Seite, auf der das Bild steht; eigene Zeichnungen; Folien für den Overhead-Projektor usw.).

4. Schritt: Ergebnisse vorstellen

■ Entscheidet euch, wie ihr der Klasse eure Ergebnisse präsentieren wollt:
  □ als kleinen Vortrag (Dauer 3–5 Minuten)
  □ als erfundene Zeitungsreportage
  □ als kurzes Theater- oder Rollenspiel
  □ als Wandzeitung usw.

Der Textknacker

Eine Arbeitsmappe führen

Die Wahlseiten mit ■ beinhalten Texte, die ihr mit dem Textknacker erschließen könnt. Ihr könnt hier üben, die Schritte anzuwenden. Öffnet dazu die Umschlagklappe hinten im Buch. Wendet die Lesestrategie Schritt für Schritt an.

1. Schritt: Vor dem Lesen

■ Bilder helfen mir, den Text besser zu verstehen. Die Überschrift sagt mir etwas über den Text.
  □ Ich sehe mir die Bilder an.
  □ Ich lese die Überschrift.
  □ Worum könnte es in dem Text gehen?

2. Schritt: Das erste Lesen

■ Ein Text hat Absätze. Was in einem Absatz steht, gehört zusammen. Die Schlüsselwörter im Text sind besonders wichtig. Einige Wörter werden unter dem Text erklärt.
  □ Ich zähle die Absätze.
  □ Ich lese die hervorgehobenen Schlüsselwörter.
  □ Ich lese die Worterklärungen.
  □ Was weiß ich jetzt?

3. Schritt: Den Text genau lesen

■ Erst der ganze Text sagt mir, worum es geht.
  □ Ich lese den ganzen Text – Absatz für Absatz.
  □ Was habe ich erfahren?

4. Schritt: Nach dem Lesen

■ Ich habe den ganzen Text gelesen.
  □ Ich schreibe zu jedem Absatz etwas auf.
  □ Ich schreibe die wesentlichen Informationen auf.
  □ Ich schreibe auf, was fur mich wichtig ist.

Für das Fach Gesellschaftslehre könnt ihr auch eine Mappe führen. Beim Lernen, Wiederholen oder bei der Vorbereitung auf einen Test ist eine gut geführte Arbeitsmappe sehr nützlich. So könnt ihr leicht merken, wenn ihr etwas noch nicht verstanden habt. Dann könnt ihr es gleich nachprüfen. Bei der Gestaltung der Arbeitsmappe lernt ihr auch, wie man Informationen übersichtlich anordnen und verständlich weitergeben kann.

Auf ein Deckblatt schreibt ihr folgende Angaben: Fach, Name, Klasse. Oft ist auch noch Platz für eine Zeichnung, die zum Fach passt.

Tipps:
■ Am besten schreibt ihr zu jedem Eintrag ein Datum. Es steht oben rechts.
■ Jeder Eintrag bekommt eine Überschrift. Ihr könnt sie unterstreichen oder farbig hervorheben.
■ Tabellen sollten mit dem Lineal gezeichnet werden.
■ Zeichnungen besser mit Buntstiften, nicht mit Filzstiften anfertigen, damit die Farbe nicht durchschlägt.
■ Ihr solltet je zwei Zentimeter Rand an jeder Seite lassen.
■ Das Inhaltsverzeichnis sollte keine Seitenzahl bekommen. Es kann ja sein, dass im Laufe des Schuljahres mehrere Seiten daraus werden.

Ein Portfolio anlegen

Ein Portfolio ist eine Mappe, in der ihr eure gelungenen Arbeiten zusammenstellt. Ihr könnt eure besten Arbeiten zu einem Thema hier sammeln und zusätzlich etwas über eure Erfahrungen beim Lernen und Arbeiten notieren.

1. Schritt: Sammeln und selbst bewerten

Seht eure Arbeiten durch und legt die schönsten beiseite. Legt zu jeder Arbeit ein Blatt und erklärt:
- Wie seid ihr auf die Idee gekommen?
- Gab es Schwierigkeiten bei der Durchführung?
- Was findet ihr gut? Was könnte noch verbessert werden?

2. Schritt: Lernerfahrungen beschreiben

Wenn ein Kapitel im Buch zu Ende geht, habt ihr ganz sicher eine Menge neuer Informationen erhalten. die ihr hier festhalten und eure „Lerngeschichte" notieren könnt. Dazu sollen euch die folgenden Fragen eine Anregung geben:
- Was hat mich am meisten interessiert?
- Was hat mich weniger interessiert?
- Was habe ich neu gelernt?
- Wie hat das Lernen geklappt? (Was war besonders schwierig, was war leicht?)
- Wie zufrieden bin ich mit: „Das kann ich!"
- Welche Hilfen hatte ich noch benötigt?
- Welche Frage(n) habe ich noch?
- Was werde ich demnächst anders machen?

Schreibt die Ergebnisse sauber auf ein eigenes Blatt. Überschrift: „Wie meine Arbeit mit dem Kapitel (Thema einsetzen) verlaufen ist".

3. Schritt: Sortieren

Sortiert jeweils am Ende eines Kapitels die neuen Seiten, tragt sie ins Inhaltsverzeichnis ein und legt sie in euer Portfolio.

Der Fragenbaum

Viele Fragen – unterschiedliche Interessen!
Wenn ein neues Thema im Unterricht behandelt wird, gibt es immer ganz verschiedene Erwartungen. Vielleicht habt ihr schon Vorwissen zu dem Thema oder es interessieren euch seit Langem ganz bestimmte Fragen.
Damit kein Wunsch, keine Idee „untergeht", soll jeder sein Interesse bekunden können. Wie aber Ordnung in die vielen Wünsche bringen?

Fragen sammeln mit dem „Fragenbaum"
1. Vorbereitung:
   Malt auf ein großes Stück Papier (Packpapier, Tapetenrolle) einen Baum mit vielen Ästen; hier würden wir ihn nennen: den „Urgeschichtsbaum".
2. Hauptthemen vorläufig festlegen:
   Äste werden mit Unterthemen beschriftet, z. B. Menschen, Tiere, Umwelt, Überlebensprobleme, Technik (Werkzeuge und Waffen, Hausbau) Kunst usw.
3. Karten beschreiben:
   Jeder notiert auf zwei Kärtchen, was ihn am meisten interessiert.
4. Karten anheften:
   Die Kärtchen werden am Baum sortiert und angeheftet (doppelte oder ähnliche Ideen eng aneinander- oder übereinanderheften).
5. Erweiterung der Übersicht:
   Man darf auch neue Äste ergänzen, wenn neue Themen auftauchen. Für interessante Unterthemen können an die dicken Hauptäste auch Zweige mit neuen Unterpunkten gezeichnet werden.

Ein Interview führen

Mit Interviews könnt ihr Informationen beschaffen und Meinungen erkunden. Deshalb eignet sich die Methode nicht nur zur Befragung von Fachleuten. Auch Passanten, Mitschülerinnen und Mitschüler können nach Meinungen, Einschätzungen gefragt werden.

1. Schritt: Planung/Vorbereitung

- Worum geht es? Informiert euch vorab zum Themenkreis (z. B. Gleichberechtigung).
- Wer wird Interviewpartner (z. B. Beruf, Zugehörigkeit zu einer Partei, Zufallsauswahl usw.)?
- Welche Fragen sollen gestellt werden? Tragt mögliche interessante Fragen zusammen, sortiert sie und haltet sie schriftlich fest.
- Wer fragt? Wer notiert/nimmt Antworten auf?
- Wie soll die spätere Präsentation der Ergebnisse aussehen?

2. Schritt: Durchführung

Wie soll das Interview geführt werden?
- Interviewpartner freundlich begrüßen,
- sich vorstellen,
- Sinn des Interviews erklären,
- um Erlaubnis bitten, falls die Antworten auf Tonträger oder Video aufgenommen werden,
- zum Schluss bedanken und verabschieden.

3. Schritt: Auswertung und Präsentation

- die inhaltliche Arbeit
  - ☐ Aspekte zusammentragen und ordnen,
  - ☐ Ergebnisse formulieren und bewerten.
- die Präsentation
  - ☐ Mündlicher oder schriftlicher Bericht?
  - ☐ Einsatz von Video oder Power Point?

4. Schritt: Beurteilung des Ablaufs

- Wie war die Durchführung?
- Was ist gut gelungen, was kann verbessert werden?

Informationen sammeln

Wenn ihr ein Referat zu einem bestimmten Thema halten sollt, ist es als erster Schritt immer wichtig, Informationen zu sammeln, das könnt ihr zum Beispiel in der nächstliegenden Bibliothek.

1. Schritt: Thema eingrenzen

Macht euch klar, was genau ihr wissen wollt und notiert einige Stichpunkte.

2. Schritt: Anlaufstelle suchen

Erkundigt euch nach Büchereien in der Nähe und stellt die Öffnungszeiten und Ausleihbedingungen fest.

3. Schritt: Katalog befragen

- Alle vorhandenen Bücher sind in Verzeichnissen festgehalten. In kleineren Bibliotheken oft noch auf Karteikarten, in größeren im Computer.
- Blättert die alphabetisch geordneten Karteikarten durch bzw. gebt euer Stichwort ein. Als Ergebnis erhaltet ihr eine Signatur (= Ziffern und/oder Buchstaben).
- Notiert sie und geht zu den Bücherregalen.

4. Schritt: Buch ausleihen

Hinweistafeln an den Regalen zeigen den Weg zu eurer Signatur. Ihr könnt das Buch entnehmen und nachsehen, ob es Informationen zu eurem Thema enthält. Vielleicht stehen weitere brauchbare Bücher daneben. Ist das gesuchte Buch bereits ausgeliehen, könnt ihr es bei der Aufsicht vorbestellen.

5. Schritt: Thema auswerten

Macht schon beim Lesen Notizen oder Fotokopien einzelner Seiten, schreibt den Namen des Autors und den Titel des Buches dazu. Denkt an die Rückgabe!

Internetrecherche

Die folgenden Schritte helfen euch, passende Informationen im Internet zu finden.

1. Schritt: Thema eingrenzen

- Klären, was genau zu suchen ist und passende Suchbegriffe notieren, dabei auch an artverwandte Begriffe (= Synonyme) denken.
- Suchbegriffe nicht zu allgemein halten.
- Mehrere zusammenhängende Begriffe kombinieren, um ein genaueres Ergebnis zu erhalten.

2. Schritt: Suche durchführen

- Suchmaschine auswählen und Suchbegriff(e) eingeben.
- Suchergebnisse festhalten (z. B. Stichpunkte und Webadressen notieren; neuen Ordner anlegen, ganze Beiträge als Download speichern ...).

3. Schritt: Ergebnisse auswerten

- Beiträge systematisch ordnen (was gehört zusammen, ist sehr wichtig?); Unbrauchbares direkt aussortieren.
- Ergebnisse beurteilen und auf Glaubwürdigkeit überprüfen (sachlich, aktuell, persönliche Interessen erkennbar? Verfasser evtl. mit Beruf genannt? Privatmeinung oder Institut wie z. B. Uni, Museum? Quellenangaben).
- Präsentation ausarbeiten (Art der Präsentation festlegen, Teilergebnisse zusammenführen, Herkunft aller übernommenen Textstellen nennen ...).

Mit Placemat arbeiten

Wenn es darum geht, während einer Gruppenarbeit viele Ideen zu sammeln und daraus ein gemeinsames Ergebnis zu erstellen, ist die Arbeit mit einer sogenannten „Placemat" sinnvoll.

1. Schritt: Vorbereitung

- Setzt euch in Dreier- oder Vierergruppen an Gruppentischen zusammen.
- Teilt einen großen (Empfehlung: DIN A2) Papierbogen so auf, dass jedes Gruppenmitglied einen eigenen Bereich vor sich hat und in der Mitte ein Bereich für das Gruppenergebnis frei bleibt.

2. Schritt: Durchführung

- Jeder notiert nun seine Ergebnisse, Fragen oder Gedanken zum Thema in seinen Bereich.
- Anschließend dreht ihr den Bogen im Uhrzeigersinn, sodass jedes Gruppenmitglied die anderen Ergebnisse sehen und lesen kann.
- Besprecht eure einzelnen Ergebnisse und findet eine gemeinsame Lösung. Diese notiert ihr in der Mitte der Placemat.

3. Schritt: Präsentation

- Jede Gruppe stellt nun das gemeinsame Ergebnis mithilfe der Placemat den anderen Gruppen vor.
- Sprecht auch über offene Fragen oder Schwierigkeiten.

Ergebnisse präsentieren

Damit sich die Informationen besser merken lassen, ist es bei jeder guten Präsentation wichtig, die Sachverhalte sichtbar zu machen. Zum Beispiel mit Fotos, Skizzen, Diagramme, Collagen, Schaubilder, Karten etc.

1. Schritt: Vorbereitung

- Sammelt zunächst Informationen und Material zum Thema.
- Überlegt euch, welche Informationen zum Thema für die Zuhörer wirklich wichtig sind. Nur diese solltet ihr auch in der Präsentation vorstellen.
- Erfasst alle Informationen, die zusammen gehören, und bringt sie in eine logische Ordnung.
- Erstellt eine Liste mit den Informationen (Gliederung), die ihr in der Präsentation nacheinander darstellen wollt.

2. Schritt: Informationen veranschaulichen

- Überlegt, wie ihr die Informationen wirkungsvoll veranschaulichen könnt und welches Medium eure Präsentation am besten unterstützt. Denkbar sind Overhead-Projektor und Folien, eine Präsentation mit Powerpoint oder eine Wandzeitung.
- Findet für die Veranschaulichung eurer Informationen eine gelungene Kombination von kurzem Text und Fotos, Diagrammen, Schaubildern usw.

3. Schritt: Präsentation

- Erläutert zunächst, zu welchem Thema ihr etwas vortragt. Zeigt an der Tafel oder auf Folie den Ablauf eures Vortrages (Gliederung).
- Sprecht möglichst frei, langsam und deutlich. Haltet so oft wie möglich Blickkontakt zu euren Zuhörern und schaut so wenig wie möglich auf euren Stichpunktzettel.
- Bezieht eure Veranschaulichungen in den Vortrag ein.
- Am Ende der Präsentation müssen die Zuhörer die Möglichkeit haben, euch Fragen zu stellen.

Ein Projekt durchführen

Projektarbeit bedeutet, ein selbst gewähltes Thema oder einen Projektauftrag nach genauer Planung selbstverantwortlich aufzubereiten und zu dokumentieren.

1. Schritt: Planung

- Einigung auf Thema, Zielsetzung, mögliche Schwerpunkte, Gruppenbildung, Zeitrahmen, Präsentationsmöglichkeiten.
- Aufgabenverteilung konkret festlegen.
- Umsetzungsmöglichkeiten erkunden: Internetseiten, Interviewpartner, Anlaufstellen.
- Gliederung, Ablaufplan und Regeln erstellen.

2. Schritt: Durchführung

Inhalts- und Materialbeschaffung z. B. in:
  - ☐ Bibliotheken, Internet, Medien usw.,
  - ☐ Experten einladen bzw. interviewen,
  - ☐ Modelle erstellen.
- Regelmäßige Gruppenbesprechungen, um offene Fragen zu klären.
- Präsentation vorbereiten z. B.
  - ☐ Plakate, OHP usw. besorgen,
  - ☐ Powerpoint-Folien zusammenstellen,
  - ☐ Karteikarten erstellen.

3. Schritt: Präsentation

Material wie geplant präsentieren
- zum Publikum sprechen,
- auf Körperhaltung achten,
- am Ende Fragen stellen und/oder Feedback geben lassen.

4. Schritt: Auswertung

In der Gruppe Projektablauf besprechen. Folgende Leitfragen sind hilfreich:
- War das Projekt erfolgreich?
- Haben wir unsere Ziele erreicht?
- Wie fühlten sich die Gruppenmitglieder?
- War die Aufgabenverteilung gerecht?
- Was lief besonders gut/schlecht?

Ein Lernplakat gestalten

Ein Lernplakat dient dazu, die Ergebnisse der Einzelarbeit oder der Partner- und Gruppenarbeit festzuhalten. Auf einem Lernplakat könnt ihr wichtige Lernergebnisse zusammenfassen und veranschaulichen.

1. Schritt: Vorbereitung

- Materialien beschaffen und bereitlegen (z. B. Plakatkarton, Filzstifte).
- Verständigung über die Inhalte des Lernplakates: Welche Lernergebnisse sind so wichtig, dass sie unbedingt festgehalten werden müssen?
- Welche „Botschaft" (Slogan, Spruch, Aufforderung usw.) soll vermittelt werden?
- Texte auf einem Zettel vorschreiben.
- Format (Hoch- oder Querformat?) und Gestaltungselemente (z. B. verschiedene Farben, nur Texte oder zusätzliche Zeichnungen, Symbole usw.) festlegen.

2. Schritt: Gestaltung

- Festgelegte Überschrift in einer Form, die „ins Auge springt", auf das Plakat schreiben.
- Merktexte aufschreiben.
- Evtl. zusätzliche Skizzen, Symbolzeichnungen anbringen.

3. Schritt: Vorstellung

- Lernplakat an der Wand anbringen.
- Lernaufgaben und Lernergebnisse kurz vorstellen.
- Auf Nachfragen, Einwände, Anregungen eingehen.

Mit dem Lernzirkel arbeiten

In einem Lernzirkel könnt ihr ein Thema in Kleingruppen selbstständig erarbeiten. Dabei werden an mehreren Stationen Materialien angeboten, die bei der Beantwortung der Aufgaben und Fragen auf dem „Laufzettel" helfen sollen. Die Aufgaben könnt ihr selbstständig in Stillarbeit oder gemeinsam in Partner- und Gruppenarbeit bearbeiten und anschließend der Lerngruppe bzw. der Klasse präsentieren.

Regeln für den Lernzirkel

1. Schritt: Vorbereitung

- Legt Stationen innerhalb der Klasse fest (Tische, Fensterbänke oder Ähnliches zur Ablage des Materials); wenn ihr allein arbeitet, sollte jede Station zweimal vorhanden sein, damit kein Stau entsteht.
- Legt an jeder Station ein Buch „MZR Bd. 3" und schlagt die Seite auf, die zur jeweiligen Station gehört.
- Schreibt die Nummer der Station groß auf ein Blatt und legt/stellt es auf den Tisch.
- Richtet bei Bedarf Zusatzstationen mit interessanten Aufgaben ein, die von besonders Schnellen bearbeitet werden können.

2. Schritt: Durchführung

- Legt die Arbeitspartner fest.
- Stellt euren „Laufzettel" her (Raum für die Antworten freilassen!).
- Haltet ein Blatt Notizpapier und Schreibzeug bereit.
- In einem Anfangsgespräch werden die Stationen kurz vorgestellt und Fragen geklärt.
- Jede Arbeitsgruppe wählt die Reihenfolge der Station für sich frei aus.
- Hinterlasst die Station so, wie ihr sie vorgefunden habt. Keine Hetze und kein Gedränge.

3. Schritt: Auswertung und Präsentation

- Nach der Arbeitsphase werden die Ergebnisse der einzelnen Stationen zusammengetragen, besprochen und der Klasse präsentiert.
- Klärt Probleme bei der Teamarbeit oder im Ablauf des Lernzirkels.

Eine Wegeskizze anfertigen

Du weißt, welchen Weg du zur Schule gehen musst oder wie du am einfachsten zum Sportverein oder zum nächsten Bäcker kommst. Du hast auch eine räumliche Vorstellung davon. So entstehen „Karten im Kopf".

Mithilfe dieser „Gedankenkarte" kannst du eine Skizze von einem Weg oder von einem Gebiet zeichnen.

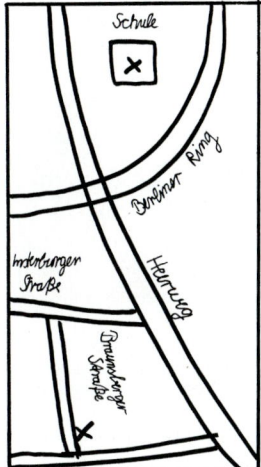 

1. Schritt: Entwerfen

- Legt auf einem Blatt Anfangs- und Endpunkt fest.
- Legt fest, nach wie vielen Metern/Kilometern oder Minuten man abbiegen muss.

2. Schritt: Auswählen

Entscheidet, welche Teilstrecken keine Schwierigkeiten machen, sodass ihr sie stark vereinfacht und verkürzt darstellen könnt.

3. Schritt: Skizze zeichnen

- Zeichnet nun die Wegeskizze.
- Zeichnet dabei schwierige Abbiegestellen so genau, dass man sich nicht verirren kann.

4. Schritt: Wichtige Angaben eintragen

- Tragt nur die Straßennamen ein, die unbedingt nötig sind. Wichtiger als solche Namen sind gut erkennbare Wegemarken, z. B. auffällige Gebäude, Tankstellen, Geschäfte, Grünanlagen.

Einen Stadtplan lesen

Um in einer (neuen) Stadt zurechtzukommen kannst du auf einen Stadtplan zurückgreifen. An vielen Orten innerhalb der Stadt kannst du auf Pläne schauen oder du benutzt dein Handy und rufst dort einen Plan auf.

1. Schritt: Überschrift lesen

Nennt die Stadt, die im Plan abgebildet ist.

2. Schritt: Legende lesen

Informiert euch in der Legende über die Farben, Symbole und den Maßstab des Planes.

3. Schritt: Orientierung

Überprüft, ob ein Pfeil für die Nordrichtung eingetragen ist. Wenn nicht, könnt ihr davon ausgehen, dass oben auf dem Plan Norden ist.

4. Schritt: Objekte finden

Sucht wichtige Gebäude, große Straßen und Plätze und benennt deren Lage durch die Buchstaben und Ziffern der Planquadrate.

5. Schritt: Wegbeschreibung

Nutzt den Stadtplan auch für die Wegbeschreibungen zwischen zwei Zielen.

Mit dem Maßstab arbeiten

Karten verkleinern die Wirklichkeit. Der Maßstab gibt an, wie groß die Verkleinerung zur Wirklichkeit ist. Bei 1 : 5 ist alles 5-mal kleiner als in Wirklichkeit. 1 cm auf der Karte entspricht 5 cm in der Wirklichkeit. Ist der Maßstab 1 : 100 000, entspricht 1 cm auf der Karte 100 000 cm in Wirklichkeit. Wenn ihr die letzten 5 Stellen wegstreicht, erhaltet ihr die Angabe in Kilometer. Bei diesem Beispiel ist das 1 km. Das bedeutet also, wenn eine Strecke in Wirklichkeit 1 km lang ist, wird sie auf einer Karte mit dem Maßstab 1 : 100 000 in der Länge von 1 cm dargestellt.

1. Schritt: Auswahl treffen

Wählt zwei Punkte auf der Karte, deren Entfernung zueinander ihr herausfinden wollt.

2. Schritt: Messen

Messt die Entfernung mit eurem Lineal.

3. Schritt: Rechnen

Rechnet die Entfernung mithilfe des Maßstabs in die Länge um, die sie in Wirklichkeit beträgt.

Mit dem Atlas arbeiten

Wo liegt eigentlich … ? – Diese Frage hat sicher jeder von euch schon einmal gestellt. Die Antwort findet ihr in eurem Schulatlas. Um ein Land, eine Stadt, einen Fluss, einen Berg oder eine Insel zu finden, benutzt ihr am besten das Register. Das Register findet ihr hinten im Atlas. Es ist wie ein Wörterbuch alphabetisch geordnet.

1. Schritt: Im Register nachsehen

Hinten im Atlas ist das Register. Hier findet ihr fast alles, was ihr sucht: Länder, Städte, Flüsse, Berge oder Meere, Seen und Inseln. Das Register ist alphabetisch geordnet.

2. Schritt: Die richtige Seite aufschlagen

- Neben dem Land, der Stadt oder Ähnliches findet ihr eine Angabe, beispielsweise für Havanna „118/119.3 E 3".
- Ihr schaut euch zunächst die Zahl „118/119" an. Sie sagt euch, dass Havanna auf der Doppelseite 118/119 zu finden ist. Die 3 hinter der 119 zeigt, dass es die Karte 3 auf dieser Doppelseite im Atlas ist.

3. Schritt: Die richtige Stelle auf der Karte finden

- Wenn ihr die richtige Seite gefunden habt, helfen euch die Zahl und die Nummer das richtige Quadrat auf der Seite zu finden.
- Bei Havanna steht neben der Seitenangabe „118/119" einen Buchstaben und eine Zahl „E 3". „E 3" sagt uns, dass wir Havanna in dem Planquadrat „E 3" finden.

Physische Karten lesen

Die am häufigsten verwendete Karte in Atlanten und Büchern ist die physische Karte. Die physische Karte zeigt euch die Lage von Orten und Gebirgen, den Verlauf von Verkehrswegen und Flüssen. Durch unterschiedliche Farben vermittelt die physische Karte eine Vorstellung von der Oberflächengestalt (Berge und Täler) einer Landschaft. In der Legende werden die Farben, Zeichen und Linien erklärt.

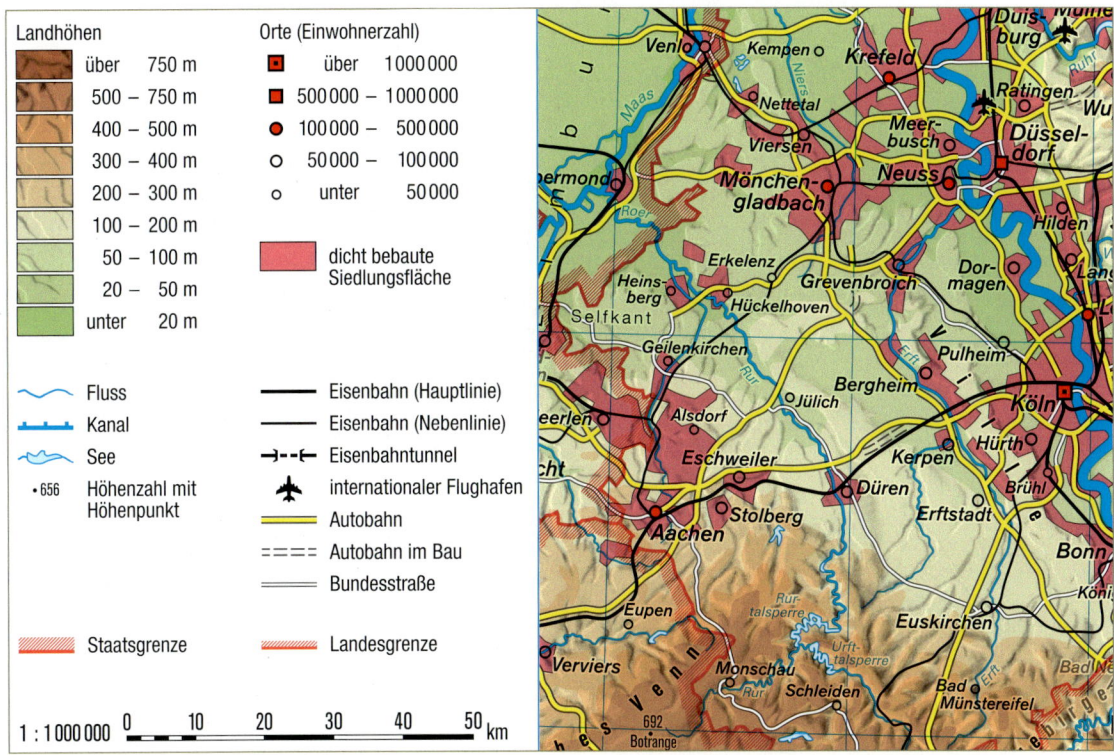

1. Schritt: Karteninhalt erfassen

- Lest den Kartentitel.
- Bestimmt das dargestellte Gebiet der Karte.

2. Schritt: Legende lesen

Informiert euch in der Legende über die Bedeutung der Zeichen, Linien und Farben.

3. Schritt: Karteninhalt beschreiben

- Beschreibt die Lage von Landschaften und Orten, Fließrichtungen von Flüssen, den Verlauf von Verkehrswegen und Grenzen.
- Ermittelt die Höhenlage von Orten, Landschaften und Bergen.

283

Thematische Karten lesen

Die Erschließung thematischer Karten hilft uns, erdkundliche Zusammenhänge zu verstehen. Karten zeigen verkleinerte Abbilder der Erdoberfläche. Thematische Karten behandeln einen bestimmten Aspekt in einem bestimmten Raum.

1. Schritt: Einen Überblick verschaffen

Thema und dargestellten Raum erfassen. Hilfreich sind dabei die Kartenüber und -unterschriften.

2. Schritt: Informationen erkennen

Bedeutung der Zeichen und Signaturen in der Karte mithilfe der Legende überprüfen.

3. Schritt: Karteninhalt beschreiben

■ Beschreiben, in welchen Räumen die Zeichen und Signaturen aus der Legende vorkommen.
■ Die Unterschiede der Räume beschreiben.

4. Schritt: Karteninhalt auswerten

■ Herausfinden, warum welche Sachverhalte in bestimmten Räumen vorkommen.
■ Erklären, warum sich die Räume unterscheiden.

Geschichtskarten analysieren

Geschichtskarten helfen uns, geschichtliche Abläufe oder
Zusammenhänge einfacher zu erkennen. Auch kann man an
Geschichtskarten gut erkennen, wie sich Landesgrenzen im
Laufe von Jahrzehnten und Jahrhunderten verschoben haben.

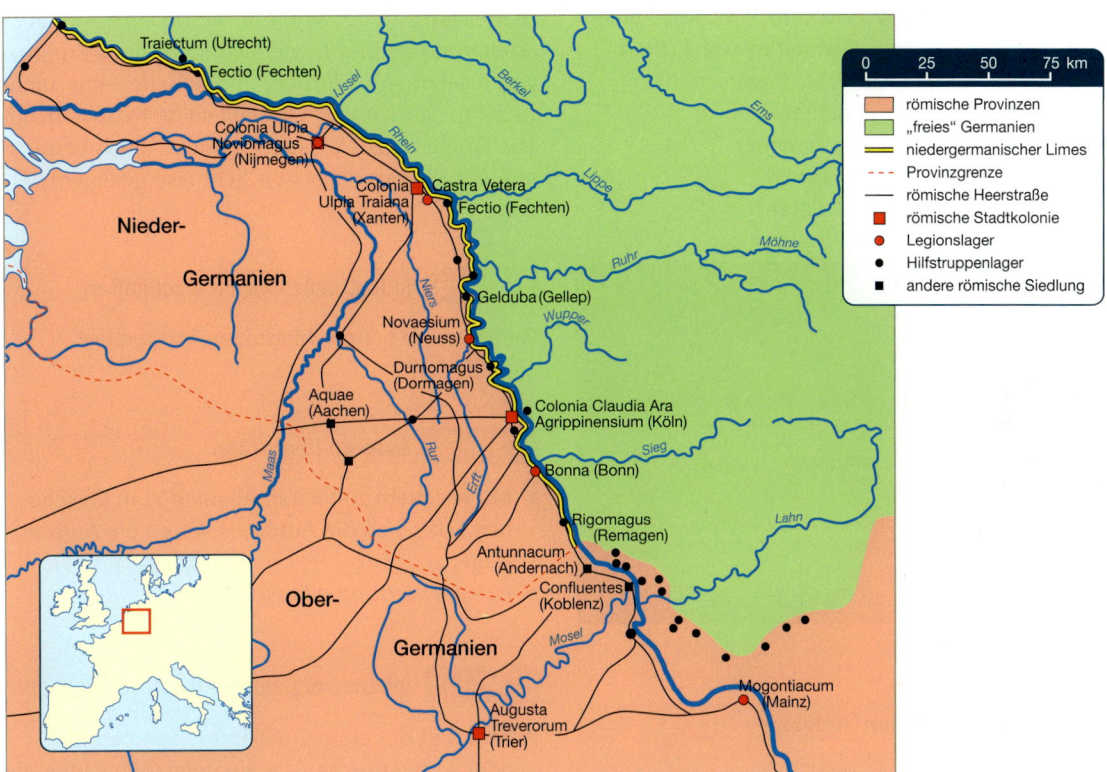

1. Schritt: Die Überschrift lesen und verstehen

- Wie heißt das Thema der Karte?
- Was wird auf der Karte dargestellt?

2. Schritt: Die Legende lesen und verstehen

Lest die Legende:
- Welche Bedeutung haben die Farben und
  Zeichen?

3. Schritt: Die Karte genau beschreiben

Beschreibt, was auf der Karte zu sehen ist:
- Welcher geografische Raum ist dargestellt (z. B.
  Weltkarte, Europakarte ...)?
- In welchem Maßstab ist die Karte gezeichnet?
- Was ist auf der Karte zu erkennen?

4. Schritt: Die Karte auswerten

- Welche Informationen lassen sich aus der Karte
  und der Legende ablesen?
- Wird ein Zustand beschrieben oder werden
  Veränderungen dargestellt?
- Wie lässt sich das Dargestellte mit Worten
  beschreiben?

Textquellen erschließen

Die folgenden Schritte helfen euch, Textquellen zu erschließen.

1. Schritt: Fragen zum Text

- Worum geht es? (Wer? Wann? Wo? Was? Wie?)
- Um welche Textsorte handelt es sich? (Brief, Urkunde, Roman, Gedicht, Tagebuch …)?
- An wen ist der Text gerichtet?
- Wann und wo ist er erschienen?
- Wie ist der Text gegliedert?
- Welche Begriffe sind zu klären?

2. Schritt: Fragen zum Verfasser

- Was weiß man über die Person (Lebensdaten, Herkunft, Amt/Stellung)?
- Welche Einstellungen oder Interessen sind erkennbar?
- Ist der Verfasser Zeitzeuge, ist der Bericht/Text „aus zweiter Hand" oder erst später zusammengestellt?

3. Schritt: Deutung und Bewertung

- Was ist vorher und nachher passiert?
- Gibt es zum selben Ereignis andere Berichte (zum Vergleich)?
- Sind Übertreibungen erkennbar?
- Könnte etwas verschwiegen worden sein?
- Welche Schlüsse lassen sich insgesamt aus dem Text ziehen?

Textquellen vergleichen

Das habt ihr auch schon erlebt: Zwei Menschen schreiben über die gleiche Sache ganz unterschiedliche Dinge. Wie kommt so etwas? Die Erklärung ist gar nicht so schwer: Wenn zwei etwas schreiben, hat der eine vielleicht eine ganz andere Meinung zu der Sache als der andere oder aber einer von beiden hat viel später zu dem Ereignis geschrieben und konnte Einzelheiten gar nicht mehr genau wissen. Deshalb sollte man schriftliche Quellen sehr vorsichtig und kritisch betrachten, damit keine falschen Schlüsse gezogen werden.

1. Schritt: Jede Quelle einzeln erschließen

Geht vor wie bei der Methode „Textquellen erschließen".

2. Schritt: Autoren überprüfen

- Mit welchem zeitlichen Abstand zum Geschehen schreiben die Autoren? Waren die Autoren Augenzeugen?
- Ist eine Wertung zu erkennen?

3. Schritt: Inhalte vergleichen

- Bestätigt der erste Quellentext den zweiten oder widersprechen sie einander? Wo liegen die Unterschiede?
- Wie sind Widersprüche erklärbar? Aus wessen Sicht oder Interessenlage berichten die einzelnen Quellen? Welche Gründe könnten die Verfasser der Texte gehabt haben, einen Sachverhalt anders darzustellen?

4. Schritt: Weitere Informationen sammeln

Um die Aussagen der Texte zu überprüfen bzw. Fragen zu klären, müsst ihr vielleicht weitere Quellen oder wissenschaftliche Informationen (z. B. aus Lexika, Sachbücher) heranziehen.

5. Schritt: Ergebnisse formulieren

Tragt die Einzelbefunde zusammen, deutet die Ergebnisse und begründet euer eigenes Urteil.

Primär- und Sekundärtexte

Geschichtliche Ereignisse werden berichtet und bewertet. In älteren Quellen finden wir oft Berichte über historische Ereignisse. Sie können von Augenzeugen stammen oder Berichte vom Hörensagen wiedergeben. Nicht selten sind Berichte auch absichtlich so verfasst, dass sie den Interessen der Auftraggeber dienen. Diese Überlieferungen nennen wir Primärtexte oder historische Quellen, weil sie „aus erster Hand" sind und meistens direkte, ursprüngliche Berichte enthalten. Viele Jahre später beziehen sich Historiker oder andere Wissenschaftler auf diese Berichte und bewerten sie. Immer stellt sich aber die Frage:

Wie war es wirklich? Welche Einschätzung ist näher an der Wahrheit? Historiker, Forscher, Journalisten untersuchen und bewerten Quellen. Diese Texte, die „aus zweiter Hand" sind, nennen wir Sekundärtexte oder Darstellungen.

1. Schritt: Jeden Text einzeln erschließen

Verfasser, Art des Textes, Datum und Ort, Inhalt (wovon handelt der Text?), Schwerpunkte

2. Schritt: Glaubwürdigkeit prüfen

- Wer ist näher am Geschehen? (Augenzeuge?) Wer berichtet nur aus zweiter Hand oder vom Hörensagen? Wie groß ist der zeitliche Abstand zu dem Ereignis?
- Welche Version kommt der Wahrheit am nächsten? Geht es um Tatsachen oder gibt es auch Bewertungen?

3. Schritt: Aussagen vergleichen

- Stimmen die Aussagen überein? Gibt es Unterschiede, z. B. in der Bewertung?
- Wer berichtet/schreibt mit welcher Absicht?

4. Schritt: Ergebnisse formulieren

- Was habt ihr festgestellt?
- Hilft der Sekundärtext beim Einordnen der Ereignisse? Bleiben Unklarheiten oder offene Fragen, die noch geklärt werden müssen?

[1] **Wilhelm von Tyrus (Erzbischof) schrieb 1170 n. Chr.**

... Alle Feinde ... streckten sie mit der Schärfe des Schwertes nieder. ... Und es lagen überall so viele Erschlagene und solche Haufen abgehauener Köpfe umher, dass man keinen Weg ... mehr finden konnte als über Leichen.
Der übrige Teil des Heeres zerstreute sich in der Stadt, zog diejenigen, die sich ... versteckt hatten, um dem Tod zu entrinnen ... hervor und stieß sie nieder. Andere gingen in Häuser, wo sie die Familienväter mit Frauen und Kindern ... herausrissen und entweder mit den Schwertern durchbohrten oder von den Dächern herabstürzten ... Es geschah ... nach dem gerechten Urteil Gottes, dass die, welche das Heiligtum des Herrn mit ihren abergläubischen Bräuchen entweiht hatten, es mit ihrem eigenen Blut reinigen mussten."

Guggenbühl, Gottfried; Weiss, Otto: Quellen zur allgemeinen Geschichte, Bd. 2, Zürich 1973, S. 264

[2] **Über die Eroberung von Jerusalem schreiben heutige Autoren:**

„Wie aber ist der Blutrausch 900 Jahre später zu erklären? Sicher mit den unsäglichen Strapazen und enormen Verlusten der Christen auf dem Weg nach Jerusalem, wohl auch mit der zähen, wochenlangen Belagerung und mit dem angestauten Hass angesichts des Widerstands, nicht zuletzt aber auch mit religiöser Verblendung und Verirrung, die am Ende in Andersgläubigen nur noch Feinde sehen ließen. Aus ihrem Selbstverständnis heraus hatten die Kreuzritter offenbar keine Schuldgefühle."

Knopp, G.; Brauburger, S.; Arens, P.: „Der Heilige Krieg – Mohammed, die Kreuzritter und der 11. September". C. Bertelsmann Verlag 2011, S. 113

 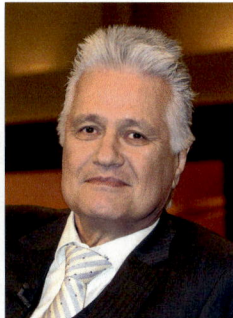

[3] Zwei Autoren – zwei Zeiten. W. von Tyrus (1170) und Guido Knopp (2011)

Eine politische Rede analysieren

Politiker äußern sich in Reden, Aufsätzen oder Interviews zu unterschiedlichen Themen. Das Ziel einer politischen Rede bzw. Textes ist weniger, den Zuhörer über einen Sachverhalt zu informieren, als vielmehr ihn von einem politischen Standpunkt zu überzeugen.

Die folgenden Schritte sollen euch helfen, politische Reden zu analysieren und besser zu verstehen.

1. Schritt: Grundaussagen verstehen

- Welche Wörter sind unbekannt? (Wörterbuch)
- Was sind die Schlüsselwörter?
- Wo sind Sinnabschnitte zu erkennen? (Zu den Sinnabschnitten passende Überschriften finden.)
- Was sind die Hauptaussagen der Rede?

2. Schritt: Die politische Rede in ihrem Kontext (Zusammenhang) verstehen

- Wer ist der Redner?
- Wann wurde die Rede gehalten?
- Zu welchem Anlass wurde die Rede gehalten?
- Welchen politischen Standpunkt vertritt der Redner?
- Welcher politischen Partei gehört er an?
- Was wissen wir über die Ziele und Absichten dieser politischen Partei?

3. Schritt: Die Absicht des Redners erschließen

- Bei welchen Aussagen handelt es sich eher um (unbewiesene) Behauptungen als um (bewiesene) Tatsachen?
- Was ist dem Redner wichtig bzw. unwichtig?
- Was ist die Hauptthese (= Hauptaussage) der der Rede?
- Wovon will der Redner die Zuhörer überzeugen?

4. Schritt: Beurteilung

- Ist der politische Standpunkt des Redners in sich logisch und nachvollziehbar?
- Entspricht die Absicht und der politische Standpunkt des Redners unserer politischen Vorstellung von Demokratie und Rechtsstaat?

Es lebe die deutsche Republik!

[4] Ausrufung der Republik durch Philipp Scheidemann. *Foto vom 9. November 1918.*

[5] **Gegen 14 Uhr rief der SPD-Politiker Philipp Scheidemann vom Balkon des Reichstages:**
Das deutsche Volk hat auf der ganzen Linie gesiegt. Das alte Morsche ist zusammengebrochen; der Militarismus* ist erledigt! Die Hohenzollern* haben abgedankt! Es lebe die deutsche Republik! … Jetzt besteht unsere Aufgabe darin, diesen glänzenden Sieg (…) des deutschen Volkes nicht beschmutzen zu lassen, und deshalb bitte ich Sie, sorgen Sie dafür, dass keine Störung der Sicherheit eintrete! … Ruhe, Ordnung und Sicherheit, das ist das, was wir jetzt brauchen. … Es lebe die deutsche Republik!

Zit. nach: Manfred Klingenberg, Die Ausrufung der Republik durch Philipp Scheidemann am 9. November 1918, in: Geschichte in Wissenschaft und Unterricht, H. 19, 1986, S. 653 f.

Ein Schaubild auswerten

Schaubilder sind anschauliche Darstellungen über zeitliche Abläufe oder schwierige Zusammenhänge. Oft sind die Inhalte in einem Schaubild einfacher und verständlicher dargestellt als in einem Erklärungstext.

40 000 Bürger

mit politischen Rechten

ohne politische Rechte

130 000 Frauen und Kinder

30 000 Mitbewohner (Metöken)

100 000 Sklaven und Sklavinnen

1. Schritt: Thema

- Klären, worum es inhaltlich geht.
- Herausfinden, ob ein zeitlicher Ablauf oder eine „Momentaufnahme" einer Sache dargestellt ist.
- Überschrift lesen, Thema und Zeit feststellen.

2. Schritt: Darstellungsform

- Wurden Stichworte, Zahlen oder Bildsymbole verwendet?
- Zusammenhänge finden (z. B. Pfeile als Hilfe).
- Gibt es einen Ablauf (Ausgangspunkt, Verlauf)?

3. Schritt: Interpretation

- Ablauf und Aussage des Schaubildes mit eigenen Worten wiedergeben.
- Zusammenhang mit dem Text herstellen.

4. Schritt: Bewertung

- War die Darstellung verständlich?
- Waren Zusatzinformationen nötig?

- Thema: Gesellschaft der Polis Athen
- Momentaufnahme um 430 v. Chr.
- es werden Balken, Zahlen und Bildsymbole verwendet
- zwei große Gruppen:
1. oben stehen die Bürger von Athen (40 000) die politische Rechte hatten;
2. unten stehen die Menschen ohne politische Rechte. Dazu gehören Frauen und Kinder (130 000); Metöken (Mitbewohner ausländischer Herkunft, 30 000) und die Sklaven (100 000).
- das Wort „Metöken" musste ich nachschlagen, sonst war das Schaubild für mich verständlich (…)

[1] Notizen von Fatma.

Bildquellen untersuchen

Vieles von dem, was wir über die Vergangenheit wissen, schließen wir aus Bildern. An alten Fotos, Kirchenfenstern, Wand- oder Deckengemälden, Zeichnungen, Statuen oder Gemälden können wir häufig erkennen, wie die Menschen früher gelebt haben, was sie dachten oder fühlten.

1. Schritt: **Bild betrachten**

- Wie wirkt das Bild als Ganzes auf mich?
- Welche Einzelheiten sprechen mich besonders an, was finde ich interessant, schön, hässlich, abstoßend oder geheimnisvoll?

2. Schritt: **Bild beschreiben**

- Welche „Daten" des Bildes sind bekannt? (Name des Künstlers, Bildtitel, Entstehungszeit?)
- Was ist dargestellt: Personen, Gegenstände?
- Wie ist es dargestellt?
- Wie sind die Personen oder Gegenstände angeordnet?
- Ist die Darstellung naturgetreu oder nicht?
- Stehen bestimmte Farben im Vordergrund?
- Gibt es einen Mittelpunkt, auf den das Auge des Betrachters gelenkt wird? Sind Vorder- und Hintergrund erkennbar?

3. Schritt: **Bild deuten**

- Warum hat der Künstler diese Darstellung gewählt? Was wollte er zum Ausdruck bringen?
- Zu welchem Zweck wurde das Bild geschaffen?
- Was verstehe ich nicht?
- Welche offenen Fragen ergeben sich aus dem Bild? Wo finde ich weitere Informationen?

Eine Wandzeitung erstellen

Auf einer Wandzeitung könnt ihr zu einem bestimmten Thema Informationen zusammentragen, eure Klasse darüber informieren und euer Klassenzimmer damit schmücken.

1. Schritt: **Informationen auswählen**

- Was ist wichtig, was kann weggelassen werden?
- Was soll als Text, was im Bild, Schaubild oder in einer Tabelle dargestellt werden?

2. Schritt: **Gestaltung**

- Wie soll die Schrift aussehen (Druck- oder Schreibschrift, Größe, Farbe)?
- Welche Bilder sind geeignet und wie werden sie angeordnet?
- Welche Zeichnungen, Tabellen oder Schaubilder sollen angefertigt werden und an welchen Platz sollen sie kommen?

3. Schritt: **Material**

- Welches Material wird benötigt (Tapete, Pappe, Transparentpapier, Stifte, Kleber, Heftzwecken, Stecknadeln, Scheren, Lineal usw.)?
- Wer besorgt es?

4. Schritt: **Arbeit verteilen und durchführen**

- Wer möchte Texte schreiben, Bilder ausschneiden und beschriften, Zeichnungen, Tabellen anfertigen usw.?
- Wichtiger Hinweis: Bilder, Texte usw. nicht
- sofort festkleben, sondern erst alles lose auflegen!

5. Schritt: **Präsentation**

Wandzeitung aufhängen und den anderen Gruppen vorstellen (präsentieren).

Karikaturen deuten

Eine Karikatur beschreibt nicht nur, sondern ur-
teilt. Um verstanden zu werden, bedienen sich
Karikaturisten bestimmter Stilmittel. Dazu gehört häufig die Übertreibung, z. B. von körperli-
chen Eigenschaften bestimmter Personen (über-
große Ohren, lange Nasen usw.). Oft werden
historische Personen, Figuren aus Märchen oder
Tiere als Symbolfiguren herangezogen, um eine
Sache zu veranschaulichen.

1. Schritt: Beobachten

Betrachtet die Karikatur so genau wie möglich
und notiert euren ersten Eindruck.

2. Schritt: Beschreibung

Beschreibt so genau wie möglich, was (Personen,
Tiere, Gegenstände) und wie es abgebildet ist
(z. B. Mimik, Gestik). Was geschieht? Wird eine
Handlung deutlich? Welche Texte gehören zum
Bild?

3. Schritt: Deutung

Welche Bedeutung haben die abgebildeten
Personen, Tiere oder Gegenstände? Welche
Bedeutung hat die Handlung?

4. Schritt: Einordnung

Auf welche Situation oder Ereignisse beziehen
sich die Aussagen der Karikatur?

5. Schritt: Wertung

Welche Position bezieht die Karikatur zum
Thema? Wie seht ihr das Problem?

Industriefotos auswerten

Die frühe Fotografie ist selbst ein „Kind" der Industrialisierung. Um 1835 gelang es dem Maler
Louis Daguerre, auf lichtempfindlichen Kupfer-
platten aufgenommene Bilder dauerhaft zu fixie-
ren. Auf dieser Basis wurde die Fotografie weiter-
entwickelt.

1. Schritt: Bedingungen klären

- Wer hat fotografiert (Fotograf/Fotokünstler,
  Amateur/Privatperson; in wessen Auftrag)?
- Wann wurde die Fotografie gemacht (Datum,
  Tages-/Jahreszeit, Anlass)?
- Wo wurde fotografiert (Innenraum: Atelier oder
  „normales" Umfeld; Außenaufnahme)?
- Wie wurde fotografiert (Blickwinkel: Augenhö-
  he, von unten/oben; oder Weitwinkelaufnah-
  me)?
- Sind Bearbeitungen erkennbar oder zu vermu-
  ten (Fotomontage, Retusche, Kolorierung)?

2. Schritt: Motiv beschreiben

- Was ist dargestellt (Personen, Gegenstände/
  Gebäude, Landschaft)?
- Ist ein Thema erkennbar?
- Welche Bildteile sind vorhanden und wie sind
  sie aufeinander bezogen (z. B. Personengrup-
  pen, Personen und Gegenstände/im Vorder-/
  Hintergrund, im Mittelfeld ...)?
- Welche Einzelheiten sind für meine Fragestel-
  lung wichtig?

3. Schritt: Bildaussage deuten

- Welche Gesamtaussage macht das Bild?
- Wie genau informiert es über die eigene
  Fragestellung?
- Wird die Aussage durch Vergleich mit anderen
  Abbildungen bestätigt, ergänzt oder widerlegt?
- Welche Zusatzinformationen sind nötig?
- Welche Absicht ist erkennbar?
- Was soll gezeigt, was verborgen werden?

Politische Plakate analysieren

Plakate begegnen uns in vielen Bereichen des täglichen Lebens, z. B. als Werbeplakate für bestimmte Produkte oder Veranstaltungen.

Politische Plakate werben für Parteien oder einzelne Kandidaten und werden zumeist vor Wahlen eingesetzt. Die Menschen sehen sie meist im Vorübergehen oder Vorbeifahren an. In diesem kurzen Augenblick soll das Plakat seine Wirkung entfalten. Deshalb zeigen sie in der Regel große Abbildungen von Politikern mit dem Logo ihrer Partei. Plakate enthalten oft nur sehr kurze, schlagwortartige Formulierungen (Slogans). Bei der Gestaltung spielen Farbe, Schriftart und Schriftgröße eine wichtige Rolle.

1. Schritt: Beobachtung und Einordnung

Betrachtet das Plakat so genau wie möglich und notiert euren ersten Eindruck.
- Wer hat das Plakat in Auftrag gegeben?
- Worauf soll es aufmerksam machen?

2. Schritt: Beschreibung

- Wer und was ist auf dem Plakat dargestellt?
- Welches Problem der Zeit wird dargestellt?
- Welche Anteile haben in etwa Bild und Text?
- Welche Texte und Logos sind erkennbar?
- Welche Farben werden verwendet?
- Wie wurde die Schrift gestaltet (Schriftart, Größe, Farbe)?
- Wie ist das Bild insgesamt aufgebaut (Vorder- und Hintergrund, freie Gestaltung)?

3. Schritt: Deutung, Wertung

- Welche Bedeutung könnten die Gestaltungselemente (Bilder, Texte, Schrift) haben?
- Welche Aussage soll das Plakat vermitteln?
- Welche Wirkungsabsicht soll erreicht werden?
- Stimmen die gestalterischen Mittel mit den Absichten überein?
- Wie wirkt das Plakat auf mich?
- Wie bewerte ich das Plakat (gelungen, misslungen, abschreckend usw.)?

Denkmäler untersuchen

An vielen Orten in Deutschland wurden nach
den Weltkriegen offizielle Denkmäler für die getöteten Soldaten oder Zivilisten errichtet. Sicher
gibt es Beispiele in eurem Ort oder in der Nach-
bargemeinde.

Grund der Errichtung:
– Grabmäler auf Schlachtfeldern
– Orte der Erinnerung und Ehrentafeln in den
  Heimatorten der getöteten Soldaten (und Zivi-
  listen)
– Andenken an Tote und Trost für Hinterbliebene
– dem Soldatentod nachträglich Sinn verleihen
  („Helden", „Opfermut", „gestorben, damit wir
  leben ..." usw.)
– Botschaft für die nachfolgende Generation
  („Vorbild", „Mahnung", „Lehre" usw.)
Bei der Untersuchung eines Denkmals helfen
euch folgende Schritte:

1. Schritt: Bestandsaufnahme

- Beschreibung des Denkmals
- „Botschaften" an die Nachwelt
- Wann und von wem wurde es errichtet?
  (Anmerkung: an eine Dokumentation denken,
  z. B. Fotos, Zeichnungen usw.)
- Gestaltungselemente

2. Schritt: Auskünfte einholen

- Warum wurde das Denkmal errichtet?
- Wer ist heute verantwortlich? Wer pflegt es?
- Wer organisiert Gedenkfeiern?
- Meinungen anderer erkunden: Schützen- oder
  Kriegerverein

3. Schritt: Bewertung

- Was habt ihr über die bei der Errichtung oder
  heute wichtigen Motive und Gefühle erfahren?
- Hat sich etwas in der Einstellung geändert?
- Was denkt ihr über die Aussage des Denkmals?

Spielfilme analysieren

Spielfilme erzählen Geschichten von Menschen. Diese Geschichten spielen vor einem historischen Hintergrund. Als Zuschauer verfolgen wir also die Geschichte einer oder mehrerer Personen und gleichzeitig wird uns etwas über die Zeit vermittelt, in der diese Geschichte spielt.

Die folgenden Arbeitsschritte helfen euch, Spielfilme mit historischem Inhalt zu verstehen und als Anschauungsmaterial zu nutzen.

[1] Filmplakat.

1. Schritt: **Informationen zum Film sammeln**

- Wie lautet der Titel des Films?
- Wer ist der Regisseur?
- Aus welchem Jahr stammt der Film?
- Was ist das Thema des Films?

2. Schritt: **Das eigene Vorwissen abfragen**

- In welcher Zeit spielt der Film?
- Was wissen wir über den dargestellten Inhalt/ das Thema?
- Welche Erwartungen haben wir an den Film?

3. Schritt: **Den Film ansehen und mit dem Vorwissen vergleichen**

- Was ist die Handlung/der Inhalt des Films?
- Ist der Film realistisch/unrealistisch?
- Was kann man nachprüfen, wenn etwas unrealistisch erscheint?
- Ist der Film ernst, spannend, witzig, ...?
- Aus welcher Perspektive wird erzählt?
- Was von unserem Vorwissen wurde umgesetzt?
- Was ist neu oder überraschend?

[2] Filmszenenausschnitt.

4. Schritt: **Den Film beurteilen**

- Passt die „Machart" (ernst, witzig, spannend) zum Thema?
- Was ist eher unglaubwürdig oder falsch?
- Entspricht der Film den Erwartungen?
- Haben wir durch den Film neue Erkenntnisse gewonnen?
- Was ist anschaulich, besser verständlich geworden?
- Reichen unsere Informationen, um den Film beurteilen zu können? (Falls nicht, weiteres Informationsmaterial besorgen)

[3] Filmszenenausschnitt.

Ein Rollenspiel durchführen

Ein Rollenspiel soll euch helfen, die Situationen und Probleme von Menschen besser zu verstehen, die vor langer Zeit gelebt haben. Lasst euch nicht abschrecken, wenn Leute sagen, man könne gar nicht wissen, wie sich z. B. Menschen der Steinzeit gefühlt haben. Genau weiß das nämlich niemand. Es genügt, wenn ihr euch – so gut es geht – in die Lage der damaligen Menschen versetzt. Ob dieser Versuch auch geschichtlich stimmt, könnt ihr anschließend im Unterricht besprechen.

1. Schritt: Rollen- und Situationskarten

- Ziel des Spiels bestimmen:
  - ☐ Nur eine Situation darstellen?
  - ☐ Eine Lösung finden?
- Verständnisschwierigkeiten klären.
  - ☐ Sollen die Kartenvorschläge leicht abgeändert werden?

2. Schritt: Rollen verteilen, Spiel vorbereiten

- Rollen können blind verlost oder offen gewählt werden.
- Das Mitspielen ist immer freiwillig.
- Jungen und Mädchen spielen auch Rollen des anderen Geschlechts.
- Die Spieler besprechen sich kurz und planen den Verlauf.

3. Schritt: Spielen und beobachten

Beim Spiel muss die Rolle deutlich werden
Die Beobachter merken sich:
- Welche Argumente wurden genannt?
- Wie entwickelte sich die Handlung?

4. Schritt: Auswerten und besprechen

Die Spieler äußern sich als Erste:
- Wie haben sie sich gefühlt?
- Ist das Spiel so verlaufen, wie sie sich das vorgestellt hatten?
Einzelkritik an „schauspielerischen Fähigkeiten" unterbleibt. Welche Probleme wurden deutlich? Welche offenen Fragen müssen noch geklärt werden?

Die Pro-und-Kontra-Debatte

Dorf und Kleinstadt oder Großstadt? – Ihr könnt diese oder ähnliche Fragen in einer Pro- und Kontra-Debatte behandeln. So kann man Gründe für oder gegen eine Sache klären. Dabei verbinden sich immer Sachargumente und ganz persönliche Vorlieben.

1. Schritt: Vorbereitung

- Formuliert eine strittige Aussage, die mit Ja oder Nein zu beantworten ist.
- Bildet zwei Gruppen. Die eine Gruppe trägt Pro-Argumente, die andere Kontra-Argumente zusammen.
- Notiert eure Argumente in Stichworten auf Karteikarten (für die anschließende Debatte).
- Jede Gruppe bestimmt mehrere Diskutierende, die sich an einem Tisch gegenübersitzen.

2. Schritt: Durchführung

- Die/der Diskussionsleiter/-in eröffnet die Debatte, indem sie/er einer Seite das Wort erteilt, um ihre Argumente vorzutragen.
- Nach Ablauf einer vorgegebenen Zeit (30 Sekunden bis 1 Minute) ist die andere Seite an der Reihe. Dieser Wechsel wiederholt sich so lange, bis beide Seiten alle Argumente ausgetauscht haben.
- Die Diskussionsleiterin bzw. der Diskussionsleiter hat streng darauf zu achten, dass die Redezeiten eingehalten werden.

3. Schritt: Auswertung

Am Ende der Debatte findet eine Besprechung im Plenum statt. Gemeinsam soll ausgewertet werden, wie sich die Teilnehmer/-innen in ihren Rollen fühlten, wie das Diskussionsklima war, welche Seite aus Sicht der Beobachter/-innen besonders überzeugend war und aus welchen Gründen (Argumente, Vortrag der Diskutierenden).

4. Schritt: Abstimmung

Cirka 30–40 Minuten zur Vorbereitung,
ca. 15–20 Minuten zur eigentlichen Debatte,
ca. 15–20 Minuten zur Auswertung.

Ein Verfassungsschema deuten

Ein Verfassungsschema zeigt, wie die Macht in einem Staat verteilt ist. Man kann erkennen, wie ein Land regiert wird. An einem Verfassungsschema ist zu sehen, wie der Staat aufgebaut ist und was die wichtigsten Ämter und Einrichtungen sind (z. B. Kanzler/Kanzlerin, Parlament). Außerdem sieht man, wer wählen darf und wer die Gesetze beschließt.

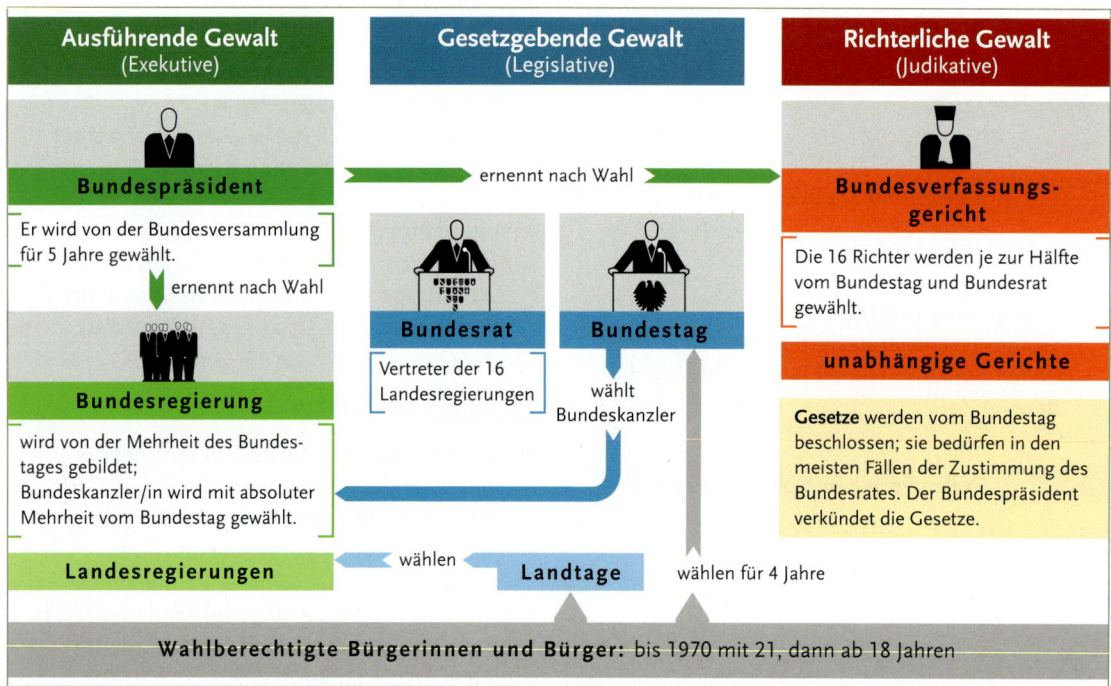

1. Schritt: Den Aufbau untersuchen

- Wie kann man das Verfassungsschema lesen?
- Von unten nach oben bzw. oben nach unten?
- Von links nach rechts bzw. rechts nach links?
- Welche Teile des Schemas scheinen besonders wichtig zu sein?
- Welche Ämter und Einrichtungen gibt es?

2. Schritt: Aussagen erschließen

- Welche Aufgaben haben die Ämter und Einrichtungen?
- Wer stimmt über Gesetze ab?
- Wer darf wählen?

3. Schritt: Zusammenhänge herstellen

- Wie ist die Macht verteilt?
- Wer kontrolliert wen?
- Welches Amt hat viel Macht?
- Welche Macht geht vom Volk aus?

4. Schritt: Die Verfassung beurteilen

- Geht viel Macht vom Volk aus?
- Ist die Gewalt im Staat geteilt?
- Gibt es eine Ausführende Gewalt, eine Gesetzgebende Gewalt und eine Richterliche Gewalt?
- Sind die drei Gewalten auf drei unterschiedliche Ämter oder Einrichtungen verteilt?
- Gibt es eine Kontrolle der Gewalten untereinander?
- Ist das Wahlrecht demokratisch?
- Wer darf wählen, wer nicht?

Eine Umfrage durchführen

Umfragen gibt es zu fast allen Lebensbereichen. Dabei werden Stimmungen und Meinungen wiedergegeben oder über Erfahrungen berichtet. Die Ergebnisse sind von vielen Zufällen abhängig. Es ist z. B. nicht egal, ob man zu Hause in Ruhe einen Fragebogen ausfüllen kann oder ob man auf der Straße plötzlich mit Fragen überfallen wird. Wichtig ist auch, ob man auf vorgegebene Fragen antworten soll oder seine Meinung frei äußern kann.

Bei der Bewertung der Umfrageergebnisse solltet ihr auch die Auftraggeber und ihre Interessen am Thema berücksichtigen. Vielfach hat man schon eine Vorstellung vom gewünschten Ergebnis und stellt die Fragen daher in einer bestimmten Richtung.

1. Schritt: Vorbereitung

- Thema auswählen
- Fragen sammeln und ordnen
- Anzahl der Fragen festlegen
- äußere Form bestimmen: z. B. schriftlicher Fragebogen oder mündliche Befragung; Auswahlantworten vorgeben oder frei antworten lassen
- Fragen formulieren
- Reihenfolge festlegen
- Erlaubnis einholen (Schulleitung, Veranstalter...)

2. Schritt: Durchführung

- Sich vorstellen und das Ziel der Befragung
- erklären
- höflich und freundlich bleiben, bedanken, nicht drängen, nicht beeinflussen (z. B. durch Gesichtsausdruck, Bemerkungen, gut gemeinte Tipps)

3. Schritt: Auswertung

- Antworten sichten und sortieren
- Strichliste für jeweils dieselben Antworten machen
- Präsentationsform festlegen (Vortrag, Schülerzeitung, Internet; Tabelle, Diagramme, Aussagesätze?...)
- Zahlenwerte evtl. in Prozente umrechnen

4. Schritt: Präsentation

- Diagramme bzw. Tabellen erstellen
- OHP-Folie mit Gesamtergebnis kopieren
- Ergebnisse vorstellen und erläutern
- Rückfragen aus dem Plenum klären und diskutieren
- Unklarheiten, Missverständliches usw. im Ablauf sowie Verbesserungsvorschläge notieren

Darstellungsformen

Die Ergebnisse von Umfragen werden meistens grafisch dargestellt. Bei Fragen mit Auswahlantworten ist die Auswertung schnell gemacht und über eine Strichliste in ein Diagramm übertragen.

Die gängigsten Diagramme kennt ihr vermutlich. Doch nicht jeder Diagrammtyp passt zu allen Befragungen. Das Kreis- bzw. Tortendiagramm ist sehr übersichtlich, eignet sich aber nur für wenige Werte, weil sonst die Übersicht verloren geht. Die Ergebnisse müssen vorher in Prozente umgerechnet werden.

Bei Säulen-, Balken- oder Liniendiagrammen können nicht nur viele Einzelwerte dargestellt, es können auch Vergleiche angestellt werden. Es kann z. B. ein Umfrageergebnis vom Vorjahr mit heutigen Werten zusammen gezeigt oder es könnte nach Altersgruppen getrennt werden.

Wenn die Befragung so genannte „offene Antworten" zulässt (der Befragte kann mit eigenen Worten antworten), kann man nur Tendenzen beschreiben oder nachträglich Antworten in Gruppen zusammenfassen (zustimmend, ablehnend, neutral ...), um sie darzustellen.

Einen politischen Konflikt analysieren

Ist Frieden möglich?
Um einen Konflikt richtig zu verstehen und um festzustellen, ob ein dauerhafter Frieden möglich ist, kann man eine Konfliktanalyse durchführen. Dafür eignen sich folgende Schritte und Leitfragen:

1. Schritt:	Erscheinung des Konfliktes beschreiben

- Was ist wann, wo passiert?
- Wer sind die Beteiligten (direkt oder indirekt)?

(Die Informationen dazu findet ihr in Nachrichten: z. B. „110 Tote bei Bombenanschlag im Irak")

2. Schritt:	Konfliktursachen erkennen

- Welche Ziele verfolgen die Parteien?
- Um welche Streitfragen geht es?
- Was war der Auslöser für den Konflikt?
- Wie war der bisherige Verlauf?
- Welche Ereignisse haben den Konflikt verschärft oder verbessert?

(Beschafft euch zu den Leitfragen Informationen in Zeitungen, Magazinen, bei Experten, in Fernsehdokumentationen, im Internet…)

3. Schritt:	Lösungsansätze prüfen und bewerten

- Welche Lösungsansätze sind denkbar?
- Welche Kompromisse sind nötig?
- Wie realistisch ist die Lösung für den dauerhaften Frieden?
- Wisst ihr genug, um eine Lösung zu finden?

Bei beendeten Konflikten:
- Wie wurde der Konflikt gelöst?

[1] Die zerstörte syrische Stadt Damaskus. *2012*.

[2] Verzweifelte Syrierin in der Stadt Aleppo. *2014*.

Eine Podiumsdiskussion führen

Folgende Schritte helfen euch bei der Durchführung einer Podiumsdiskussion im Unterricht.

1. Schritt: Vorbereitung

- Ein strittiges Thema finden, das für alle interessant ist, bei dem möglichst viele mitreden können und das Zustimmung oder Ablehnung erfordert.
- Moderatoren sowie Pro- und Kontra-Redner auswählen.
- Den äußeren Rahmen organisieren: Podiumsplätze, Rednerpult, Stoppuhr, Stimmzettel usw. vorbereiten bzw. bereithalten.
- Redner informieren sich gezielt zum Thema, sprechen sich mit Kollegen derselben Partei ab (wer argumentiert wie?), notieren Stichworte und Argumente.

[1] Schüler bei einer Diskussion. *Foto.*

2. Schritt: Durchführung

- Moderator begrüßt, eröffnet die Debatte, erteilt das Wort abwechselnd an Redner der gegnerischen Parteien, stoppt Redezeit, beendet die Debatte und organisiert die Abstimmung.
- Redner achten beim Sprechen auf Haltung, Stimmführung, deutliche Aussprache, lebhafte, aber nicht übertriebene Gesten, halten Blickkontakt zum Plenum und steigern ihre Argumentation (von einfachen Aussagen bis hin zu speziellen Informationen über das Thema).

3. Schritt: Auswertung und Kritik

- Evtl. kurzer Gedankenaustausch Redner – Plenum unter Steuerung des Moderators.
- Abstimmung – Auswertung – Bekanntgabe des Ergebnisses.
- Diskussion des Ergebnisses evtl. mit Rückgriff auf einzelne Reden.
- Bewertung des Verfahrens: was war sinnvoll, was unangebracht, was könnte man besser machen?

Ein Klimadiagramm lesen

Das Zusammenwirken von Temperatur, Niederschlag, Bewölkung, Wind und Luftdruck wird als Klima bezeichnet. Aus den langjährigen Durchschnittswerten des Wetters ergibt sich das jeweilige Klima eines Ortes.

Bei Klimadiagrammen werden die monatlichen Durchschnittstemperaturen eines Ortes mit den durchschnittlichen Niederschlagsmengen kombiniert dargestellt.

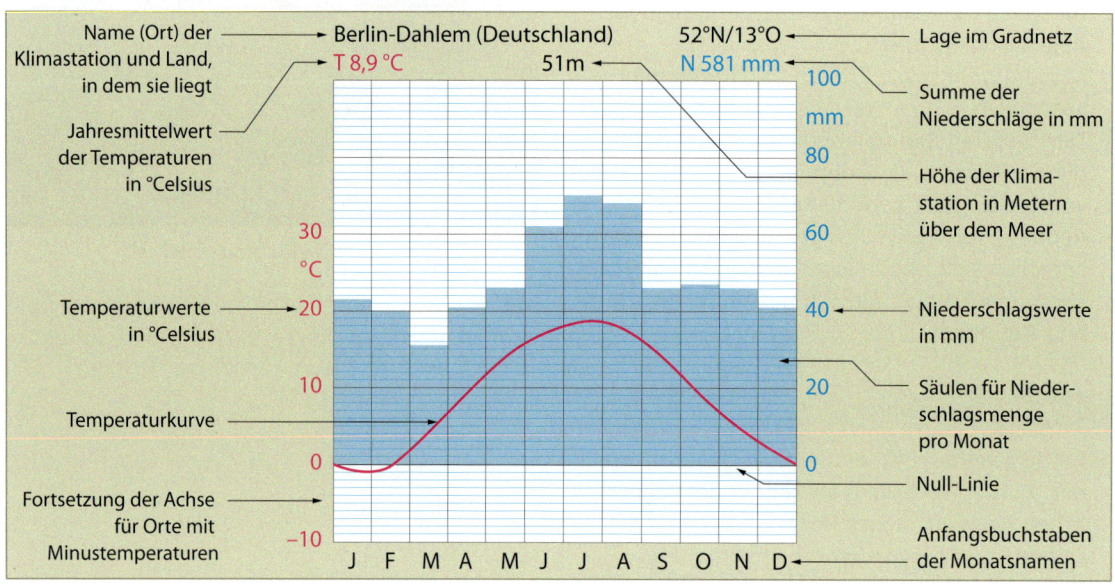

1. Schritt: Grundinformationen ablesen

- Um welchen Ort geht es (Name/Staat, Höhe über dem Meer)?
- Wie hoch ist die durchschnittliche Jahrestemperatur?
- Wie hoch ist die durchschnittliche jährliche Niederschlagsmenge?

2. Schritt: Durchschnittliche Monatstemperaturen ermitteln

Mit dem Finger oder einem Stift den einzelnen Monat zeigen, bis zur roten Kurve nach oben gehen und an der linken Hochachse den Wert in °C ablesen.

3. Schritt: Niederschlagsmengen ermitteln

Mit dem Finger oder einem Stift den einzelnen Monat zeigen, an der blauen Säule nach oben gehen und die Niederschlagsmenge an der rechten Hochachse ablesen.

4. Schritt: Aussagen einordnen und vergleichen

- Die jeweiligen Monate mit den höchsten und niedrigsten Temperaturen bzw. den geringsten und höchsten Niederschlagen ermitteln.
- Mit anderem Klimadiagramm vergleichen.
- Auswirkungen des Klimas z. B. auf die Vegetation (Pflanzenwachstum) einschätzen.

Ein Klimadiagramm zeichnen

Klimadiagramme veranschaulichen Klimawerte einer Station.

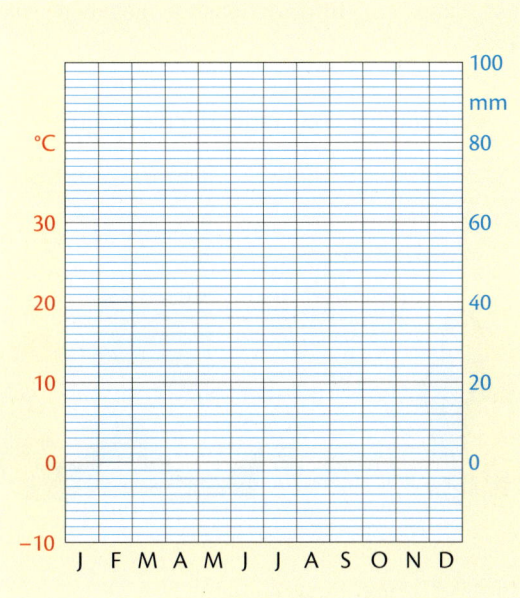

1. Schritt: Grundlinie zeichnen und beschriften

Zeichnet auf Millimeterpapier eine waagerechte 12 cm lange Grundlinie und teilt sie für die 12 Monate ein (1 Monat = 1 cm). Schreibt die Anfangsbuchstaben der Monate unter die Linie. Beachtet: Sind in der Klimatabelle Minus-Temperaturen angegeben, werden die Anfangsbuchstaben der Monate unter die Abschlusslinie geschrieben.

2. Schritt: Temperaturkurve zeichnen

- Zeichnet links eine senkrechte Achse für die Temperaturwerte. Beschriftet rot die Achse mit °C. Tragt den Wert 0 an der Grundlinie ein. Anschließend unterteilt in Zehnerschritten die Achse (1 cm = 10 °C). Sind in der Klimatabelle Minus-Werte angegeben, muss die Achse unterhalb der 0 °C-Linie fortgeführt werden.
- Markiert die Temperaturwerte für die jeweiligen Monate mit einem roten Punkt.
- Verbindet alle Punkte zu einer Kurve.

3. Schritt: Niederschlagssäulen zeichnen

- Zeichnet rechts eine senkrechte Achse für die Niederschlagswerte. Tragt mit einem blauen Stift mm an der Achse und den Wert 0 an der Grundlinie ein. Anschließend unterteilt die Achse (1 cm = 20 mm; über 100 mm: 1 cm = 200 mm).
- Zeichnet die Niederschlagswerte der einzelnen Monate mit einem Querstrich über dem jeweiligen Monat. Verbindet die Striche senkrecht mit der Grundlinie.
- Färbt die Niederschlagssäulen blau ein.

4. Schritt: Klimadiagramm beschriften

Beschriftet das Klimadiagramm mit dem Namen und der Lage der Klimastation, der Höhe über dem Meeresspiegel, der Jahresmitteltemperatur und dem Jahresniederschlag.

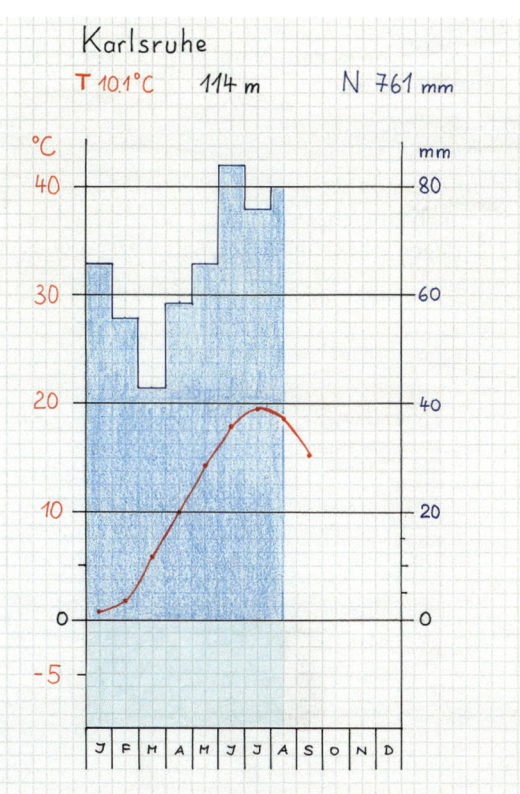

Eine Infografik auswerten

Überall finden wir Info-Grafiken: Tageszeitungen arbeiten mit ihnen oder Fernsehnachrichten. Info-Grafiken sagen mehr als „tausend Worte": Statt vieler Sätze zeigen sie Entwicklungen und Zusammenhänge auf einen Blick.

1. Schritt: Bedingungen klären

- Thema bestimmen: Um was geht es?
- Erstellungsdatum und Zeitrahmen feststellen
- Quelle (= Auftraggeber) angeben.
- Diagrammtyp bestimmen (Säulen-, Balken-, Kurven- oder Kreisdiagramm).

2. Schritt: Auswertung

- Höchsten und niedrigsten Wert angeben.
- Entwicklungen erkennen (Zu- oder Abnahmen).

3. Schritt: Interpretation

- Erklärungen für die dargestellten Aussagen suchen.
- Vermutungen äußern, Vergleiche anstellen.

4. Schritt: Bewertung

- Beurteilen, ob die Grafik zum Verständnis des Themas hilfreich ist.
- Überlegen, ob weitere Informationen notwendig sind.

Arbeit mit Diagrammen

Diagramme haben im Fach Erdkunde, Geschichte und Politik eine große Bedeutung. Zahlen und Mengenangaben werden veranschaulicht, ohne dass dazu ein Informationstext gegeben sein muss.

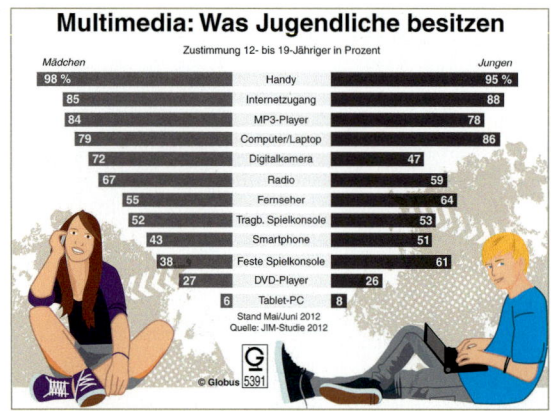

1. Schritt: Überschrift lesen

- Titel des Diagramms erfassen.
- Zwischenüberschriften oder Unterteilungen beachten.

2. Schritt: Das Diagramm beschreiben

- Überprüfen, welche räumlichen oder zeitlichen Abgrenzungen gewählt wurden.
- Kontrollieren, ob regelmäßige zeitliche oder räumliche Entwicklungen erkennbar sind (Abnahmen, Zunahmen usw.).
- Inhalte und Aussagen des Diagramms herausfinden und beschreiben.

3. Schritt: Vermutungen und Erklärungen äußern

- Erklärungen für die dargestellten Aussagen finden.
- Herausfinden, welche Ursachen und Folgen aus den Informationen abzuleiten sind.

4. Schritt: Bewerten

Ergebnisse formulieren.

Bevölkerungsdiagramme

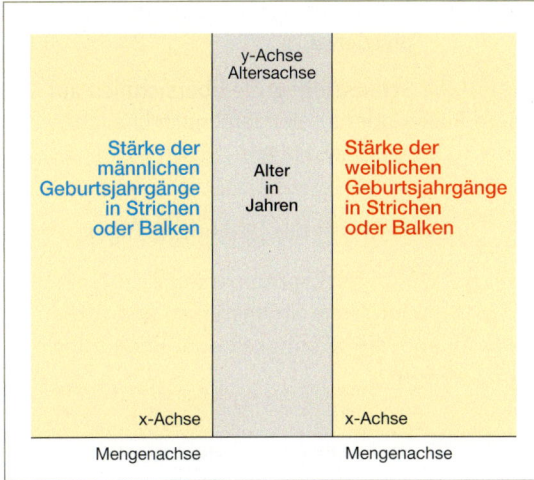

[1] Aufbau eines Bevölkerungsdiagramms.

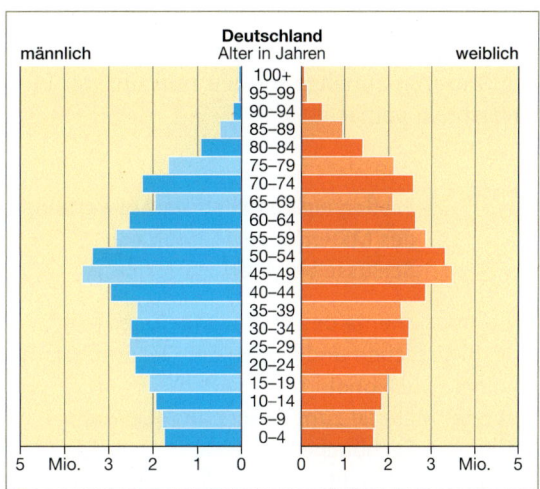

[2] Bevölkerungsdiagramm von Deutschland (2013).

Drei Schritte zur Auswertung von Bevölkerungsdiagrammen

1. Schritt: Grundaussagen klären

- Für welches Land werden die Angaben gemacht?
- Für welches Jahr gelten die Angaben?
- Was ist auf der x-Achse dargestellt?
- Was ist auf der y-Achse dargestellt?
- Welche Abstufungen hat die y-Achse?

2. Schritt: Beschreibung

- Hat das Bevölkerungsdiagramm eine breite oder schmale Basis?
- Welche Altersgruppen sind stark vertreten (0–15 Jahre; 15–65 Jahre; über 65 Jahre)?
- Welche Altersgruppen sind schwach vertreten (0–15 Jahre; 15–65 Jahre; über 65 Jahre)?
- Sind die Verteilungen von Männern und Frauen ungefähr gleich?

3. Schritt: Fragen entwickeln

- Welche Fragen könnten sich aus dem Aufbau einer Bevölkerungspyramide ergeben?

Auswertung eines Bevölkerungsdiagramms in drei Schritten am Beispiel Deutschland

1. Schritt: Grundaussagen klären

- Die Angaben werden für Deutschland gemacht.
- Die Angaben gelten für 2013.
- Auf der x-Achse ist die Anzahl der Einwohner in Millionen dargestellt.
- Auf der y-Achse sind Lebensaltersgruppen dargestellt.
- Die Abstufung der y-Achse erfolgt in Fünfjahresabständen.

2. Schritt: Beschreibung

- Das Bevölkerungsdiagramm hat eine schmale Basis.
- Stark vertreten sind die Altersgruppen 15 bis 65 Jahre.
- Schwach vertreten ist die Altersgruppe 0 bis 15 Jahre.
- Die Verteilungen von Männern und Frauen sind ungefähr gleich.

3. Schritt: Fragen entwickeln

- Hat der große Anteil der 15- bis 65-Jährigen (insbesondere der 45- bis 54-Jährigen) eine besondere Auswirkung auf Deutschlands Zukunft?

Ein Wirkungsgefüge erstellen

Ein Wirkungsgefüge macht die Beziehungen von Einzelaspekten eines Themas übersichtlich deutlich. Zusammenhänge werden mithilfe von Pfeilen sichtbar gemacht.

1. Schritt: Festlegung des Themas, Auswertung des Materials und Finden von Schlüsselbegriffen

- Legt das Thema des Wirkungsgefüges fest (z. B. Ursachen und Folgen der Desertifikation in der Sahelzone).
- Wertet Material zum Thema aus (Lexika, Internet, Sachbücher).
- Notiert euch Schlüsselbegriffe, welche Bausteine des Gefüges werden können.

2. Schritt: Schlüsselbegriffe inhaltlich sortieren

Ordnet die Schlüsselwörter nach Unterthemen wie Gründe, Maßnahmen, Folgen oder Nebenwirkungen.

3. Schritt: Schlüsselbegriffe übersichtlich platzieren

Sortiert die Schlüsselbegriffe übersichtlich auf einem Plakat oder an der Tafel nach Ursachen und Wirkungen bzw. Folgen.

4. Schritt: Zeichnen des Wirkungsgefüges

Stellt die Wirkungszusammenhänge durch Pfeile dar (unterschiedliche Strichstärken und Farben können dabei die Wichtigkeit oder Bedeutung signalisieren).

5. Schritt: Wirkungsgefüge präsentieren

- Präsentiert das Wirkungsgefüge und macht die Zusammenhänge des Themas deutlich.
- Tipp: Zeigt nicht gleich das gesamte Wirkungsgefüge, sondern erläutert die verschiedenen Bausteine nacheinander. So werden die Zusammenhänge leichter verständlich. Achtet auch auf eine große Schrift.

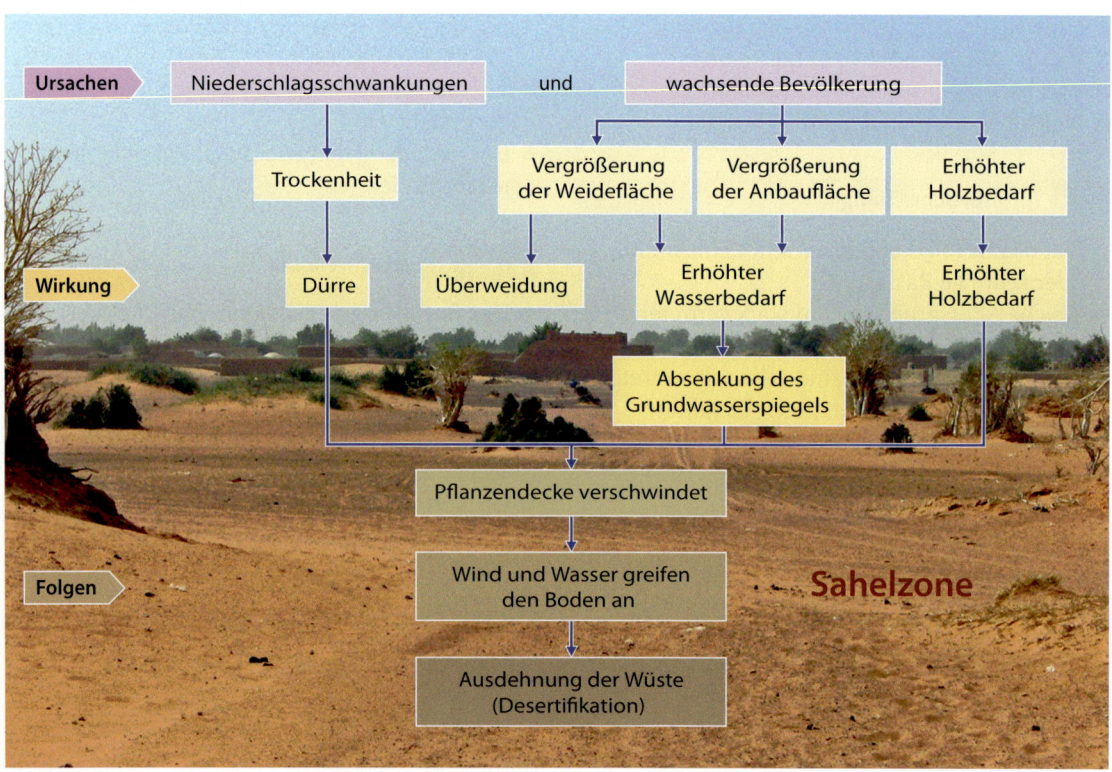

Raumanalyse

Was ist eine Raumanalyse?

Vielfältige Faktoren aus den Bereichen Natur (z. B. das Klima, die Oberflächengestalt = z. B. Berge und Täler) und Gesellschaft (z. B. die Bevölkerung, die Wirtschaft) prägen einen Raum (Geofaktoren). Bei einer Raumanalyse werden diese Faktoren und ihre wechselseitigen Wirkungen untersucht. Ziel einer Raumanalyse ist es, die verschiedenen Geofaktoren zueinander in Beziehung zu setzen und so die charakteristische Ausprägung eines Raumes zu erkennen.

Fünf Schritte einer Raumanalyse

1. Schritt: Wahl eines Untersuchungsraumes

- Welcher Raum soll untersucht werden?
- Welche Informationsquellen gibt es dafür?
- Welches Kartenmaterial lässt sich beschaffen?

2. Schritt: Skizzierung eines Arbeitsplans

- Welche Einzelheiten sind für meine Raumanalyse interessant?
- Welche Zeit steht zur Verfügung?
- Welche Einzelheiten können wegen Zeitmangels nicht bearbeitet werden?

3. Schritt: Analyse der Raumfaktoren

- Wieviele Informationen werden für ein brauchbares Ergebnis benötigt?
- Welche Raumfaktoren gehören thematisch eng zusammen?

4. Schritt: Zusammenführung der Ergebnisse zu den einzelnen Raumfaktoren

- Sinnvolle Reihenfolge und Kombination der Einzelergebnisse zusammenstellen.
- Aus den Einzelheiten ein nachvollziehbares Gesamtbild erzeugen.

5. Schritt: Prüfung der Raumanalyse

- Können die untersuchten Raumfaktoren Hinweise für Erklärungen geben?
- Gibt es offene Fragen oder Unklarheiten?

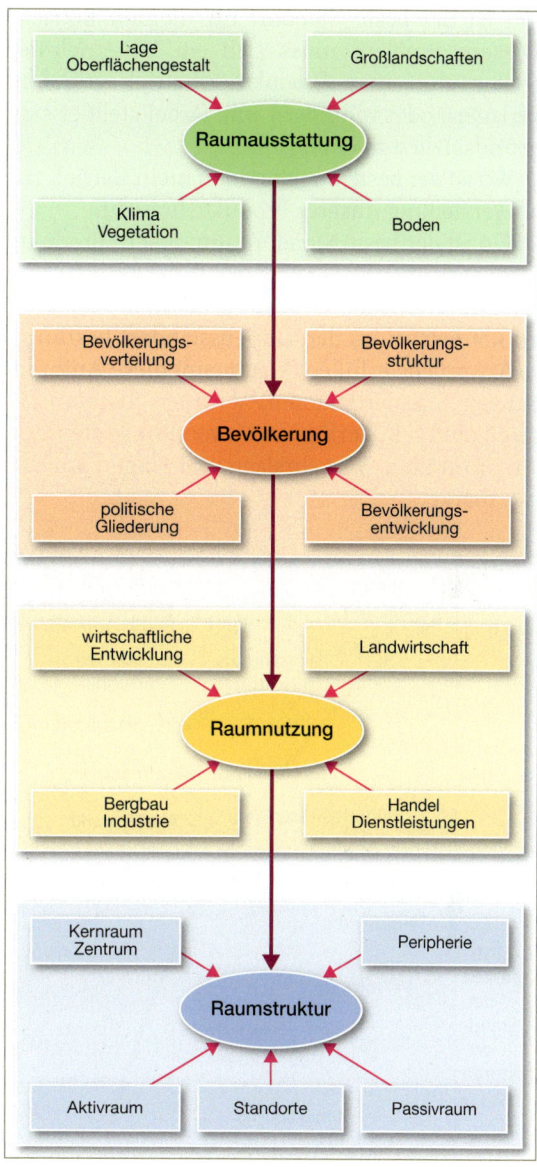

[1] Die Einzelheiten (Details) einer Raumanalyse.

Einzelne Schritte einer Raumanalyse

Eine Raumanalyse kann sehr aufwändig und umfangreich sein – je nachdem, welche und wie viele Untersuchungspunkte sie umfasst. Alle Geofaktoren einzubeziehen, wäre nahezu unmöglich und würde Wochen oder Monate dauern.

Zur Verdeutlichung der Idee einer Raumanalyse wurden auf den Seiten 237 bis 239 drei kleinere Beispiele für den Untersuchungsraum Indien ausgewählt. Hierbei werden ansatzweise betrachtet: die Raumausstattung, die Bevölkerung und die Raumnutzung.

Einen Standort analysieren

Wo ist der beste Standort für meinen Betrieb? Diesem Problem muss sich ein Unternehmer stellen, der einen Produktionsbetrieb gründen, verlagern oder verändern will. Dabei stellt er sich grundsätzlich zwei Fragen:
- Wo ist der beste Standort, den mein Betrieb zur Herstellung unserer Produkte braucht?
- Wo ist der beste Standort, um unsere Produkte zu verkaufen?

Um Waren möglichst kostengünstig produzieren zu können, muss der Betriebsstandort bestimmte Ansprüche erfüllen. Man nennt diese Anforderungen Standortfaktoren. Wichtige Standortfaktoren sind z. B. Verfügbarkeit von Rohstoffen und Arbeitskräften, Verkehrslage und Nähe zum Absatzmarkt.

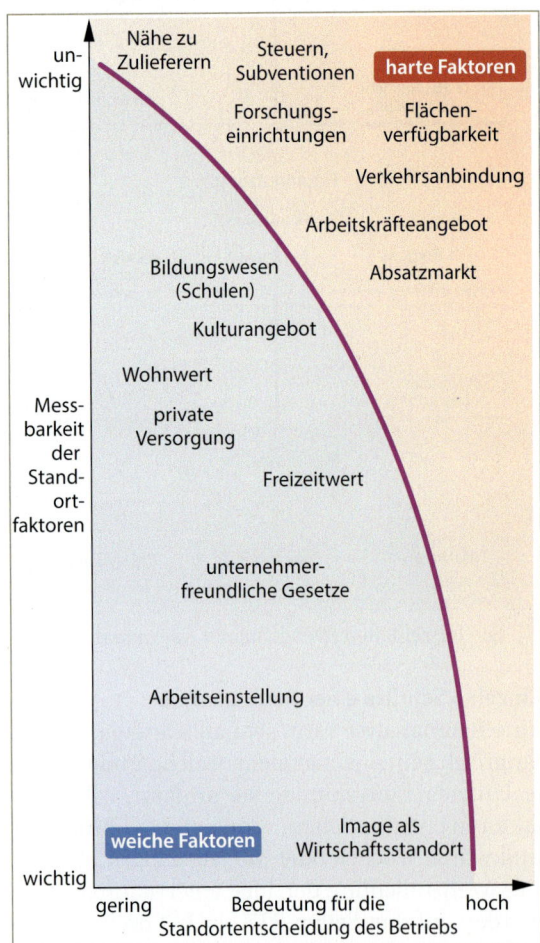

1. Schritt: Sich über das Unternehmen genau informieren.

- Um welchen Unternehmenstyp handelt es sich (Einzelhandel – Großhandel – Fabrikation – Dienstleister ...)?
- Wie groß ist die benötigte Fläche?
- Welche Produkte sollen produziert werden?
- Wie viele Arbeitskräfte werden gebraucht?
- Welche Kunden sollen erreicht werden (Laufkundschaft/ feste Abnehmer vor Ort – Belieferung national/international ...)?

2. Schritt: Für das Unternehmen wichtige Standortfaktoren erkunden und benennen.

Welche Standortfaktoren sind für den Betrieb von besonderer Bedeutung (Rohstoffe, Verkehrslage, Arbeitskräfteangebot, Versorgung mit Energie, Nähe zu den Kunden)?

3. Schritt: Standortfaktoren visualisieren

Anlegen einer Tabelle (nach folgendem Muster):

Standortfaktoren des Betriebes „ xxx"		
Standortfaktor	Bedeutung 0 = keine Bedeutung + = geringe Bedeutung ++ = mittlere Bedeutung +++ = große Bedeutung	Begründung für die Einschätzung
Beispiel: Verkehrslage	Beispiel: +++	Beispiel: Kunden bringen/holen ihr Auto

4. Schritt: Beurteilung der Standortwahl

Begründet die Standortwahl des Betriebes. Beurteilt aus eurer Sicht, ob die Standortwahl erfolgreich war. Haben sich die Standortfaktoren seit der Standortwahl in ihrer Bedeutung für den Betrieb geändert?

Ein Raumordnungsmodell auswerten

Um komplizierte Sachverhalte verständlich darzustellen benutzt man Modelle. Raum-Modelle werden für die Beschreibung und Abgrenzung von Räumen verwandt. So gibt es z. B. Modelle zum Aufbau der Städte (Stadtmodelle) in den verschiedenen Räumen der Erde. Modelle verallgemeinern Zustände und Veränderungen.

1. Schritt: Grundinformationen

- Was ist das Thema des Modells?
- Welchen Zustand und welche Prozesse versucht es zu verdeutlichen?
- Zu welchem Zeitpunkt (und evtl. durch wen) wurde das Modell erstellt?

2. Schritt: Beschreibung

- Welche Bereiche sind besonders gekennzeichnet bzw. hervorgehoben?
- Welche Farben/Formen wurden hierfür gewählt?
- Welche Hilfen bietet hierzu die Legende?

3. Schritt: Auswertung

- Über genau welches Gebiet erstreckt sich ein hervorgehobener Bereich?
- Gibt es mehrere hervorgehobene Bereiche?
- Welche Besonderheiten/Inhalte enthält dieser Bereich?
- Welche Gebiete grenzen an den Bereich?
- Was verraten die Symbole (Legende!) über die Grenzbereiche?
- Wie verhält sich der Bereich zu seiner Umgebung (gibt es Verbindungen, in welche Richtung)?
- Welche Gesamtaussage macht das Modell?

4. Schritt: Kritik

- Ist die Darstellung eindeutig?
- Sind Zusatzinformationen (z. B. andere Karten zum Vergleich) oder besondere Fachkenntnisse notwendig?

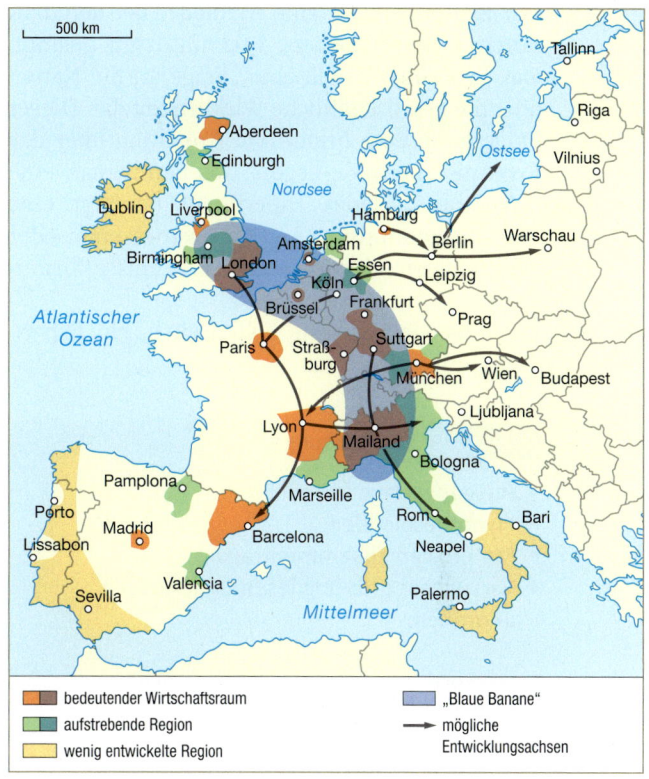

[1] Raum-Modell zu Europa. *Stand um 1990.*

Ein Experiment durchführen

Ein Experiment ist eine Methode, bei der man durch Ausprobieren zu Erkenntnissen gelangt. Das Experiment stellt eine „Frage an die Natur" oder die gesellschaftliche Wirklichkeit dar. Dieser Frage kann eine bestimmte Annahme über das Ergebnis zugrunde liegen. Das nennt man eine „Hypothese". Jedes Experiment benötigt eine Versuchsanordnung. Aus den gemessenen oder beobachteten Werten werden Ergebnisse formuliert.

Die folgenden Schritte helfen euch, ein Experiment durchzuführen.

1. Schritt: Vorbereitung

- Ausgangsfrage formulieren.
- Hypothese bilden.
- Materialien zusammentragen.
- Versuchsanordnung lesen und Versuch anordnen.

2. Schritt: Durchführung

- Experiment durchführen.
- Während des Experiments Vorgänge beobachten und beschreiben.
- Messergebnisse und Beobachtungen in einem Protokoll festhalten.

3. Schritt: Auswertung

- Ergebnisse klären.
- Vergleich der Ergebnisse mit der Hypothese.
- Zusammenhänge beschreiben oder Erklärungen formulieren.
- Ergebnisse im Arbeitsheft bzw. Portfolio festhalten.

1. Führt das Experiment „Wie reinigt die Natur Wasser?" durch.

Experiment
Thema: Wie reinigt die Natur Wasser?
Materialien: Ein Trichter, zwei Bechergläser, ein Pulverspatel, ein Löffel, Erde, Sand, Kies, Watte.
Durchführung
1. Der Trichter wird in ein Becherglas gesetzt.
2. Man gibt sauberen Kies in den Trichter.
3. Jetzt wird das zweite Becherglas mit Wasser gefüllt. Danach wird ein großer Löffel Erde in das Glas gegeben und mit dem Pulverspatel verrührt.
4. Das Schmutzwasser wird in den Trichter gegeben. Nach dem Durchlauf die Sauberkeit bewerten: klar, sehr sauber – mäßig sauber – trüb, ziemlich schmutzig – unverändert, sehr schmutzig.
5. Jetzt wird der Kies aus dem Trichter entfernt. Stattdessen kommt ein wenig Watte hinein, darüber wird Sand eingefüllt. Der Trichter wird in das zweite Glas, das vorher einmal sauber auszuspülen ist, gesetzt.
6. Jetzt läuft das Schmutzwasser erneut durch den Trichter. Bitte erneut die Sauberkeit bewerten:
klar, sehr sauber – mäßig sauber – trüb, ziemlich schmutzig – unverändert, sehr schmutzig.

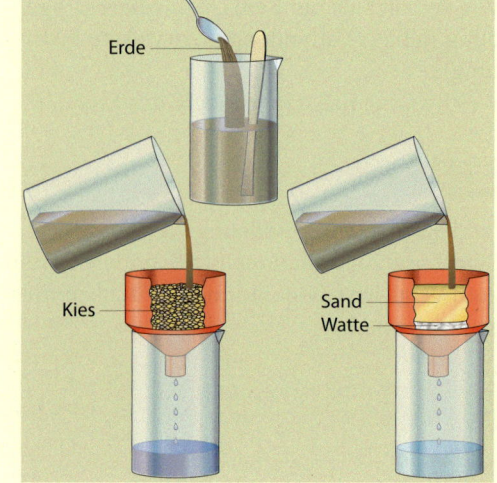

Erde
Kies
Sand
Watte

Eine Hypothese bilden und überprüfen

Wissenschaftler/-innen untersuchen Sachverhalte, die noch nicht genügend erforscht sind. Wenn Wissenschaftler/-innen einen Untersuchungsgegenstand erklären wollen, formulieren sie dazu eine Frage – eine Forschungsfrage. Nachdem die Forschungsfrage gestellt ist, wird eine vorläufige Antwort, die Hypothese, formuliert. Diese Hypothese muss mit anderen Forschungsergebnissen und weiteren Materialien überprüft werden.
Die Ergebnisse werden anderen Wissenschaftlern zur Überprüfung vorgelegt. Diese entscheiden, ob die Hypothese sich als richtig oder falsch erwiesen hat. In der Schule können Hypothesen nur in Ansätzen in jedem Fach überprüft werden. Denn eine wissenschaftliche Auseinandersetzung kann bis zu mehreren Jahren andauern.

Vier Schritte zur Auswertung von Hypothesen:

1. Schritt: **Formulierung einer Forschungsfrage**

- Welches Problem soll geklärt werden?
- Welche Ursachen gibt es dafür?
- Welche Faktoren haben zusammengewirkt?
- Kann man das Problem lösen?

2. Schritt: **Formulierung der Hypothese bzw. der vorläufigen Antwort**

Formulierungsbeispiele
- Die Ursachen von ...
- Durch das ...
- Von den vielen Faktoren, die bei dem Ergebnis zusammenwirken, war ...

3. Schritt: **Überprüfung der Hypothese**

- Mit wissenschaftlichem Material aus unterschiedlichen Quellen überprüfen (Bilder, Statistiken usw.).
- Aussagen der Materialien in Bezug auf die Hypothese auswerten.

4. Schritt: **Austausch mit anderen**

- Vorstellung der Ergebnisse.
- Sind diese Vorstellungen überzeugend?

So könnten die Lösungen zum Beispiel „Auto stehenlassen – Klima schonen?" aussehen:

1. Schritt: **Formulierung einer Forschungsfrage**

- Kann man beim Autofahren Energie einsparen und damit einen Beitrag zum Klimaschutz leisten?

2. Schritt: **Formulierung der Hypothese bzw. der vorläufigen Antwort**

- Beim Autofahren kann Energie eingespart werden und jede/-r Autofahrer/-in kann einen Beitrag zur Schonung des Klimas leisten.

3. Schritt: **Überprüfung der Hypothese**

- Die Auswertung der Materialien ergab, dass durch die richtige Auswahl des Autos, die Fahrweise und die Fahrzeugnutzung jede/-r Autofahrer/-in Energie einsparen und einen Beitrag zum Klimaschutz leisten kann.

4. Schritt: **Austausch mit anderen**

- Schon beim Autokauf kann die/der Autofahrer/-in einen Beitrag zum Klimaschutz leisten, denn wie viel Benzin ein Auto verbraucht, hängt vom Alter, von der technischen Ausstattung und auch vom Gewicht des Autos ab. Einen großen Einfluss auf den Benzinverbrauch hat auch die Fahrweise (starkes Abbremsen, viel Gas geben bei hoher Beschleunigung, Leerlauf-Abschaltung, Luftdruck der Reifen). Besonders wichtig für den Benzinverbrauch sind die tatsächlich gefahrenen Kilometer bzw. die eingesparten Fahrstrecken (z. B. durch Fahrradgebrauch). Daneben ist die Auslastung des Verkehrsmittels (wie viele Personen fahren in einem Auto?) für den Pro-Kopf-Energie-Verbrauch entscheidend.

Zukunftswerkstatt

[1] Lebensmöglichkeiten. *Fotos.*

Darum geht es ...

Eine Zukunftswerkstatt will Menschen anregen, ihr zukünftiges Leben mitzugestalten.

Sie sollen sich ihrer Sorgen bewusst werden, jedoch nicht nur abwarten, was kommt. Sie lernen, ihr Leben in die Hand zu nehmen.

Die Zukunftswerkstatt besteht aus drei Phasen:
– der Kritik-Phase
– der Fantasie-Phase
– der Umsetzungs-Phase.

1. Schritt: Die Kritik-Phase

Die Gruppe sitzt im Kreis zusammen. Jeder Schüler nimmt sich einen schwarzen Filzstift. In der Mitte liegen leere, weiße Papierstreifen. Jeder stellt sich die Frage:
„Wie wird mein Leben in 15 Jahren aussehen? Welche Sorgen, Ängste oder Probleme könnte ich haben?" Die Schüler schreiben ihre Antworten auf die Papierstreifen. Die Streifen legen sie wieder in die Mitte des Kreises.

2. Schritt: Die Fantasie-Phase

Die Schüler bilden frei gewählte Kleingruppen. Sie nehmen aus dem Kreis ihre Papierstreifen mit. Sie entwickeln jetzt ihre Wunschwelt.
Nach dem Motto: „So möchte ich in 15 Jahren leben ..." gestalten sie ihre Plakate. Der Fantasie sind keine Grenzen gesetzt. Am Ende dieser Phase stellen die Schüler ihre Plakate vor.

Es ist wichtig, dass die Ideen frei dargestellt werden, und dass niemand ausgelacht wird, auch dann nicht, wenn die Fantasiewelt einem etwas seltsam vorkommen mag.

3. Schritt: Die Umsetzungs-Phase

Nun werden die Wünsche einzeln unter die Lupe genommen:
- Welche Ideen sind besonders interessant?
- Welche sollten aufgegriffen werden?
- Was kann man konkret tun? Wobei wird Hilfe benötigt?
- Wer könnte helfen?

Die Schüler entwickeln selbstständig ihre Strategien, wie sie ihre Ziele erreichen könnten. Die Leitfrage lautet:
„Was kann ich heute dafür tun, dass mein Leben in 15 Jahren so aussieht, wie ich es haben möchte?"

Rahmenbedingungen/ihr benötigt:
– 4 bis 5 Stunden Zeit
– einen großen Raum und Kleingruppenräume.

Zur Dokumentation und Präsentation:
DIN A4 Papier, Papierstreifen in 10 × 20 cm geschnitten, große Bögen oder Rollen aus Packpapier, Scheren, Bunt- und Filzstifte, Klebstoff, Zeitschriften und Kataloge (Material für die Collagen).

Lexikon

A

Abnutzungskrieg: Ein militärischer Konflikt, bei dem die Verluste auf beiden Seiten die zu erwartenden Gewinne weit übersteigen.

Adenauer, Konrad: Konrad Hermann Joseph Adenauer (geb. am 5. Januar 1876 in Köln; gest. am 19. April 1967 in Rhöndorf) war von 1949 bis 1963 der erste Bundeskanzler der Bundesrepublik Deutschland und von 1951 bis 1955 zugleich erster Bundesminister des Auswärtigen. Bereits im Kaiserreich und in der Weimarer Republik machte er eine politische Karriere: Er wurde Oberbürgermeister von Köln und verteidigte die Interessen des Rheinlands, dem er zeitlebens eng verbunden blieb.
In der Zeit des Nationalsozialismus wurde er seiner Ämter enthoben und war zeitweise inhaftiert. Adenauer gehörte zu den Begründern der CDU, deren Parteivorsitzender er von 1950 bis 1966 war. Als erster Bundeskanzler und Außenminister der Bundesrepublik Deutschland prägte er eine ganze Ära. Er setzte sich für Bonn als Bundeshauptstadt ein, stand für eine Politik der Westbindung und der Europäischen Einigung und eine aktive Rolle der Bundesrepublik in der NATO.

AIDS: Eine Abkürzung für: *„acquired immunodeficiency syndrome"*. AIDS ist eine Krankheit, die von Mensch zu Mensch übertragbar ist (Ansteckungsgefahr); der Krankheitserreger heißt „HIV".

Annexion: Anschluss einer Region ohne deren Zustimmung oder widerrechtliche und (gewaltsame) Aneignung einer Region.

Antisemitismus: Ein anderer Begriff für Judenfeindlichkeit; bezeichnet die pauschale Ablehnung der Juden und des Judentums. Für den Nationalsozialismus war der Antisemitismus ein zentraler, rassistisch geprägter Begriff und führte im vom Deutschen Reich besetzten Europa bis 1945 zum Holocaust.

Arabischer Frühling: Der Begriff bezeichnet eine im Dezember 2010 beginnende Serie von **Protesten**, Aufständen und **Revolutionen** in der **arabischen Welt**. Der Protest begann mit der **Revolution in Tunesien**, in etlichen Staaten im **Nahen Osten** und in **Nordafrika (Maghreb)** und richtete sich gegen die dort **autoritär** herrschenden Regime und die politischen und sozialen Strukturen dieser Länder.

Ausnahmezustand: Ein Zustand, in dem die Existenz eines **Staates** oder die Erfüllung von staatlichen Grundfunktionen von einer maßgeblichen Instanz als akut bedroht erachtet werden.

Autokratie: Begriff für Macht ausübende, zentrale Regierungen, die keine Mitsprache anderer Gruppen dulden.

B

Beobachterstatus: Rechtsstatus, der es einem gestattet, bei einem Gremium, Organisation o. Ä., an der er nicht als Mitglied teilnimmt, zuzuhören, zu argumentieren, aber nicht mit zu entscheiden.

Bio-Sprit: Motorenkraftstoff, der nicht aus Erdöl (fossiler Brennstoff), sondern aus nachwachsenden Rohstoffen (z. B. Raps) hergestellt wird.

BRICS-Staaten: Abkürzung die aus den Anfangsbuchstaben der Staatennamen **B**rasilien, **R**ussland, **I**ndien, **C**hina und **S**üdafrika gebildet wird; es handelt sich um eine Vereinigung wirtschaftlich aufstrebender Länder.

Bruttoinlandsprodukt: Gesamtwert aller **Güter** (**Waren** und **Dienstleistungen**), die innerhalb eines **Jahres** innerhalb der **Landesgrenzen** einer Volkswirtschaft hergestellt wurden.

C

Checkpoint: Kontrollpunkt an einem Grenzübergang. Der Checkpoint Charlie war zum Beispiel einer der bekanntesten **Berliner Grenzübergänge** durch die **Berliner Mauer** zwischen 1961 und 1990.

Chruschtschow, Nikita: Nikita Sergejewitsch Chruschtschow (geb. am 3. Jul. 1894; gest. am 11. September 1971) war ein bedeutender sowjetischer Politiker. Von 1953 bis 1964 war er Parteichef der KPdSU, von 1958 bis 1964 Regierungschef der Sowjetunion. Er galt als kluger Machtpolitiker und Meister der sozialistischen Rhetorik. Nach dem Tod Stalins im März 1953 zum

Parteichef der KPdSU aufgerückt, leitete er am
XX. Parteitag der KPdSU 1956 durch eine riskante
Geheimrede die Entstalinisierung ein. Als einfluss-
reichster sowjetischer Politiker wurde er 1958 Ministerpräsident und forderte zahllose Reformen, vor allem in Gesellschafts- und Wirtschaftspolitik, Bildung
und Kultur. Außenpolitisch propagierte er die friedliche Zusammenarbeit mit dem Westen, war aber
gleichzeitig dessen schwieriger Gegner und strebte
durch Raketentechnik und Aufrüstung die globale
Führungsrolle der Sowjetunion an. Dadurch kam es
1962 zur Kuba-Krise mit den USA.

Churchill, Winston: Sir Winston Leonard Spencer-
Churchill [1] (geb. am 30. November 1874; gest. am
24. Januar 1965) gilt als bedeutendster britischer
Staatsmann des 20. Jahrhunderts. Er war von 1940 bis
1945 und von 1951 bis 1955 Premierminister und
führte Großbritannien durch den Zweiten Weltkrieg.
Zuvor hatte er bereits mehrere Regierungsämter
bekleidet, unter anderem das des Ersten Lords der
Admiralität, des Innen- und des Finanzministers.
Darüber hinaus trat er als Autor politischer und histo-
rischer Werke hervor und erhielt 1953 den Nobelpreis
für Literatur.
Nach dem Zweiten Weltkrieg traf sich Churchill mit
Truman und mit Stalin am 17. Juli 1945 auf der Potsdamer Konferenz, um über das weitere Vorgehen in
Deutschland und gegen das noch kämpfende Japan zu
beraten. Zu der Nachkriegsgestaltung Europas hat er
wesentlich beigetragen.

Cluster (Wirtschaft): Wirtschaftliche Cluster sind Netzwerke von eng zusammen arbeitenden **Unternehmen**
im Verbund mit Ausbildungseinrichtungen, Hoch-
schulen oder Forschungszentren. Cluster entstehen
vor allem aus der regionalen Ballung von Unternehmen und anderen Organisationen, die ein gemeinsames Tätigkeitsfeld verbindet.

D

Demografie: Die Demografie, Demographie (**altgrie-
chisch** *démos* „Volk“, und *graphé* „Schrift, Beschreibung“) oder Bevölkerungswissenschaft ist eine **Wissenschaft**, die sich statistisch und theoretisch mit der
Entwicklung von **Bevölkerungen** und ihren Strukturen
befasst. Sie untersucht ihre alters- und zahlenmäßige
Gliederung, ihre geografische Verteilung sowie die
Umwelt- und **sozialen** Faktoren, die für Veränderungen verantwortlich sind.

Demografischer Wandel: Der demografische Wandel
beschreibt die Tendenzen der Bevölkerungsentwicklung, und untersucht u.a. die Veränderungen bezüglich der Altersstruktur der Bevölkerung. Es können
auch andere Bereiche untersucht werden: das quanti-
tative Verhältnis von Männern und Frauen; die Anteile von Inländern, Ausländern und Eingebürgerten an
der Bevölkerung; die Geburten- und Sterbefallentwick-
lung oder die Entwicklung von Zuzügen und Fortzü-
gen.

Diktator: Machthaber in einem Staat mit uneinge-
schränkter Macht. Der Begriff ist im Allgemeinen negativ besetzt und bezieht sich auf einen mit allen
Macht- und Gewaltmitteln regierenden Alleinherrscher.

E

Energiewende: Die Verwirklichung einer nachhaltigen
(zukunftsfähigen) Energieversorgung in den Bereichen Strom, Wärme und Mobilität.

Enteignung: Entzug bzw. Wegnahme von privatem Besitz zu Gunsten des Staates, der neuer Eigentümer
wird.

ETA: Euskadi Ta Askatasuna (Baskenland und Freiheit), eine radikale Untergrund-organisation in Spani-
en, Ziel ist ein unabhängiges Baskenland (im Norden
Spanien und Teile von Frankreich), welche sie mit Gewalttaten und Anschläge durchzusetzen, Waffenstillstand mit der spanischen Regierung seit 2011.

F

Fairphone: „Fairphone“ ist ein niederländisches Unternehmen, das ein Mobiltelefon mit möglichst wenig
Belastung für die Umwelt (z. B. Müllvermeidung
durch Haltbarkeit) und die Gesellschaft (Arbeitsplätze
in der Rohstoffwirtschaft) entwickelt hat. Beabsichtigt
ist u. a., Rohstoffe nur aus solchen Ländern zu verwenden, in denen kein Bürgerkrieg herrscht.

Faschismus: Das Wort stammt von lat. fasces = urspr.
römische Rutenbündel als Machtzeichen; von italienischen Radikalen („Faschisten“, 1921) als Symbol benutzt. Eine nach dem Führerprinzip organisierte, nati-
onalistische, antidemokratische, rechtsradikale
Bewegung oder Ideologie. Auch der deutsche Nationalsozialismus war eine faschistische Bewegung.

Fernschreibverbindung: Ein Telegraf, mit dem man
mittels elektrischer Signale Nachrichten übermitteln
kann, ähnlich einem Faxgerät.

Flashmob: Der Begriff Flashmob (englisch: Flash mob; flash = Blitz; mob [von mobilis beweglich] bezeichnet einen kurzen, scheinbar spontanen Menschenauflauf auf öffentlichen Plätzen, bei denen sich die Teilnehmer persönlich nicht kennen und ungewöhnliche Dinge tun. Flashmobs gelten als spezielle Ausprägungsformen der virtuellen Gesellschaft (virtual community).

G

Gaubezirke (NS-Zeit): Gebiete; die NSDAP unterteilte Deutschland in 43 Bezirke, mit einem jeweiligen Leiter (Gauleiter), der für die Belange innerhalb der Gaue verantwortlich war.

Geburtenrate: auch: „Geburtenziffer" = Anzahl der Lebendgeborenen pro Jahr bezogen auf 1000 Einwohner.

Gorbatschow, Michail: Michail Sergejewitsch Gorbatschow (geb. am 2. März 1931) ist ein russischer Politiker. Er war von März 1985 bis August 1991 Generalsekretär des Zentralkomitees der Kommunistischen Partei der Sowjetunion (KPdSU) und von März 1990 bis Dezember 1991 Staatspräsident der Sowjetunion. Durch seine Politik der Glasnost (Offenheit) und der Perestroika (Umbau) leitete er das Ende des Kalten Krieges ein. Ihm ist die deutsche Wiedervereinigung zu verdanken. Er erhielt 1990 den Friedensnobelpreis.

H

Hardware: Alle Teile eines Computers, die man anfassen kann, auch wenn sie (äußerlich) nicht sichtbar sind.

HDI: Der Human Development Index (HDI, deutsch *Index für menschliche Entwicklung*) der Vereinten Nationen ist ein Wohlstands-indikator für Länder. Der HDI wird seit 1990 im jährlich erscheinenden Human Development Report (dt. *Bericht für menschliche Entwicklung*) der Vereinten Nationen veröffentlicht. Anders als der Ländervergleich der Weltbank berücksichtigt der HDI nicht nur das Bruttonationaleinkommen pro Kopf, sondern auch andere Faktoren wie z. B. die Lebenserwartung der Menschen, der Anteil von Analphabeten und die Bildungschancen.

HIV: „HIV" ist eine Abkürzung für: *„human immunodeficiency virus"* oder auf Deutsch: humanes [vom Menschen stammendes] Immundefizienz-Virus. Dabei handelt es sich um einen lebensgefährlichen Krankheitserreger. Werden Menschen, die mit HIV infiziert sind (den Erreger in sich tragen), nicht mit Medikamenten behandelt, entwickelt sich bei ihnen in

wenigen Monaten die Krankheit AIDS. Es besteht die Gefahr, dass AIDS über Körperflüssigkeiten „weitergegeben" wird und somit andere Menschen ansteckt. AIDS ist eine tödliche Krankheit.

Holocaust: Als Holocaust oder Schoah wird der Völkermord an 5,6 bis 6,3 Millionen Menschen bezeichnet, die das Deutsche Reich in der Zeit des Nationalsozialismus als Juden definierte. Er gründete auf dem vom NS-Regime propagierten Antisemitismus, zielte auf die vollständige Vernichtung der europäischen Juden und wurde von 1941 bis 1945 systematisch, ab 1942 auch mit industriellen Methoden durchgeführt. (In weitestem Sinne zählt auch die Ermordung von Roma, Sinti und anderen verfolgten Menschengruppen dazu.)

I

Industrielle Revolution: Nach Erfindung und Weiterentwicklung der Dampfmaschine (James Watt) veränderten sich einige europäische Länder von ihrem Schwerpunkt in der Landwirtschaft zur Industrie. Am Ende des 18. und zu Beginn des 19. Jahrhunderts spielten Kohle, Eisen und Stahl eine zunehmend große wirtschaftliche Rolle. Städte wurden gegründet oder vergrößerten sich. Wohnsituationen und Lebensformen änderten sich durchgreifend. Deswegen wird von einer „Revolution" gesprochen.

Invaliden: Bezeichnung für Kriegsverletzte, Kriegsversehrte, Kriegsbeschädigter, also für Personen, die durch Krieg körperlich oder geistig verletzt wurden.

IRA: Irish Republican Army (Irisch Republikanische Armee), Ziel war ein unabhängiges Nord-Irland, welches sie mit Gewalttaten und Anschlägen versuchten durchzusetzen.

J

„Just-in-time" (JIT): Just-in-Time Production (kurz: *just in time, JIT*) oder auch bedarfssynchrone Produktion bezeichnet eine logistik-orientierte Organisation. Bei diesem Steuerungskonzept wird nur das **Material** in der Stückzahl und zu dem Zeitpunkt produziert und geliefert, wie es auch tatsächlich zur Erfüllung der Kundenaufträge benötigt wird. Dieses Ziel wird durch unterschiedliche Produktions- und Liefermethoden erreicht. Das Prinzip der JIT-Produktion erfordert einen abgestimmten Produktions- und Materialfluss entlang einer *Lieferkette* (engl. *Supply Chain*). Im Ergebnis soll der Gesamtprozess schlanker, die **Durchlaufzeiten** reduziert und die Lager überflüssig und damit für alle Beteiligten kostengünstiger werden.

K

Kennedy, J. F.: John Fitzgerald Kennedy (geb. am 29. Mai 1917; gest. am 22. November 1963) war von 1961 bis 1963 Präsident der Vereinigten Staaten von Amerika. In seine Amtszeit während der Hochphase des Kalten Krieges fielen historische Ereignisse wie die Kubakrise, der Bau der Berliner Mauer sowie die Eskalation des Vietnamkriegs. Kennedy war Mitglied der Demokratischen Partei und der erste US-Präsident römisch-katholischer Konfession. Wegen seiner Jugend und seiner persönlichen Ausstrahlung verkörperte er für viele die Hoffnung auf eine Erneuerung der USA. Die Hintergründe seiner Ermordung 1963 sind bis heute umstritten.

Konflikt: Eine starke Meinungsverschiedenheit, die zwischen (mindestens) zwei Personen und/oder Parteien zu starken Spannungen führt; zuweilen können sich daraus Feindseligkeiten und Gewaltanwendungen entwickeln.

Konvertit: einen anderen Glauben im Laufe des Lebens annehmen, Wechsel des Glaubens.

Konzern: Ein Konzern ist ein Großunternehmen, das aus einem Mutterunternehmen und einem oder mehreren Tochterunternehmen besteht. Konzerne sind in der Regel in mehreren Ländern und Erdteilen tätig (Global Player).

L

Lateinamerika: Der Doppelkontinent Amerika wird in Nord- und Südamerika unterteilt. Die Grenze zwischen beiden Teilen verläuft südlich der USA. „Lateinamerika" ist eine Bezeichnung für die nicht Englisch sprachigen amerikanischen Länder.

Lean Production: Lean Production („schlanke Produktion") bedeutet „Werte ohne Verschwendung schaffen". Ziel ist es, alle Aktivitäten, die für die Wertschöpfung notwendig sind, optimal aufeinander abzustimmen und überflüssige Tätigkeiten zu vermeiden.

M

Marshallplan: Der Marshallplan, offiziell *European Recovery Program* (kurz ERP) genannt, war ein großes Wirtschaftswiederaufbauprogramm der USA, das nach dem Zweiten Weltkrieg dem an den Folgen des Krieges leidenden Westeuropa zugutekam. Es bestand aus Krediten, Rohstoffen, Lebensmitteln und Waren. Das Programm wurde nach George C. Marshall (Amtszeit 1947–1949) benannt, auf dessen Initiative es zurückgeht. Er erhielt dafür 1953 den Friedensnobelpreis.

Mauerfall (Berliner Mauer): Die Berliner Mauer fiel in der Nacht vom 9. auf den 10. November 1989, nach über 28 Jahren ihrer Existenz. (Gebaut wurde die Mauer am 13. August 1961.) Der Mauerfall ist auch ein Symbol für das Ende des Kalten Krieges in Europa. Er stellt den Fall des ganzen „Eisernen Vorhangs" und den Zusammenbruch des kommunistischen Systems in Osteuropa dar, was die Wiedervereinigung Deutschlands und die Überwindung der Teilung Europas ermöglichte.

MfS (Ministerium für Staatssicherheit): Das Ministerium für Staatssicherheit der DDR (kurz MfS oder „Stasi") war der Inlands- und Auslandsgeheimdienst der DDR und zugleich Ermittlungsbehörde für „politische Straftaten". Das MfS war innenpolitisch vor allem ein Überwachungsinstrument der SED gegenüber der DDR-Bevölkerung, das dem Machterhalt diente. Dabei setzte es als Mittel Überwachung, Einschüchterung, Terror und die so genannte Zersetzung gegen Oppositionelle und Regimekritiker („feindlich-negative Personen") ein.
Die Auslandsaufklärung erfolgte durch die Hauptverwaltung Aufklärung des MfS.
Das MfS wurde am 8. Februar 1950 gegründet. Der Sprachgebrauch der SED, der das MfS als „Schild und Schwert der Partei" bezeichnete, beschreibt die ihm zugedachte Funktion im politisch-ideologischen System der DDR. Die hauptamtlichen Mitarbeiter sahen sich selbst als „Elite", die nach dem Vorbild der sowjetrussischen Geheimpolizei die DDR unerbittlich und mit Hass gegen deren Feinde verteidigen sollte.

N

Nationalversammlung: Nationalversammlung ist die Bezeichnung für verschiedene historische und gegenwärtige parlamentarische Versammlungen, im deutschen Sprachraum meist für eine verfassunggebende Versammlung. Der Begriff geht zurück auf die Nationalversammlung (französisch Assemblée nationale) während der Französischen Revolution von 1789. In der Weimarer Republik war sie das verfassungsgebende Parlament in Deutschland.

Naher Osten: Bezeichnung für die arabischen Staaten Vorderasiens (Arabische Halbinsel) und Israel.

O

Orkantief: Wind ist der Ausgleich zwischen einem Gebiet mit hohem Luftdruck („Hoch") und einem Gebiet mit niedrigem Luftdruck („Tief"). Je größer dieser Druckunterschied ist, desto stärker wehen die Winde. Der Druckausgleich erfolgt vom Hoch zum Tief. Gebiete mit besonders niedrigem Luftdruck lösen Stürme und Orkane aus. Daher kommt die Bezeichnung „Sturmtief" oder „Orkantief".

Outsourcing: Outsourcing bzw. Auslagerung bezeichnet in der Ökonomie die Abgabe von Unternehmensaufgaben und -strukturen an externe Dienstleister. In Deutschland wird mit dem Begriff Outsourcing oft die Auslagerung von Arbeitsplätzen in kostengünstigere Tochtergesellschaften verstanden.

P

Pilger: Menschen, die aus religiösen Gründen bestimmte Orte (z. B. Tempel, heilige Stätten, Wallfahrtsorte) aufsuchen.

Proletariat: Im antiken Rom bestand das Proletariat aus den Landlosen und Besitzlosen. Seit dem 19. Jahrhundert wird der Begriff für die Industriearbeiter verwendet. Karl Marx vertrat die Auffassung, dass Proletarier Menschen seien, die nur durch den Verkauf ihrer Arbeitskraft ihren Lebensunterhalt bestreiten können.

R

Rationalisierung: Durch Technisierung und Automatisierung wird die Effizienz eines Unternehmens gesteigert, dadurch werden weniger Arbeitskräfte gebraucht und Kosten eingespart.

Rechtsstaat: Bezeichnung für einen Staat, in dem die Regierung und die Verwaltung nur im Rahmen der bestehenden Gesetze handeln dürfen. Die Grundrechte der Bürgerinnen und Bürger müssen garantiert sein, staatliche Entscheidungen müssen von unabhängigen Gerichten überprüft werden können.

Recycling: Die Wiederverwendung von Rohstoffen, die in Produkten stecken, welche nicht mehr gebraucht werden; beispielsweise lässt sich aus (alten) Zeitungen neues Papier erzeugen.

Reformen: Eine Reform bezeichnet in der Politik eine Neuordnung (oder Verbesserung) von bestehenden Verhältnissen. Sie findet geplant und ohne Gewalt statt.

Revolution: Der (meist) gewaltsame Umsturz einer bestehenden politischen und gesellschaftlichen Ordnung.

S

Salafismus: Eine konservative Strömung innerhalb des Islams, Ziel ist eine Rückkehr zu den Wurzeln des Islams, die von Teilen auch mit Gewalttaten versucht wird, durchzusetzen.

Scharia: Religiöses Gesetz des Islam, das Normen und Rechtsgrundsätze für alle Lebensbereiche enthält.

Schiiten: Eine religiöse Strömung im Islam, der die Rechtmäßigkeit der ersten drei Nachfolger Mohammeds nicht anerkennt. Ihrem Verständnis nach, hätte der Nachfolger Mohammeds (Religionsgründer) aus deren Familie stammen müssen. Dieser Richtung des Islams gehören heute 10 bis 15 Prozent der Gläubigen an und stellen nur im Iran, Irak und in Aserbaidschan eine Mehrheit dar.

Slum: Stadtteile in großen Städten der Entwicklungsländer, in denen Tausende Menschen unter einfachsten, mitunter auch unzureichenden Bedingungen leben (kein Trink- und Abwasserleitungen, kein elektrischer Strom, keine Müllabfuhr usw.), werden als „Slum" bezeichnet. In Südamerika heißen solche Stadtteile Favelas oder Barriadas.

Software: Alle Programme, die auf einem Computer „laufen" (bzw. installiert sind).

Sondermüll: gefährlicher Abfall (bedrohlich für die Gesundheit und Umwelt).

Sozialismus: Eine politische Richtung bzw. eine politische Idee, die am Ende des 18. Jahrhunderts entstand; Ziel ist dabei ein auf Gleichheit, Solidarität und Gerechtigkeit beruhendes Gesellschaftssystem zu erreichen, in dem die Güter nicht nur einzelnen, sondern allen gehören.

Stalin, Josef: Josef Wissarionowitsch Stalin (geb. am 6. Dez. ; gest. am 5. März 1953) war ein sowjetischer Politiker georgischer Herkunft und Diktator der Sowjetunion (1927–1953).
Während seiner Regierungszeit errichtete Stalin eine totalitäre Diktatur, ließ im Rahmen politischer „Säuberungen" mehrere Millionen vermeintliche und tatsächliche Gegner verhaften, in Schau- und Geheimprozessen zu Zwangsarbeit verurteilen oder hinrichten sowie Millionen weiterer Sowjetbürger und ganze Volksgruppen besetzter Gebiete in Gulag-Strafarbeitslager deportieren. Viele wurden dort ermordet oder kamen durch die unmenschlichen Bedingungen ums Leben.
Unter Stalins Führung wurde das Konzept des Sozialismus in einem Land zum zentralen Grundsatz der sowjetischen Gesellschaft.
Als wichtiger Partner zuerst des nationalsozialistischen Deutschlands im Hitler-Stalin-Pakt und später der Alliierten hatte Stalin starken Einfluss auf den Verlauf des Zweiten Weltkrieges sowie auf die Nachkriegsgestaltung Europas. Nach Stalins Tod leitete sein Nachfolger Nikita Chruschtschow mit der Entstalinisierung eine öffentliche Abrechnung mit Stalins Person und Wirken ein. Die Ausdrücke Stalinismus und stalinistisch sind im Deutschen negativ besetzt und werden dazu benutzt, einen totalitären oder diktatorischen Führungsstil zu kritisieren.

Stalingrad: Stadt im heutigen Russland unter dem Namen Wolgograd, gemeint ist hier die Schlacht um Stalingrad zwischen dem Deutschen Reich und ihren Verbündeten auf der einen und der UdSSR auf der anderen Seite. Die Schlacht im Winter 1942/1943 gilt als Wendepunkt des Zweiten Weltkrieges. In den Kämpfen wurde die Wehrmacht eingekesselt und musste sich schlussendlich zurückziehen.

Sterberate: auch: „Sterbeziffer" = Anzahl der Todesfälle pro Gesamtbevölkerung pro Zeit, beispielsweise pro 1 000 Personen und Jahr.

Sunniten: Die Sunniten verstehen sich als diejenigen, die den Worten und Taten Mohammeds (Religionsgründer) folgen. Sie stellen damit ihrem Selbstverständnis nach die orthodoxen Muslime dar. So musste im Unterschied zu den Schiiten der Nachfolger Mohammeds aber nicht aus dem Kreis der Familie stammen, sondern es sollte der bestmögliche Nachfolger bestimmt werden. Dieser Richtung des Islams gehören heute 85 bis 90 Prozent der Gläubigen an und stellen in vielen muslimisch geprägten Ländern die Mehrheit dar, mit Ausnahme von u. a. Iran, Irak und Aserbaidschan.

T

thermische Verwertung: Müll, der in technisch hochwertigen Anlagen verbrannt wird, wird thermisch verwertet, da die Wärme genutzt wird. So kann durch Müllverbrennung Prozesswärme erzeugt werden, die für Heizzwecke genutzt wird. Offenes Feuer ist in Deutschland (bis auf wenige Ausnahmen) verboten. Bei der thermischen Verwertung werden viele Schadstoffe aus den Abgasen gefiltert.

U

Ulbricht, Walter: Walter Ernst Paul Ulbricht (geb. am 30. Juni 1893; gest. am 1. August 1973) war in den Jahren von 1949 bis 1971 der bedeutendste Politiker der Deutschen Demokratischen Republik. Unter seiner Führung entwickelte sie sich zum sozialistischen Staat. Seit seiner Jugend in der sozialistischen Arbeiterbewegung Deutschlands aktiv, wurde Ulbricht zum Berufsrevolutionär.
In der Endphase der Weimarer Republik leitete er die Kommunistische Partei Deutschlands (KPD) innerhalb der Reichshauptstadt Berlin. Aus dem sowjetischen Exil 1945 als Leiter der „Gruppe Ulbricht" nach Berlin zurückgekehrt, wirkte er in der sowjetischen Besatzungszone in enger Zusammenarbeit mit der Besatzungsmacht als führender Funktionär der KPD prägend am Aufbau des Staatsapparates der späteren DDR mit. Von 1950 bis 1971 stand er an der Spitze des Zentralkomitees der Sozialistischen Einheitspartei Deutschlands (SED) und besaß die höchste politische Entscheidungsgewalt. In dieser Eigenschaft und mit sowjetischem Einverständnis veranlasste Ulbricht 1952 den Aufbau des Sozialismus in der DDR und 1961 den Bau der Berliner Mauer.

Unionsterritorium: Ein Gebiet in Indien, das (anders als die Bundesstaaten mit ihren eigenen örtlichen Regierungen) direkt der indischen Regierung in Neu-Delhi untersteht.

V

Vetorecht: Das Recht in einem Gremium, das Zustandekommen eines Beschlusses oder seine Durchführung zu verhindern.

Volksküche: Einrichtung, in der Menschen, die sich kein Essen leisten können kostenlos Nahrung erhalten (auch Armenküchen, Suppenküchen).

Vollalarm: Alarm lässt sich in die Abstufungen „klein", „mittel" und „groß" einteilen; bei sehr großem Schaden wird „Vollalarm" oder „Großalarm" ausgelöst.

Völkerbund: Der Völkerbund war eine Vereinigung von Staaten aus der ganzen Welt mit dem Ziel Konflikte friedlich und nicht militärisch zu lösen. Ausgangspunkt der Gründung waren die Auswirkungen und Schrecken des Ersten Weltkrieges. Er bestand von 1920 bis 1946, das Deutsche Reich trat 1926 ein und 1933 unter Hitler wieder aus. Heute gilt der Völkerbund als Vorläufer der UN.

W

Wehrmacht: Bezeichnung für die Streitkräfte des Deutschen Reiches zwischen 1935 bis 1945.

Weltklimarat: Im Deutschen wird der „Intergovernmental Panel on Climate Change" (IPCC, ein zwischenstaatlicher Ausschuss über Klimaveränderung) oft auch als „Weltklimarat" bezeichnet. Der IPCC wurde 1988 vom Umweltprogramm der Vereinten Nationen (UNEP) und der Weltorganisation für Meteorologie (WMO) als zwischenstaatliche Institution ins Leben gerufen, um den Stand der wissenschaftlichen Forschung zusammenzufassen.

Z

Zar, Zarenreich: „Zar" ist die russische Bezeichnung für Alleinherrscher. Die Zaren sahen sich als Nachfolger des Basileus, des Kaisers des Byzantinischen Reiches. Peter I. der Große änderte 1721 seinen Titel von „Zar" in „Kaiser" („Imperator"). Im Allgemeinen wird unter das „Zarenreich" das Russische Kaiserreich verstanden, das bis 1917 Bestand hatte.

Zivilbevölkerung: Teil der Bevölkerung (Bürger eines Staates), der nicht den Streitkräften (dem Militär) angehört.

Bildquellennachweis

Coverbild U1: mauritius-images/© Gilles Barbier; U4/o. li.: Fotolia/© mrallen ; 6 U4/u. li.: imagebroker.net; 7 U4/o. re.: © CHROMORANGE/FOTOFINDER.COM; 8 U4/m. re.: Fotolia/© Jeanette Dietl; U4/u. re.: TOPICMedia Service; S. 10–11 Auftaktbild: © epd-bild/Thomas Rohnke; 12 ob. li.: Fotolia; 12 ob. re.: Fotolia; 12 u. re.: Fotolia/Foto: Mechanic at work © Minerva Studio; 13 ob.: picture-alliance/dpa-infografik; 16 ob. li.: Fotolia/© Christian Schwier; 16 ob. re.: Fotolia/Foto: Lebensmöglichkeiten © ehrenberg-bilder; 18 ob. li.: action press/EXCLUSIVE PIX; 18 ob. re.: Shutterstock/adriatix; 18 u. li.: Fotolia/© ramonespelt; 18 u. re.: Fotolia/Foto: Mann der Baby füttert © Günter Menzl; 20 ob.: Fotolia/© Christian Schwier; 21 mi. re.: picture-alliance/dpa-infografik; 22 u. li.: Shutterstock/lightpoet; 22 u. re.: action press/Public Addressaction press; 23 ob. re.: © Agnes Sadlowska; 23 mi. re.: Fotolia/Agnes Sadlowska; 23 u. re.: Foltolia; 24 ob. li.: Fotolia/© Monkey Business; 24 ob. re.: stock.adobe.com/SimpLine; 24 u. li.: mauritius images/Alamy; 25 u. li.: Foltolia; 25 ob. re.: Foltolia; 26 ob. re.: picture alliance/Markus C. Hur 26 u. re.: picture alliance/JOKER; 30–31 Auftaktbild: bpk; 32 ob. li.: action press/ullstein – Archiv Gerstenberg; 32 ob. re.: SZ Photo/Scherl; 33 ob. li.: SZ Photo/Scherl; 33 u. li.: SZ Photo; 36 ob. li.: SZ Photo/Scherl/Süddeutsche Zeitung/ZB; 36 u. li. (1): UIG/FOTOFINDER.COM; 36 u. li. (2): epd-bild/akg-images; 38 ob.: SZ Photo/Scherl; 38 u. re.: SZ Photo/Sammlung Megele; 39 ob. li.: SZ Photo/Scherl; 39 ob. re.: akg-images; 40 ob.: SZ Photo/Scherl; 40 u. re.: SZ Photo/Sammlung Megele ; 41 ob. li./Fritz Bettge; 41 ob. re.: SZ Photo/Rosseforp/imageBROKER; 41 u. re.: akg-images; 42 ob. li.: akg-images; 42 ob. re.: SZ Photo/Süddeutsche Zeitung Photo; 43 ob. li.: akg-images; 43 ob. re.: Deutsches Historisches Museum Berlin; 43 u. re.: akg-images; 44 ob.: SZ Photo/Scherl; 44 u. re.: mauritius images/United Archives 45 ob. li.: bpk © Herbert Hoffmann; 45 ob. re.: akg-images; © Walter Ballhaus; 45 u. re.: SZ Photo; 46 mi. li. akg-images; 46 u. li.: akg-images; 46 u. mi.: akg-images; 46 u. re.: akg-images; 47 ob. li.: SZ Photo; 48 mi. li.: bpk; 48 u. li.: SZ Photo; 48 ob. re.: bpk; 49 ob. re.: bpk; 49 u. re.: akg-images; 50 ob. re.: Beltz & Gelberg, Verlag; 50 mi. re.: picture alliance/Artcolor; 50 u. re.: Hero/Corbis; 51 u.: culture-images/Photo12; 52–53 Auftaktbild: Ullsteinbild; 54 mi. li.: bpk; | Bayerische Staatsbibliothek | © Heinrich Hoffmann; 54 mi. re.: Ullsteinbild; 54 u. re.: Bundesarchiv Koblenz; 55 ob.: Ullsteinbild/Imagno; 55 u. re.: SZ Photo; 57 ob. li./58 u. li./58 ob. re.: bpk; 58 u. re.: SZ Photo/Stephan Rumpf; 60 ob. re./61 ob. li./62 ob. li.: bpk; 62 ob. li.: Institut für Zeitungsforschung; 62 mi. re.: action press/ZUMA PRESS INC.; 63 mi. li.: Fotograf: Frank Vincentz; 63 u. li.: picture alliance/Rainer Hacken; 63 mi. re./64 mi. li./64 u. li.: CSV Archiv; 64 mi. re.: akg-images; 64 u. re.: picture alliance/IMAGNO/Austri; 65 ob. li. (1): Interfoto/HERMANN HISTORICA GmbH; 65 ob. li. (2): bpk; 65 mi. li.: SZ Photo/Scherl 65 ob. re.: Stadtarchiv Münster; 66 mi. li./66 u. re.: Stadtarchiv Mainz; 66 ob. re.: bpk; 67 mi. li.: bpk/Liselotte Purper (Orgel-Köhne); 67 u. li.: SZ Photo/Scherl; 67 u. re.: bpk/Kunstbibliothek, SMB/Knud Petersen; 68 u. li.: bpk/Kunstbibliothek, SMB/Dietmar Katz; 68 ob. re.: akg; 69 mi. li.: bpk; 69 ob. re.: bpk/Kunstbibliothek, SMB; 70 u. li.: SZ Photo; 71 ob. li.: SZ-Photo/Scherl; 71 ob. re.: bpk; 72 ob.: bpk; 72 mi. re.: Interfoto/Glasshouse Images/JT Vintage; 72 u. re.: Glow Images; 73 ob. re.: akg-images/Universal Images Gr; 73 mi. re.: picture alliance/zb; 74 mi. li.: SZ Photo/Scherl; 74 u. li.: picture alliance/dpa; 74 ob. re.: SZ Photo/Scherl; 75 mi. re.: picture-alliance/dpa; 76 ob. re.: akg-images; 77 mi. re.: Bridgeman; 78 ob. li.: mauritius images/United Archives; 78 mi. li.: Ullsteinbild; 78 u. li.: Interfoto; 79 ob. li.: SZ Photo/Scherl; 79 u. li.: picture alliance/ZB; 79 mi. re.: picture alliance/ZB; 80 u. li.: picture-alliance/dpa; 80 u. re.: © epd-bild/Rolf Zöllner; 81 mi. li.: CSV-Archiv; 81 u. li.: bpk; 81 mi. re.: bpk/Staatsbibliothek zu Berlin; 81 u. re.: picture-alliance/dpa; 82 u. li.: CSV-Archiv; 82 mi. re.: action press; 84 u. li.: SZ Photo/Scherl; 85 ob. li.: Stadtarchiv Münster/Landesmuseum Münster LV; 85 u. li.: Stadtarchiv Münster; 86 u. li.: Agentur Bridgeman; 86 ob. re.: epd-bild/akg-images; 87 ob. re.: picture alliance/ZB; 87 mi. re.: CSV Archiv; 88 ob. re.: Interfoto; 88 mi. re.:

Imago; 88 u. re.: © Horacio Villalobos/Corbis; 89 mi.: © epd-bild/Wolfgang Lammel; 90–91 Auftaktbild: Interfoto/PHOTOAISA/RAGA; 92 u. li.: picture alliance/dpa; 92 ob. re.: mauritius images/imageBROKER/Josef Beck; 93 ob. li.: Shutterstock/hans engbers; 98 ob.: Shutterstock/Gilles Paire; 99 mi. li.: F1online; 100 ob. li.: Shutterstock/idome, 101 ob.: © Stillpictures.de; 102 ob.: Thomas Pflaum/VISUM; 103 ob. li.: Schultze/Zeitenspiegel/VISUM; 103 ob. re.: TOPICMedia Service; 104 ob. li.: picture-alliance/dpa; 104 ob. mi.: Shutterstock/Steve Estvanik; 104 ob. re.: Shutterstock/Jorg Hackemann; 106 ob. li.: Shutterstock/Valentinavvd; 106 u. re.: Fotolia/okalinichenko; 107 mi. li.: Fotolia/Foto: Chalutier Ā Boulogne sur mer. © brimeux; 107 u. li.: Shutterstock/SurangaSL; 107 ob. re.: Fotolia/Foto: Recycle concept © airborne77; 107 mi. re.: Fotolia/© violetkaipa; 108 mi. li.: Fotolia/© Sunny Forest; 108 u. li.: Fotolia/Volker Schlichting; © vschlichting; 109 ob. li.: picture-alliance/dpa; 109 ob. re.: © Stillpictures.de; 109 u. re.: mauritius images/imageBROKER/Hans Blossey; 111 ob. li.: mauritius images/Robert Harding; 111 ob. re.: Glow Images/imagebroker.com; 112 ob. re.: Shutterstock/Dmitry Kalinovsky; 112 mi. re.: Shutterstock/wavebreakmedia; 112 u. re.: Green Recycle Bin; 114–115 Auftaktbild: imago/imago/Horstmüller; 116 ob. li.: Shutterstock/deepspacedave; 116 u. re.: imago/imago/Moritz Müller; 117 ob. li.: action press/Hans Blossey/Waz Fotopoolaction press; 117 u. re.: imago/imago/Felix Jason; 118 ob.: Franz Josef Domke, 120 ob. li.: FOTOFINDER/M. Yousuf Tushar/Photo Bangla; 121 ob.: Shutterstock//Janelle Lugge; 122 ob. re.: Corbis Germany; 123 ob. li.: mauritius images/Alamy; 123 mi. re.: mauritius images/Alamy; 124 ob. li.: action press/UN PHOTOaction press; 124 ob. re.: Shutterstock/Piotr Wawrzyniuk; 124 u. re.: picture-alliance/dpa-infografik; 125 ob. li.: picture alliance/ZB; 125 ob. re.: picture alliance/dpa; 125 mi. re.: picture alliance/ZB; 126 ob. re.: Fotolia/© Nejron Photo; 127 ob. li.: © by Oliver Boehmer – bluedesign®; 127 mi. re.: Fotolia © industrieblick; 128 ob.: picture alliance/dieKLEINERT.de; 128 mi. re.: picture-alliance/dpa; 129 ob. li.: Shutterstock/Gena96; 129 mi. re.: Shutterstock/Shawn Hempel; 130 ob. re.: CSV Archiv; 130 mi. re. (a): Shutterstock/nasirkhan; 130 mi. re. (b): Fotolia © Igor Kovalchuk; 130 u. li. (a): Shutterstock/KSM photography; 130 u. li. (b): Shutterstock/Tsyhun; 131 u.: dpa Picture-Alliance; 132–133 Auftaktbild: Fotolia/© Tatiana Shepeleva; 134 ob.: Fotolia/Foto: Hochregallager © timstieffenhofer; 134 u. re.: © Digital Art/Corbis; 135 ob. li.: Fotolia/Tatyana Gladskih; 135 u. li.: Reuters (mecom); 135 ob. re.: Fotolia/Markus Mainka; 136 u. re.: Shutterstock/michaeljung; 138 u. li.: Shutterstock/Radu Razvan; 138 u. re.: Shutterstock/meunierd; 139 ob. re.: GEROLD HOHNHOLT © hanseat; 140 ob. re. (a): Shutterstock/auremar; 140 ob. re. (b): Shutterstock/Arina P Habich; 141 ob. li.: Fotolia/© Erwin Wodicka; 141 ob. re.: © Kzenon; 141 u. re.: Fotolia/© Ttstudio; 142 ob. li.: Fotolia/© goodluz; 143 ob. li.: imago/imago/flight-pictures; 144 ob.: Corbis/© STEFANIE LOOS/Reuters/Corbis; 144 u. re.: Panos Pictures/VISUM; 145 ob. re.: Corbis/, © Monkey Business Images/Monkey Business/Corbis; 146 ob. li.: Fotolia146 ob. re.: Fotolia © goodluz; 147 u. UPI/laif; 148 ob.: Shutterstock/Gurza; 148 u. re.: Shutterstock/Kuzma; 149 ob. li.: Shutterstock/Marcos Mesa Sam Wordley; 149 ob. re.: Shutterstock/Djomas; 150 ob. re.: Fotolia/© vgstudio; 150 mi. re.: Fotolia/Foto: rdnzl; 150 u. re.: Fotolia/© DeshaCAM; 151 u. Shutterstock/Syda Productions; 152–153 Auftaktbild: culture-images/fai; 154 ob.: picture-alliance/dpa-infografik, Grafik: Andreas Brühl; 154 ob. re.: CSV Archiv; 155 ob. re.: CSV Archiv; 155 u. li.: Daily Mail/Leslie Gilbert Illingworth; 157 ob.: (1) action press/ullstein – Archiv Gerstenberg; 157 mi. (2): akg-images; 157 mi. (3): picture-alliance/dpa; 157 u. (4) picture-alliance/dpa; 158 ob. li.: picture alliance/IMAGNO/Austri; 158 ob. re.: CSV Archiv; 159 ob. li.: picture-alliance/IMAGNO/Austri; 159 ob. re.: action press/ullstein – Archiv Gerstenberg; 160 ob. li.: culture-images/fai; 160 ob. re.: action press/ullstein – Archiv Gerstenberg; 162 ob. li.: Corbis/, © Swim Ink 2, LLC/CORBIS; 163 ob.: CSV Archiv; 165 mi. li.: akg-images/Universal Images Group; 166 ob. li.: Interfoto/Glasshouse Images/JT Vintage; 166 mi. re.: © The Dorothea Lange Collection, the Oakland Museum of California, City of Oakland. Gift of Paul S. Taylor.; 167 ob. (1): Shutterstock/Neftali; 167 ob. (2)/167 ob. (3)/ 167 ob. (4): Shutterstock/Neftali; 167 u. re.: action press/ullstein – Archiv Gerstenberg; 168 ob.: SZ Photo/Süddeutsche Zeitung Photo; 169 ob.: akg-images; 171 ob. li.: action press/EVERETT COLLECTION; 174 mi. (1) Fotolia/© Pekchar; 174 mi. (2) Fotolia/© konstan; 174 mi. (3) Shutterstock/Nestor Noci; 174 mi. (4) © Robert Harding/images.de; 174 mi. (6) akg-images; 175 u.: Horst Haizinger; 176–177 Auftaktbild: Piero Oliosi/Polaris/laif; 178 ob. li.: akg-images/AP; 178 u. li.: © epd-bild/akg-images; 178 ob. re.: akg-images; 182 mi. li.: akg-images; 183 ob. re.: F1online; 184 ob. li.: Süddeutsche Zeitung Photo/SZ Photo; 184 mi. li.: bpk; 184 u. li.: Topic Media Service; 185 mi. re.: akg-images/Erich Höhne; 186 ob.: bpk; ; 186 mi. li.: SZ Photo; 187 ob.: Bridgeman Art Library; 188 ob. li.: ap/dpa/picture alliance/Süddeutsche Zeitung Photo; 188 mi. li.: Interfoto/TV-Yesterday; 189 ob. li.: © epd-bild/DHM; 189 mi. li.: picture alliance/ZB; 190 ob. li.: Alfred Strobel/Süddeutsche Zeitung Photo; 190 u. li.: DHM – Deutsches Historisches Museum; 191 mi. re.: bpk; | DHM – Deutsches Historisches Museum; 192 ob.: picture-alliance/dpa; 193 ob. li.: akg-images/dpa; 193 mi. li.: akg-images; 194 ob. li.: akg-images; 194 mi. li.: picture-alliance/dpa; 195 ob. li.: © epd-bild/Hans-Peter Stiebing; 195 mi. li.: © epd-bild/Rolf Zöllner; 195 u. li.: Stefan Boness/VISUM; 196 u. re.: Fotolia/© godfer; 197 ob. re.: picture alliance/ZB; 197 mi. re.: akg-images; 197 u. re.: dpa Picture-Alliance; 198 ob. li.: ap/dpa/picture alliance/Süddeutsche Zeitung Photo; 198 mi. li.: picture-alliance/dpa; 199 ob. li.: action press; 199 mi. li.: mauritius images/Alamy; 199 u. li.: mauritius images/Alamy; 200 ob. li.: picture alliance/Wolfgang Weih; 200 mi. li.: Thomas Raupach/VISUM; 201 ob.: picture alliance/ dpa; 202 ob. li.: picture-alliance/dpa; 202 mi. li.: bpk/Klaus Lehnartz; 202 u. re.: Daily Star, Bill Caldwell, 1990; 204 ob. li.: bonn-sequenz/Süddeutsche Zeitung Photo; 204 mi. li.: picture-alliance/ dpa; 205 ob. re.: action press; 205 mi. re. (1): Bilderbox/CHROMORANGE/images.de; 205 mi. re. (2): action press; 205 u. re.: action press; 206 mi. li.: action press; 207 re. (1): akg-images; 207 re. (2): akg-images; 207 re. (3): akg-images/AP; 207 re. (4): Rudi Meisel/VISUM; 207 re. (5): bpk; 207 re. (6): picture alliance/ Photoreporter; 207 re. (7): © Regis Bossu/Sygma/Corbis; 207 re. (8): TOPICMedia Service; 208 u. (1): mauritius images/ Alamy; 208 u. (2): action press/Getty Images2001, Pierre Roussel; 208 u. (3): mauritius images/United Archives; 209 u.: TAZ, 1989/ Joachim Kohlbrenner; 210–211 Auftaktbild: imago sportfotodienst/imago stock&people; 211 ob. re.: imago sportfotodienst/ imago stock&people; 212 ob. li.: Fotolia/© Kzenon; 212 ob. re.: Fotolia/Foto: Couple's new house © Photographee.eu; 213 ob. li.: Fotolia/© Dan Race; 213 mi. li.: Fotolia/© Sebastian Drolshagen; 213 u. li.: Fotolia/© Vitaly Krivosheev; 213 ob. re.: Fotolia/© Daniel Ernst; 213 mi. re.: Fotolia © Michael Schütze; 213 u. re.: Fotolia/Matthias G.Ziegler; 214 u. li.: Karl Gerd Striepecke; 216 u. li.: Süddeutsche Zeitung Photo; 216 ob. re./mi. re./u. re.: CSV Archiv; 217 u. li.: picture-alliance/united archiv; 217 mi. re.: CSV Archiv; 218 ob. li./ob. re./mi./u.: CSV Archiv; 219 mi. li.: picture-alliance/ dpa; 220 ob. li.: picture-alliance/dpa; 220 u. li.: picture-alliance/ Denkou Images; 224 mi. li.: Fotolia/© JFL Photography; 224 mi. re.: picture-alliance/© Frank May; 224 u. re.: Erwin Wodicka; 225 u. li.: Interfoto/imagebroker; 225 ob. re.: dpa Picture-Alliance; 226 ob. re.: Fotolia/© Christian Schwier; 227 mi. li.: dpa/Picture Alliance; 227 ob. re.: Porsche; 227 mi. re.: CSV Archiv; 228 u. re.: GG Verlag; 229 mi.: Fotolia/© Tanja Bagusat; 229 u.: Kostas Koufogiorgos, http://www.koufogiorgos.de; 230–231 Auftaktbild: Fotolia/© Guillaume Le Bloas; 230 u. mi.: Fotolia/© motorradcbr; 231 mi. re.: picture-alliance/dpa/dpaweb; 231 u. re.: Shutterstock/Shutterstock/junrong; 232 ob. li.: Fotolia/© tashatu-vango; 232 u. li.: Clip Dealer/Erwin Wodicka; 232 ob. re.: picture alliance/dpa; 233 ob. li.: Shutterstock/Tony V3112; 233 ob. re.: © Riccardo Arata; 234 ob. li.: picture-alliance/ dpa-infografik; 234 u. re.: CSV Archiv; 235 ob.: picture-alliance/ dpa-infografik; 235 mi.: picture-alliance/dpa-infografik; 237 ob. li.: CSV Archiv; 237 u. li.: CV-Archiv; 238 ob.: Shutterstock/Guy N.; 239 u. li.: Shutterstock/Noppasin; 240 ob. li.: Fotolia/© lassedesig-

nen; 240 ob. re.: © Lucas Oleniuk/ZUMA Press/Corbis; 241 mi. li.: picture alliance/dpa 241 u. li.: imago/imago/China Foto Press; 241 ob. re.: Shutterstock/Rawpixel; 242 ob. li.: Shutterstock/Nada B; 242 u. li.: Shutterstock/SARIN KUNTHONG; 242 ob. re.: Shutterstock/Albie Venter; 243 ob. li.: Shutterstock/ Dmitry Kalinovsky; 243 ob. re.: Shutterstock/Winai Tepsuttinun; 244 ob. li.: Shutterstock/sagir; 244 ob. re.: Dieter Telemans/PANOS/VISUM; 245 ob. re.: Shutterstock/nessa_flame; 245 mi. re.: Shutterstock/Schungking; 246 ob. re.: Shutterstock/Andrey Burmakin; 247 ob. li.: Shutterstock/erandamx; 247 ob. re.: Shutterstock/erandamx; 248 ob. li.: Fotolia/© Aquir,; 248 mi. re. (2): Fotolia/© Paulista; 248 u. re.: Fotolia © Piotr Adamowicz; 249 u.: picture-alliance/dpa-infografik; 250–251 Auftaktbild: action press/ADWAN,FADY; 252 ob. li.: picture alliance/Newscom; 252 ob. re.: Shutterstock/Ryan Rodrick Beiler; 254 mi. li.: Corbis/© Jonathan Raa/NurPhoto/Corbis; 254 u. li.: picture alliance/dpa; 256 ob. re.: action press/XINHUA; 256 u. re.: ullsteinbild – Reuters/STRINGER; 257 ob.:www.dlpnetwork.com/Dario Lo Presti; 258 ob. re.: ullsteinbild – Reuters/Jean-Paul Pelissier; 258 u. re.: ullsteinbild – Reuters; 260 ob. re.: © Peter Turnley/ Corbis; 261 ob.: imago/imago/Friedrich Stark; 262 ob. li.: action press/ABACA PRESS; 262 u. li.: Corbis/, © HO/Reuters/Corbis; 262 ob. re.: action press/CANADIAN PRESS LTD.; 262 mi. re.: action press/ISOPIX SPRL; 263 ob. li.: TOPICMedia/olf; 264 mi. re.: Corbis/© Niu Xiaolei/Xinhua Press/Corbis; 265 mi. li.: picture alliance/dpa; 265 mi. re.: picture alliance/JOKER; 266 ob. li.: ullsteinbild – CARO/Claudia Hechtenberg; 266 mi. li.: ullsteinbild – snapshot-photography/Tobias Seeliger; 266 ob. re.: ullsteinbild – Boness/IPON; 267 ob. li.: ullsteinbild – Reuters; 267 ob. re.: ullsteinbild – Reuters; 268 ob.: ap/dpa/picture alliance/Süddeutsche Zeitung Photo; 269 u. picture alliance/ZUMAPRESS.com; 270 u. li.: Corbis/© Horacio Villalobos/Corbis; 270 u. re.: picture-alliance/ dpa; 271 ob. li.: Fotolia/© Minerva Studio; 272 ob. re. (2): Imago Stock & People GmbH/Everett Collection/Sony Pictures/VG Bild Kunst 2022: Ari Folman; Waltz with Bashir (2008); 273 mi.: picture alliance/dieKLEINERT.de; 275 CSV Archiv; 276 ob. re. CSV Archiv; 277 u.li. CSV Archiv; 278 ob. re.: © Woodapple-Fotolia. com, 283 mi.: CSV Archiv; 287 u. re. (1) akg-images; 287 u. re. (2) picture-alliance/ZB/Karlheinz Schindler 290 ob. li.:picture-alliance/R.Ashworth/ R. Harding World Imagery; 293 ob. re.: Topic Media; 293 mi. re.: picture-alliance/blickwinkel/© Peter Widmann; 293 u. re.: mauritius images/Alamy; 297 u. li.: Shutterstock/© Constantine Pankin; 302 u. li.: picture-alliance/dpa/Globus Infografik; 311 mi.: bpk; 313 mi. re.: Stefan Boness/VISUM; 315 ob. re.: Fotolia/© Gerhard Reus; 316 u. li.: Fotolia/© thakala.

Grafiken/Illustrationen/Karten Alexander Figge, Recklinghausen: 280 u. li.; Carlos Borrell, Berlin: Klappe vorne U2; Vorsatz U2, Vorsatz U3, U4/mi., 32 u. li., 34 ob., 56 u. re., 73 u., 156 ob., 170 ob., 172 ob., 180 ob., 191 ob., 222 u. li., 223 ob., 254 ob., 259 ob. re., 260 ob. li., 284 mi., 307 ob. re., 203 ob. re., 209 mi., 212 u. li.; CSV Archiv: 113 u.; Dieter Stade, Hemmingen: 92 u. re., 93 ob. re.; 94 ob. 95 ob. 96 ob. li. 96 ob. re., 97 ob. 97 u. re., 98 u. li., 98 u. re., 99 ob. li. 99 mi. re., 100 mi. re., 102 u. li., 104 u. mi., 108 ob. li., 108 ob. re., 110 ob. 111 u. re., 119 ob., 119 u., 120 ob. re., 120 mi. re., 129 ob. re., 131 ob., 233 mi. re., 236 ob. re. 237 ob. re., 237 u. re., 238 mi. li., 238 mi. re., 239 ob. li., 239 ob. re., 239 mi. re., 240 u., 246 ob. li., 305 ob. re., 121 mi. re., 122 ob. li.; Dr. Elisabeth Köster, Bonn: 286 mi. li.; Dr. Volkhard Binder Berlin: 281 ob. re., 164 ob., 173 ob., 182 ob.,li., 209 ob. li., 253 ob. li., 300 ob. li., 300 ob. li., 301 ob. li., 301 u. re.; Elisabeth Galas, Bad Breisig: 285 mi., 37 ob., 47 u., 51 mi., 76 u. li., 77 ob. li., 179 ob. re., 185 ob., 214 ob., 220 mi. re., 224 u. li., 264 ob. re. 276 u. re., 289 ob., mi., 60 ob. li., 61 ob. re., 296 mi.; Martina Quill, Esslingen: 8, 3; Matthias Pflügner, Berlin: 282 u. li., 282 ob.re.; Peter Wirtz, Dormagen: 8, 2; 274 u. re., 279 u. re.; Petö, Terezia, Berlin: 17 ob., 17 u.; Privatbesitz von Peter Brokemper, Köln: 83 mi. li.; Svea Schade, Berlin: 281 ob. li.; Thomas Binder, Magdeburg: 13 u. re., 20 u., 21 ob., 27 ob., 28 mi., 29 mi., 136 ob., 142 u. li., 146 u. re., 146 u. re., 151 mi., 171 u. li., 228 mi. re, 228 ob.,re.; Uwe Rogal, Berlin: 204 u. li., 206 ob.li., 207 u. li.; Wolfgang Humann, Münster: 196 ob. li. 208 mi.; 196 ob. re., 196 mi. re., 197 ob. li.; Wolfgang Mattern, Bochum: 302 ob. re., 304 u., 306 u. li., 308 u. re.

Projektleitung: Dr. Uwe Andrae
Redaktion: Dr. Frank Erzner, Terezia Petö, Johannes Völker
Grafik: Thomas Binder, Magdeburg; Elisabeth Galas, Bad Breisig
Karten: Carlos Borell, Dr. Volkhard Binder, Berlin
Bildassistenz: Franziska Becker, Christina Sandig
Layoutkonzept: Ulrike Kuhr; Corinna Babylon, Berlin auf Basis eines Entwurfs von Buchgestaltung+, Berlin
Umschlaggestaltung: Rosendahl Berlin
Technische Umsetzung: Uwe Rogal, Berlin

www.cornelsen.de

Die Webseiten Dritter, deren Internetadressen in diesem Lehrwerk angegeben sind,
wurden vor Drucklegung sorgfältig geprüft. Der Verlag übernimmt keine Gewähr für
die Aktualität und den Inhalt dieser Seiten oder solcher, die mit ihnen verlinkt sind.

1. Auflage, 5. Druck 2022

Alle Drucke dieser Auflage sind inhaltlich unverändert
und können im Unterricht nebeneinander verwendet werden.

© 2015 Cornelsen Schulverlage GmbH, Berlin
© 2017 Cornelsen Verlag GmbH, Berlin

Druck und Bindung: Livonia Print, Riga

ISBN 978-3-06-064377-6 (Schülerbuch)
ISBN 978-3-06-064998-3 (E-Book)

PEFC zertifiziert
Dieses Produkt stammt aus nachhaltig
bewirtschafteten Wäldern und kontrollierten
Quellen.
www.pefc.de
PEFC/12-31-006

Der Textknacker

Beim Lesen und Verstehen von Texten hilft der Textknacker.

1. Schritt: Vor dem Lesen

Bilder beim Text helfen mir, den Text besser zu verstehen.
Die Überschrift sagt mir etwas über den Inhalt des Textes.

- Ich sehe mir die Bilder an.
- Ich lese die Überschrift.

Worum konnte es in dem Text gehen?

2. Schritt: Das erste Lesen

Ein Text hat Absätze. Was in einem Absatz steht, gehört zusammen.
Die Schlüsselwörter im Text sind besonders wichtig.
Einige Wörter werden unter dem Text erklärt.

- Ich zähle die Absätze.
- Ich lese die hervorgehobenen Schlüsselwörter.
- Ich lese die Worterklärungen.

Was weiß ich jetzt?

3. Schritt: Den Text genau lesen

Erst der ganze Text sagt mir, worum es geht.
Ich lese den ganzen Text – Absatz für Absatz.

Was habe ich erfahren?

4. Schritt: Nach dem Lesen

Ich habe den ganzen Text gelesen.
- Ich schreibe zu jedem Absatz etwas auf.
- Ich schreibe die wesentlichen Informationen auf.
- Ich schreibe auf, was für mich wichtig ist.

Srinagar
Karakorum
Leh
Kaschmir
Jammu
Amritsar
Dharmshala
Ludhiana
Simla
Chandigarh
Saharanpur
Nanda Devi
7816 m
Delhi
Meerut
Neu Delhi
Bareilly
Bikaner
Jodhpur
Jaipur
Agra
Lacknow
Gorakhpur
Darjiling
Dibrugarh
Kanpur
Assam
Jhansi
Varanasi
Patna
Saidpur
Gauhati
Kota
Allahabad
Bhagalpur
Imphal
Udaipur
Sagar
Asansol
Dhaka
Kandla
Ahmedabad
Bhopal
Jabalpur
Agartala
Okha
Indur
Ranchi
Bangla-
desch
Rajkot
Vado-
dara
Bilaspur
Jamshedpur
Kolkata
(Kalkutta)
Chitta-
gong
Bhaunagar
Surat
Narmada
Raipur
Gangesdelta
Diu
Nasik
Akola
Nagpur
Bhubanes-
war
Golf
von
Bengalen
Aurangabad
Jagdalpur
Mumbai
(Bombay)
Hochland
Warangal
Berhampur
Puna
Sholapur
von
Visakhapatnam
Kolhapur
Haiderabad
Kakinada
Panjim
Dekkan
Vijaya-
wada
Hubli-
Dharwar
Karnul
Davangere
Mangalur
Nellur
Bangalur
Chennai
(Madras)
Maisur
Salem
Pondicherry
Calicut
Coimbatur
Tiruchirapalli
Cochin
Jaffna
Madurai
Trivandrum
Golf
von
Mannar
Sri Lanka
Kandy
Colombo
Galle

Wüste Tharr
Aravalligebirge
Chambal
Ganga
Jamuna
Ganges
Ganges
Brahmaputra
Patkaigebirge
Son
Vindhyagebirge
Indien
Satpuragebirge
Godavari
West
Krishna
ghats
Krishna
Godavari
Ost
ghats

Arabisches
Meer

Golf
von
Bengalen

I n d i s c h e r   O z e a n

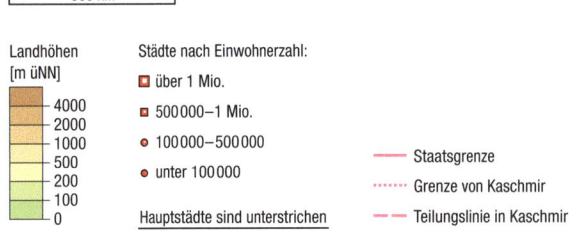

500 km

Landhöhen
[m üNN]

4000
2000
1000
500
200
100
0

Städte nach Einwohnerzahl:

▫ über 1 Mio.

▫ 500 000–1 Mio.

○ 100 000–500 000

• unter 100 000

Hauptstädte sind unterstrichen

Staatsgrenze

Grenze von Kaschmir

Teilungslinie in Kaschmir

Karte, Politische Gliederung der Erde

① Politische Gliederung

Abk.		Abk.	
ARM.	= ARMENIEN	austr.	= australisch
AS.	= ASERBAIDSCHAN	bras.	= brasilianisch
BD.	= BANGLADESCH	brit.	= britisch
BH.	= BHUTAN	chil.	= chilenisch
BU.	= BURUNDI	dän.	= dänisch
DOM. REP.	= DOMINIKANISCHE	ecuad.	= ecuadorianisch
	REPUBLIK	frz.	= französisch
GE.	= GEORGIEN	ind.	= indisch
IS.	= ISRAEL	jap.	= japanisch
JORD.	= JORDANIEN	jem.	= jemenitisch
KAMB.	= KAMBODSCHA	maurit.	= mauritisch
KIRG.	= KIRGISISTAN	mex.	= mexikanisch
LIB.	= LIBANON	ndl.	= niederländisch
R.	= RUANDA	neus.	= neuseeländisch
SEN.	= SENEGAL	norw.	= norwegisch
TAD.	= TADSCHIKISTAN	port.	= portugiesisch
V.A.E.	= VEREINIGTE	russ.	= russisch
	ARABISCHE EMIRATE	span.	= spanisch
		südafr.	= südafrikanisch

Namen der europäischen Staaten vgl. Karte „Europa: Politische Gliederung" S. 56/57.
Besitzungen europäischer Staaten in Übersee sind schraffiert.

Indien: Wirtschaftskarte

Industrie:

- Eisen- und Stahlerzeugung
- Buntmetallverhüttung
- Aluminiumherstellung
- Metallverarbeitung
- Maschinenbau
- Kraftfahrzeugbau
- Schiffbau
- Elektronik, Elektrotechnik
- Chemie
- Erdölraffinerie
- Textilien
- Fischereihafen, Fischverarbeitung

Bergbau und Bodenschätze:

- Erdöl
- Erdgas
- Steinkohle
- Braunkohle
- Fe Eisenerz
- Cu Kupfer
- Pb Blei
- Zn Zink
- Cr Chrom
- Mn Mangan
- Al Bauxit

Energieversorgung:

- Wasserkraftwerk
- Wärmekraftwerk
- Atomkraftwerk
- .... Erdölleitung

——— Staatsgrenze
········ Grenze von Kaschmir
— — Teilungslinie in Kaschmir
● Hauptstadt

Landwirtschaft:

- Reisanbau
- Bewässerungskulturen
- Anbau tropischer Handelspflanzen
- Ackerland mit gemischtem Anbau (vorwiegend Weizen, Hirse und Reis)

- T T Tee
- ♀ ♀ Baumwolle
- Υ Υ Jute
- Zuckerrohr
- 0 0 Kaffee
- Kautschuk
- Kokospalmen